高等学校创新性数智化应用型经济管理规划教材（金融系列）

总主编 / 李雪　主审 / 徐国君

金融学科导引

秦桂兰 ◎ 主编

王国娜　肖英红　谭晨 ◎ 副主编

立信会计出版社
LIXIN ACCOUNTING PUBLISHING HOUSE

图书在版编目(CIP)数据

金融学科导引 / 秦桂兰主编. —上海：立信会计出版社，2023.6
ISBN 978-7-5429-7370-2

Ⅰ.①金… Ⅱ.①秦… Ⅲ.①金融学—通俗读物 Ⅳ.①F830-49

中国国家版本馆 CIP 数据核字(2023)第 107088 号

策划编辑　　方士华
责任编辑　　郭　光
助理编辑　　崔姝然　窦乔伊
美术编辑　　吴博闻

金融学科导引
JINRONG XUEKE DAOYIN

出版发行	立信会计出版社			
地　　址	上海市中山西路 2230 号	邮政编码	200235	
电　　话	(021)64411389	传　　真	(021)64411325	
网　　址	www.lixinph.com	电子邮箱	lixinaph2019@126.com	
网上书店	http://lixin.jd.com		http://lxkjcbs.tmall.com	
经　　销	各地新华书店			
印　　刷	上海华业装潢印刷有限公司			
开　　本	787 毫米×1092 毫米　　1/16			
印　　张	15.25			
字　　数	372 千字			
版　　次	2023 年 6 月第 1 版			
印　　次	2023 年 6 月第 1 次			
书　　号	ISBN 978-7-5429-7370-2/F			
定　　价	48.00 元			

如有印订差错，请与本社联系调换

总 序

教材是高校实现人才培养目标的重要载体，教材及教材建设对高校发展具有举足轻重的作用。与培养模式相对应的教材是培养合格人才的基本保证，是实现培养目标的重要工具。由于历史的原因，在财经类教材的出版方面，相关出版社出版研究型本科或者高职高专、中等职业等层次的教材较多，应用型本科教材较少。虽然近年来一些应用型本科教材也陆续出版，但总体而言，这些教材还是缺乏权威性、普适性、实用性、创新性。造成这种状况的原因主要在于：出版社对财经类应用型本科教材的出版还不够重视，没有进行有效的组织；财经类应用型本科院校多为新建院校，教材建设相对滞后，主观上也较愿意使用研究型本科教材；在教材使用中存在比较严重的混用现象，教材目标读者群不明确，如不少教材既适用于研究型本科院校又适用于应用型本科院校，或者既适用于本科院校又适用于高职高专院校。

由于目前财经类应用型本科教材种类和数量匮乏或质量欠佳，财经类应用型本科院校不得不沿用传统研究型教材。这些教材本身的质量很好、级别很高，但是并不适用于应用型本科院校的教学，教师和学生普遍反映不好用。即使在全国范围看，也还没有相对成套、成熟的适合财经类应用型本科院校的教材。现有教材存在的主要问题包括：①教材的定位和要求过高；②教材的内容偏多、难度偏大；③教材着重于理论解释，相关案例、实训等内容较少，缺乏普适性、实用性。

与此同时，信息技术的快速发展使学生的学习习惯和阅读习惯发生了改变，不断朝个性化、自主学习的方向发展，传统的单一纸质教材已经无法适应这种变化。翻转课堂、慕课、微课等网络课程的兴起，混合式教学的不断推进，也对立体化教材建设提出了新的要求。教材作为一种课堂上的教学工具、一种传播媒介，理应顺势而为，随课堂形式、学生学习方式的改变而改变，朝着数字化、立体化、可视化的方向发展。因此，需要编写适应学生水平、便于学生接受的立体化财经类应用型本科教材。

我们组织具有多年应用型人才培养经验的优秀教师和实务界专家编写了这套教材。本系列教材有《会计基本技能》《出纳实务》《基础会计》《中级财务会计》《成本会计》《管理会计》《会计信息系统》《财务管理》《审计学》《高级财务会计》《商业分析》《税法》《经济法》《金融学》等品种。为了保证教材的质量，本系列教材聘请了知名高校的专家教授进行专门指导和审核。每本教材至少有一名本学科的知名专家或学科带头人提出审核指导意见，至少有一名高等院校教学一线的高级职称教师组织编写，至少有一名行业协会、实务界专家或教学研究机构人员提出编写建议。

本系列教材的特色如下。

1. 应用性

应用型本科的教材建设应坚持培养应用型本科人才的定位,充分吸收和借鉴传统的普通本科教材与高职高专类教材建设的优点和经验,以就业为导向,做到理论上高于高职高专类教材、动手能力的培养上高于传统的本科院校教材。本系列教材体现了应用型本科的定位,体现了素质教育和"以学生发展为本"的教育理念,遵循了高等教育教学基本规律,重视知识、能力和素质的协调发展,根据应用型人才培养模式对学生的创新精神、实践能力和适应能力的要求,在内容选材、教学方法、学习方法、实验和实训配套等方面突出了应用性特征。

2. 针对性

本系列教材的编写符合会计学、财务管理和审计学等专业的培养目标、培养需求、业务规格和教学大纲的基本要求,与各专业的课程结构和课程设置相对应,与课程平台和课程模块相对应。教材在结构纵横的布局、内容重点的选取、示例习题的设计等方面符合教改目标和教学大纲的要求,把教师的备课、试讲、授课、辅导答疑等教学环节有机地结合起来。

3. 立体化

本系列教材为立体化教材,实现了由传统纸质教材向"纸质教材+数字资源"的转变,通过技术手段将晦涩难懂的理论知识转变为直观的具体知识,以立体化、数字化的方式呈现,包括图文、动画、音频、视频等多种形式,生动、有趣且易懂,不仅可以激发学生的学习兴趣,还有利于教学效果的提升。

4. 趣味性

本系列教材注重趣味性,使用了大量的例题和案例,每章都加入了"思政育人""相关思考""延伸阅读"等内容,使读者能够加深理解,便于掌握相关内容。在案例、例题等的设计选用上重点突出趣味性,易于引发读者的共鸣。

5. 先进性

本系列教材反映了应用型会计人才教育教学改革的内容,能够反映学科领域的新发展。教材的整体规划、每一种教材的内容构建等均体现了创新性。教材还强调了系列配套,包括了教材、学习参考书、教学课件等。立体化教材在内容修订上更具有明显优势,线上资源可以随时根据政策法规、理论知识或工作实务等的变化进行调整,更有利于保持教材内容的先进性。

6. 基础性

本系列教材将打破传统教材自身知识框架的封闭性,尝试多方面知识的融会贯通,注重知识层次的递进,体现每一门科目的基本内容,同时在具体内容上突出实际运用能力,做到"教师易教,学生乐学,技能实用"。

7. 易于自学

自学能力是大学生的一项基本能力。学生只有具备了自主学习的能力,才能最终建立起终身学习的保障体系,这也是应用型本科人才培养的客观要求。应用技术型高校的生源素质与普通高校相比存在一定的差距,除了一部分是高考发挥失误的学生,还有一部分学生在学习习惯、基础知识等方面存在一定的欠缺,这就要求教材能够调动这部分学生的学习积极性,在理论方面尽量通俗易懂,在实践方面尽量采用案例式教学。为了有利于学生课后自主学习,本系列教材配套了学习指导书和教学课件。

因此,本系列教材的定位准确,特色明显,适用于应用型本科院校教学,容易得到学生和市场的认可,便于学生的自学和教师的教学。

"十四五"高等学校创新性数智化应用型经济管理规划教材凝聚了众多领导、教授和专家多年来的经验和心血。当然,由于我们的经验和人力有限,教材中难免存在不足,我们期待着各位同行、专家和读者的批评指正。我们将伴随着经济发展和会计环境的变迁不断修订教材,以便及时反映学科的最新发展和人才培养的最新变化。

本系列教材自 2014 年出版后,得到市场的认可,深受广大高校师生的欢迎。为了更好地回馈读者,本系列教材从 2017 年起启动第二版的修订工作,2019 年启动第三版的修订工作,2021 年启动第四版的修订工作。各种教材的修订版将陆续出版。我们会一如既往地做好教材修订和相关服务工作,希望广大读者对本套系列教材继续给予支持。

李 雪
2023 年 5 月

前 言

"金融学科导引"是金融类专业的一门概览性的课程,旨在让学生在学习专业课之前能够对金融模式、金融领域有最基本的认识,同时能够对金融学科、金融专业整体情况有简单的了解,从而有利于帮助学生确定学习目标并做好学习规划。国内目前此类教材有需求却非常紧缺,因此我们启动了本书的编写工作。

本书为"十四五"高等学校创新性数智化应用型经济管理规划教材(金融系列)之一,具有应用性、针对性、基础性、立体化的特点。本书在充分吸收和借鉴传统的普通本科教材与高职高专类教材建设的优点和经验的基础上,以就业为导向,做到在理论上高于高职高专类教材、在实务操作能力的培养上高于传统的普通本科教材。

本书定位明确,紧扣创新性数智化应用型人才培养目标,内容丰富,应用性强。本书共八章,从总论开始,随后分别介绍了金融科技模式、金融体系、金融业及行业岗位、金融职业道德及行为规范、金融法律法规,最后对金融学科及金融专业,以及金融类专业学习及职业生涯规划进行了介绍。

本书坚持与时俱进,紧跟金融领域及金融学科的发展趋势、政策变化,同时更加突出实用性、及时性、丰富性、易懂性,力求与金融领域及金融学科发展现状紧密结合。本书每章都涵盖内容提要、重点难点、学习目标、知识框架、本章小结、本章重要概念等,同时在关键知识点处增加了"延伸阅读""相关案例""相关思考"等内容,以培养学生的分析和解决问题能力、探索能力。此外,本书在各章开头设置了"思政育人",紧密结合了党的二十大精神;在各章最后配备了"本章练习",方便学生对知识点进行自我检测,练习题答案可以通过扫描二维码获得。

本书的章节框架设置清晰、明了,引用的相关理论、参考的数据、采用的案例、拓展的延伸阅读等参考资料都注重时效性,内容表述简洁,通俗易懂,适合应用型高等学校教学使用。此外,本书在各章加入了二维码,方便学生扫码获取电子阅读资料,拓宽知识面。其中,电子阅读资料包括案例、规章制度、视频、网络资源等。本书可以作为普通高等教育金融类的专业教材,也可作为供相关专业人员参考的行业通识类图书。

本书由秦桂兰任主编,由王国娜、肖英红、谭晨任副主编,其他参编人员有张军花、张晓霞、韩雨淑。各章撰写具体分工如下:第一章总论、第二章金融科技模式、第五章金融职业道德及行为规范由秦桂兰编写,第三章金融体系由肖英红编写,第四章金融业及行业岗位由张军花、秦桂兰编写,第六章金融法律法规由谭晨编写,第七章金融学科及金融专业由张晓霞、韩雨淑、秦桂兰编写,第八章金融类专业学习及职业生涯规划由王国娜编写。

本书在编写过程中参考了大量的相关教材、专著等文献资源,在此向有关作者表示感谢。同时感谢青岛城市学院曹培、刘丹两位老师对本书编写提供的帮助。虽然各位编者日常工作繁重,编写过程也非常艰辛,但是经过大家的共同努力,本书得以顺利完成。在此,向对本书编写工作给予大力支持的李雪教授、徐国君教授和各位参编人员致以诚挚的谢意。

本书在编写时经过了多次讨论研究、及时更新资料,力求内容更加丰富、严谨准确,但受编者水平限制,若您在阅读中发现疏漏或不妥之处,敬请批评指正,以便日后不断改进和完善。您的宝贵建议可以发送至此邮箱:guilan.qin@qdc.edu.cn。

编　者

2023 年 5 月

目 录

第一章　总论 ... 1
- 第一节　金融概述 ... 3
- 第二节　多样化的金融模式 ... 11
- 本章小结 ... 21
- 本章重要概念 ... 21
- 本章练习 ... 21

第二章　金融科技模式 ... 25
- 第一节　金融科技概述 ... 26
- 第二节　金融科技的应用及行业发展 ... 38
- 本章小结 ... 52
- 本章重要概念 ... 53
- 本章练习 ... 53

第三章　金融体系 ... 56
- 第一节　金融体系概述 ... 57
- 第二节　金融机构体系 ... 63
- 第三节　金融市场体系 ... 76
- 本章小结 ... 89
- 本章重要概念 ... 89
- 本章练习 ... 89

第四章　金融业及行业岗位 ... 92
- 第一节　金融业及其构成 ... 93
- 第二节　金融业岗位及人才需求 ... 115
- 本章小结 ... 120
- 本章重要概念 ... 120
- 本章练习 ... 120

第五章　金融职业道德及行为规范 ... 123
- 第一节　金融职业道德概述 ... 124
- 第二节　金融行为规范概述 ... 131
- 本章小结 ... 137

本章重要概念 ·· 137
本章练习 ·· 137

第六章　金融法律法规 ·· 139
第一节　金融法律法规概述 ·· 140
第二节　我国主要金融法律法规 ··· 145
本章小结 ·· 160
本章重要概念 ·· 161
本章练习 ·· 161

第七章　金融学科及金融专业 ·· 164
第一节　金融学科及金融专业概述 ··· 165
第二节　金融学类专业培养方案 ··· 174
第三节　国内外金融学专业对比 ··· 181
第四节　金融类专业考试证书 ·· 195
本章小结 ·· 207
本章重要概念 ·· 207
本章练习 ·· 207

第八章　金融类专业学习及职业生涯规划 ·· 211
第一节　大学学习规划及金融类专业学习 ··· 212
第二节　金融类专业学位及学历提升 ·· 217
第三节　职业生涯规划 ·· 226
本章小结 ·· 227
本章重要概念 ·· 227
本章练习 ·· 228

参考文献 ··· 231

第一章 总论

- 内容提要
- 重点难点
- 学习目标
- 知识框架
- 思政育人
- 第一节 金融概述
- 第二节 多样化的金融模式
- 本章小结
- 本章重要概念
- 本章练习

内容提要

本章主要讲述了金融的产生、含义,直接融资和间接融资模式,金融的本质,金融的地位及作用;当前多样化的金融模式(如互联网金融、普惠金融、绿色金融等)。

重点难点

本章重点为金融的含义、地位和作用,普惠金融、互联网金融等新兴金融模式;难点为金融的本质、互联网金融和供应链金融模式及其运营。

学习目标

通过本章学习,学生应了解什么是金融,资金是如何实现融通的;掌握金融在国民经济发展中的作用和地位、金融的本质;熟悉不同金融模式的基本属性、业务模式及原理。

知识框架

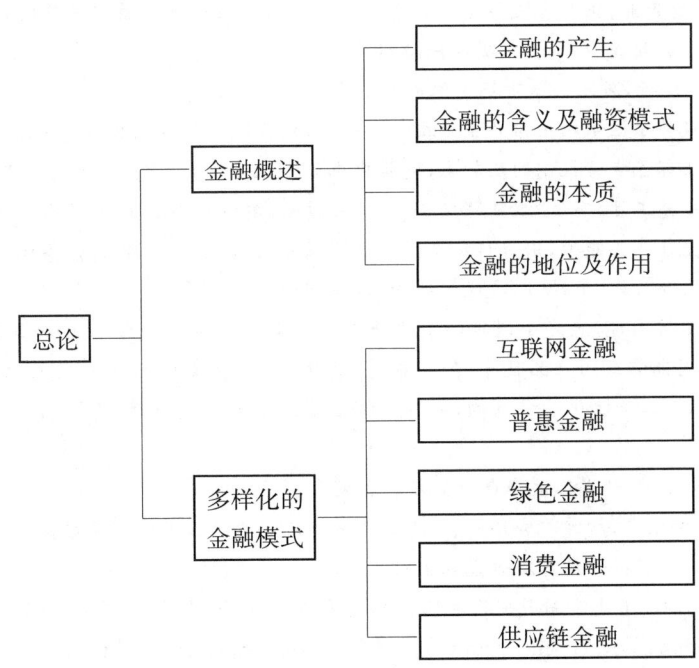

思政育人　　普惠金融是促进共同富裕的重要手段

党的二十大报告中指出要实现"中国式现代化",并系统阐述了中国式现代化的五大特征,其中之一是"中国式现代化是全体人民共同富裕的现代化"。先富带后富,最终实现共同富裕,这是我国社会发展要实现的重要目标之一。实现共同富裕的途径、手段有很多,大力发展普惠金融是重要的途径。

中国式现代化强调在经济上人人平等,秉持发展改革成果由全体人民共享的理念。相对于传统金融服务形式,普惠金融是一种创新,更是一种责任。普惠金融是在金融体系内的制度创新、服务创新和产品创新,依据本国国情探索符合不同地区特点的普惠金融发展路径,让每一个人都有可能获得金融服务。

中央财经委员会第十次会议将提高发展的平衡性、协调性、包容性作为促进共同富裕的重要途径。发展普惠金融,把更多金融资源配置到重点领域和薄弱环节,能够夯实共同富裕的物质基础。同时,发展普惠金融,通过金融的普惠性助力缓解发展不平衡、不充分问题,推动广大市场主体和人民群众共享发展成果,是促进共同富裕的重要手段。新时代发展普惠金融需将促进共同富裕作为出发点和落脚点,用好金融资源工具,助力提高发展的平衡性、协调性、包容性。

1. 提高发展的平衡性,强化农村地区金融支持

第一,巩固拓展脱贫攻坚成果,支持脱贫地区持续发展。针对脱贫地区,进一步加大金融支持力度,推动脱贫地区产业提档升级,充分发挥脱贫人口小额信贷作用。为脱贫人口提供包括特色农产品保险、商业补充医疗保险、意外伤害保险等在内的一揽子保险服务,支持有条件的地区开展商业防止返贫保险,降低因灾、因病、因意外、因市场波动等致贫返贫的风险。在此基础上,鼓励和引导金融机构充分发挥自身优势,支持国家乡村振兴重点帮扶县发展优势特色产业,加大信贷支持力度,优化保险保障机制。

第二,服务乡村全面振兴,促进城乡融合发展。一是鼓励金融机构针对新型农业经营主体和农户的需求特点,创新专属金融产品,增加首贷、信用贷,加大对农业农村基础设施的中长期信贷支持力度。二是支持有条件的地区探索保单质押贷款、大型农机具和大棚设施抵押贷款业务。稳妥推广农村承包土地经营权、集体经营性建设用地使用权和林权抵押贷款,拓展涉农信贷增信方式。三是支持发展农业供应链金融,重点支持县域优势特色产业,推动农民分享产业增值收益。四是推动并完善农业保险运行机制,创新地方特色农产品保险,扩大农业保险覆盖面,提高保障水平。

2. 提高发展的协调性,激发小微市场主体创新活力

第一,构建金融服务小微市场主体的长效机制。一方面,金融机构要明确普惠金融战略定位,梳理业务逻辑,在普惠金融事业部等专营机制的基础上,完善内部资源配置、绩效考核等机制,进一步释放体制机制改革红利,用好政策支持工具,实现"敢贷""愿贷"。另一方面,要针对小微企业、个体工商户等细分群体,进一步下沉重心,精准提升业务能力,用好科技手段和信用信息资源,创新产品和服务模式,改进业务审批技术和风险管理模型,提升效率、节约成本、优化结构,实现"能贷""会贷"。

第二,加大创新支持力度,激发小微市场主体活力。一是优化信贷结构,鼓励金融机构创新符合小微企业全方位、全生命周期需求的产品服务,加大首贷、续贷、信用贷款投放力度,创新知识产权质押贷款、股权质押贷款等产品。二是优化融资结构,更好发挥多层次资本市场作用,合理提高小微企业直接融资比重。

3. 提高发展的包容性,让全民共享金融业发展成果

一是完善基础金融服务,构建机会均等、普惠公平的市场秩序。二是补齐基础设施短板,破除服务机制障碍。三是关注薄弱领域,提升特殊群体金融福祉。

资料来源:学习时报.普惠金融是促进共同富裕的重要手段[EB/OL].(2021-11-19)[2022-05-26].https://www.creditchina.gov.cn/chengxinwenhua/chengxindajiatan/202111/t20211117_249140.html.

第一节 金融概述

一、金融的产生

（一）金融来源于经济主体活动

在现代社会中，人们的日常生活与经济活动都离不开金融。封闭经济下，各国或各地区的经济主体一般由居民、非金融企业、金融机构和政府四大经济部门组成。各部门内部及不同的经济部门之间不断地发生着各种各样的经济活动，并引发错综复杂的变化。同时，居民、非金融企业、政府这三个部门都不可避免地与金融机构产生联系。

居民是社会最古老、最基本的经济主体。当居民拥有的资金出现盈余时，他们会将结余资金存入银行、投资证券或购买保险等。而当居民需要购买住房、汽车或留学、旅游、装修、创业等时，他们就会出现暂时性货币购买力不足；或当突发事件导致家庭支付能力不足时，他们也会出现阶段性赤字。这时，居民需要向银行贷款或者通过民间借贷等方式解决资金不足的问题。

非金融企业（以下简称企业）是现代经济活动中最基本、最活跃的主体，企业的经营活动对宏观金融和微观金融均产生重要的影响。企业在日常经营活动中，会出现资金盈余或资金短缺的情况。企业是经济体系或金融体系中最主要的资金供给者或资金需求者。企业向银行贷款、办理资金清算，以及在资本市场通过发行股票或债券等方式融入资金；融资相对困难的中小企业，也会借助于互联网金融或民间借贷等方式解决融资问题。当企业拥有闲置资金时，它们会将闲置资金存入银行或者用于投资。

政府为了实现国家管理职能，建立了财政收支制度。政府通过财政收支引导和调控其他部门经济活动，因此，财政收支对居民、企业、金融机构及国外部门的微观经济主体活动，以及宏观金融、经济运行等都会产生重要影响。政府的财政收支需要通过金融体系来实现，通过银行来调度、划拨资金。同时，政府会在中央银行开设账户形成存款，在财政赤字时向中央银行透支或借款，或者通过发行债券向外国政府或国际金融机构进行融资等。

另外，对于开放经济而言，一个国家或地区的经济部门不可避免地会与国外经济部门发生经济关系，产生国际金融活动。开放经济部门的对外金融活动主要体现在两个方面：一是对外贸易和劳务往来所产生的国际结算与融资。二是投资活动，包括实业投资和金融投资。部门间的经济和金融活动，最终会形成盈余或赤字，盈余部门与赤字部门之间就要通过金融活动来实现平衡。

可见，金融源于生活及社会经济活动，最终服务于社会经济。各类经济主体与金融活动息息相关，共同影响金融的发展。

延伸阅读 1-1

无处不在的金融活动

很多人每天都在参与金融活动，但可能并不了解金融活动。

当你用钱进行各种实时消费时，你体验了货币的交易媒介职能；当你使用微信支付或支付宝付款时，你使用的是移动支付方式，也是第三方支付工具；当你把钱存进银行时，你使用了银行的储蓄功能；当你用蚂蚁花呗或信用卡购物时,你使用了消费信用贷款;当你买卖股票或基金时,你使用了证券公司及基金公司的投资功能;当你出国旅游或留学时,你不知不觉中参与了外汇交易;当你借钱给亲戚朋友时,你其实正在进行民间借贷;当你面对理财经理向你推销理财产品时,你实际上在进行投资决策;当你在购买各种保险时,你在准备用金融手段管理你可能遇到的风险;当你在网上看到某平台投资产品年化收益率超过10%时,你可能正在经历金融诈骗;当国家为了刺激经济增长,大量发行货币的时候,你却发现手里的钱能买的东西越来越少……

当前,金融已经渗透到我们生活的点点滴滴,我们在主动或被动地参与不同的金融活动。我们主要通过两种身份与别人进行金融交易,一是作为个人或家庭成员,二是作为企业或企业管理者。无论哪种身份都可能扮演两个角色,一个是资金的需求者,另一个是资金的提供者。参与金融活动时,我们大多数时候都要通过金融机构与对手方产生资金流动,资金流动往往是通过人们在金融市场上购买相关的金融产品得以实现的。在所有金融活动中,政府是金融活动规则制定者及规则维护者,发挥监管作用,维护金融秩序。除此之外,政府常常使用金融手段来实现社会经济发展目标,并以资金需求者的身份直接参与金融活动(如发行国债)。

资料来源:闻歌.生活中的金融活动[EB/OL].(2020-07-07)[2022-04-20]. https://zhuanlan.zhihu.com/p/152438444.

(二)金融产生的过程

1. 关于"金融"一词的来源

"金融"一词在我国并非古已有之。古代文字中有"金",有"融",但是未见"金融"连成的词。《康熙字典》以及在它之前的工具书中都没有"金"与"融"连用的词。"金"与"融"连起来组成的"金融"始于何时,无确切考证。最早列入"金融"条目的工具书是1915年出版的《辞源》和1936—1937年正式发行的《辞海》。《辞源》中称:"今谓金钱之融通曰金融""各种银行、票号、钱庄曰金融机关"。

2. 关于金融的产生

从实践中看,金融的产生与经济主体存在资金需求有关。只要存在资金余缺,就会出现资金调剂活动,就会形成"金融",实现资金的融通。从起源上看,金融的产生与货币、信用的产生及它们之间的相互融合密切相关。金融是货币、信用关系发展的产物,当货币、信用关系发展到一定程度时,就会产生金融活动。

1) 货币的产生与发展

货币的产生源于商品交换,货币是商品交换发展到一定阶段的必然产物。在原始社会,商品只能物物交换,简单直接,然而物物交换只适用于原始社会初期生产力极其低下、商品种类极少的情况。随着社会生产力提高,商品种类越来越丰富,人们的需求也越来越多,简单的物物交换已经无法满足人们的需求,因此逐渐产生了交易用的媒介物,即货币。最初的货币只不过是一些特殊的商品,如贝壳、斧头、牲畜、弓箭、烟叶、茶叶、布、象牙、可可豆等,不同国家或地区使用的货币不同,同一国家或地区不同时期使用的货币也不同。实物充当货币存在天然的缺陷,很快实物货币就被黄金、白银、铜钱等金属货币取代。人类社会经历了漫长的"金属充当货币、作为唯一流通媒介"的时期,直到北宋时期在四川地区慢慢出现了最早的纸币——交子。交子的出现是货币发展史上的一次质的飞跃,它的产生标志着人类货币进入到纸币流通阶段,尽管其与后面发行的纸币有很大的不同,可是从货币形态看,这已经是一种极大的创新。

当商业银行在西方国家产生后,货币出现了当今社会最常见的形态——信用货币。信用货币最初以"银行券"这种代用货币的形式出现,随后伴随着中央银行的产生,信用货币的主要形式为纸币,这是一种由国家强制发行并强制流通的不可兑现的货币符号。当科技迅速发展起来时,电子货币、数字货币开始出现。电子货币的产生被称为是货币发展史上的另一次飞跃。

无论货币形态如何演变,货币作为交易媒介、支付手段、计价单位的职能一成不变。货币不仅充当交易工具,还被当作社会的资产形式进行保存或储藏。

2) 信用的产生与发展

信用是一种古老的经济范畴,从原始社会末期就出现了信用活动,产生了信用关系。信用有不同的理解,从社会角度来说,信用被理解为"一种道德规范或行为规范",如守信用、讲诚信等;而金融学则将信用理解为"一种以偿还和付息为条件的借贷行为",信用的本质是一种债权债务关系。

原始社会末期,由于私有制的存在,随着生产力的提高、经济的发展,开始出现贫富分化。贫穷的主体只能向暂时富有的主体借用资源才能生存,于是出现了最早的实物借贷,如借粮食、借农具。货币产生后,这种借贷的对象不再局限于实物,货币借贷成为常见现象,俗称借钱。由于货币是一般购买力的代表,货币借贷逐渐成为现代经济关系的主要形式。

货币是借贷活动中的对象,采用的是有借有还的信用方式。因此,当货币与信用两个范畴融合在一起时,就形成了金融范畴,即资金的融通。信用是金融产生的基石,有了信用关系,才产生了金融活动。

二、金融的含义及融资模式

不同经济学者对金融的理解不完全一致。"金融"一词西方先于东方出现,英语为finance。西方对"金融"的用法不限于一种,中文的"金融"与英文的"finance"也并非完全对等,中西方对"金融"的理解存在较多差异。

(一) 金融的含义

国外对金融的理解涉及"国家财政""公司理财""个人收支"等层面,甚至更细化地将其理解为"与资本市场有关的运作机制以及股票等有价证券的价格形成"。

国内外经济学家的理论观点以及国内外高校开设的金融学和相关专业的课程设置,都反映了国内外对金融理解的侧重点不同。国内对金融的理解更偏重于宏观角度,属于宽口径的理解,包括货币及货币制度、货币供求及其均衡、通货膨胀与通货紧缩、货币政策与金融调控、金融风险及金融危机、金融体系(金融机构、金融市场)、国际资本流动等。而国外对金融的理解则更偏重于微观角度,属于窄口径的理解,通常基于企业或家庭,研究其应如何进行金融决策,这点类似于我国"公司金融"或"财务管理"的研究范畴,包括投融资活动及其决策分析、投融资方式及财务结构、资产定价及其投资管理等范畴。

长期以来,对金融最狭义但最通俗易懂的理解为"资金的融通",然而这种理解不够全面。我国经济学家黄达先生认为金融有宽口径和窄口径的区别,并从其产生的过程上看,金融可以理解为一切涉及货币供给,银行与非银行信用,以证券交易为操作特征的投资、商业保险,以及以类似形式进行运作的所有交易行为的集合。

另外,华人经济学家陈志武先生在《金融的逻辑》一书中写道,金融的核心是跨时间、跨空间的价值交换,所有涉及价值或者收入在不同时间、不同空间之间进行配置的交易都是金融交易。金融学就是研究跨时间、跨空间的价值交换为什么会出现、如何发生、怎样发展等的一门学科。

本书中的金融是指凡是涉及资金余缺调剂的活动或跨期交易。由此来看，金融活动涵盖的范围很宽，包括货币的借贷，各种票据、外汇、黄金的买卖，股票、债券、基金的发行与交易，以及保险、租赁、信托，甚至典当业务等。

相关思考 1-1

如何正确把握金融的含义

我们应该如何准确理解金融呢？是否需要注意融资活动的发展变化对金融的影响？是否应该从不同的角度去理解金融？例如，分别从融资的范围、融资活动的机制、融资活动的领域和着力点等角度出发，对金融的理解是不同的。

（二）融资模式

金融可以理解为资金的融通，目前资金的融通主要有两种模式：直接融资和间接融资。两种融资模式不是以是否通过中介机构来划分，而是以资金供求双方是否直接形成契约关系作为依据划分，如图 1-1 所示。

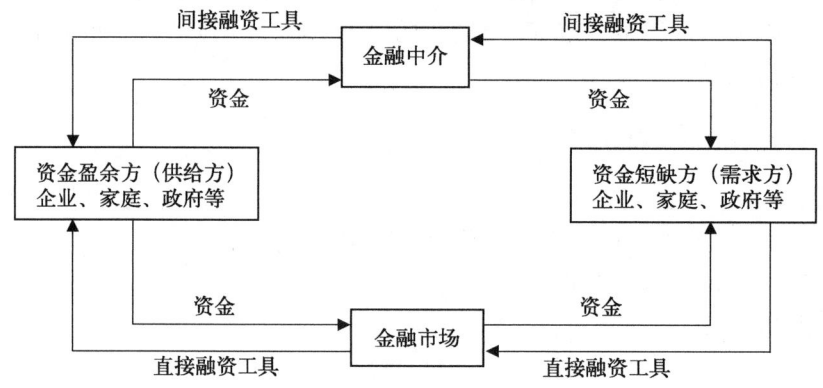

图 1-1　直接融资和间接融资

1. 直接融资

直接融资是指资金从供给方（投资者）直接流向需求方（融资者），资金直接在供给方和需求方之间转移，资金供求双方直接形成契约关系。需要注意的是，直接融资模式有各种中介机构参与，如证券公司或投资银行就是重要的金融中介机构，此外，还包括会计师事务所、律师事务所、资产评估机构、评级机构等中介机构。

直接融资的具体形式主要有资本市场发行股票（公司上市）或债券、风险投资、私募股权投资、商业信用等。

2. 间接融资

间接融资是指资金通过中介机构，实现从资金供给方向资金需求方转移，资金供求双方分别与中介形成债权债务关系。

间接融资最典型的形式是商业银行贷款或通过其他金融机构进行的货币借贷。银行通过吸收存款的方式集聚资金，再以发放贷款的方式借给需要资金的各类主体，银行分别与存款人及借款人形成了债权债务关系。

整个经济社会通过各种各样的融资形式,提高了闲置资金的使用效率,同时有效缓解了因资金不足影响社会再生产的问题,促进了企业发展壮大和社会进步。

1-1:视频-如何理解金融及融资模式

相关思考1-2

直接融资与间接融资哪种模式更好

直接融资与间接融资两种融资模式在风险性、灵活性等方面都有明显的不同。发行股票或债券、引入风投、私募机构、银行贷款等方式,都能实现融资目的。然而,采用哪种融资模式更好呢?

三、金融的本质

金融能够实现资金融通,促使资金交易并实现资源的优化配置。关于金融的本质,理论界、实务界有不同的理解,如美国联邦储备局前主席伯南克在其著作《金融的本质》中,阐述的是美国应对金融危机时采取的诸多政策背后的金融思想及其金融理念,但并非我们通常所理解的金融本质。金融其实很简单,但是却被很多人理解得很复杂。金融的本质可以理解为三个方面:一是金融为有钱人理财,为缺钱人融资。二是金融的核心是信用、杠杆、风险。三是金融应服务于实体经济,否则就会出现泡沫经济。习近平总书记曾强调,要正确把握金融本质,深化金融供给侧结构性改革,增强金融服务实体经济能力。

1. 金融为有钱人理财,为缺钱人融资

金融要解决的是资金余缺问题,这可以通过各种金融机构的产品和服务得以实现。例如,通过银行吸存放贷,银行发挥中介和服务作用。又如,在证券市场,股民冒一定风险投资股票,取得的回报可能是企业分配的利润,也可能是股价差价,股民都是将余钱用于理财。总之,不管是发行股票或债券,还是商业银行贷款,都属于融资方式。金融实现的就是为有钱人理财,为缺钱人融资。

2. 金融的核心是信用、杠杆、风险

首先是信用。没有信用就没有金融,信用是金融的立身之本,是金融的生命线。金融的生命线,体现在三个方面:一是金融企业本身要有信用,这是金融企业的生命线;二是向金融机构借钱的企业也要有信用;三是老百姓在存款、投资的过程中,各种金融中介服务类的企业也要有信用。总之,一切没有信用的金融都是假金融、伪金融。

其次是杠杆。杠杆最初是物理学的一个原理,作用是以小博大。杠杆与金融的结合,对金融的发展产生了重大的影响。金融的特点之一就是杠杆,没有杠杆就没有金融。信用是杠杆的基础,一方有信用,另一方才能形成杠杆。如果大家都是一手交钱,一手交货,就不需要信用,也就不存在金融。一旦有信用,就有透支,透支就会形成杠杆。

最后是风险。没有杠杆谈不上金融,但有了杠杆就会产生风险,所有的金融风险都是杠杆比过高造成的,杠杆与风险是辩证的关系。一切金融创新,都是想方设法把杠杆比一级一级地放大。过高的杠杆比是一切坏账、一切风险、一切金融危机的来源。过高的杠杆比在企业层面表现为坏账,在行业系统层面是风险,延伸到国家乃至世界层面就成了金融危机。唯一缓解过高杠杆比的解决办法,就是"去杠杆"。设计出一个信用基础较好、风险较小的杠杆体系,是金融的精髓。

信用、杠杆和风险这三个方面存在密切关系。信用好,杠杆比低,风险自然就会低。杠杆比高,信用则会降低,风险也就高。所有的金融创新,都是围绕这三个方面运转,关键要把握好其中的度。

3. 金融应服务于实体经济

金融很重要,在现代经济体系中居于核心地位。金融这招"棋"活了,则全盘皆能活。可以说离开实体经济,金融就是无源之水。如果金融不为实体经济服务,变成以自我为中心,就会虚无缥缈。如果各路资金都只在金融市场中运转,或只在资本市场这些虚拟经济中兜转,则会形成泡沫经济,并且实体经济也会越来越空心化。金融只有在为实体经济服务的过程中,围绕着实体经济运转,为实体经济提供资金、不断"输血",才能成为核心。

1-2:金融的本质

延伸阅读 1-2

什么是"杠杆"以及为什么要"去杠杆"

杠杆相当于一根撬棍,是一种力量的放大器。在金融领域中,杠杆实际上就是负债、借贷。借债去扩充资产就是加杠杆,还钱减少负债就是去杠杆,而不管是加杠杆还是去杠杆,都会发生在个人、企业和政府身上。

我们先交首付款,再按揭贷款买房子,就是最常见的加杠杆。企业缺乏资金就没法发展壮大,因此向银行贷款是常见的加杠杆方式。很多企业(如房地产、钢铁、通信企业等)因为投资量较大、建设周期长、回款慢、资金需求量大,就得向银行借钱才能实现生产经营。对于政府来说,提供公共产品,修建基础设施,如修地铁、修隧道、修铁路公路、建机场等,都需要大量人力、物力、财力的支撑,单靠财政收入是不够的,因此也不得不通过向银行借钱或发行公债解决缺乏资金的问题。即使是银行自身,也会因缺钱而向其他机构借钱。

杠杆一高,贷款一旦还不上,就会引发"多米诺骨牌效应",引发坏账、风险甚至是金融危机,给实体经济带来不利影响。因此,要"去杠杆"。"去杠杆"的方法包括:一是缩紧信贷,不再贷款;二是减少负债,及时还贷。只有把杠杆比降下来,经济才能回归正常。

资料来源:真味财经.什么是"去杠杆"? 这是最通俗易懂的解释[EB/OL].(2018-08-07)[2022-03-23]. https://baijiahao.baidu.com/s? id=16081276303164468615&wfr=spider&for=pc.

四、金融的地位及作用

(一)金融的地位

我们经常说,"金融是经济的血液""金融是国民经济的命脉",这些都体现出金融在现代经济中的地位及重要性。金融是经济的核心,经济是金融发展的基础。金融的地位主要表现在以下几个方面:

第一,经济金融化促使金融成为推动经济增长的重要力量。经济金融化是指包括银行、证券、保险、信托等广义金融业在一个经济体中的比重不断上升,并对该经济体的经济、政治等产生深刻影响。经济金融化说明在一个国家,无论是政府、企业,还是家庭、个人的经济活动中,金融变得越来越重要,人们的日常生活也越来越依赖金融。经济金融化已经无处不在,越来越多的财富通过金融渠道与金融活动被创造出来,社会经济关系也处处体现经济金融化。

第二,金融是现代经济中调节宏观经济的重要杠杆。现代经济是由市场机制对资源配置起基础性作用的经济,其本质上是一种货币信用经济或金融经济。现代经济的显著特征之一是宏观调控的间接化。金融在建立和完善国家宏观调控体系中具有十分重要的地位，金融全面地反映成千上万个企事业单位的经济活动，同时，利率、汇率、信贷、结算等金融手段又对微观经济主体有直接的影响。国家可以根据对宏观经济政策的需求，通过中央银行制定货币政策，运用各种金融调控手段，适时地调控货币供应的数量、结构和利率，从而调节经济发展的规模、速度和结构，进而促进经济发展。

第三，金融成为联通整个社会经济生活的命脉和媒介。在现代经济生活中，货币资金作为重要的经济资源和财富，成为沟通整个社会经济生活的命脉和媒介。一切现代经济活动都离不开货币资金。从国内看，金融连接着各部门、各行业、各单位的生产经营，联系着每个社会成员和千家万户，是国家管理、监督和调控国民经济运行的重要杠杆和手段；从国际看，金融是国际政治、经济、文化交往，实现国际贸易、引进外资、加强国际经济技术合作的纽带。

(二) 金融的作用

金融在现代经济中的核心地位，决定了金融对经济的发展具有巨大的促进作用。经济是肌体，金融是血脉，两者共生共荣。可以说，金融活则经济活，金融稳则经济稳；经济兴则金融兴，经济强则金融强。两者相辅相成，息息相关。金融的作用具体体现在以下三个方面：

第一，连接社会再生产，促进实体经济发展。从本源上看，金融的诞生是为了服务实体经济，在实体经济的借贷行为和买卖交易过程中提供中介服务，为实体经济配置资源。金融工具和金融交易可以把各种生产要素和经济资源连接起来，从而使商品生产顺利进行。无论是间接融资还是直接融资，都实现了资金的余缺调剂，推动了经济向前发展。良好的资金分配离不开金融活动。

1-3：经济金融化

 延伸阅读 1-3

发挥金融助力乡村振兴的重要作用

民族要复兴，乡村必振兴。其中，如何充分发挥金融助力乡村振兴的作用，是一个重要课题。全面推进乡村振兴离不开金融的有力支撑。《中共中央 国务院关于全面推进乡村振兴加快农业农村现代化的意见》提出"支持以市场化方式设立乡村振兴基金，撬动金融资本、社会力量参与，重点支持乡村产业发展"，并将其作为"强化农业农村优先发展投入保障"的重要内容。当前，农村金融发展水平不高，已经成为做好"三农"工作和推动乡村振兴的痛点、难点。

金融服务农业现代化是金融服务实体经济的重要领域，推动更多金融资源向"三农"倾斜，才能为实现农业农村优先发展提供更多保障。与此同时，农村农民对多元化、多层次金融产品和服务的需求也日益增加，现有的金融供给难以满足其实际需要。对此，要深入推进金融供给侧结构性改革，把更多金融资源配置到"三农"重点领域和薄弱环节，更好满足乡村振兴的金融需求。

推动金融资源配置到"三农"，主要有以下措施：一是完善农村金融服务市场体系。例如，提高农村金融服务覆盖面和信贷渗透率；进一步认识农业保险的重要性，支持商业保险机构加强涉农保险产品开发和市场拓展，科学确定农业保险保费补贴机制，拓宽财政补贴险种，提高农业保险的保障水平；推动各类农产品期货品种的开发和上市，积极发挥金融工具稳定农业发展、保障农民利益的作用。二是加大对"三农"的信贷支持。有关部门可考虑对商业银行、农村中小金融机构的涉农信贷业务加大政策支持，实施差别化监管，适当提高涉农业务的风险容忍度，适度加强涉农贷款投放指标的硬性约束；积极发展政策性涉农贷款担保；推动政府债券向乡村振兴项目倾斜；推动政府债券向乡村振兴项目倾斜。三是稳妥推进金融产品和服务创新。例如，稳妥开发供应链金融产品，发行绿色债券。四是营造良好的农村金融生态环境。推动移动支付等新兴支付方式的普及应用，推广符合农业、农村、农民需要的移动支付新型支付产品，同时提升服务点的网络价值；加快推进农村信用体系建设，强化部门间信息互联互通，加大守信激励与失信惩处的力度，培育农村地区各类经济主体的信用意识，树立良好的社会信用风尚等。

资料来源：陈进. 发挥金融助力乡村振兴的重要作用［EB/OL］.（2021-04-01）[2021-11-24]. https://theory.gmw.cn/2021-04/01/content_34732002.htm.

第二，反映经济，调控经济运行。由于金融与经济的密切关系，金融承担着国民经济活动过程中资金总枢纽的角色。金融运行指标可以说是一国经济活动的"晴雨表"，它不仅能反映当前国家的经济状况，还能反映国家未来经济发展的趋势。金融调控主要表现为经济总量调节和经济结构调节。经济总量调节是指通过调节货币供应量，以保持社会总供求的平衡；经济结构调节是指通过调整信贷资金投向，调节信贷资金在不同部门、产业、行业和地区间的分配，进而影响经济结构的形成，促进国民经济协调发展。

第三，监督宏观经济，维护国家安全。金融的监督职能主要表现为对金融活动及金融主体的监督管理。通过监督一国经济金融的运行态势，发现存在的问题，以便国家采取相应措施加以解决。另外，根据对外对内各种利益之间的关联性，国家利益可以归纳划分为核心价值、军事国防、政治社会、经济金融、科学技术、生态资源六个方面，从而构成了国家安全的"六大支柱"，即核心价值安全、军事国防安全、政治社会安全、经济金融安全、科学技术安全、生态资源安全。其中，经济金融安全是基础，反映出金融对维护国家安全来说至关重要。

延伸阅读1-4

金融安全是国家安全的重要组成部分

2017年4月25日，中共中央政治局就维护国家金融安全进行了第四十次集体学习。习近平总书记在主持学习时强调，金融安全是国家安全的重要组成部分，是经济平稳健康发展的重要基础。维护金融安全，是关系我国经济社会发展全局的一件具有战略性、根本性的大事。金融活，经济活；金融稳，经济稳。从宏观层面上看，我们必须充分认识金融在经济发展和社会生活中的重要地位和作用，切实把维护金融安全作为治国理政的一件大事，扎扎实实把金融工作做好。确保不发生系统性金融风险是维护金融安全的重要目标。有关部门应以准确判断风险隐患作为保障金融安全的前提，增强风险防范意识，对存在的金融风险，做到心中有数、未雨绸缪、密切监测、准确预判、有效防范，不忽视一个风险，不放过一个隐患。

做好金融工作，维护金融安全，是一项系统性工作。我们要围绕习近平总书记重要讲话部署，抓住、抓好以下六项任务。一是深化金融改革，完善金融体系，推动金融机构切实承担起风险管理责任，完善市场规则，健全市场化、法治化违约处置机制；二是加强金融监管，形成金融发展和监管强大合力，补齐监管短板，避免监管空白；三是采取措施处置风险点，加大对市场违法违规行为的打击力度，重点针对金融市场和互联网金融开展全面摸排和查处；四是为实体经济发展创造良好的金融环境，鼓励金融机构加大对先进制造业等领域的资金支持，推进供给侧结构性改革；五是提高领导干部金融工作能力，领导干部特别是高级干部既要学会用金融手段促进经济社会发展，又要学会防范和化解金融风险，强化监管意识，提高监管效能；六是加强党对金融工作的领导，坚持党中央集中统一领导，完善党领导金融工作的体制机制，提高金融决策科学化水平。

资料来源：南方日报评论员. 金融安全是国家安全的重要组成部分［EB/OL］.（2017-04-28）[2021-12-01]. http://theory.people.com.cn/n1/2017/0428/c40531-29244246.html.

第二节 多样化的金融模式

金融服务于实体经济,从其产生、发展到现在,经历了很多变化。然而,金融工具、金融制度、金融市场等方面的创新和变化,一直没有突破传统金融的服务模式,要么是金融服务对象创新,要么是服务领域发生变化,没有出现明显的"跨界"特征。直到2013年,当互联网与金融两个不同的领域跨界融合时,当大数据、区块链、云计算等现代信息技术逐步应用渗透到金融领域时,金融模式开始发生翻天覆地的变化。本节主要介绍多样化的金融模式,包括互联网金融、普惠金融、绿色金融、消费金融、供应链金融。

一、互联网金融

互联网金融也称为数字金融,是金融科技发展的2.0阶段。互联网金融与金融科技之间有相似之处并且存在密切的关系,甚至在有些官方文件的表述中,也认为两者可以通用,但其实它们之间有区别,两者强调的点不尽相同。本书在第二章"金融科技模式"中,将会详细介绍金融科技。

(一) 互联网金融的定义

关于互联网金融目前尚没有统一的、严格规范的定义。本书借鉴有关学者、银行从业者等各方观点及2015年7月中国人民银行等十部委发布的《关于促进互联网金融健康发展的指导意见》,将互联网金融定义为:互联网金融是指传统金融机构与互联网企业利用互联网技术和信息通信技术等一系列现代信息科技手段,实现资金融通、支付、投资和信息中介服务的新型金融服务模式或新型金融业务模式。它是传统金融业与互联网相结合的新兴领域,是依托于区块链、移动支付、云计算、社交网络和搜索引擎等高速发展的信息技术和高度普及的互联网进行的金融活动。互联网金融不同于传统的以物理形态存在的金融活动,其形态虚拟化、运行方式网络化。然而,互联网金融本质上还是金融,其功能仍然主要是资金融通、价格发现、支付清算、风险管理等,并未超越金融的基本范畴;它只是利用互联网技术、互联网平台进行了很多金融创新,其金融的核心属性——中介性、风险性并没有改变。随着金融与互联网逐步相渗、相融,互联网金融已泛指一切可以通过互联网技术来实现资金融通的行为。

(二) 互联网金融的特点

互联网金融的诞生与电子商务的发展密切相关,它之所以能够迅速发展,主要基于其门槛低、覆盖广、效率高、成本低等优势。基于不同的观察角度,可以总结出互联网金融的很多特点,有的强调数据特征,有的强调平等、普惠特征,还有的强调跨界性。结合互联网金融的发展过程及发展趋势,互联网金融的特点主要表现在以下几个方面。

1. 互联网金融数字化、科技化,强调大数据的运用

数据是信息时代的特征。金融业是大数据的重要生产者,同时也高度依赖信息技术,是典型的数据驱动行业。在互联网金融环境中,数据是金融服务提供者的核心金融资产,大数据可以促进高频交易、信贷风险分析以及金融监管效率等。互联网金融领域中的业务模式与产品设计,都体现其对大数据的合理运用。

2. 互联网金融体现突出的包容性、普惠性

传统金融体系在业务准入和产品创新方面形成了一定的排斥效应,或者说是普惠不足。金融资源的配置存在结构性问题,部分领域金融服务过度,而有些领域的金融需求无法满足。互联网与生俱来的包容性、开放性和互联互通性,可以超越实体经济的地域空间阻隔,从而提供无差别的普惠金融服务,提高金融交易效率,降低金融服务成本,满足多元化投融资需求,大幅提升金融服务的普惠性和覆盖面。因此,互联网金融具有包容性、普惠性。互联网金融的出现为普惠金融的发展提供了全新的技术支撑,为普惠金融的可持续发展提供了可行路径。

3. 互联网金融非常强调以客户为中心,凸显高效、便捷

互联网金融的包容性和普惠性强调以客户为中心,能在第一时间响应客户的需求,形成客户前端黏性,因此具有强大的触达客户的能力,这点与传统金融服务不同。此外,互联网金融带来了全新的投融资渠道,为客户提供方便、便捷、高效的金融服务,极大地提高了现有金融体系的效率。例如,网络贷款流程更简化,且无须担保,从申请贷款、贷前调查到贷款审核、发放和还款采用全程流程网络化、无纸化操作,贷款人在电脑前操作即可轻松获取贷款,只需几分钟。

4. 互联网金融具有跨界融合性

互联网金融是"互联网+金融"两大领域相互渗透、共生共赢的创新模式,具有跨行业、跨领域、业务环节相互嵌套等跨界融合性。互联网金融的跨界融合性具体表现在:其一,金融是有高附加值的专业领域,能吸引电商企业开发金融业务。电商跨界实现支付,支付平台按照合规要求可完成多种互联网金融业务,提供综合金融服务。其二,互联网金融借助电商的客户和流量规模,不断开发业务种类,持续成长。其三,金融机构相互跨界。借助互联网平台,商业银行、证券、保险等金融机构可以相互跨界实现支付、网贷、金融理财和财富管理,提供一站式综合金融服务,甚至加速了金融混业的发展。

(三) 互联网金融的主要模式

互联网金融的范围非常宽泛,各类模式层出不穷。随着互联网在金融领域的发展,互联网金融的具体模式也在改变。目前互联网金融的主要模式有第三方支付、大数据金融、众筹、信息化金融机构、互联网金融门户等。

1. 第三方支付

第三方支付狭义上是指具备一定实力和信誉保障的非银行机构,借助通信、计算机和信息安全技术,采用与各大银行签约的方式,在用户与银行支付结算系统之间建立连接的电子支付模式。

根据中国人民银行 2010 年在《非金融机构支付服务管理办法》中给出的非金融机构支付服务的定义,第三方支付从广义上讲是指非金融机构作为收、付款人的支付中介所提供的网络支付、预付卡、银行卡收单以及中国人民银行确定的其他支付服务。第三方支付已不仅仅局限于最初的互联网支付,而是成为线上线下全面覆盖,以及应用场景更为丰富的综合支付方式。

2. 大数据金融

大数据金融是指依托于海量、非结构化的数据,通过互联网、云计算等信息化方式对其

数据进行专业化的挖掘和分析,并与传统金融服务相结合,创新开展相关资金融通工作的统称。大数据金融通过分析和挖掘客户的交易和消费信息掌握客户的消费习惯,并准确预测客户的行为。如此一来,金融机构和金融服务平台在营销和风险控制方面有的放矢。大数据金融扩充了金融业的企业种类,创新了金融产品和服务种类,扩大了客户范围,降低了企业成本,使得传统金融不再一家独大。

3. 众筹

众筹是指项目发起人利用互联网的特性,发动公众的力量,集中公众的资金、能力和渠道,为某项活动、某个项目,甚至为创业企业提供必要资金援助的一种融资方式。

相比于传统的融资方式,众筹的精髓在于小额和大量。众筹的融资门槛低且不再以是否拥有商业价值作为唯一的评判标准,为新型创业公司的融资开辟了一条新的路径。从此,融资渠道不再局限于银行、私募股权基金(PE)和风险投资(VC)。

众筹项目种类繁多,不仅包括新产品研发、新公司成立等商业项目,还包括科研项目、民生工程项目、赈灾项目、艺术设计等。众筹经过几年的迅速发展,逐步形成了奖励制众筹、股份制众筹、募捐制众筹和借贷制众筹等多种运营模式,典型的众筹平台包括点名时间、大家投、积木网等。

4. 信息化金融机构

信息化金融机构是指通过广泛运用以互联网为代表的信息技术,在互联网金融时代,对传统运营流程、服务产品进行改造或重构,实现经营、管理全面信息化的银行、证券和保险等金融机构。信息化金融机构是金融创新的产物。

目前信息化金融机构的主要运营模式可分为以下三类:一是传统金融业务电子化模式,包括网上银行、手机银行、移动支付和网络证券等形式。二是基于互联网的创新金融服务模式,包括直销银行、智能银行等形式,以及银行、券商、保险等创新型服务产品。三是金融电商模式,如以建行"善融商务"电子商务金融服务平台、泰康人寿保险电商平台为代表的各类传统金融机构的电商平台。

5. 互联网金融门户

互联网金融门户是指利用互联网提供金融产品、金融服务的信息汇聚、搜索、比较及金融产品的销售,并为金融产品的销售提供第三方服务的平台。互联网金融门户的核心就是"搜索比价"的模式,采用金融产品垂直比价的方式,将各家金融机构的产品放在平台上,用户通过对比,挑选合适的金融产品。我们可以从相关互联网金融门户平台的服务内容及服务方式,将互联网金融门户分为第三方资讯平台、垂直搜索平台和在线金融超市三大类。

第三方资讯平台是为客户提供全方位、权威的金融业数据及行业资讯的门户网站,其典型代表有和讯网、网贷天眼。垂直搜索平台聚焦于金融产品的垂直搜索门户,消费者在门户上可以快速地搜索到相关的金融产品信息,该平台通过信息的双向选择,有效降低信息不对称,其典型代表有融360、好贷网。在线金融超市汇聚了大量金融产品,不仅提供在线导购及购买匹配服务,还提供与之相关的第三方专业中介服务,因此该类门户在一定程度上充当了金融中介的角色,并通过导购及中介服务,解决服务不对称问题,其典型代表有91金融超市、软交所科技金融超市。

延伸阅读 1-5

互联网金融带来的影响和冲击

互联网金融给传统金融业带来巨大冲击,但目前看来还不会彻底颠覆传统金融业,它颠覆的是传统金融业的经营理念和经营模式。从这个意义上讲,互联网金融的发展就是一场"革命",是对垄断的金融业效率低下、金融服务不公平的"革命"。互联网金融促使金融机构降低服务门槛、提高服务效率,使金融服务能够真正实现"普惠"。互联网与金融深度融合是大势所趋,其对金融产品、业务、组织和服务等方面会产生更加深刻的影响。互联网金融对促进小微企业发展和扩大就业发挥了现有金融机构难以替代的积极作用,为大众创业、万众创新打开了大门。促进互联网金融健康发展,有利于提升金融服务质量和效率,深化金融改革,促进金融创新发展,扩大金融业对内对外开放,构建多层次金融体系。

我国互联网金融呈现快速发展趋势,极大繁荣了互联网金融市场,增强了互联网金融的活力和生命力,并且随着我国互联网金融体系的健全,互联网金融市场的发展将更加便捷、快速,互联网金融整体将处于高质量、良好发展状态。目前我国资本市场都在进军互联网金融产业,互联网金融企业与其他企业之间的联系也日益密切。未来互联网金融将会朝着支付体系更完善、监管模块更细致、优势经营更多元三方面快速发展。

资料来源:罗明雄,唐颖.互联网金融[M].北京:中国财政经济出版社,2013:5.

二、普惠金融

普惠金融(inclusive finance)的概念是从国外引进我国的,其最初的模式是小额信贷。普惠金融的创始人穆罕默德·尤努斯(孟加拉国著名经济学博士、教授)于1976年开始从事小额信贷,以帮助当地的贫困农民。后来他创建了孟加拉国乡村银行——格莱珉银行,是世界上第一家专门借钱给穷人的银行,是一家为穷人服务的银行。他开创了无抵押小微贷款模式,因此获得了2006年的诺贝尔和平奖,被称为"穷人的银行家",并表彰了他从社会底层推动经济和社会发展的努力。小额贷款模式被世界上许多国家包括发达国家所借鉴和模仿,并逐渐发展为普惠金融。

(一)普惠金融的定义

普惠金融也称为包容性金融,是指立足机会均等和商业可持续原则,以可负担的成本为有金融服务需求的社会各阶层和群体提供适当、有效、多样化的金融服务。普惠金融强调服务对象广泛化、金融服务产品低成本化,因此中小企业、老年人、农村居民、城镇低收入人群、贫困人群、残疾人等群体是其主要服务对象。普惠金融提供的产品具有低成本、易获得、更丰富的特点,包含了支付、存款、贷款、理财、保险、征信等业务领域。普惠金融强调社会各阶层获得金融服务的公平性,创新、开拓一些空白市场,决定了它面临着比传统金融更大的风险。

普惠金融的产生与资金供需矛盾密切相关。传统金融体系中的金融供给与金融需求之间存在金融排斥、金融歧视等现象,相应的金融资源得不到有效利用,导致了金融资源出现了配置上的异常,弱势群体所需要的金融服务也很难得到有效满足。然而,普惠金融的宗旨是有效地、全方位地为社会所有阶层和群体提供金融服务,这恰恰是其与传统金融服务的差别,即缓解了金融供给与金融需求之间的矛盾,并提高了金融资源的配置效率。

(二)普惠金融的特点

普惠金融在我国扎根以来,发展迅猛。普惠金融在解决弱势群体融资难、地区发展不平衡、推动乡村振兴等问题方面发挥了重要的作用,这不仅得益于国家的大力支持和推进,而且与普惠金融自身的特点密切相关。

1. 包容性

包容性是普惠金融的本质特征。普惠金融相比传统金融,服务对象非常广泛,并表现出很大的包容性。普惠金融的目标客户是全社会所有阶层和群体,尤其是中小企业、农村居民以及城镇低收入人群等弱势群体。它强调人人都有获得金融服务的权利,与民族、贫富、性别、年龄、文化等差异无关,任何有金融服务需求的个人和群体享受金融服务的机会是平等的,消除了传统金融带来的金融歧视性,突出了全社会拥有金融权利的公平性。因此,普惠金融也要求金融服务供给者在保证自身发展的同时,为社会上尽可能多的金融服务需求者提供"补给",让更多的社会群体参与到实体经济建设中,从而促进金融服务实体经济能力的高质量提升。

2. 便捷性

普惠金融特别强调快捷、高效率的金融服务,要求尽量缩短一次完整的金融交易需要的时间,简化交易中需要的文件和流程,甚至包括物理距离的缩短等,这使金融机构服务效率得到有效提高,从而让有金融需求的人享受到快捷、高效的金融服务。近年来,我国互联网普及率的迅速提升,互联网、大数据及云计算等金融科技手段的运用助推普惠金融进入了全新的数字化发展时代,打破了传统金融服务的"盲区",拓宽了金融服务范围的空间维度,提高了金融服务的覆盖面,提升了金融服务质量和服务效率,使金融服务延伸到有金融需求的每个角落。

3. 广泛性

普惠金融的广泛性表现在金融服务机构、金融服务产品及金融服务渠道三个方面。

提供普惠金融服务的机构主要如下:一是银行类金融机构。二是非银行金融机构(主要包括小额贷款公司、消费金融公司等)。三是合作性质、协会性质和基金会性质的机构(如农村资金互助社、农村社区发展基金等)。

提供普惠金融服务的产品主要如下:一是支付类金融产品(主要包括 ATM、电子支付等)。二是保险类金融产品(主要包括健康险、生命险等)。三是储蓄类金融产品(主要包括储蓄账户、养老金账户等)。四是信用类金融产品(主要包括信用卡、个人消费贷款等)。

提供普惠金融服务的渠道如下:一是服务网点渠道(主要包括金融机构网点、代理商和自助服务终端等)。二是金融基础设施渠道(主要包括支付结算体系、信用报告等)。三是客户渠道(主要是具有金融服务需求的人)。

4. 可持续性

普惠金融的长期发展不可能一直依靠财政补贴,保持可持续发展是长久之策。从现状看,普惠金融有着广阔的市场前景,其服务对象和业务种类非常宽泛,同时其发展也带来了金融机构利润的增加。此外,普惠金融所提供的金融服务不是一次性的或是简单的"输血式"资金资助,而是通过调动整个金融体系的积极性和投资性,将服务对象覆盖区域从城镇地区延伸到农村地区和偏远山区,使各阶层的金融需求得到有效满足,促进金融资源的合理化分配,从而实现可持续发展的长远目标。

(三) 普惠金融在我国的发展

我国的普惠金融最早在 2005 年由中国小额信贷联盟引入。2006 年 3 月,在北京召开的亚洲小额信贷论坛上,普惠金融这一概念被正式使用。2013年11月,中共十八届三中全会上通过了《中共中央关于全面深化改革若干重大问题的决定》,正式提出发展普惠金融,这也是普惠金融第一次作为一项国策而被提出。

2016年1月15日,国务院印发了《推进普惠金融发展规划(2016—2020年)》(以下简称《规划》),这是我国首个发展普惠金融的国家级战略规划。《规划》确立了普惠金融的发展目标:到2020年,要建立与全面建成小康社会相适应的普惠金融服务和保障体系,特别是要让中小企业、老年人、农村居民、城镇低收入人群、贫困人群、残疾人等弱势群体及时获取价格合理、便捷安全的金融服务,使我国普惠金融发展居于国际中上游水平。2016年9月,在G20杭州峰会上发布的国际社会普惠金融领域的首个高级别指引性文件《G20数字普惠金融高级原则》,标志着普惠金融的发展迈进了数字普惠金融阶段。2022年2月28日召开的中央全面深化改革委员会第二十四次会议,审议通过了《推进普惠金融高质量发展的实施意见》,为我国普惠金融下一阶段发展明确方向和目标。

2022年10月党的二十大召开,习近平总书记指出中国式现代化是全体人民共同富裕的现代化,需要多措并举才能实现。发展普惠金融是其中的重要举措之一,这是一种责任使命,更是时代呼唤、民心所向。普惠金融在振兴乡村、促进偏远贫困地区经济发展,缓解中小微企业及低收入群体融资困难等方面发挥着重要的作用。

(四)数字普惠金融

《G20数字普惠金融高级原则》将数字普惠金融定义为:利用数字金融服务展开普惠金融业务的模式,具体包括各类金融产品和服务(如储蓄、保险、支付、转账、信贷、投资等),以及通过数字技术(常规电子账户、支付卡、电子货币等)进行交易。目前数字普惠金融涉及数字支付、理财、消费、征信等多个领域。

北京大学数字金融研究中心的研究制定了三个指标来衡量数字普惠金融的发展,分别为数字普惠金融的覆盖广度、数字普惠金融的使用深度和数字普惠金融的支持程度。数字普惠金融的覆盖广度通过各省市居民的金融网络账户数量来计算,而不是传统金融中的"金融机构网点数"及"金融服务人员数";数字普惠金融的使用深度的测量采用衡量互联网金融服务的方式体现,包括数字普惠金融的服务类型(包含投资、信贷、保险、征信和支付服务等多种金融工具在内)及服务使用状况,而服务使用状况又具体包括人均交易数量金额及实际使用人数;数字普惠金融的支持程度主要通过使用便利性和使用成本来衡量,这是因为它们是用户在选择金融服务时主要会考虑到的两个因素。

延伸阅读 1—6

数字普惠金融与传统金融相比的优势

基于新型数字技术的应用,数字普惠金融相比于传统金融服务,具有以下优势:

一是覆盖范围更广。互联网和移动通信技术使传统金融机构服务突破时间和空间限制,可以为客户提供跨区域、无差别的金融产品和服务,拓宽了传统金融服务的覆盖范围,实现普惠金融向边远地区的深入推进。

二是服务成本更低。数字技术的应用使众多传统金融服务从线下转至线上,金融机构减少营业网点的铺设和人员投入,为金融机构节省了大量的营业开支,并且新增客户服务的边际成本极低,大大降低了金融机构的服务成本。

三是服务效率更高。基于海量用户信息数据,依托大数据分析,金融机构通过对客户的精确画像识别客户需求,为客户提供个性化金融服务,以实现精准营销,从而降低了资金供需双方的匹配时间。

四是风险更加可控。数字普惠金融改变了传统风险管理方式,依托互联网和云计算数字技术对海量数据进行挖掘分析,构建大数据智能风控系统。数字普惠金融相比于传统金融信贷的审批和监督更加有效,提升了金融服务效率。

资料来源:三个皮匠报告.数字普惠金融[EB/OL].(2022-03-02)[2022-05-10].https://www.sgpjbg.com/news/31045.html.

三、绿色金融

随着人口增长、经济快速发展及能源消耗量的大幅增加,全球生态环境受到了严峻挑战,实现经济绿色增长已成为世界各经济体的发展共识。发展绿色金融成为推动经济绿色、低碳发展的重要举措。因此,绿色金融在近几年尤其备受关注,也由此得到了较大的发展。近年来,我国一直秉承"绿水青山就是金山银山"的理念,推动生态环境和社会经济健康、绿色发展。党的二十大报告提出要实现"中国式现代化",而实现"人与自然和谐共生的现代化"是其中的重要特征之一。结合我国绿色金融的实践效果来看,进一步推动绿色金融发展是实现"人与自然和谐共生现代化"的重要途径。

(一) 绿色金融的定义

绿色金融又称为可持续金融,一般有两方面的理解:一是指金融业如何促进环保和经济社会的可持续发展,二是指金融业自身的可持续发展。前者强调通过不同方式引导资金流向节约资源技术开发和生态环境保护产业,引导企业生产注重绿色环保,引导消费者形成绿色消费理念;后者则明确金融业要保持可持续发展,避免注重短期利益的过度投机行为。

2016年8月31日,中国人民银行、财政部等七部委联合印发的《关于构建绿色金融体系的指导意见》中给出绿色金融的定义:绿色金融是指为支持环境改善、应对气候变化和资源节约高效利用的经济活动,即对环保、节能、清洁能源、绿色交通、绿色建筑等领域的项目投融资、项目运营、风险管理等所提供的金融服务。可见,绿色金融是金融服务与绿色产业融合发展的创新模式。

上述绿色金融的定义包括以下几层意思:一是绿色金融的目的是支持有环境效益的项目,而环境效益包括支持环境改善、应对气候变化和资源高效利用;二是给出了绿色项目的主要类别,包括绿色信贷、绿色债券、绿色股票指数等;三是明确了绿色金融包括支持绿色项目投融资、项目运营和风险管理的金融服务,说明绿色金融既包括贷款和证券发行等融资活动,又包括绿色保险等风险管理活动以及多种功能的碳金融业务。

1-4:健全绿色金融体系 助力实现碳达峰碳中和

(二) 绿色金融的特点

绿色金融最突出的特点是强调可持续发展、强调人类社会的生存环境利益。它将对环境的保护程度和对资源的有效利用程度作为计量其活动成效的标准之一,通过自身活动引导各经济主体注重自然生态平衡。绿色金融追求金融活动与环境保护、生态平衡的协调发展,最终实现经济社会的可持续发展。这些特点都与传统金融不同。

此外,绿色金融的实施需要借助政府政策进行推动,这点与政策性金融有相同之处。环境资源、生态文明是典型的公共品,如果没有政府政策的规定,金融机构很难主动考虑贷款方的生产或服务是否具有生态效率,也不会积极投入这些公共效益突出但很难带来直接经济效益的领域。

(三) 绿色金融体系

1. 构建绿色金融体系的目的

通过绿色信贷、绿色债券、绿色保险、绿色股票指数和相关产品、绿色发展基金、碳金融等金融工具和相关政策支持经济向绿色化转型的制度安排，构建绿色金融体系，其主要目的是动员和激励更多社会资本投入绿色产业，同时更有效地抑制污染性投资。

构建绿色金融体系，不仅有助于加快我国经济向绿色化转型，支持生态文明建设，还有助于促进环保、新能源、节能等领域的技术进步，加快培育新的经济增长点，提升经济增长潜力。党的十九大报告明确提出，加快生态文明体制改革，建设美丽中国，推动绿色发展，发展绿色金融。

2. 绿色金融体系的主要产品

绿色金融是金融服务与绿色产业融合发展的一种创新模式，实践工作中是通过一系列绿色金融产品的开发和实施，形成绿色金融体系并发挥作用。绿色金融体系一般主要有三类产品：绿色信贷、绿色债券、绿色保险。

1) 绿色信贷

绿色信贷源于绿色金融，是推行绿色金融最主要的方式。绿色信贷是指银行机构主要面向绿色产业、绿色项目发放贷款，要求银行大力支持环境保护和节能减排项目，为生态保护、生态建设和绿色产业提供融资，其本质在于正确处理金融业与可持续发展的关系。

绿色信贷是于2007年7月由我国原国家环境保护总局、中国人民银行、原中国银行业监督管理委员会（以下简称原银监会）三部门联合提出的一项新的信贷政策，目的是遏制高耗能、高污染产业的盲目扩张，通过金融杠杆实现环保调控。绿色信贷的具体措施有：建立环境准入门槛，对限制和淘汰类新建项目，不得提供信贷支持；对淘汰类项目停止各类形式的新增授信支持，并采取措施收回已发放的贷款。这些措施能从源头上切断高耗能、高污染产业无序发展和盲目扩张的经济命脉，有效地切断严重违法者的资金链条，遏制其投资冲动，有助于解决环境问题，并通过信贷发放进行产业结构调整。原银监会于2012年下发了《绿色信贷指引》，对银行业金融机构开展绿色信贷提出了明确要求，加强对银行业开展绿色信贷业务的监管，提高绿色信贷的质量和效果。

2) 绿色债券

绿色债券也是重要的绿色金融产品，它是指将发债所得资金专门用于符合规定条件的绿色项目或为这些项目进行再融资的债券工具。其主要用途包括：支持节能减排技术改造、绿色城镇化、能源清洁高效利用、新能源开发利用、循环经济发展、水资源节约、污染防治、生态农林业、节能环保产业、低碳产业、生态文明先行示范实验、低碳试点示范等绿色循环低碳发展项目。

绿色债券与普通债券不同，在债券募集资金的用途、绿色项目的评估与选择程序、募集资金的跟踪管理，以及要求出具相关年度报告等方面具有特殊性。

3) 绿色保险

绿色保险又称为生态保险，是指在支持环境改善、应对气候变化、资源节约和高效利用等方面提供的市场化保险风险管理服务和保险资金支持。其中，环境责任保险最具代表性。该保险自2007年起试点，由保险公司负责对污染受害者进行赔偿。有效运用环境责任保这一保险工具,对于促使企业加强环境风险管理,减少污染事故发生,迅速应对污染事故,及时补偿,有效保护受害者权益方面,都可以产生积极的效果。除了环境责任保险,在绿色资源和农业保障、绿色交通保障方面的创新绿色保险产品逐渐被推出,各大保险公司都在积极参与。

绿色保险在促进低碳转型、提供风险保障方面发挥着独特的杠杆作用,有助于"双碳"目标的达成。2022年6月,原中国银行保险监督管理委员会发布了《银行业保险业绿色金融指引》,要求银行保险机构从战略高度推进绿色金融,加大对绿色、低碳、循环经济的支持,同时提出银行业、保险业应将环境、社会、治理(ESG)要求纳入管理流程和全面风险管理体系。其被视为中国绿色金融发展的重要里程碑。

四、消费金融

(一) 消费金融的定义

消费金融(consumer finance)是为满足消费者消费需求的现代金融服务方式,是金融机构向消费者提供用于装修、旅游、电子产品、教育、婚庆等具体消费需求的个人消费贷款服务。消费金融在提高消费者生活水平、支持经济增长等方面发挥着积极的推动作用。

消费金融主要包括消费贷款(汽车贷款、耐用品消费贷款、装修贷款等)、学生助学贷款、个人资金周转贷款、分期付款等形式。其中,最主要的形式是消费贷款。消费贷款具有单笔授信额度小、审批速度快、无须抵押担保、服务方式灵活、贷款期限短等优势,广受不同消费群体的欢迎。随着互联网的迅猛发展,消费者通过互联网渠道获得贷款越来越容易,形式也越来越多样,因此互联网消费金融成为金融发展的主流。除了由传统的银行提供消费贷款服务,互联网平台已逐渐成为提供消费金融服务的重要机构,如京东科技的"京东白条""京东金条",原蚂蚁集团的"蚂蚁花呗""蚂蚁借呗"(现已接入重庆蚂蚁消费金融有限公司)等互联网金融产品,都主要用于消费金融。

近年来,消费金融规模迅速扩张,我国的消费金融在参与主体、服务模式、服务对象、产品创新等方面也发生了较大变化。

(二) 消费金融公司

消费金融公司是消费金融市场上提供消费金融服务的重要机构。在我国,消费金融公司是指由监管机构批准,在我国境内设立的、不吸收公众存款,以小额、分散为原则,为我国境内居民个人提供以消费为目的的贷款的非银行金融机构。

2009年7月,原银监会公布《消费金融公司试点管理办法》,在北京、天津、上海、成都启动消费金融公司试点审批工作。从2010年开始,原银监会批准成立首批四家试点消费金融公司(包括北银消费金融、中银消费金融、成都锦程消费金融、捷信消费金融),同年这4家公司相继开业,标志着消费金融公司在中国正式"破冰"成立。发展至今,我国消费金融业已走过10年,从诞生到成长再到迅速增长,消费金融业已经进入了一个相对成熟的发展阶段。截至2022年3月,我国目前共有30家持牌的消费金融公司。

在我国的消费金融公司中,主要分为三大体系:银行系消费金融公司(以银行为主发起设立,银行是最大的股东,如中银消费金融有限公司、北银消费金融有限公司、捷信消费金融有限公司、招联消费金融有限公司等)、互联网系消费金融公司(如重庆蚂蚁消费金融有限公司、小米消费金融有限公司等)、产业系消费金融公司(如马上消费金融有限公司等、海尔消费金融有限公司等）。其中,银行系消费金融公司占据主导地位。

目前,消费金融公司普遍依托互联网技术,商业模式推陈出新,通过形成线上、线下相结合的业务体系,提升消费信贷服务的便利性体验。消费金融能快速获取个性化和差异化的需求,进行产品创新,开拓了从耐用消费品到教育、旅游、健康、家装、美容、婚庆等各个消费领域,真正紧跟中低收入大众的消费需求热点,为消费者带来了前所未有的金融体验,也践行了普惠金融服务。

1-5：马上消费乡村振兴实践与成果回顾

相关思考 1-3

消费金融公司主要开展哪些业务

消费金融公司是非银行金融机构,也是以营利为目的的企业。目前在我国的消费金融市场,持牌的消费金融公司主要以银行为主导。银行本身可以开展消费贷款业务,为何还会成立消费金融公司？消费金融公司主要开展哪些业务从而实现营利目的？

五、供应链金融

供应链金融的出现主要是为解决资质不足的中小企业融资困难的问题。简单来说,供应链金融是一种融资模式,在这种模式下,银行作为核心机构将供应链中的核心企业和上下游企业联系在一起,提供灵活运用的金融产品和服务。

目前,国内对供应链金融主要是从金融角度理解的。2020年9月,中国人民银行等八部委联合发布的《关于规范发展供应链金融 支持供应链产业链稳定循环和优化升级的意见》（以下简称《意见》）,第一次明确了供应链金融的内涵和发展方向,向市场传递清晰的信号。《意见》指出,供应链金融是指从供应链、产业链整体出发,运用金融科技手段,整合物流、资金流、信息流等信息,在真实交易背景下,构建供应链中占主导地位的核心企业与上下游企业一体化的金融供给体系和风险评估体系,提供系统性的金融解决方案,以快速响应产业链上企业的结算、融资、财务管理等综合需求,降低企业成本,提升产业链各方价值。

此外,供应链金融还可以从产业角度理解。供应链金融是一种集物流运作、商业运作和金融管理于一体的管理行为和过程,它将产业中的各个参与主体,如买方、卖方、第三方物流及金融机构紧密地联系在一起,实现了用供应链运行盘活资金、用资金拉动供应链发展的过程。

供应链金融本质是基于对供应链结构特点、交易细节的把握,借助核心企业的信用实力或单笔交易的自偿程度与货物流通价值,对供应链单个企业或上下游多个企业提供全面金融服务。

供应链金融的具体实践基于供应链管理,在供应链中寻找一个核心企业（平台）,由核心企业（平台）主导,以其上下游为服务对象,以其资质作为信用担保,对供应链上所有企业的信用进行捆绑,为供应链中制造、采购、运输、库存、销售等各个环节提供融资服务,实现物流、商流、资金流、信息流四流合一,以解决供应链中各个节点资金短缺、周转不灵等问题,从而激活整个供应链的高效运转,降低融资成本。与传统的融资业务相比,供应链金融很好地满足了部分中小企业的资金需求,有利于整条产业链的协调发展。

1-6：供应链金融与传统金融的区别

供应链金融公司与传统金融有哪些区别以及未来发展方向在哪

2021年政府工作报告首次单独提及"创新供应链金融服务模式";2022年各有关部门多次提出要"发展供应链金融,提供直达各流通环节经营主体的金融产品",供应链金融在实体经济中的重要性越来越重要。作为一种新型金融服务模式,供应链金融与传统金融模式有哪些区别?它未来的发展方向在哪?是否需要数智化转型或借用金融科技手段来推动供应链金融的发展?

 延伸阅读1-7

产业数智金融

大数据、人工智能、区块链、云计算等数字资源与技术的创新和应用正在改变我们的经济社会,重构金融服务模式,推动产业结构升级,产业数智金融应运而生,成为新金融领域的"新蓝海"。

在数字经济的背景下,数据成为重要的战略资源,借助数智技术的力量,将数据转化为信用评价模型,为开展普惠金融提供了可能。产业的发展离不开金融的支持,产业链上中小微企业的发展更需要金融的支持,数智技术的发展必将帮助产业、产业链、产业平台上的中小微企业缓解融资难的问题。

产业与金融的结合发展在一百多年间经历了多种模式,从"以产助融"到"以融助产",股权、债券、证券化等金融工具不断融合演进。在发达国家,世界500强企业的产融实践跌宕起伏,充分证明了产融结合是现代金融与产业发展的内在趋势。今天,我们立足数字经济时代,以数字化、智能化的视角观察金融与产业的双向赋能,从领先实践中提炼新思路、发现新模式、开拓新业态,对于金融和产业都有很好的借鉴意义。

资料来源:张建锋,肖利华,刘伟光,等.数智金融与产业赋能[M].北京:电子工业出版社,2022:6.

本章小结

本章的主要学习内容是全面理解金融。通过本章的学习,学生了解了金融的产生、国内外对金融的不同理解、融资模式;掌握了金融的本质、金融的地位及作用;进一步熟悉了多样化的金融模式,如互联网金融、普惠金融、绿色金融、消费金融、供应链金融。

本章重要概念

金融　经济金融化　杠杆　去杠杆　直接融资　间接融资　普惠金融　互联网金融
消费金融　消费金融公司　供应链金融　绿色金融　绿色信贷　绿色债券　绿色保险

本章练习

一、单选题

1. 下列各项中,属于金融活动中的间接融资方式的是(　　)。
   A. 发行股票　　　B. 发行债券　　　C. 银行贷款　　　D. 风险投资
2. 下列各项中,不属于互联网金融模式特点的是(　　)。

A. 门槛低　　　　B. 不受时空限制　　　C. 便利性　　　　D. 不具有普惠性
3. 直接融资与间接融资的划分依据是（　　）。
　　A. 有无中介　　　　　　　　　　　B. 供求双方身份
　　C. 中介数量　　　　　　　　　　　D. 供求双方是否直接形成契约关系
4. 下列各项中，不属于金融活动主体的是（　　）。
　　A. 个人　　　　　B. 企业　　　　　C. 政府　　　　　D. 金融市场
5. 绿色金融体系一般不包括的产品是（　　）。
　　A. 绿色贷款　　　B. 绿色生态　　　C. 绿色债券　　　D. 绿色保险
6. 下列对金融的不同理解中，错误的是（　　）。
　　A. 国外对金融的理解更偏重于微观角度，属于窄口径的理解
　　B. 国内对金融的理解更偏重于宏观角度，属于宽口径的理解
　　C. 金融的核心是跨时间、跨空间的价值交换
　　D. 金融其实就是通过银行贷款实现融资
7. 下列各项中，不属于互联网消费金融产品的是（　　）。
　　A. 京东白条　　　B. 银行e贷通　　　C. 度小满　　　　D. 蚂蚁花呗
8. 立足机会均等和商业可持续原则，以可负担的成本为有金融服务需求的社会各阶层和群体提供适当、有效、多样化的金融服务是（　　）。
　　A. 普惠金融　　　B. 消费金融　　　　C. 绿色金融　　　D. 互联网金融
9. 下列关于对供应链金融的不同理解中，错误的是（　　）。
　　A. 大大增加了供应链上所有参与者的成本
　　B. 能够解决资质不足的中小企业融资困难的问题
　　C. 供应链金融模式中银行是核心机构
　　D. 能够整合物流、资金流、信息流，以此将上下游企业连接起来
10. 项目发起人利用互联网的特性，发动公众的力量，集中公众的资金、能力和渠道，为某项活动、某个项目甚至是创业企业提供必要资金援助的融资方式是（　　）。
　　A. 第三方支付　　B. 众筹　　　　　C. 区块链金融　　　D. 大数据金融

二、多选题

1. 下列对金融的不同理解中，正确的有（　　）。
　　A. 金融来源于生活　　　　　　　　B. 中西方对金融的理解不同
　　C. 信用是金融的基础　　　　　　　D. 金融为实体经济服务
2. 金融的产生（　　）。
　　A. 与货币的出现有关　　　　　　　B. 与信用活动有关
　　C. 源于资金余缺需要调剂　　　　　D. 与企业、个人、政府的经济活动有关
3. 提供普惠金融服务的机构包括（　　）。
　　A. 商业银行　　　B. 保险公司　　　C. 互联网平台　　　D. 资金互助社
4. 下列各项中，属于金融活动的有（　　）。
　　A. 微信支付消费　　B. 把钱存银行　　C. 贷款买房子　　　D. 投资买股票
5. 金融的本质可以理解为（　　）。
　　A. 为有钱人理财　　　　　　　　　B. 为缺钱人融资

  C. 为实体经济服务   D. 金融的核心是信用、杠杆、风险
6. 下列各项中,属于直接融资方式的有(　　)。
  A. 银行贷款   B. 民间借贷   C. 发行股票   D. 风险投资
7. 金融的地位和作用主要表现在(　　)。
  A. 经济金融化促使金融成为推动经济增长的重要力量
  B. 金融是现代经济中调节宏观经济的重要杠杆
  C. 金融成为联通整个社会经济生活的命脉和媒介
  D. 经济是肌体,金融是血脉,两者共生共荣
8. 消费贷款的特点包括(　　)。
  A. 单笔授信额度小   B. 审批速度快
  C. 无须抵押担保   D. 贷款期限短
9. 互联网金融模式主要有(　　)。
  A. 第三方支付   B. 大数据金融
  C. 互联网金融门户   D. 众筹
10. 普惠金融具有的特征有(　　)。
  A. 包容性   B. 广泛性   C. 高成本   D. 可持续性

三、判断题

1. 金融可以理解为跨时空资源配置。（　　）
2. 个人通过银行贷款买房、买股票基金都是在参与金融活动。（　　）
3. 风险是金融的基础,没有风险就没有金融活动。（　　）
4. 普惠金融最初源于信用卡消费模式,后来被许多国家借鉴和模仿。（　　）
5. 绿色信贷、绿色债券、绿色保险都是绿色金融产品。（　　）
6. 向银行贷款是常见的加杠杆方式,而去杠杆的方式通常是缩紧信贷,减少负债。（　　）
7. 金融安全也是国家安全的重要组成部分,而金融危机的爆发会危及金融安全。（　　）
8. 互联网金融本质上还是金融,风险特征尤其突出。（　　）
9. 直接融资模式无须中介机构的参与。（　　）
10. 我国的消费金融公司目前是互联网系占据主导地位。（　　）

四、简答题

1. 阐述金融的地位及作用。
2. 如何理解"金融的核心是信用、杠杆、风险"这句话?
3. 普惠金融主要为谁提供服务?其优势体现在哪?
4. 互联网金融与传统金融相比,有何突出特点?

五、材料分析题

  党的二十大闭幕后,习近平总书记在陕西省延安市、河南省安阳市考察时强调,要"全面推进乡村振兴,为实现农业农村现代化而不懈奋斗"。乡村振兴的基础是产业振兴,没有特色化、可持续的乡村产业,就无法实现乡村振兴。乡村产业的发展离不开金融支持,习近平总书记于2022年2月在中央全面深化改革委员会第二十四次会议上指出,要始终坚持以人民为中心的发展思想,推进普惠金融高质量发展,健全具有高度适应性、竞争力、普惠性的现代金融体系。

长期以来,我国农村普惠金融体系薄弱,无法满足乡村产业发展需要,尽管目前情况持续好转,但乡村区域融资难、融资贵的问题依然突出。数字普惠金融运用数据化、智能化和网络化的信息技术,快速覆盖客户,边际成本低,能在政策性金融支持下以较低利率持续向乡村区域提供便捷的金融服务,助推乡村产业高质量发展。

请结合上述材料,分析:为什么普惠金融能够推动乡村振兴?当前我国乡村普惠金融发展中存在哪些问题?什么是数字普惠金融?

1-7:本章
练习答案

第二章　金融科技模式

> 内容提要
> 重点难点
> 学习目标
> 知识框架
> 思政育人
> 第一节　金融科技概述
> 第二节　金融科技的应用及行业发展
> 本章小结
> 本章重要概念
> 本章练习

内容提要

本章主要讲述了金融科技的定义、特点、产生及发展；金融科技的主要业务、金融科技带来的影响；金融科技核心技术、金融科技在金融领域的应用、金融科技行业构成及其发展现状等。

重点难点

本章重点为金融科技的定义、特点、本质及主要业务，以及金融科技带来的影响；难点为金融科技的应用。

学习目标

通过本章学习，学生应掌握金融科技的定义，金融科技与互联网金融、科技金融的区别，金融科技的特点、本质属性及主要业务，金融科技带来的影响，金融科技核心技术及其应用领域；熟悉金融科技的产生及发展、金融科技行业构成及其发展现状。

知识框架

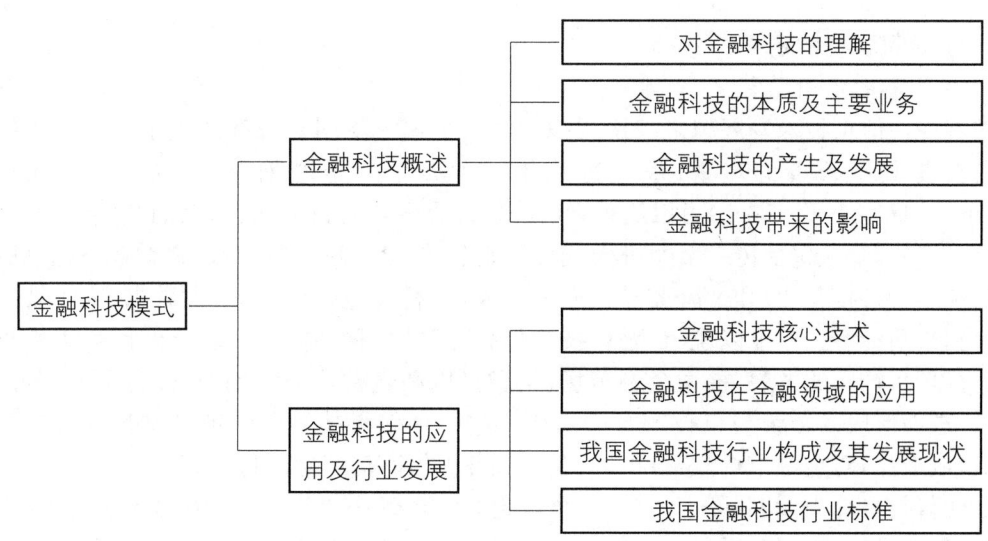

思政育人　　建设数字中国离不开金融科技的推动

党的二十大报告中指出,要建设数字中国,加快发展数字经济,促进数字经济和实体经济深度融合,打造具有国际竞争力的数字产业集群。数字中国是数字时代国家信息化发展的新战略,是驱动引领经济高质量发展的新动力,其涉及千行百业,主要包括"互联网＋"、大数据、云计算、数字经济、电子政务等内容。构建以数据为关键要素的数字经济,推动实体经济和数字经济融合发展,是建设数字中国的核心要点。数字经济发展离不开数据要素市场开发。在中国人民银行于2022年发布的《金融科技发展规划(2022—2025年)》中也提到,数据已经成为当前社会重要的生产要素和资源。

金融科技以人工智能、大数据、区块链、云计算、生物识别等新兴技术为基础。金融科技自2016年引入我国以来,迅速成为监管领导、企业高管、学者专家等关注的焦点。目前,我国金融科技的整体竞争力处于世界领先水平,特别是移动支付、数字信贷已成为我国数字经济发展的亮点。高质量地推动我国金融科技的发展,全面推进金融数字化转型,是推动数字经济高质量发展、建设数字中国,从而实现中国式现代化目标的重要方向。例如,发挥大数据、人工智能等技术精准识别融资需求,将企业诚信经营、纳税信用、专利价值等数据转化为信贷动能,从而纾解银企之间信息不对称问题,推动企业底层资产数字化、产业链条透明化,促进小微企业融资"量增价降"。

资料来源：白华兵,姜樊.金融街论坛多方聚焦：新阶段数字经济与金融科技相互助力[EB/OL].(2022-11-22)[2022-11-25]. https://www.bjnews.com.cn/detail/1669103006014762.html.

第一节　金融科技概述

金融从产生到现在一直在不断地发展、创新。伴随信息技术的变革,金融服务模式也发展到更新、更高级的阶段,近年来备受关注的当属金融科技模式。金融科技作为技术驱动的金融创新,是深化金融供给侧结构性改革、增强金融服务实体经济能力的重要引擎。数字经济的蓬勃兴起为金融创新发展构筑广阔舞台,数字技术的快速演进为金融数字化转型注入充沛活力,金融科技逐步迈入高质量发展的新阶段。

一、对金融科技的理解

(一)金融科技的定义

1. 理论界的不同界定

随着现代信息技术发展越来越快,其对经济、金融等不同领域都产生了重要的影响,而金融科技是其中重要的产物,也是近几年一种典型的金融创新。金融科技(financial technology,简写为FinTech)可以简单理解为传统金融与科技的融合,然而其实际内涵却极其丰富。其中,金融包括传统金融机构(银行、证券、保险、信托等)、新兴金融业态(互联网金融公司和金融科技企业)和金融监管机构三大主体;科技包括云计算、大数据、人工智能、区块链等新兴前沿科技。可以说,金融科技是依托互联网、移动终端,以及云计算、大数据、人工智能等新兴技术的发展,推动金融市场、金融机构和金融业务的创新,提升金融服务效率和质量,进而形成的金融与科技融合的新生事物。金融科技涵盖的各种新型业务模式、应用、流程或产品,对金融市场、金融机构、金融服务提供商都产生了重大影响。

金融科技目前尚无国际统一定义。全球金融治理牵头机构——金融稳定理事会(FSB)于2016年3月发布的《金融科技的描述与分析框架报告》中,第一次在国际组织层面对金融科技作出了初步定义,即金融科技是指通过区块链、大数据、云计算等前沿科技手段驱动金融创新,形成对金融市场、金融机构及金融服务产生重大影响的新兴业务模式、新技术应用以及新产品服务。而国际货币基金组织(IMF)和世界银行集团(WB)则对金融科技采用了较宽泛的解释:金融科技可用来描述有可能促进金融服务提供方式转变并促进新商业模式、应用、程序和产品出现的技术进步。国际证监会组织(IOSCO)指出,金融科技是有潜力改变金融服务行业的各种创新的商业模式和新兴技术。新加坡金融管理局(MAS)指出,金融科技是通过使用科技,设计新的金融服务和产品的业务模式。

中国人民银行参考了上述定义,认为金融科技是典型的技术驱动的金融创新,旨在运用现代科技成果改造或创新金融产品、经营模式、业务流程等,推动金融发展提质增效。可见,金融科技的实质就是金融服务与信息技术的结合,应用大数据、云计算、区块链、人工智能等,打造金融支付、投资融资、保险证券以及基础设施等领域的新服务模式。金融与科技的融合模式如图2-1所示。

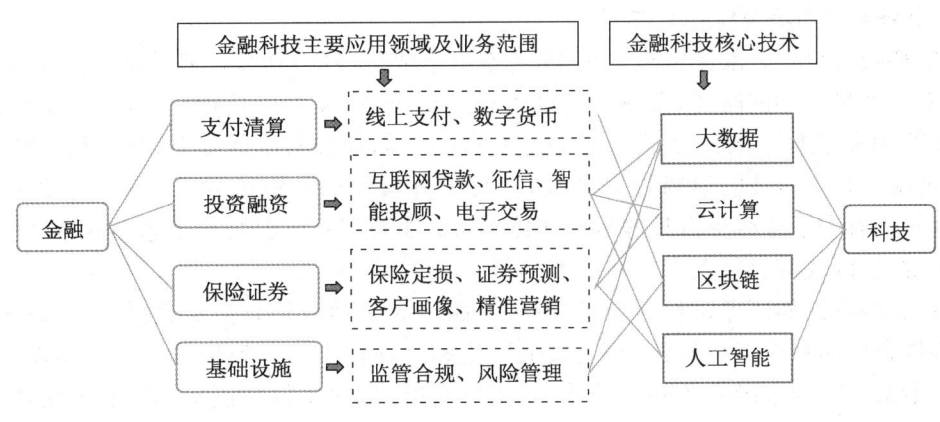

图2-1 金融与科技的融合模式

2. 行业实践中的定义

金融科技这个术语在行业实践中经常用于不同的场合,具有不同的含义。金融科技有时是指应用于金融领域的各类新技术,如区块链、云计算、大数据等;有时是指现行金融业务的数字化或电子化,如网上银行、手机银行等;有时是指与金融领域密切相关,与现有金融机构形成合作或竞争关系的科技公司或电信运营商;甚至有时是指采用新技术进行业务创新的金融机构本身。

此外,不同的机构对金融科技有不同的理解,如国际咨询机构麦肯锡将金融科技理解为推动新型科技公司并使银行、支付、保险发生革命性变化的颠覆性技术;而安永会计师事务所对金融科技的定义则是把创新商业模式与新科技相结合,从而实现、增强并颠覆金融服务;金融科技公司京东科技提出,金融科技是遵循金融本质,以数据为基础,以技术为手段,为金融业服务,帮助金融业提升效率、降低成本。

可见,目前各界对金融科技并未形成统一规范的定义,不同主体从不同视角对金融科技有不同的理解。总体上这些观点可以分为三类:一是认为金融科技就是金融,是新技术发展下的创新的金融模式(如FSB、MAS及中国人民银行的看法)。二是将金融科技理解为一种新产业,包括但不限于金融服务业(如IOSCO的定义同时包含了商业模式和技术因素)。

三是把金融科技理解为一种以新技术应用为核心的技术创新。

综上所述,尽管不同主体对金融科技的理解角度和侧重点不尽相同,但科技和创新的内涵却基本成为各方共识。因此,结合上述观点,目前可以将金融科技理解为:技术驱动下的金融创新模式,以数据为基础,以技术为手段,通过对现代信息技术的应用,实现产品或服务的创新、客户体验的改善、交易成本的降低及金融服务效率的提升。

2-1:2022中国金融科技竞争力报告发布

相关思考 2-1

金融科技与科技金融、互联网金融有区别吗

金融科技近几年备受关注。在金融科技受关注之前,互联网金融经历了高速发展,并逐步进入规范发展阶段;而科技金融这几年也成为各国政府重点推动的产业。那么,金融科技、科技金融、互联网金融这三者之间有何区别?

(二)金融科技与科技金融、互联网金融的不同

1. 金融科技与科技金融的不同

金融科技与科技金融经常被混淆,两者都是金融与科技的创新,但是金融科技和科技金融并不是一回事。如前所述,金融科技既可以是指金融,又可以是指技术,是基于移动互联网、云计算和大数据等技术,实现金融服务和产品的创新及效率的提升,并非简单地在互联网上做金融。金融科技的落脚点是科技,科技提升整个产业链的效率,不仅有助于完善金融,而且间接有利于金融更好地服务于实体经济。金融科技的具体产品包括第三方支付、大数据、金融云、区块链、征信、人工智能等。

科技金融应该如何界定目前尚未统一,原四川大学副校长赵昌文教授在《科技金融》中表示,科技金融体系是促进科技开发、成果转化和高新技术产业发展的一系列金融工具、金融制度、金融政策与金融服务的系统性、创新性安排,是国家科技创新体系和金融体系的重要组成部分。简单来说,科技金融体系可以简化为一切服务于科技企业以及科技成果发展、创新的多方资源体系。

科技金融是我国国家政策层面及制度层面提出的特定概念。国务院印发的《"十三五"国家科技创新规划》,明确了科技金融的性质和作用。《"十三五"国家科技创新规划》第十七章第三点"促进科技金融产品和服务创新"中提到:"建立从实验研究、中试到生产的全过程、多元化和差异性的科技创新融资模式,鼓励和引导金融机构参与产学研合作创新。在依法合规、风险可控的前提下,支持符合创新特点的结构性、复合性金融产品开发,加大对企业创新活动的金融支持力度。"这是目前我国对科技金融最权威的表述。可见,科技金融的落脚点是金融,其利用金融创新,服务于科技创新创业的金融业态和金融产品。

科技金融属于产业金融的范畴,主要是指科技产业与金融产业的融合。经济的发展依靠科技的推动,而科技产业的发展则需要金融的助推。高科技企业通常具有高风险,并且融资需求比较大,因此科技企业与金融产业的融合,更多的是科技企业寻求融资的过程。科技金融的具体产品主要包括投资联动、科技保险、科技信贷、股权众筹等。相关部门提到科技金融时,一般是思考金融如何更有效地服务于科技创新、科技产业和科技事业等问题。

2. 金融科技与互联网金融的不同

金融科技与互联网金融虽然都是金融服务与信息技术融合的结果,但是两者有区别。

金融科技糅合了金融和科技的力量,通过利用各类科技手段创新传统金融产品和金融服务,提升了资源配置效率,并有效降低了运营成本。金融科技的落脚点是科技,偏重技术属性,重点在于技术变革,强调大数据、人工智能、区块链等系列技术在金融服务和产品上的应用。

互联网金融的落脚点是金融,金融属性更强,是传统金融业务与互联网技术结合后的升级和更新。它实际上是一个渠道的拓展,即强调金融的互联网渠道化,简单说就是利用互联网拓展金融产品销售渠道。可以说,金融科技带来的是全新体验的升级,而互联网金融是金融业务平台和渠道的升级。

互联网金融与金融科技之间有联系,可将互联网金融视为金融科技的早期业态。互联网金融的迅猛发展对金融业及实体经济带来了很大的推动作用,其在实践中出现了一些虽然创新但是脱离和违背金融业规则的风险事件,增加了金融系统性风险。随着国家对互联网金融的监管加强,互联网金融发展越来越规范。此外,互联网金融阶段的技术和资本沉淀促使技术和金融进一步深度融合,从而使金融业进入数字化、智能化的金融科技发展阶段。

 延伸阅读2-1

这个国家级科创金融改革试验区,迎来17项政策支持

2021年12月,经国务院同意,中国人民银行、国家发展改革委、科技部、工业和信息化部等八部委联合印发了《山东省济南市建设科创金融改革试验区总体方案》,这标志着济南市正式获批建设科创金融改革试验区。济南科创金融改革试验区(以下简称试验区)将重点在建立健全科创金融组织体系、深化科创金融产品和服务创新、拓宽科技创新型企业资本市场融资渠道等7个方面先行先试,打造与济南区域性金融中心相匹配的金融组织体系。该试验区将积极打造"人才+资本"的融资服务模式,推动金融机构构建"人才有价"评估模型,将人力资本作为融资授信依据,创新开发"人才贷"等专属信贷产品。

如何让更多金融资源流入科技创新领域?科创金融需要什么样的政策支持?山东正在全力尝试。为加快试验区建设,2022年7月,中国人民银行济南分行印发了《关于支持济南市科创金融改革试验区建设的指导意见》(以下简称《指导意见》),明确支持试验区建设的总体要求、主要任务和保障措施,为促进新旧动能转换、实现经济高质量发展提供强力支撑。

《指导意见》从发挥货币政策引导作用,深化科创金融产品和服务创新,加强重点领域金融支持,优化科创企业跨境结算、投融资服务,优化金融生态环境5个方面提出17项具体支持举措。

例如,鼓励银行业金融机构将通过信贷资产证券化业务腾挪出的信贷资金支持科创企业发展;支持试验区符合条件的科创企业在银行间市场发行债务融资工具,推动双创债、碳中和债等创新债券产品应用。又如,在深化科创金融产品和服务创新方面,指导银行业金融机构在投资联动、知识产权融资、供应链融资、政银担联动方面先行先试;探索构建人才有价评估模型,打造与"人才贷"相适应的信贷管理制度;推动银行业金融机构整合金融支持科创、绿色和普惠领域政策资源,拓宽科技创新支持领域;加大与证券、基金、保险等机构合作,探索开展业务创新。再如,在加强重点领域金融支持方面,推动银行业金融机构发挥科技创新专项贷款支持作用,服务试验区重大科技项目研发;推动符合条件的高新技术产业园(区)开发建设主体发行债务融资工具;引导银行业金融机构探索开展"设备租赁+"、股权、应收账款等质押贷款和银税互动贷款,加大对试验区重点产业金融支持力度等。

资料来源:王新蕾.创新突破看山东·金融篇|这个国家级金改试验区,迎来17项政策支持[EB/OL].(2022-07-21)[2022-07-21]. https://baijiahao.baidu.com/s?id=1738928954733840234&wfr=spider&for=pc.

（三）金融科技的特点

一般来说，金融科技具有以下三个特点：

第一，金融科技以大数据、云计算、社交网络和搜索引擎为基础，挖掘客户信息并管理信用风险。其通过网络生成和传播信息，通过搜索引擎对信息进行组织、排序和检索，通过云计算处理信息，有针对性地满足用户在信息挖掘和信用风险管理上的需求。此外，其以点对点直接交易为基础进行金融资源配置，可以使交易环境更加透明，交易成本显著降低，金融服务的边界进一步拓展。

第二，金融科技通过科技的创新实现金融业务的创新，建立全新的金融业务以及金融交易模式。金融科技不仅能够打破技术屏障，使过去不可能发生的金融服务成为可能，还能够通过科技创新，打破现有的金融桎梏与边界，充分发挥金融的本质功能，使资金在真正的短缺方与盈余方之间有效流通。

第三，金融科技具有很强的迭代性，其通过将传统金融业态的规模导向转变为功能导向，优化和完善金融功能，从而大幅度降低金融服务成本，有效提高金融服务的生产效率。

二、金融科技的本质及主要业务

（一）金融科技的本质

如前所述，金融科技的本质是金融。科技本身并非金融，科技只是金融活动实现低成本、高效率的手段。

金融的本质是信用。金融学中的信用是一种债权债务关系的体现，现代经济关系都是信用关系。信用关系是全部金融交易的基础，没有信用，所有的金融交易都无法进行。无论是最常见的货币流通，还是存款或货币借贷，无论是货币创造、票据的买卖，还是股票或债券等金融工具的发行与交易，都建立在信用的基础上。

大数据、云计算、区块链等新兴技术在金融领域中的应用，极大地改变了金融信息采集、处理和传输的效率，然而其本身无法构成金融的本质内涵。无论是互联网金融阶段还是金融科技阶段，金融的本质依然是信用关系，互联网和信息技术可以改变沟通方式和效率，使得数据的获取更加主动、高效和准确，从而进一步使得金融交易的风险大大缩小，防范风险的能力大幅度提升，这改变不了经济活动主体之间最基本的信用关系。理解金融科技要先明确其金融属性，金融科技的出现改变的仅仅是金融活动实现的方式，其本质内涵并没有改变。

此外，金融科技与传统金融两者之间不是相互替代的关系，而是相互补充、相互促进的关系。金融科技的发展是对传统金融业的有益补充，有助于推动解决中小企业融资难的问题，促进民间融资阳光化、规范化，助力金融交易效率的提升，推进实施普惠金融，从而更好地支持实体经济发展。传统金融的发展可以利用金融科技的先进及优势，实现数字化转型、机构网点布局优化、经营成本降低、金融服务整体效益提高。

> **相关思考 2-2**
>
> **金融科技是否面临信息不对称问题**
>
> 信息技术在金融领域的运用，使得信息的获取更加便利和迅速。然而，科技本身并不会自动消除或减少信息不对称所引发的风险，相反有可能还会加剧信息不对称问题。可见，金融科技阶段同样会面临信息不对称，同样需要想办法解决信息不对称所带来的负面影响。

(二) 金融科技的主要业务

如前所述,金融科技是传统金融与新兴信息技术的融合从而实现资金融通、支付、投资和信息中介服务的新型金融业务模式。金融稳定理事会(FSB)、国际货币基金组织(IMF)与巴塞尔银行监管委员会(BCBS)对金融科技当前业务的类型均有界定。

依据 IMF,金融科技业务包括前台业务和后台业务、监管科技反欺诈、数字货币等内容,主要分为五类业务:支付、存款、贷款、风险管理、理财咨询。FSB 也把金融科技分为五类业务:支付、清算和结算,存款、贷款和融资,保险,投资管理,市场服务支持。BCBS 把金融科技的业务分为支付结算、存贷款与资本筹集、投资管理、市场设施四种类型。可见 FSB 与 BCBS 对金融科技的分类大致相同,只不过 FSB 关注的口径更全,包含了保险,因此业务范围较宽;而 BCBS 则更侧重于关注银行类金融机构,因此业务范围相对较窄。

本书所述金融科技的主要业务类型,如表 2-1 所示。

表 2-1 金融科技的主要业务类型

支付结算	存贷款与资本筹集	投资管理	保险	市场设施
1.1 零售类支付	2.1 借贷平台	3.1 智能投顾	4.1 产品与服务	5.1 跨行业通用服务
★数字钱包	★线上贷款平台	★财富管理	★产品设计	★客户身份认证
★点对点汇款	★借贷性众筹	★智能理财	★定价承保	★数据归集处理
★数字货币	★贷款清收		★分销渠道	
	★信用评分		★理赔服务	
1.2 批发类支付	2.2 股权融资	3.2 电子交易	4.2 技术系统	5.2 技术基础设施
★跨境支付	★投资型众筹	★线上证券交易	★云储存构架	★分布式账本
★虚拟资产交易		★线上货币交易	★开放式平台	★大数据
			★区块链内嵌	★云计算

资料来源:管同伟.金融科技概论[M].北京:中国金融出版社,2020:11.

表 2-1 中前四类业务具有突出的金融属性,一般将其纳入金融监管;第五类业务体现明显的技术属性,通常被界定为金融机构信息外包服务管理。然而随着科技与金融的深度融合,第五类业务对持牌金融机构的稳健运行将会产生越来越重要的影响。

2-2:视频-金融科技及主要业务

三、金融科技的产生及发展

在我国,FinTech 从 2016 年年初开始广泛引起公众关注,这一年也被称为"金融科技元年",此后 FinTech 的搜索热度也在逐步提升,在 2017 年达到顶峰。相应地,"金融科技"从 2017 年开始正式成为我国高校的新文科专业之一。

(一) 金融科技产生的原因

金融科技的产生与市场对新金融产品和服务的需求,以及大数据、人工智能、区块链等现代信息技术迅猛发展密切相关。此外,金融领域政策环境的变化对金融科技的产生有重要的推动作用。

1. 市场对新金融产品和服务的需求

电子商务的发展、互联网及移动通信的普及、普惠金融的推动,这些都对新金融产品和服务产生了巨大的市场需求,为金融科技的发展和创新奠定了基础。

电子商务从20世纪90年代中后期开始迅猛发展,催生了大量线上金融需求和服务,网络与移动支付方式比传统支付方式更契合电子商务的发展和消费者的需求。从简单的货物贸易支付到为买卖双方提供贷款服务,再到为支持企业转型升级提供全方位、便捷的金融服务,这些都形成了强大的市场需求。

互联网及移动通信的普及,让消费者尤其是年轻消费者的金融消费行为和消费心理发生了很大的变化,他们更偏好于能够提供更多便捷多样、个性化、选择性更强、不受时空限制的金融产品和金融服务。

此外,普惠金融的推动对互联网金融尤其是金融科技形成了巨大的需求。普惠金融是一种包容性金融,它立足于机会均等要求和可持续发展原则,以可负担的成本为有金融服务需求的社会各阶层和群体提供适当、有效的金融服务。金融科技相对传统金融具有独特的信息优势,它可以利用网络惠及偏远地区,帮助中小微企业或低收入群体更好地获得服务,借助大数据分析客户以及资金的可贷性,并利用科技做好风险控制预案。

利用科技发展普惠金融对发展中国家及新兴市场具有重要的意义。就我国而言,由于金融发展存在区域性不平衡,金融服务覆盖率较低,传统金融机构存在偏远地区网点少、专业人手不足、信息采集难等问题,直接导致中小微企业、低收入人群等群体难以从银行等传统金融机构获得相应的金融服务,而金融科技的发展恰好弥补了这些不足。

2. 信息技术的发展及推动

技术进步是金融创新的基础。随着互联网、云计算、大数据、区块链等技术的不断发展,它们在金融领域的应用潜力开始逐渐凸显。技术发展到了传统金融的边界,传统金融机构积极利用金融科技,推进数字化转型。传统金融机构不便于、不屑于、不愿意服务的群体,在移动互联网技术的推动下,成为新金融服务的主要消费者。技术的推动也突破了社交软件和传统金融的界限,为金融创新提供了催化剂。

3. 金融领域政策环境的变化

长期以来,不少国家都存在小微企业融资难的问题,这极大地阻碍了经济的发展。2008年全球金融危机后,银行等机构放缓了放贷速度,大量的社会资金需求无法得到满足。全球金融合规程度的要求普遍提高,这也导致金融业合规成本大幅上升。运营与合规成本的上升提高了金融机构削减成本的积极性。金融科技企业通过提供优惠的支付清算解决方案、采用新技术,可以帮助金融机构有效降低成本。

此外,政策支持与相对包容的监管政策环境也是促进金融科技发展的重要条件。为促进金融科技的发展,各国在政策上提供了更多的鼓励和支持,如新加坡、英国、澳大利亚等国家近年相继推出创新中心、创新加速器,鼓励本国发展金融科技。各国监管当局对金融科技采取监管创新的新模式,以相对宽松的监管态度支持其发展。

总之,金融科技在市场需求、技术推动、政策环境变化等因素的共同作用下产生,而金融科技的发展也越来越迅猛。

(二)金融科技的发展

2016年开始,金融科技逐渐成为我国关注的焦点,然而它在美国等多个国家早就已经产生并逐步发展壮大了。美国在1980年就率先提出金融科技的概念,其被看作是金融科技发展的萌芽阶段,以20世纪80年代末直销银行的出现为标志。在这个阶段,大型金融机构已经意识到了科技对于金融未来的意义,开始在机构内部设立单独的 IT 部门用以研发适用于金融业务的相关科技以求提升业务效率、降低业务成本。从 20 世纪 90 年代初开始,大批金融机构加强线上业务平台的搭建,通过互联网获取客户资源和信息,从而实现具有针对性的推广服务,本质上看这是一种运营渠道的变革。从 2011 年开始,美国的金融科技迎来了快速成长。在这个阶段,大数据、人工智能、区块链等新兴技术与金融紧密结合,有效提升了传统金融的运营效率。

我国的金融科技尽管起步相对较晚,但互联网金融的爆发式发展所产生的连锁反应、传统金融服务供给的相对不足、政府在政策上给予的大力支持,使我国的金融科技后来居上。此外,我国现阶段的经济环境、科技环境为金融科技的发展也提供了一个良好的外部环境和有效的技术支撑。

关于金融科技的发展阶段,各界有不同的理解。依据科技对金融业的影响程度不同,我们将金融科技大致分为三个阶段:金融电子化和信息化阶段、互联网金融阶段和全面金融科技化阶段。我国金融科技主要的发展阶段如图 2-2 所示。

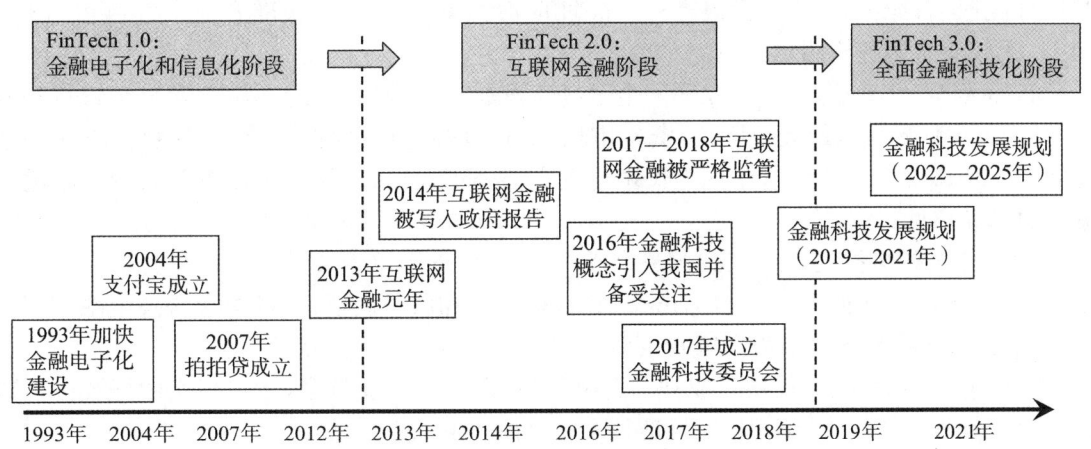

图 2-2 我国金融科技主要的发展阶段

1. 金融电子化和信息化阶段

金融电子化和信息化阶段(1993—2012 年)被视为政策主导、资本扶持、初步发展的 FinTech 1.0 时代。科技初步结合了金融业务,并作为金融工具,以技术替代手工,提升了金融业务的数据计算、存储与传输效率。该时期的金融科技主要停留在概念阶段,实质的创新不多,主要是金融电子化和金融信息化,表现为替代手工及数据大集中(20 世纪 90 年代中后期到 21 世纪初)。

1993 年,国务院发布的《关于金融体制改革的决定》明确指出要加快金融电子化建设。在国务院的统一部署下,中国人民银行和银行业金融机构共同深入探索行业电子化建设之路。

2002 年下半年,金融信息化阶段的标志是"数据应用"和"网上银行"的崛起,包括银行完成业务的集中处理,利用互联网技术与环境创新金融产品,开拓网上金融服务等。

2004 年 12 月,支付宝(我国重要的第三方支付平台)成立。2007 年 6 月,拍拍贷成立(我国第一家网络信用借贷平台,目前提供金融信息服务)。

2004—2012年是金融科技发展的"市场启动期",第三方支付、虚拟货币等纷纷萌芽,鼓励民营银行设立及第三方支付发展,科技在金融业的应用由此前作为辅助性的"IT 工具"开始渗透进支付、借贷等核心金融业务,金融科技发展正式启动。

2. 互联网金融阶段

互联网金融阶段(2013—2016 年)被视为科技推动金融创新、驱动政策完善、规范发展的 FinTech 2.0 时代。伴随互联网金融的产生及迅猛发展,金融科技被全面重视,并成为国家战略发展规划。

2013 年被我国称为互联网金融元年,这一年支付宝、微信支付等第三方支付、互联网借贷等发展迅速。2013 年 6 月,支付宝推出增值服务平台"余额宝",上线不到 6 天用户数量即突破 100 万人,互联网金融概念大火,活期宝、现金宝等类似的"宝宝类"产品纷纷出现。余额宝的横空出世给传统金融带来极大震撼,各基金、保险公司也纷纷展开大规模互联网化的战略布局。

2014 年,互联网金融被写入政府工作报告,报告明确提出"促进互联网金融发展"。2014 年,我国首家互联网民营银行——深圳前海微众银行正式获准开业。2014 年 10 月 16 日,蚂蚁金融服务集团正式成立。

2013 年至 2015 年上半年,互联网金融高速发展,传统银行纷纷开始探索直销银行和互联网转型,理财平台数量大幅增长,资本市场也对互联网金融保持热情,金融科技处于高速发展期。2015 年 7 月 18 日,中国人民银行等十部委正式发布了《关于促进互联网金融健康发展的指导意见》。

2016 年金融科技概念引入我国并备受关注。2016 年 8 月 8 日,国务院发布了《"十三五"国家科技创新规划》,明确提出促进科技金融产品和服务创新,建设国家科技金融创新中心等,金融科技产品正式成为国家政策引导方向。

2017 年 5 月,中国人民银行成立了金融科技(FinTech)委员会,旨在切实做好我国金融科技发展战略规划与政策指引,引导新技术在金融领域的正确使用。

2017—2018 年,我国互联网金融及金融科技行业进入市场调整期,监管趋严。伴随金融科技领域数条监管政策落地,网络借贷、网络支付等细分领域的监管框架逐步完善,行业规范度进一步提升。

3. 全面金融科技化阶段

全面金融科技化阶段(2019 年至今)是科技与金融深度融合、全面高质量发展、产能释放的 FinTech 3.0 时代。金融科技得到进一步规范且高质量发展,目前金融科技尚处于 FinTech 3.0 发展的初期。

2018 年以后,大数据、云计算、人工智能等技术快速发展,行业对技术的理解愈加深入,技术输出型金融科技企业价值快速上升,新进入者也不断增加。金融科技行业科技属性增强,有的公司将金融科技深度应用于获客、风控、贷后管理、客户服务等环节,有的公司开始探索纯技术输出。

2019 年 8 月,中国人民银行印发了《金融科技(FinTech)发展规划(2019—2021 年)》(以下简称《规划》),作为我国首份规范金融科技发展的顶层文件,其具有里程碑式意义。具体而言,《规划》明确了 3 年发展目标,肯定了科技的引领和驱动作用,给金融机构的科技转型指明了方向;同时,还明确了大数据、云计算、人工智能、网络身份认证等核心技术及相对应的场景化应用。2019年12月5日,中国人民银行宣布推出金融科技创新监管试点,在北京率先开展,中国版"监管沙箱"正式启动。

2020年,消费和服务向线上迁移加速,金融科技的优势更加凸显。与此同时,监管也在积极行动,金融科技创新监管试点地区不断扩容。除了北京,已扩容至上海、重庆、深圳、河北雄安新区、杭州、苏州、成都、广州等多个市(区)。

整体来看,《规划》给予金融科技的定位具有相当的政策高度,对金融科技创新赋能金融发展给予高度认可。在《规划》的指导下,金融科技发展进入健康有序、稳步增长的新时期。

2021年12月,中国人民银行印发了《金融科技(FinTech)发展规划(2022—2025年)》(以下简称《规划2.0》),提出新时期金融科技发展指导意见,明确金融数字化转型的总体思路、发展目标、重点任务和实施保障。《规划2.0》指出,要坚持"数字驱动、智慧为民、绿色低碳、公平普惠"的发展原则,以加强金融数据要素应用为基础,以深化金融供给侧结构性改革为目标,以加快金融机构数字化转型、强化金融科技审慎监管为主线,将数字元素注入金融服务全流程,将数字思维贯穿业务运营全链条,注重金融创新的科技驱动和数据赋能,推动我国金融科技从"立柱架梁"全面迈入"积厚成势"新阶段。该规划于2022年得到进一步落实。

2022年1月,《关于银行业保险业数字化转型的指导意见》出台,该指导意见在机制、方法等方面对银行业、保险业数字化转型予以规范和指导,为推进银行业、保险业数字化转型做好顶层设计,从而推动金融高质量发展。

2022年7月,我国首个数字人民币官方信息平台上线试运行。该平台集官方信息发布、知识宣传普及、商户资源整合、优惠活动共享、创新特色宣传于一体,在构建数字人民币生态体系,解决多方信息不对称等方面发挥重要作用。

2022年12月,蚂蚁集团等14家大型平台企业已基本完成整改。金融科技企业持续进阶,包括蚂蚁科技、京东科技、360数科、乐信、信也科技、小赢科技等在内的金融科技企业,继续保持业务规模同比增长。

2023年1月,广受关注的ChatGPT在人机交互和语义识别方面的技术有巨大提升。它为金融科技企业带来新的数据渠道,能有效突破财富管理的投顾瓶颈,全面提升客服效率,同时对金融科技创新中的潜在风险及管理产生影响。

 延伸阅读2-2

金融科技(FinTech)发展规划(2022—2025年)印发

中国人民银行于2021年12月印发《金融科技(FinTech)发展规划(2022—2025年)》(以下简称《规划2.0》)。《规划2.0》依据《中华人民共和国国民经济和社会发展第十四个五年规划和2035年远景目标纲要》制定,提出新时期金融科技发展指导意见,明确金融数字化转型的总体思路、发展目标、重点任务和实施保障。这是央行编制的第二轮金融科技发展规划。2019年8月,央行公布首轮金融科技发展规划——《金融科技(FinTech)发展规划(2019—2021年)》(以下简称《规划》),这份纲领性文件的出台,明确了金融科技发展方向、任务和路径,有力推动了金融科技良性有序发展。第二轮规划文件在简要回顾"十三五"时期金融科技发展的基础上,提出"十四五"时期金融科技发展愿景,明确金融科技发展的指导思想和4个基本原则、6个发展目标,确定了8项重点任务和5项保障措施。总体而言,与《规划》相比,《规划2.0》全面顺应数字经济发展的趋势,重点任务更加明确,关键技术更加前沿,实施方向更加清晰。

《规划2.0》指出,要坚持"数字驱动、智慧为民、绿色低碳、公平普惠"的发展原则,以加强金融数据要素应用为基础,以深化金融供给侧结构性改革为目标,以加快金融机构数字化转型、强化金融科技审慎监管为主线,将数字元素注入金融服务全流程,将数字思维贯穿业务运营全链条,注重金融创新的科技驱动和数据赋能,推动我国金融科技从"立柱架梁"全面迈入"积厚成势"新阶段,力争到2025年实现整体水平与核心竞争力跨越式提升的金融科技发展愿景。

资料来源:陈果静.《金融科技发展规划(2022—2025年)》印发——金融与科技加快深度融合[EB/OL].(2021-01-07)[2022-05-12].http://bgimg.ce.cn/xwzx/gnsz/gdxw/202201/07/t20220107_37234776.shtml.

2-3:中国人民银行印发《金融科技发展规划(2022—2025年)》

四、金融科技带来的影响

(一)金融科技带来的积极影响

放眼全球,金融科技目前已经在全球主要经济体范围内形成了竞争态势,我国金融科技的发展速度及成效世界瞩目。金融科技从发展到现在,对解决投融资问题,促进传统金融及普惠金融的发展等方面产生了重要的影响。

1. 金融科技推动解决融资问题

金融科技的出现为企业解决融资问题提供了便利。金融科技通过大数据开展征信,在解决融资问题方面具有得天独厚的优势。大数据分析等新技术应用是解决中小企业融资难、融资贵问题的一把金钥匙。通过线上服务、生物识别等便利化服务,同时通过引进海关数据、工商数据、税务数据等第三方数据建立模型,提升风控能力,融资业务能覆盖到更多的中小企业,促进了普惠金融加快发展。

例如,阿里巴巴集团、腾讯集团等互联网企业积累了海量交易与社交数据,它们通过抓取用户各种各样的生活场景数据,再通过分析这些生活场景数据来判断融资者的信用风险,甚至还款意愿,突破了长期以来束缚我国金融机构放贷的信用瓶颈。金融科技既能降低金融机构的放贷风险,又满足了融资困难机构的融资需求。

2. 促进金融服务便利化并推动金融转型升级

传统的金融服务是后延式的、被动式的,而金融科技服务是实时交互的,可以更好地满足用户体验及用户多样化的金融需求。例如,网络放贷的速度快到金融机构无法想象,通常不仅可以在5分钟内完成,而且可以实现无柜台式放贷。

此外,数字化转型已经成为所有金融机构共同关注、共同推动的行业趋势。拓展金融服务的边界,提高金融供给的效率,拓宽金融机构的发展空间,已成为金融机构的重要战略选择。金融科技的核心是利用现代科技成果优化或创新金融产品、经营模式和业务流程。借助机器学习、数据挖掘、智能合约等技术,金融科技能简化供需双方交易环节,降低资金融通边际成本,开辟触达客户全新途径,推动金融机构在盈利模式、业务形态、资产负债、信贷关系、渠道拓展等方面持续优化,不断增强核心竞争力,为金融业转型升级持续赋能。金融科技已成为推动金融转型升级的新引擎。

 延伸阅读2-3

加速商业银行高质量数字化转型

银行的数字化转型是银行利用人工智能、云计算、区块链等数字化技术,将数据融入全流程,以数据驱动洞察市场、理解客户、发现价值、形成决策、改造升级产品和服务模式,从而改变其价值创造模式的过程。银行的数字化转型不是局部的、具体管理场景的或具体经营环节的数字化转型,而是系统的、全面的数字化转型。

由于数字经济具有万物互联、数据驱动、生态融合、价值共生、VUCA［VUCA 是 volatility（易变性）、uncertainty（不确定性）、complexity（复杂性）、ambiguity（模糊性）四个英文首字母的缩写］等不同于工业经济的特征,银行必须在尊重数字经济客观规律的基础上作出全面性、系统性的转变,才能不停留在信息化阶段,从而实现数字化转型的超越。

在金融科技的推动下,银行已经普遍意识到数字化转型的重要性,并将其上升到战略层面。然而,数字化转型战略的制定实施是一项系统性工作,只有在深刻理解数字经济客观特征与规律的基础上,匹配符合数字化转型要求的战略理念、商业模式、组织架构,才能够正确指导和支持具体的转型举措。具体来说:

一是战略理念与商业模式需要实现从"竞争战略"到"生态战略"、从"以企业为中心的价值创造体系"到"以共同创造价值为中心的价值创造体系"的转变。

二是经营模式需要实现从"以产品为中心"到"以客户为中心"的转变。

三是组织架构需要实现从"机械型"到"生态型"的转变。

数据战略是银行数字化转型战略的重中之重,数字治理是数据战略的重中之重,平衡数据安全合规与数据价值实现是数字治理的重中之重。笔者建议银行用好数据分级分类方法、脱敏及隐私计算等技术,推动可持续的、数据驱动的数字化转型。

资料来源:邵平.加速商业银行高质量数字化转型［EB/OL］.（2022-03-22）［2022-07-10］.https://mp.weixin.qq.com/s/8_so6gS-CzKQDmhk7UIYCQ.

3. 金融科技促进普惠金融发展

普惠金融是一种包容性金融,是能有效、全方位地为社会所有阶层和群体提供服务的一种金融模式。2013 年 11 月,普惠金融被正式写入我国第十八届中央委员会第三次全体会议决议,得到国家层面的高度重视,并被积极推行。

金融科技应用线上模式促进中小企业、中小客户及初创企业融资,是突破物理网点局限、推动普惠金融发展的新途径。金融科技不断缩小数字鸿沟,解决了普惠金融发展面临的成本较高、收益不足、效率和安全难以兼顾等问题,助力金融机构降低服务门槛和成本,将金融服务融入民生应用场景。运用金融科技手段有助于实现滴灌式精准扶持,缓解小微企业融资难和融资贵、金融支农力度需要加大等问题,为打赢精准脱贫攻坚战、实施乡村振兴战略和区域协调发展战略提供金融支持。

4. 为金融监管提供了手段和便利

互联网金融、金融科技的出现,给金融监管带来了很大的挑战。然而,现代信息技术的飞速发展,又为金融监管提供了手段和便利,提高了监管的有效性。例如,证券交易所通过建立多种数据分析模型,锁定基准日,筛查高频用户,并结合开户及历史交易情况等,可以迅速找到并清理"老鼠仓",从而实现精准打击。

(二) 金融科技带来的风险

金融科技带来积极影响的同时,也会带来诸多挑战,包括冲击传统金融机构、放大或增加金融风险、影响货币政策实施的有效性等。金融科技的金融属性使其具有显著的风险特征。金融科技的发展导致了金融风险的放大与增加。其中,金融科技带来的风险主要有以下几点:

第一,金融科技放大与增加了系统性风险。金融科技具有更高的信息传播效率,在金融活动中会放大信号作用,从而加剧风险传染。此外,金融科技由于融合了多个参与主体,增加了金融价值链,也容易引起金融风险的增加。

第二,金融科技放大与增加了信用风险。过度的金融创新容易加剧资金脱实向虚、期限错配等问题,出现系列兑付困难的金融产品,产生信用风险。此外,金融科技的快速发展使我国宏观杠杆率快速上升,负债水平的快速增加对负债主体偿债造成较大压力,增加信用风险。

第三,金融科技放大与增加了监管套利风险。金融科技带来了金融业与金融体系的跨界,引发了更为复杂的综合化经营模式,容易造成监管边界模糊与重叠,降低了传统的机构监管、人员追责监管、微观指标监管等机制的有效性。

总之,金融科技是新生事物,其健康成长离不开行业的自律,也离不开适度的监管,更离不开国家战略层面的引导和定位。

2-4:数实共生——2022年金融科技十大趋势展望

相关思考2-3

金融科技出现是否意味着传统金融会被颠覆

金融科技的出现及发展对经济、金融、生活都带来了巨大的影响,尤其是让曾经"躺赚"的银行都感觉到很大的威胁,迫使商业银行等传统金融机构不得不积极应对并及时转型。那么,这是否意味着金融科技的出现会完全颠覆传统金融模式呢?

第二节 金融科技的应用及行业发展

一、金融科技核心技术

如前所述,金融科技不仅是一种金融创新模式,其在实践中还可以被理解为是一个技术概念。金融科技包含的现代信息技术主要有大数据、云计算、区块链、人工智能,它们被称为金融科技四大核心技术。随着这些信息技术的发展,科技在金融领域中的作用被不断地加强,创新的金融产品、金融解决方案等层出不穷。

1. 大数据

能够用数字、字母、符号、汉字、图形、图像、声音、视频等形式记录和存储的都可以叫作数据。大数据(big data)也称为海量数据,是伴随信息数据爆炸式和网络计算技术迅速发展而兴起的新概念。大数据的特征可以用4个"V"概括:一是规模性(volume),具有海量的数据规模。二是多样性(variety),数据类型多样化。三是高速性(velocity),数据处理速度快而及时。四是价值性(value),价值密度低,需要大量时间筛选有用的数据,犹如"大海捞针""沙里淘金"般不容易。

大数据技术是指对数量巨大、来源分散、格式多样的数据进行采集、存储和关联分析,从中发现新知识、创造新价值、提升新能力的新一代信息技术和服务业态,即通过发掘与分析海量数据,对数据进行处理,使其达到一定的质量才能被消费。此外,根据大数据的业务目标,从海量数据中选取或提取有意义的数据子集,提供给人工智能(机器学习),进行分析计算,从而得出最终的决策。

大数据技术是金融科技的基础,帮助传统金融从线下走向线上。互联网技术从线上解决了人与系统、系统与系统之间的连接问题,而物联网技术主要解决物与物、物理世界到数字世界的映射问题,这将开辟一种全新的金融商业模式。

 相关思考 2-4

数据就是数字吗？数据怎样才能成为信息

数据在生活中很常见。那么数据就是数字吗？它们之间存在差异吗？其实数据不仅是指狭义上的数字,也可以是指具有一定意义的文字、字母、数字符号的组合、图形、图像、视频、音频等,还可以是指客观事物的属性、数量、位置及其相互关系的抽象表示。也就是说,那些可以用写、画、录音、录像等形式记录的,我们都可以将它们称为数据。

数据可以是连续的值,如声音、图像,这些称为模拟数据;也可以是离散的,如符号、文字,称为数字数据。在计算机领域中,数据以二进制信息单元 0、1 的形式表示。目前所有的数据都是数字形式。

此外,数据和信息之间是相互联系的,但是也有不同。简单说,数据是反映客观事物属性的记录,是信息的具体表现形式。数据经过加工处理之后,才成为信息。

2. 云计算

云计算(cloud computing)是分布式技术的一种,是指先通过网络"云"将巨大的数据计算处理程序分解成无数个小程序,然后通过多部服务器组成的系统处理和分析这些小程序,得到结果并返回给用户。这是一种通过网络按需提供的、可动态调整的计算服务。其实质是将原本运行在单个计算机或服务器的数据储存、数据处理与数据分析转移到互联网上的大量分布式计算机资源池中,用户可以按照需要获取相应的计算能力、存储空间的一种计算资源的新型利用模式。

分布式技术是先将不同的服务模块部署在多台不同的服务器上,然后通过远程调用协同工作,共同对外提供服务。对于用户来说,这如同一台计算机在服务。分布式技术可以将分布在各处的资源综合利用,这对用户而言是透明化的。同时,分布式技术不仅可以将负载由单个节点转移到多个节点,从而提高效率,还可以避免由于单个节点失效而使整个系统崩溃的风险。其中,云计算和区块链是当下最热的两大分布式技术。

云计算中的"云"实际上是指一个庞大的网络系统,其可以包含成千上万台服务器。对于用户(云计算服务需求方)来说,服务商(云计算服务供给方)提供的服务所代表的网络元素(如服务器、存储空间、数据库、网络、软件和分析等)都是看不见的,就像被云覆盖。可见,云计算所依托的数据中心的软硬件设施即所谓的"云"。

云计算具有将海量数据集中存储和处理的能力。云计算是基于互联网的超级计算模式,是推动信息技术能力实现按需供给、促进信息技术和数据资源充分利用的全新业态。云计算本质上是互联网大脑的中枢神经系统,它通过服务器、网络操作系统、神经元网络(大社交网络)、大数据及基于大数据的人工智能算法对互联网大脑的其他组成部分进行控制。

 延伸阅读 2-4

云计算平台、云计算服务模式、云部署类型

云计算作为一种新型计算服务模式,主要包括云计算平台、云计算服务模式和云部署类型等主要内容。

1. 云计算平台

云计算平台也称为云平台,是指基于硬件的服务,提供计算、网络和存储能力。云平台由物理机器、虚

拟机、服务等级协议资源分配器以及用户等要素组成。云计算平台架构可分为四层：资源层、虚拟化层、管理层、服务层。

常见的云计算平台有三类：以数据存储为主的存储型云计算平台、以数据处理为主的计算型云计算平台、计算和数据存储处理兼顾的综合云计算平台。国内外比较有名的云计算平台包括百度云、阿里云、腾讯云、亚马逊云（Amazon web services，AWS）、IBM蓝云（blue cloud）。

2. 云计算服务模式

云计算平台的功能是提供云计算服务，其中主要有三种服务形式：基础设施即服务（Infrastructure as a Service，IaaS）、平台即服务（Platform as a Service，PaaS）、软件即服务（Software as a Service，SaaS）。

基础设施即服务是指把计算基础（如服务器、网络技术、存储和数据中心空间）作为一项服务提供给用户。云计算的"基础设施"是承载在数据中心上的、以高速网络（目前主要是以太网）链接的各种物理资源（服务器、存储设备、网络设备等）和虚拟资源（虚拟机、虚拟存储空间等）。

平台即服务可以按用户需求提供开发、测试、交付和管理软件应用程序所需的环境。平台即服务是远程订购服务，相当于服务商将底层的平台铺建好，用户开发自己的上层应用平台即可。其通常是应用程序基础架构，如谷歌公司的 Google App Engine。

软件即服务是通过 Internet 提供软件的模式，用户不用再购买软件，而改用向提供商租用基于 web 的软件来管理企业经营活动，并且无须对软件进行维护，服务提供商会全权管理和维护软件。

3. 云部署类型

2-5：云服务商——腾讯云

云部署是指云计算资源的部署方法，通常有公有云、私有云、混合云。公有云也叫公共云，是以即用即付的方式由第三方提供商给公众提供计算服务，用户无须购买硬件，只需为其使用的资源付费即可。私有云是指不对公众开放的企业或组织内部数据中心的资源，专供一个组织内部使用。混合云是以私有云为基础，同时结合公有云的服务模式。在混合云的服务模式下，公共云与私有云是相互独立的，基础架构彼此独立运营，然而通过加密连接通信，两者可以共享数据和应用程序。

资料来源：管同伟. 金融科技概论[M]. 北京：中国金融出版社，2020：70-73.

3. 区块链

1) 对区块链的理解

区块链（Blockchain）是分布式数据存储、点对点传输、共识机制、加密算法等计算机技术的应用型新模式。简单来说，区块链是一种能有效记录双方之间交易的、特殊的数据库，即分布式数据库，这是一种开放式的分布式分类账。区块链的作用是储存信息，任何需要保存的信息都可以写入区块链，也可以从里面读取。此外，区块链是分布式的，任何人都可以架设服务器加入区块链网络，成为网络上的一个节点。分布式网络没有中心节点，每个节点都保存着全部数据并共同参与维护全网数据。区块链的实质就是通过去中心化和去信任的方式维护一个可靠数据库的技术方案。

区块链的颠覆性在于没有管理员，是去中心化的。在区块链系统，每次交易都直接发生在交易双方之间，交易的双方会把交易信息广播到整个交易系统，然后会有很多志愿者把这些交易信息记录下来，整理成一个账目分明的账本，再把账本广播回系统。这样做的结果是，区块链系统当中的账本不是由一个单一的参与主体掌管，而是同时由系统中的每一个参与主体共同掌管。除非黑客可以同时攻击世界上所有的参与主体，否则这个账本就不会消失。因此，采用区块链记账的交易系统没有中心崩溃或被控制的风险。

2) 区块链技术的特征

区块链技术的主要特征有去中心化、不可篡改、可追溯、自治性、开放性、匿名性。

（1）去中心化是区块链最主要的特征。

(2) 不可篡改意味着一旦数据写入区块链，任何人都无法擅自更改数据信息。区块链技术公开、不可篡改的属性，为其去中心化的信任机制提供了可能。在区块链机制下，信任不是靠一个中心来维持的，而是通过所有参与主体共同制约。

(3) 区块链是一个前后相关、环环相扣的块链式数据结构。此外，链上的信息依据时间顺序排列，任意一条数据都可以通过块链式数据结构，按照时间的顺序追溯到数据的源头，这体现出区块链具有可追溯性。

(4) 区块链的自治性特点其实与去中心化密切相关。区块链采用协商一致的办法（即共识机制），通过所有参与主体（即每个节点）共同投票来达成共识，从而更新系统数据。

(5) 区块链系统是开放的，除了交易各方的私有信息被加密，区块链的数据对所有参与主体公开，任何参与主体都可以通过公开的接口，查询区块链数据和开发相关应用，由此可见区块链整个系统信息高度透明。

(6) 匿名性是由区块链的去中心化、自治性及开放性决定的。由于区块链各节点之间的数据交换遵循固定且预知的算法，因此区块链网络是无须信任的，即可以基于地址而非个人身份进行数据交换。这种匿名的特征能够极好地保护交易者隐私，能够减少互联网在信息安全方面存在的风险，能够解决信息泄露问题。

综上所述，区块链本质上是一种去中心化的、公共的分布式账本。在信息不对称的情况下，借助信息技术建立一个去中心化的可信任系统以解决信任问题，从而降低信任成本。

 相关思考2-5

如何保证区块链的数据可信且不被人篡改

区块链是无中心的，没有管理员，而其他数据库有管理员。没有管理员，人人都可以往里面写入数据，怎样才能保证数据是可信的呢？数据会被不法分子篡改吗？篡改会成功吗？

4. 人工智能

近几年人工智能（artificial intelligence，AI）发展非常迅猛。人工智能是关于机器智能程序研究的一门技术科学，但是要给出严格的定义则有些困难。人工智能涉及的学科极为广泛，包括计算机科学、数学、心理学、哲学等。从实践中看，人工智能属于计算机科学的一个分支。

数据、算法和算力是人工智能发展的三大要素。2012年以后，随着数据量的上涨、机器学习新算法（尤其是深度学习）的出现和算力的提升，多个基础性的人工智能技术水平实现飞跃性提高。

(1) 数据是用来指导算法运作的依据。没有数据，再好的算法也难以有效升级。数据是人工智能发展的基础，没有数据库，人工智能无法向前发展。

(2) 算法是基于基础设施之上运作的工作方法，是指用来操作数据、解决程序问题的一组方法。算法是人工智能发展的框架，算法框架能够极大地提高人工智能的学习效率。主流的算法主要分为传统的机器学习算法和神经网络算法，目前神经网络算法由于深度学习的快速发展而达到了发展高潮。

(3) 算力即为计算能力，属于基础设施能力，算力的大小代表着对数据处理能力的强弱。在人工智能技术当中，算力是数据和算法的基础设施，支撑着数据和算法，进而影响着人工智能的发展。

数据、算法、算力作为人工智能核心三要素,相互影响,相互支撑,在不同行业中形成了不一样的产业形态。随着数据资源的累积、算法的创新、算力的增强,人工智能在各行业的应用得到快速发展,在金融领域的应用也是如此。

  相关思考2-6

金融科技四大核心技术之间有何关系

大数据、云计算、区块链、人工智能作为金融科技的四大核心技术,四者之间存在怎样的关系?是相互独立还是相互排斥?或者是相互依赖、相互促进?通过前文的分析,同学们应该可以看到四者之间存在密切的关系,即相互依赖、相互促进的关系。云计算是基础设施,人工智能与大数据是同生同长的有机整体,而区块链则推动了模式重构,它的实现离不开数据资源和计算分析能力的支撑。

二、金融科技在金融领域的应用

金融科技的应用领域很广泛,它在金融领域的应用表现在很多地方,如金融业务发展、风险管理、金融产品创新等。以下分别介绍金融科技四大核心技术在金融领域的应用。

1. 大数据在金融领域的应用

金融业是典型的数据密集型行业。金融机构在数据资源方面拥有绝对优势,它们利用大数据技术既拥有先天优势又有必要。大数据可以从根本上改变传统的数据运作方式,为金融机构带来巨大的发展机会和商业价值。

目前,大数据已经被广泛应用于银行、证券、保险、支付清算、互联网金融等领域,主要表现在收集各渠道信息从而应用于客户画像、精准营销、风险管控等。

客户画像是利用大数据技术对收集到的客户相关数据进行整理、筛选和分析,从而做到精准识别客户。根据客户(包括个人客户和企业客户)的生活习惯、消费行为、风险偏好,社会属性、客户关系、交易情况、渠道及产品等信息抽象出的、标签化的客户模型,目的是识别客户从而了解客户需求,为下一步精准营销产品和服务提供依据。

精准营销是在客户画像的基础上进行的操作,包括精准定位营销对象、精准提供客户决策方案、精准业务流程等方面。

风险管控是运用大数据技术对客户进行风险控制和风险提示,从而减少风险。例如,对金融产品进行风险评估、保险赔付、欺诈交易分析、消费贷款等分析。金融机构和金融服务平台通过大数据挖掘客户的交易和消费信息,掌握客户的消费习惯,从而准确预测客户的行为。例如,银行通过大数据技术分析客户或潜在客户的还款能力、还款意愿,从而决定是否放贷或采取相应的贷款管理措施。又如,在证券领域利用大数据技术预测股市行情与股价,以把握市场机会,进行风险规避,或者对操纵市场、内幕交易、"老鼠仓"等违法行为进行动态监测,从而提高证券市场监管效率。

  延伸阅读2-5

大数据征信被戴上"紧箍咒"

在个人征信领域,大数据通过接入电脑、支付、社交等各类数据,打通了用户的身份特质、行为偏好、人际关系、信用历史、履约能力等各类信息,通过网络交易等海量数据进行挖掘以及实时分析,为互联网金融机构提供客户全方位信息,从而对符合要求的借款人进行放款。

然而,大数据征信真的那么美好吗?2021年1月11日,中国人民银行发布了《征信业务管理办法(征求意见稿)》,其中"利用个人信用信息对个人作出的画像、评价等业务"被纳入征信业务范畴。这意味着,监管机构正在给大数据征信戴上"紧箍咒"。2019年没有拿到个人征信牌照而从事信用信息服务的8家机构以及以大数据做信贷征信、风控业务的公司从此也要被纳入监管范围。这些公司没有征信的命,却要服征信的管。回顾过去6年,以大数据征信之名行征信业务之实,已经暴露出了许多乱象。

目前,我国最大的个人征信机构为中国人民银行个人征信系统。2015年1月,中国人民银行预备开启市场化个人征信业务,同时给8家机构试点资格。从2015年1月开始,芝麻信用、腾讯征信、深圳前海征信、鹏元征信、中诚信征信、中智诚征信、考拉征信、北京华道征信开始准备个人征信业务。4年后,8家公司全都辜负了中国人民银行的期望,还半路杀出个"百行征信",拿下了第一张个人征信牌照,"招安"了8家试点机构。

百行征信是由中国互联网金融协会发起的,协会占股36%,8家征信公司每家占股8%,腾讯征信、芝麻信用等公司个人征信业务被"招安",官方原话是:"作为百行征信的共同发起人和主要股东,不再单独从事个人征信业务,原有部分征信业务将剥离并入百行征信"。这8家公司的业务,后来被规制在"综合信用信息服务"框架内,但不得从事个人征信业务,其他业务可存续为数据服务。从2019年到2021年,百行征信的业务风生水起,而8家机构各谋出路。直到2021年1月,鹏元征信违规开展个人征信业务被罚近2 000万元,暴露了它们的尴尬。此外,2020年12月,中国人民银行批复了第二家个人征信公司筹建,即朴道征信有限公司。该公司主要股东为北京金融控股集团有限公司、京东数字科技控股股份有限公司、北京小米电子软件技术有限公司、北京旷视科技有限公司和北京聚信优享企业管理中心(有限合伙),持股比例分别为35%、25%、17.5%、17.5%和5%。从股权背景及股权结构看,朴道征信与百行征信有所不同,两者接入的数据也有差异。

资料来源:新金融洛书.大数据征信被念"紧箍咒"[EB/OL].(2021-01-12)[2022-07-02]. https://www.01caijing.com/blog/336206.htm.

2. 云计算在金融领域的应用

作为金融科技领域的重要技术,云计算的主要功能是为传统金融机构解决信息存储和运营问题,提供计算服务,帮助用户从海量数据中获得决策信息。云计算可以为很多金融机构解决资源问题,让它们把更多精力放在服务客户上。云计算能够为金融机构提供统一平台,有效整合金融机构的多个信息系统,消除信息孤岛,在充分考虑信息安全、监管合规、数据隔离、中立性等要求的情况下,为金融机构处理突发业务需求,部署业务快速上线,为实现业务创新改革提供有力支持。同时,云计算有利于分享信息知识和创新资源,极大地降低金融业创新及进入金融业的门槛。目前,云计算在金融领域主要应用于数据处理、系统安全、产品服务等方面。

近年来随着云计算技术日趋成熟,金融业加快了云计算的应用步伐。目前我国银行、证券、保险等金融机构分批次将所有的系统从非核心到核心业务,全部部署在自建的私有云或由云服务商提供的私有云或公有云上。目前银行业在云计算方面的应用是最突出的,一些中小金融机构对金融云的需求也逐步提升。

云计算在银行业务上的应用包括零售业务、特别商户服务、小微企业服务、供应链金融服务等,具体表现在产品销售、账户信息、网点服务、个人委托贷款等。例如,云计算可以用于一站式产品销售,客户通过统一的界面,在不同的渠道(网银、手机App或其他渠道)查询到所有银行及其他金融机构发布的可购买的金融产品,并可用任何一张银行卡购买所需的任何金融产品。又如,客户可通过一个界面获得其名下所有银行、基金、保险的账户实时信息,包括整合的资产、交易明细(商家名称、金额等)等信息。

云计算在保险业中的应用主要包括保险产品设计、定价承保、理赔服务等不同方面,具体应用场景有云投保、云理赔、新产品开发和销售等。例如,云投保是利用云计算进行的移动展业模式创新。它将移动展业场景与智能手机、远程电子签名技术创新融合,通过浏览器签名、升级版加密算法以及影像合成等新技术应用,打造移动投保新流程。

云计算在互联网金融中的应用主要包括云支付、云征信等。云支付是指基于云计算架构,依托互联网和移动互联网,以云支付终端为载体,为个人、家庭、商户、企业等用户提供以安全支付为基础的结算、金融业务、信息、电子商务、大数据等各种云服务的新支付模式。云支付可以克服移动支付可能发生的商户不支持、安全隐患、付费失败等问题,以提高支付流程的安全性和稳定性,提升用户信心,减少用户投诉。云征信采用分布式零存储创新模式,数据更安全,可一站式查询所有的征信数据,方便快捷。

3. 区块链在金融领域的应用

区块链是驱动互联网变革的核心技术,该技术在金融领域的应用主要表现在数字资产(包括数字货币)、供应链金融、跨境支付结算、保险反欺诈、再保险等业务领域。各类金融资产如股票、债券、基金、票据、仓单等均可以被整合进区块链账本中,成为链上的数字资产,并在区块链上进行存储、转移、交易。

数字货币分为非法定数字货币和法定数字货币,前者以比特币等虚拟货币为代表,后者主要是中央银行发行的数字货币。比特币的出现是区块链技术的典型应用。比特币是一种虚拟货币,它有时也被称为数字货币,但与中央银行研究发行的数字货币有非常大的区别。

1) 比特币

比特币于2009年正式产生。需要注意的是,比特币是一种非法定数字货币,在我国境内,比特币不具有法定货币地位。比特币没有中心发行机构,具有去中心化、匿名性的特点。比特币的底层技术是区块链,区块创建的过程称为挖矿,每个节点称为矿工。挖矿的目的是形成共识,创建新的区块。挖矿既是比特币的生产过程,也是维系共识机制安全必不可少的激励机制。在创建新的区块时会创造新的比特币,类似于中央银行印发新的货币。只有新的区块被创造出来,才会产生新的比特币。谁创建区块,系统就给予谁比特币。矿工唯有通过大量计算,完成系统要求的工作量证明,创建出新的区块,才会获得一定数量的比特币,这相当于系统给创建者的一种奖励。这笔由系统奖励给创建者的交易会被区块记录,并按时间顺序依次被添加到区块链上,一笔新的比特币就被创造出来。每个区块创造的比特币数量是固定的,随时间呈阶梯性递减。

比特币交易是在区块链账本上"记账",通常由比特币客户端协助完成。比特币交易就是一个用户用比特币向另一个用户进行支付的过程。即一个经过签名的数据被广播到网络上,如果有效,最终会进入区块链的一个区块,目的是将一定数量的比特币所有权转移到比特币地址。每笔比特币交易都是在比特币区块链上的一个公开记录。

2) 法定数字货币

法定数字货币是由中央银行发行的一种用来支付和结算的数字信用货币。它具有货币计价单位、交易媒介、支付手段、价值储藏等职能,通常以数字形式流通。狭义上常说的数字货币是指法定数字货币,是真正的货币,具有法定地位和法律效力。这种法定数字货币有专门的发行机构,以国家信用做背书,它与比特币那些非法定数字货币有很大的差异。

此外,支付清算尤其是跨境支付清算是区块链技术的一个重要的应用场景,能做到实时结算、实现交易的智能化、降低交易成本、简化交易流程从而提高交易效率。区块链技术与供应链金融也能实现深度融合,有效解决传统供应链金融中存在的信息不对称、信任传导困难、流程手续繁杂等问题。最典型的应用就是供应链融资平台,该平台能够实现这样的目标,即所有基于区块链技术发布的资产都能够完整追溯至核心企业与一级供应商的可信贸易背景,从而在做到后续融资成本低的同时提升全流程的安全保证。

  延伸阅读 2-6

法定数字货币与非法定数字货币的区别

法定数字货币与非法定数字货币的区别包括以下几点:

第一,法定数字货币仍然是一种典型的中心化货币。中央银行对数字货币的发行、流通和交易有着唯一的排他性管辖权。法定数字货币的发行数量由发行主体决定,有一个中心监控网络交易的计算机网络,交易受到中心化机构的监管。而非法定数字货币具有典型的去中心化特征。

第二,法定数字货币仍然是一种基于国家信用的信用货币而非基于算法的共识货币。中央银行以其代表的国家信用发行数字货币,与传统的信用货币(如纸币)并无本质差别。它无须征得货币发行与流通系统的用户共识,仅凭借自身的特定法律地位与国家信用背书发行。因此,法定数字货币具有信用创造与收缩的功能。其作用机制是:中央银行增发数字货币,通过商业银行的信用创造功能,经济中的信用货币增加;反之,则减少。换言之,中央银行作为基础货币的创造者,同样可以通过法定数字货币的创造或收缩影响全社会的货币供应量,进而影响经济。然而,非法定数字货币则主要是基于算法,也没有发行机构作为信用保障。

第三,法定数字货币可以保持价值稳定,但非法定数字货币的价值则没法保持稳定,甚至大起大落。作为以国家信用为价值支撑的法定数字货币,中央银行可以通过控制该种货币的发行总量,使之与经济交易的实际货币需求量保持一致;通过引入法定数字货币,锚定低目标通胀水平;同时通过立法加强并保证中央银行的独立性,避免财政赤字货币化,从而保持数字货币价值稳定。

资料来源:管同伟.金融科技概论[M].北京:中国金融出版社,2020:289.

4. 人工智能在金融领域的应用

金融领域是非常适合与人工智能结合并产生价值的领域。人工智能可以用于银行、保险、证券等行业,为金融业的各个参与主体、各业务环节赋能,助力金融业的产品创新、流程再造和服务升级,帮助金融机构提高服务效率、防范风险等。目前人工智能主要应用于智能投顾、智能客服(对话机器人)、风险控制、精准营销、关系图谱等领域,人工智能在金融业发展快速。

2017 年 7 月,国务院印发的《新一代人工智能发展规划》明确指出,要大力发展智能金融,创新智能金融产品和服务,发展金融新业态,鼓励金融业应用智能客服等先进技术的发展。智能金融本质上是人工智能技术驱动的金融创新。

人工智能可以直接为金融机构提供商业决策或建议,或者利用人工智能技术处理金融领域问题,如股票价格预测、消费者行为和支付意愿评估、信用评分、智能投顾与智能客服、保险承保与理赔、风险管理与压力测试、金融监管与识别监测等。

  延伸阅读 2-7

智能机器人"小融"上岗,助力金融服务

随着科技创新及人工智能的日益普及,银行机器人逐渐走进人们的视野。工商银行北京朝阳支行迎来了智能机器人"同事",名叫"小融"。它的加入,有力地推动了该行打造智慧银行、优化金融服务的进程,也为客户带来别样的智慧金融服务体验。

"小融"主要用于网点厅堂服务,兼具高颜值、高智商和高情商,是一个能听会说、会思考的智能大堂机器人,它融合了包括语音识别、语言理解、深度学习、人脸识别等在内的多项人工智能技术,能够为客户提供专业、便利的金融服务的同时,还能与客户积极沟通,专业的"能力"和幽默的"性格",很快让"小融"成为到店客户的"开心果"。"小融"不仅是业务上的小能手,还是"防诈骗大使"。日常网点开展厅堂微沙龙,工作人员向到店客户宣传防诈骗等内容时,"小融"会积极做好配合,一边播放防范非法集资和防诈骗的案例,一边以真实、生动的语言为到店客户讲解非法集资的危害,增强广大群众的安全意识和防诈骗意识。

资料来源:蔺丽爽. 智能机器人"小融"上岗 助力金融服务[EB/OL]. (2022-05-30)[2022-07-12]. https://t.ynet.cn/baijia/32841099.html.

三、我国金融科技行业构成及其发展现状

(一)我国金融科技行业的构成

金融科技行业是一个完整的产业链,由上游、中游、下游不同主体构成。

(1)金融科技行业的上游主要包括数据提供商、硬件设备提供商以及软件服务提供商等。其中,数据提供商为中游企业提供金融客户数据信息;硬件设备提供商则提供基础设备服务,包括服务器和芯片等;软件服务提供商负责提供操作系统、平台及应用之间的通用服务等。

(2)金融科技行业的中游是金融科技服务商,包括综合型金融科技服务商和垂直型金融科技服务商,两者的区别在于:综合型金融科技服务商不仅仅提供金融科技服务,同时输出用户流量和用户场景数据,典型的综合型金融科技服务商有蚂蚁集团、京东科技等;垂直型金融科技服务商以金融科技产品为主营业务。

(3)金融科技行业的下游主要是金融机构(B端)和金融消费者(C端),其中B端部分按照行业可划分为证券、银行、保险、资管等传统金融机构,以及互联网金融机构。我国金融科技行业全景图谱,如图2-3所示。

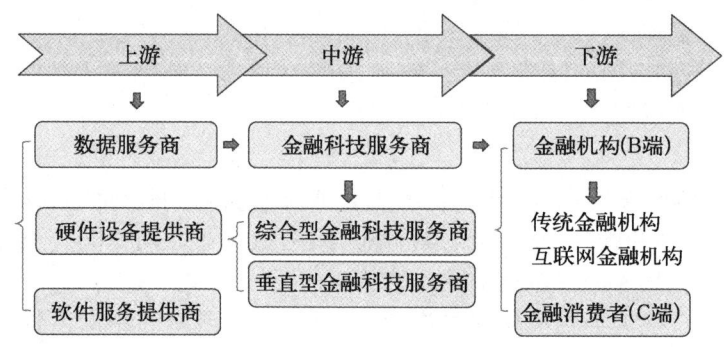

图2-3 我国金融科技行业全景图谱

(二)我国的金融科技公司

金融科技公司即金融科技服务商,它们是金融科技行业中的重要主体,在金融科技发展中发挥着重要的作用。

1. 金融科技公司的定义

金融科技公司目前尚无确切的界定,本书主要根据国际金融稳定委员会(FSB)的观点,

即"金融科技公司是指商业模式专注于金融科技创新的公司",从而给出这样的定义:金融科技公司是指本身不提供金融服务,却能为金融机构提供技术服务的科技公司。金融科技公司所从事的科技与金融服务创新直接相关,具有高风险性。

需要注意的是,金融科技公司与金融机构司有着密切的联系,但是两者性质存在很大差异。金融科技公司与金融机构之间不是简单的买卖关系,而是利益共同体。金融科技公司通过与金融机构进行价值分享,共同创造增量业务。此外,金融科技公司虽然业务与金融服务有一定关联,但它不是金融机构。

2. 金融科技公司的类型

1) 中央银行发起设立金融科技公司

中国人民银行作为我国的中央银行,为了完善数据共享、数字货币清结算、征信数据库建设等工作,一直致力于稳步推进金融科技行业发展。在中国人民银行的发起下,目前已成立至少五家金融科技公司,包括数字货币研究所、深圳金融科技有限公司、长三角金融科技有限公司、成方金融科技有限公司、中汇金融科技等,涉及数字货币、区块链金融、密码学等多个领域。

2) 银行成立金融科技子公司

在金融科技浪潮的冲击下,商业银行(尤其是大中型商业银行)加快金融科技创新,逐步推进数字化转型。这些银行在深化与外部科技企业合作的基础上,注重加强自身科技实力,相继成立金融科技子公司,整合技术、业务、资源及经验优势,对内对外输出技术能力,提升整体数字化水平。

国有五大行及多家全国性股份制银行,甚至部分城商行都已成立独立的金融科技子公司。例如,建设银行的建信金科、工商银行的工银科技、平安银行的金融壹账通、招商银行的招银云创等。我国部分银行系金融科技公司,如表 2-2 所示。

表 2-2 我国部分银行系金融科技公司

排序	金融机构简称	金融科技子公司	成立时间	注册地(区)	注册资本(亿元)
1	兴业银行	兴业数金	2015 年 11 月	上海	3.500
2	平安银行	金融壹账通	2015 年 12 月	深圳	12.000
3	招商银行	招银云创	2016 年 2 月	深圳	2.490
4	深圳农商行	前海金信	2016 年 5 月	深圳	0.105
5	光大集团	光大科技	2016 年 12 月	北京	2.000
6	建设银行	建信金科	2018 年 4 月	上海	16.000
7	民生银行	民生科技	2018 年 4 月	北京	2.000
8	华夏银行	龙盈智达	2018 年 5 月	北京	0.210
9	工商银行	工银科技	2019 年 3 月	雄安新区	6.000
10	北京银行	北银科技	2019 年 5 月	北京	0.500
11	中国银行	中银科技	2019 年 6 月	上海	6.000

(续表)

排序	金融机构简称	金融科技子公司	成立时间	注册地(区)	注册资本(亿元)
12	浙商银行	易企银(杭州)	2020年2月	杭州	0.200
13	农业银行	农银金科	2020年7月	北京	6.000
14	厦门国际银行	集友科技	2020年9月	深圳	0.100
15	廊坊银行	易达科技	2020年11月	廊坊	0.020
16	交通银行	交银科技	2020年8月	上海	6.000

资料来源：根据前瞻经济学App整理，截至2020年12月数据。

3) 互联网系金融科技公司

互联网系金融科技公司，主要以互联网巨头为代表。它们具有先天的资源及技术优势，在金融科技浪潮中，不断发展壮大，占据重要的席位，甚至成为金融科技行业巨头。互联网系金融科技公司的典型代表有京东科技、蚂蚁集团、度小满金融、腾讯金融科技等。

2-6：银行系和互联网系金融科技公司优劣势何在？

银行系金融科技公司与互联网系金融科技公司目前在金融科技行业各自占据重要的市场份额，两者各有优劣势。银行系金融科技公司主要是金融场景叠加技术，更注重通过技术手段搭建平台，建立金融生态圈；而互联网公司设立金融科技公司则是技术叠加金融场景，尤其以底层技术的应用为擅长。例如，以金融科技手段发家的京东科技、度小满金融等巨头一直将金融科技作为企业发展的核心要素。京东科技主要以大数据、人工智能、区块链等信息技术为核心，运用数字科技连接金融和实体产业，助力产业提升互联网化、数字化、智能化水平。度小满金融已在智能语音机器人、消费金融开放平台、服务小微企业客户群等多方面取得不错的成果。

相关思考2-7

银行未来还会与第三方金融科技公司合作吗

金融科技公司目前在我国非常活跃。银行成立金融科技子公司，是顺应金融科技发展大势。银行设立金融科技公司具有哪些优势？银行相继成立金融科技公司是机遇还是挑战？银行未来还需要与第三方金融科技公司加强合作吗？

(三) 我国金融科技行业的发展现状

1. 我国金融科技最具影响力的应用

如前所述，金融科技四大核心技术在金融领域的应用非常广泛，对金融业务及金融产品的创新、风险控制、交易效率提升及交易成本降低等方面产生了重要的影响。根据国家信息技术新工科产学研联盟的调研及发展报告统计数据来看，数字人民币、区块链供应链金融、开放银行、金融大数据营销、智能风控、绿色金融、资产证券化是目前我国金融科技最主要的应用方向，如图2-4所示。

此外，根据搜索引擎分析，截至2021年12月，金融科技领域关注度从高到低依次是开放银行、金融大数据营销、绿色金融、资产证券化、数字人民币、区块链供应链金融、智能风控。其中，数字人民币的App搜索量2021年度为日均2 000次。我国金融科技应用关注情况，如图2-5所示。

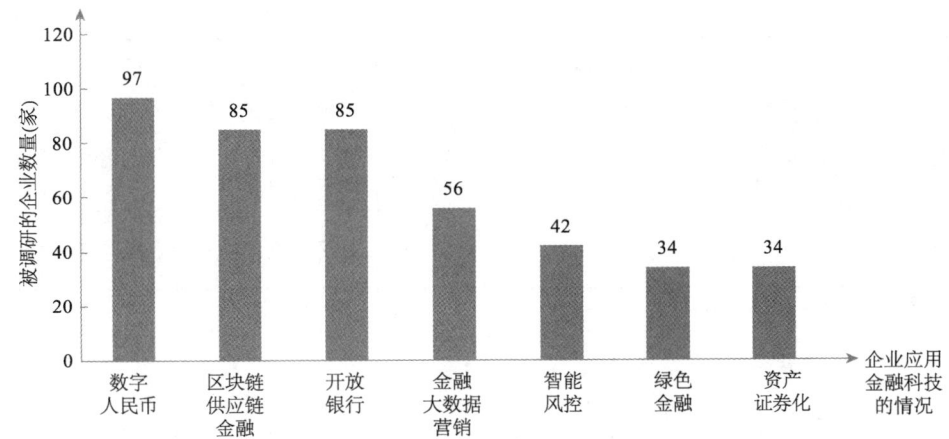

图 2-4　我国金融科技最具影响力的应用

资料来源：根据信息技术新工科产学研联盟：金融科技人才需求与发展报告（2021 年）编写。

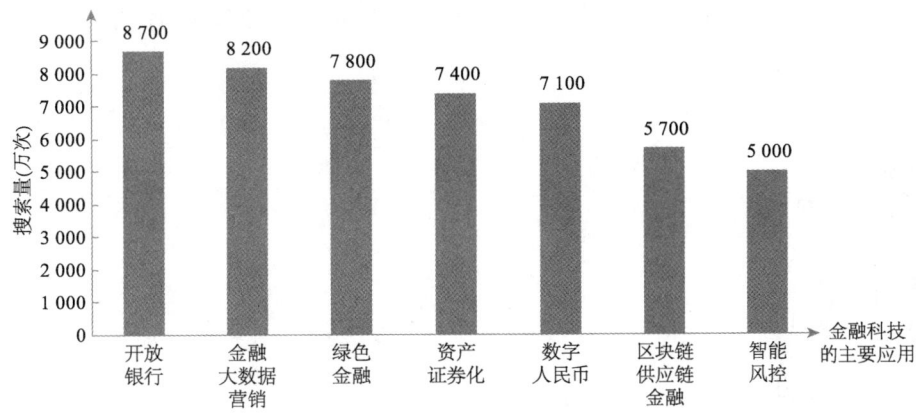

图 2-5　我国金融科技应用关注度情况

资料来源：根据信息技术新工科产学研联盟：金融科技人才需求与发展报告（2021 年）编写。

2. 我国金融科技应用的发展趋势

目前来看，我国金融科技在各领域的应用深度不够，有待持续提升，应用情况如表 2-3 所示。未来，随着数字金融基础设施建设上升到国家战略高度，以及中国版"监管沙盒"的落地，金融科技发展将迈入新的发展阶段。总体来说，服务实体经济、普惠金融和提高科技硬实力是金融科技应用未来的三大发力方向，即利用金融科技降低企业融资成本、提高融资效率，深入开发金融业务与金融产品，提高金融服务可获得性和资产安全性；实现金融科技覆盖产品、业务及风控等全领域，发挥金融科技的作用。

表 2-3　　　　　**我国金融科技应用领域及发展趋势分析**

应用领域	应用场景	挑战
银行领域	消费信贷、中小企业贷款、供应链金融等	数据处理难度大，投入与产出比例不稳定
保险领域	贯穿保险业务全链条，包括产品设计、销售、投保核保、理赔等	区块链、人工智能应用尚不成熟

(续表)

应用领域	应用场景	挑战
证券领域	零售经纪业务、机构业务	应用深度和广度不足
资管领域	深度学习实现投研辅助、消费金融智能风控、算法和量化模型	市场与监管处于磨合期,金融科技开展方式不确定
互联网金融领域	第三方支付、互联网信贷、互联网投资理财、互联网保险等	垄断地位、数据隐私、风险隐蔽性较强

资料来源:根据前瞻产业研究院资料整理编写。

3. 我国金融科技行业的发展情况

1) 金融科技公司区域分布情况

通过对带有金融科技关键词的企业进行数据分析,截至2021年12月,全国共18 747家金融科技企业(数据还在一直变化),需求量分布区域依次是北京、上海、深圳、广州、成都等共22个城市。其中涉及"金融科技小额信贷"的企业以杭州、重庆为主;而区块链金融应用平台已覆盖全国28个省市。我国目前金融科技公司数量及区域分布,如图2-6所示。

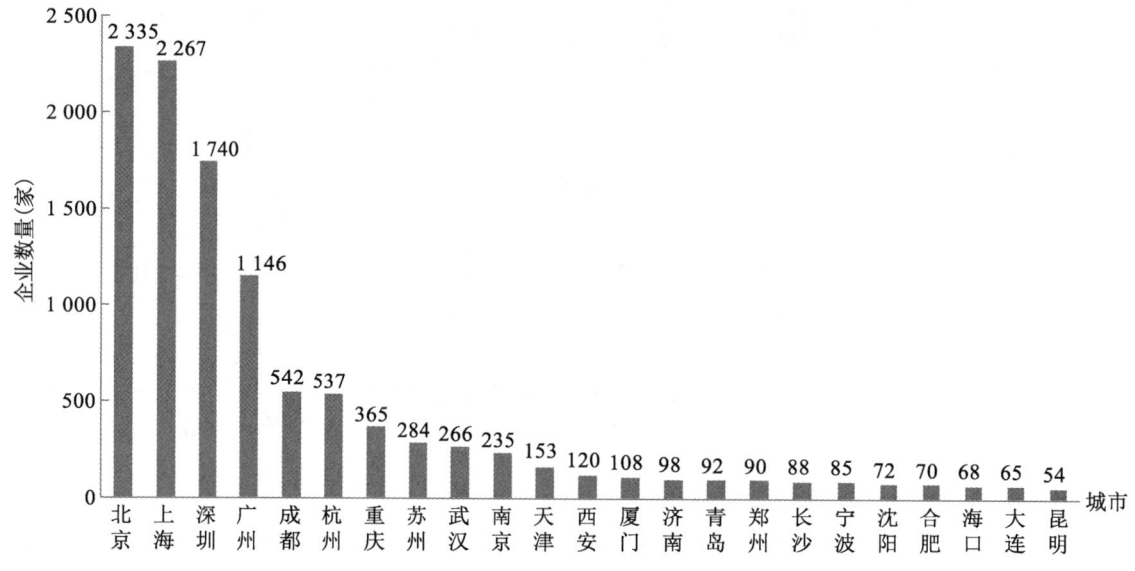

图 2-6 我国目前金融科技公司数量及区域分布

资料来源:根据信息技术新工科产学研联盟:金融科技人才需求与发展报告(2021年)编写。

此外,近年来金融科技创新不断,政策驱动成为新亮点。2018年12月,中国人民银行会同相关部门,在北京市、上海市、江苏省、浙江省等10个省市启动金融科技应用试点,重点围绕加强金融科技应用、做好顶层信息基础设施建设、推动数据资源融合运用、强化监管科技应用四个方面为金融科技服务实体经济提供实践经验和相关借鉴。

2) 金融科技公司业务布局

从整体上看,不同类型的金融科技公司业务侧重点不同。银行系金融科技子公司主要提供金融云服务、解决方案,并且大多遵循着由内到外的轨迹,即成立初期以服务本行集团及其子公司为主,随后逐渐扩展到同业中小银行、非银行金融机构、中小企业等,实现技术输出。例如，工银科技主要聚焦行业客户、政务服务等金融场景建设；北银科技主要为中小银行、企业和互联网用户提供数字化、智能化、全方位金融科技综合服务。

在技术手段中，各家银行均无一例外利用金融科技开展业务，如工银科技主要开展技术创新、软件研发和产品运营，这一发展路径也符合国有大行一贯的风格。在科技依托手段上，北银科技主要运用大数据、云计算、人工智能、区块链等技术。

与传统金融机构相比，以百度、阿里、腾讯、京东为代表的互联网巨头通过自身的丰富场景、用户流量、网络信息技术等优势渗透到了支付、借贷、投资、保险等各个领域的金融服务，在金融科技领域占据重要的市场份额，如表2-4所示。

表2-4　　　　　　　　我国互联网系金融科技公司部分业务布局情况

应用领域	蚂蚁科技集团	腾讯金融科技	京东科技	度小满金融
支付	支付宝	微信支付	京东支付	度小满钱包
理财	余额宝	腾讯理财通	京东小金库	度小满理财
信贷	蚂蚁花呗[②] 蚂蚁借呗	微粒贷	京东金条 京东白条	有钱花
保险	蚂蚁相互宝[①]	微保	京东安联	—
证券	—	腾讯微证券	—	—
银行	网商银行	微众银行	—	百信银行
征信	芝麻信用	腾讯征信	小白信用	—
基金	天弘基金等	—	智管有方	—

资料来源：前瞻产业研究院.行业深度！2021年中国金融科技行业市场规模、细分市场、竞争格局及发展趋势分析[EB/OL]．(2021-08-03)[2021-12-10]. https://bg.qianzhan.com//trends/detail/506/210803-cb56b59b.html.
① 说明：蚂蚁相互宝产品已经于2022年1月宣布关停。
② 蚂蚁花呗、蚂蚁借呗目前是重庆蚂蚁消费金融公司专属消费信贷产品。

当然，这些互联网公司开发、运营的网络产品和网络服务，会随着市场的变化、监管政策的调整等原因发生变化。互联网公司有的缩小规模，有的移交给其他公司管理（如蚂蚁花呗、蚂蚁借呗），有的甚至宣布关停。但不可否认，这些曾经出现的产品，在金融科技行业上发挥了重要的作用，也反映出互联网公司在金融科技行业的业务布局。

四、我国金融科技行业标准

2016年以来，我国金融科技发展迅猛，金融科技公司数量越来越多，金融科技业务和产品不断推陈出新。整个金融科技行业成为当前重要的新兴产业。为了推动金融科技行业更加规范、良好发展，中国人民银行在充分调研的基础上，于2020年10月22日正式发布了《金融科技发展指标》(JR/T 0201—2020)金融业标准。

《金融科技发展指标》(JR/T 0201—2020)以《金融科技(FinTech)发展规划(2019—2021年)》(银发〔2019〕209号文印发)为指导性文件，突出科学完备，兼顾行业普适，由机构指标、行业指标和区域指标三大指标构成。《金融科技发展指标》(JR/T 0201—2020)适用于不同机构、行业、地区的金融科技发展,对于优化金融科技战略部署、强化金融科技合理应用、赋能金融科技提质增效、增强金融风险技防能力、夯实金融科技基础支撑等工作具有参考意义。《金融科技发展指标》(JR/T 0201—2020)由全国金融标准化技术委员会归口管理,由中国人民银行科技司提出并负责起草,行业内有关单位共同参与。该金融业标准经过了广泛征求意见和论证,并通过了全国金融标准化技术委员会审查。

此外,伴随着金融创新与金融监管工作越来越重要,2020年金融科技行业迎来了三项行业标准,包括中国人民银行发布的《金融科技创新应用测试规范》(JR/T 0198—2020)、《金融科技创新安全通用规范》(JR/T 0199—2020)、《金融科技创新风险监控规范》(JR/T 0120—2020)。

全国金融标准化技术委员会表示,这三项标准既适用于从事金融服务创新的持牌金融机构和从事相关业务系统、算力存储、算法模型等科技产品研发的科技公司,也适用于相关安全评估机构、风险监测机构、自律组织等。此外,标准发布之前已投入运营的金融服务或科技产品进行金融科技创新时也适用这三项标准。今后我国金融科技行业将会按照金融科技发展指标及各项规范,严格监管和发展,从而更好地推动我国金融科技行业有序、健康、高效发展。

2022年10月9日,中国人民银行正式发布《金融领域科技伦理指引》(JR/T 0258—2022)标准。该标准要求在金融领域开展科技活动需要遵循的守正创新、数据安全、包容普惠、公开透明、公平竞争、风险防控、绿色低碳等七个方面的价值理念和行为规范。该标准适用于指导金融领域从业机构开展科技伦理治理工作,预防和化解金融科技活动伦理风险。

 延伸阅读2-8

《金融科技发展指标》

《金融科技发展指标》(JR/T 0201—2020)作为我国金融科技行业标准于2020年10月22日发布。《金融科技发展指标》(JR/T 0201—2020)由机构指标、行业指标、区域指标三大指标构成,以中国人民银行发布的《金融科技(FinTech)发展规划(2019—2021年)》(银发〔2019〕209号文印发)为指导性文件,旨在形成一套科学、全面、可量化的金融科技发展评价标准,从而规范金融科技数据统计与成果检验,为我国金融科技规划与政策制定提供参考。

其中,机构指标由战略部署、资源投入、服务能力、风控能力、研发能力、应用能力六项构成;行业指标由行业资源倾斜、整体服务水平、风控能力建设、研发应用赋能四项构成;区域指标由金融科技产业、金融科技应用、金融科技生态三项构成,三大项指标下面还细分成多项指标。未来金融科技行业的发展水平,可通过该标准进行验证。具体指标可参考"金融标准全文公开系统"官网。

资料来源:金融标准全文公开系统.金融科技发展指标[EB/OL].(2020-10-22)[2022-07-13]. https://www.cfstc.org/bzgk/gk/view/bzxq.jsp? i_id=1892.

本 章 小 结

本章的主要学习内容是金融科技。通过本章的学习,学生认识了金融科技的定义,它与科技金融、互联网金融的不同,以及金融科技的特点;熟悉了金融科技产生的原因及发展;掌握了金融科技的本质、主要业务,金融科技四大核心技术及其在金融领域的应用;了解了我国金融科技行业的构成及其发展现状。

本章重要概念

金融科技　大数据　云计算　区块链　人工智能　数字货币　虚拟货币　金融科技行业　金融科技公司　金融业标准　去中心化　匿名性　分布式技术

本章练习

一、单选题

1. 下列各项中,不属于金融科技的是(　　)。
   A. 机械技术　　　B. 云计算　　　C. 大数据　　　D. 人工智能
2. 区块链技术的特征不包括(　　)。
   A. 去中心化　　　B. 技术公开　　　C. 不可篡改　　　D. 技术保密
3. 当身份证需要取消或重新签发时,使用(　　)技术。
   A. 大数据　　　B. 区块链　　　C. 云计算　　　D. 人工智能
4. 金融科技中的(　　)技术,主要用于帮助客户画像,从而进一步精准营销。
   A. 大数据　　　B. 区块链　　　C. 云计算　　　D. 人工智能
5. 第一次在国际组织层面对金融科技作出初步定义的是哪个机构(　　)。
   A. 世界银行集团　　　　　　　　B. 金融稳定理事会(FSB)
   C. 国际货币基金组织(IMF)　　　D. 国际证监会组织(IOSCO)
6. 金融科技是(　　)驱动下的金融创新模式。
   A. 技术　　　B. 区块链　　　C. 政策　　　D. 机器人
7. 金融科技行业,处于中游环节的主要是(　　)。
   A. 金融科技服务商　　　　B. 数据服务商
   C. 硬件设备提供商　　　　D. 软件服务提供商
8. 被称为我国金融科技元年的是(　　)年。
   A. 2013　　　B. 2015　　　C. 2016　　　D. 2018
9. 2017年5月,中国人民银行成立了(　　),以促进我国金融科技的发展。
   A. 金融科技稳定委员会　　　B. 国家发展金融科技中心
   C. 金融科技委员会　　　　　D. 国家金融科技协调中心
10. 云计算是(　　)技术中的一种。
    A. 大数据　　　B. 互联网　　　C. 人工智能　　　D. 分布式

二、多选题

1. 金融科技主要应用于(　　)领域。
   A. 支付结算　　　　B. 借贷融资
   C. 智能投顾　　　　D. 客户身份认证
2. 金融科技的产生原因有(　　)。
   A. 信息技术的推动　　　B. 国家政策的支持
   C. 市场需求的增加　　　D. 监管的包容

3. 金融科技产业中的主体有(　　)。
   A. 信息服务提供商　　　　　　　B. 金融科技公司
   C. 金融消费者　　　　　　　　　D. 金融科技监管部门
4. 行业实践中,金融科技通常理解为(　　)。
   A. 金融业务数字化、电子化　　　B. 与金融领域密切相关的科技公司
   C. 网上银行、电子银行　　　　　D. 采用新技术进行业务创新的金融机构
5. 下列各项中,属于金融科技业务中"支付结算"类的有(　　)。
   A. 数字钱包　　B. 点对点汇款　　C. 数字货币　　D. 贷款清收
6. 依据科技对金融业的影响程度,可以将我国的金融科技大致分为(　　)阶段。
   A. 金融电子化和信息化阶段　　　B. 互联网金融阶段
   C. 全面金融科技化阶段　　　　　D. 萌芽质变阶段
7. 《金融科技(FinTech)发展规划(2022—2025年)》的发展原则主要有(　　)。
   A. 数字驱动　　B. 智慧为民　　C. 绿色低碳　　D. 公平普惠
8. 大数据主要有(　　)特征。
   A. 具有海量的数据规模
   B. 数据类型多样化
   C. 指数据处理速度快而及时
   D. 值密度低,需要大量时间筛选有用的数据
9. 下列各项中,属于金融科技业务中"投资管理"类业务的有(　　)。
   A. 分销渠道　　B. 智能投顾　　C. 财富管理　　D. 智能理财
10. 下列各项中,属于银行系金融科技子公司的有(　　)。
    A. 建信金科　　B. 招银云创　　C. 兴业数金　　D. 易达科技

三、判断题

1. 金融科技的落脚点是技术,而互联网金融的落脚点是金融。　　　　　　　　(　　)
2. 金融科技的主要业务有:支付结算和清算、投资、存贷款及资本筹集等。　　(　　)
3. 金融科技是技术驱动的金融创新模式。　　　　　　　　　　　　　　　　　(　　)
4. 金融科技公司属于金融科技行业的上游。　　　　　　　　　　　　　　　　(　　)
5. 数字人民币、移动支付都是金融科技的具体应用场景。　　　　　　　　　　(　　)
6. 金融科技的本质仍然是金融,科技只是金融活动实现低成本、高效率的手段。(　　)
7. 互联网金融阶段被视为科技推动金融创新、驱动政策完善、规范发展的 FinTech 2.0 时代。　　　　　　　　　　　　　　　　　　　　　　　　　　　　　　　　(　　)
8. 金融科技推动解决融资问题,但也带来了一定的风险,如信用风险等。　　　(　　)
9. 根据云计算资源的部署方法,通常有公有云、私有云、混合云。　　　　　　(　　)
10. 区块链是集合式的,而不是分布式的。　　　　　　　　　　　　　　　　　(　　)

四、简答题

1. 法定数字货币与非法定数字货币的区别主要有哪些?
2. 金融科技的主要特点是什么?
3. 推动金融科技产生的主要因素是什么?
4. 金融科技分别带来了哪些积极影响和消极影响?

五、材料分析题

随着官方解读、项目试点的不断推进,数字人民币作为一种法定货币,正在走进我们的生活。数字人民币的应用不仅给个人和商户带来便利、安全,降低支付成本,更能助力金融服务水平提高和地方实体经济发展。越来越多的领域都将成为数字人民币的应用场景。业内人士分析,由点到面,这是一个循序渐进的过程。从目前的推广方式看,数字人民币优先在消费场景进行推广,后期也可能会延伸至信贷、证券等领域。

数字人民币是数字经济时代的新型金融基础设施。深化数字人民币试点领域和应用场景,建立数字人民币生态圈,可以从深入政务民生场景、推动对公领域应用、探索多元化产品创新等方面重点推进。数字人民币研发作为重要发展战略,已列入国家"十四五"规划。2019年年底,数字人民币成为全球主要经济体中最早正式投入试点运行的中央银行法定数字货币,商务部、国家发改委等多部委多次发文提及加快数字人民币试点推广。数字人民币的推出,意味着我国将迎来新的数字支付时代。

请结合上述材料,分析:数字人民币有何突出的特点或优势?数字人民币将如何影响我们的生活?数字人民币利于哪些机构的发展?

2-7:本章练习答案

第三章　金融体系

- 内容提要
- 重点难点
- 学习目标
- 知识框架
- 思政育人
- 第一节　金融体系概述
- 第二节　金融机构体系
- 第三节　金融市场体系
- 本章小结
- 本章重要概念
- 本章练习

内容提要

本章主要讲述了金融体系的含义、构成、类型、运行；金融机构体系的含义、构成，其中包括我国的金融机构体系及国外的金融机构体系的具体构成情况；金融市场体系的含义、功能，其中包括我国金融市场体系的构成及发展状况等。

重点难点

本章重点为我国的金融机构体系和金融市场体系的构成；难点为国内外金融机构体系的异同、我国多层次资本市场的构成及发展。

学习目标

通过本章的学习，学生应理解并掌握我国的金融机构体系的构成，熟悉美国、英国、日本和德国等国金融机构体系的构成及各国之间的异同；掌握我国金融市场体系的构成及发展变化；了解我国如何借鉴国外金融机构体系建设的经验并进行了完善和发展，使我国的金融机构体系更能适应现代化金融发展的需求；对我国的金融市场有基本的认识，为后续学习更详细的金融市场知识奠定基础。

知识框架

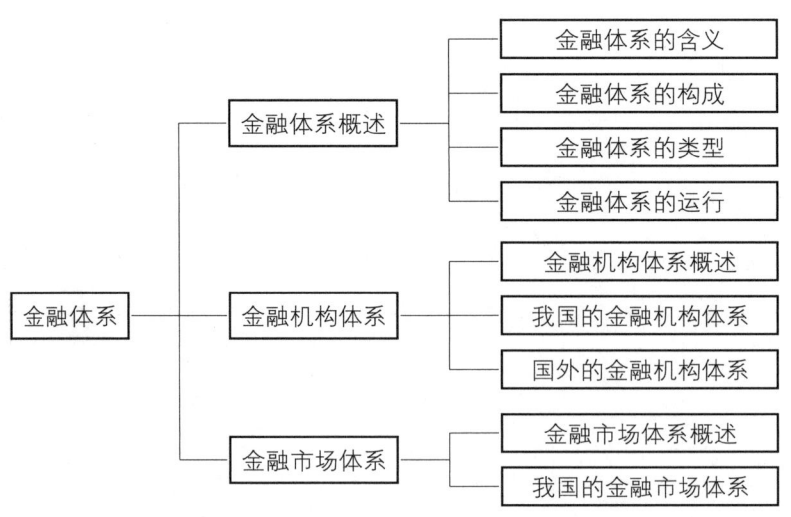

思政育人　　　　　树立风险意识,理性看待风险

　　金融发展离不开金融创新,我们要认真对待其中的风险。金融市场为金融投资者提供了各种不同的金融产品,但都兼具风险和收益。风险与收益相伴而生,两者呈正相关的关系,即高收益,高风险;低收益,低风险。

　　自2022年11月以来,一向被视为低风险、波动小的债券基金和银行固定收益类理财产品出现亏损现象。据不完全数据显示,从2022年10月末至11月15日,市场上8 000只固定收益类理财产品中有超过2 600只净值下跌。截至2022年11月下旬,全市场处于存续期的公募理财产品中,有近4 000只产品的单位净值小于1元,但普遍亏损幅度较小,净值介于0.98元至0.99元。据了解,银行中低风险的理财产品主要为R1级和R2级。其中,R1理财产品资金投向主要是存款、国债、货币基金等,R2级理财产品在R1级理财产品的基础上增加了一些低风险的债券,利率较R1级理财产品也稍高一些。此次银行理财出现亏损主要是R2级理财产品,这是因为R2级理财产品的资金投向了债券,而债券市场波动大,债券价格大幅下跌,导致理财产品净值受到较大影响。

　　作为投资者,一定要转变投资理念。投资者如果无法接受和承担风险,可以选择银行定期存款、大额存单、国债等保本类理财产品。能承受一定波动的投资者,再考虑一些其他理财产品,并且最好拉长投资期限,长期持有不动,理性看待净值波动。同时,一定要谨记那些号称"稳赚不赔"的银行理财产品也会遇到亏损的情况。理财产品即使低风险,也是有风险的。投资者要牢固树立风险意识,把警戒意识放在首位,这样才可以有效地规避投资风险。

　　风险不只存在金融投资领域,同学们在日常的学习生活中也会面对各种风险,因此要树立风险防患意识,正确有效地规避和防范各类风险,从而避免不必要的损失。

　　此外,党的二十大报告指出:"加强和完善现代金融监管,强化金融稳定保障体系,依法将各类金融活动全部纳入监管,守住不发生系统性风险底线。"金融市场是经济社会运行的集中映射,在经济全球化背景下,国际各种事件都可能影响市场情绪,更加容易出现"大起大落"的异常震荡。管理部门要加强对风险源头的管控,切实规范金融秩序,及时稳定市场预期,防止风险交叉、扩散蔓延。

资料来源:

[1] 王珂.银行理财产品今后该怎么买?专家:理性看待净值波动[EB/OL].(2022-12-01)[2022-12-01].http://money.yznews.com.cn/2022-12/01/content_7485513.htm.

[2] 谐慧领航工程机械网.二十大报告(实录全文)[EB/OL].(2022-10-16)[2023-05-01].http://www.ccmalh.com/article/content/2022/10/20221011518.shtml.

第一节　金融体系概述

　　金融体系是现代发达经济的重要组成部分,如果没有金融体系的存在,交易将大幅减少,每个部门都会严重地受制于他们能生产什么和消费什么,以及生产和消费何时进行、如何进行等问题。金融体系越发达,其对经济发展的贡献就越大,作用就越突出。

一、金融体系的含义

　　一般来说,金融体系是由金融机构、金融市场、金融监管调控、金融工具、金融基础设施、金融制度等构成的一个综合系统。金融体系是一个国家或地区经济发展中资金流动的基本框架,能实现资金在盈余者与短缺者之间的转移、实现资源的优化配置,从而促进经济增长,并提高居民的生活水平。

　　资金通过金融市场或金融中介机构,借助多种类型的金融工具,以直接融资或间接融资的方式实现融通。金融体系资金运行如图3-1所示。从本质上看,金融市场、金融机构产生于实体经济的需要,必须服务于实体经济。金融体系只有与企业、家庭、居民及政府发生交易和业务,才能真正发挥其作用和功能。

相关思考3-1

金融体系能够发挥哪些作用

金融体系主要由金融机构、金融市场、金融监管调控等体系构成。那么金融体系在经济运行及社会发展中,能够发挥哪些作用? 其是否能够发挥优化资源配置、提供清算便利、反映价格信息、分散转移风险、解决信息不对称、调节宏观经济等作用? 金融体系资金运行情况,如图3-1所示。

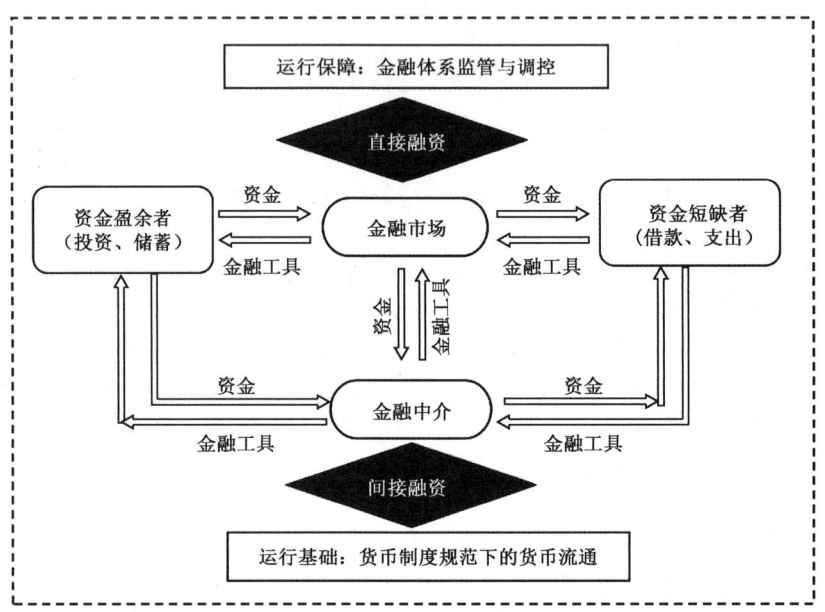

图3-1 金融体系资金运行图

资料来源:湖南大学金融学慕课。

二、金融体系的构成

金融体系是由各种金融要素组合而成的整体,各种金融要素的综合运作才能保障其功能的发挥。一般来说,金融体系主要由金融机构体系、金融市场体系、金融监管调控体系、金融工具体系、金融基础设施体系等构成。

1. 金融机构体系

金融机构由存款类金融机构和非存款类金融机构构成,具体包括中央银行、商业银行、开发银行、政策性银行、农村信用社,以及证券公司、保险公司、信托投资公司、基金公司等多样化的金融中介机构。在金融机构体系中,中央银行是核心,是特殊的机构,发挥着监管及调控作用。

2. 金融市场体系

金融市场是实现资金余缺调剂的重要场所,是金融领域各种市场的总称,由各种子市场构成。按照金融交易的期限长短划分,金融市场主要有货币市场和资本市场,这是最常见的分类。具体来说,金融市场有各类货币子市场、股票市场、债券市场、基金市场、风险投资市场、金融衍生品市场等。

3. 金融监管调控体系

金融监管调控体系主要由中央银行,以及监督管理银行业、保险业、证券业等金融业、金融市场等金融领域的机构共同组成。2017年7月,我国新成立了国务院金融稳定发展委员会(以下简称金融委),作为国务院统筹协调金融稳定和改革发展重大问题的议事协调机构,其旨在强化中国人民银行宏观审慎管理和系统性风险防范职责,落实金融监管部门监管职责,并强化监管问责,坚持问题导向,针对突出问题加强协调,强化综合监管,突出功能监管和行为监管。2018年4月,中国银行业监督管理委员会、中国保险监督管理委员会合并为中国银行保险监督管理委员会(以下简称银保监会)。从2018年3月至2023年2月,我国的金融监管调控体系是"一委一行两会",即金融委、中国人民银行、银保监会和证监会(即中国证券监督管理委员会)。

2023年3月16日,中共中央、国务院正式发布《党和国家机构改革方案》,我国的金融监管体系发生重大改革。具体包括以下内容:

第一,组建中央金融委员会。加强党中央对金融工作的集中统一领导,负责金融稳定和发展的顶层设计、统筹协调、整体推进、督促落实,研究审议金融领域重大政策、重大问题等,作为党中央决策议事协调机构。同时,设立中央金融委员会办公室,作为中央金融委员会的办事机构,列入党中央机构序列。此外,国家不再保留国务院金融稳定发展委员会及其办事机构,将国务院金融稳定发展委员会办公室职责划入中央金融委员会办公室。

第二,组建中央金融工作委员会。统一领导金融系统党的工作,指导金融系统党的政治建设、思想建设、组织建设、作风建设、纪律建设等,作为党中央派出机关,同中央金融委员会办公室合署办公。

第三,在原银保监会的基础上,组建新的国家金融监督管理总局,作为国务院直属机构。统一负责证券业之外的金融业监管,强化机构监管、行为监管、功能监管、穿透式监管、持续监管,统筹负责金融消费者权益保护,加强风险管理和防范处置,依法查处违法违规行为。将中国人民银行对金融控股公司等金融集团的日常监管职责、有关金融消费者保护职责,中国证券监督管理委员会的投资者保护职责划入国家金融监督管理总局,不再保留中国银行保险监督管理委员会。

此轮改革后,我国的金融监管调控体系调整为"一委一行一局一会",即中央金融委员会、中国人民银行、国家金融监督管理总局和中国证券监督管理委员会。

中央银行作为宏观调控部门,通过制定实施货币政策调节宏观经济,实现总量平衡。此外,在中央银行的组织下,积极推动利率、汇率、支付清算、金融科技等制度改革及基础设施建设,从而更好地服务于实体经济。中国人民银行从2023年3月金融监管调控体系调整后,其职能更侧重于宏观调控。

4. 金融工具体系

金融工具是金融体系运行的载体,是各种金融交易的对象。通过金融工具的买卖,才能真正实现融资、投资目的。在金融工具体系中,有各种各样的金融工具,包括货币、股票、债券、基金、票据、期货、期权、远期、互换、外汇、黄金等。

5. 金融基础设施体系

金融基础设施是指为各类金融活动提供基础性公共服务的系统、制度等。金融基础设施是金融发挥作用的通道，是承载金融资源交易运行的"道路"和"桥梁"。金融基础设施的高效运转和互联互通，为推动形成统一、包容、开放的金融体系，充分发挥金融体系资源配置功能，提升服务实体经济的效率，提供了坚实的基础性、制度性保障。金融基础设施是现代金融体系的关键，并且每次技术变革都会推动金融基础设施产生巨大飞跃。

在金融基础设施中，主要包括支付清算系统、现代化支付服务体系、信用体系及征信体系、金融信用信息基础数据库等方面。

我国的金融基础设施经过多年建设，逐步形成了为货币、证券、基金、期货、外汇等金融市场交易活动提供支持的基础设施体系，功能比较齐全、运行整体稳健。纳入我国金融基础设施统筹监管包括金融资产登记托管系统、清算结算系统（包括开展集中清算业务的中央对手方）、交易设施、交易报告库、重要支付系统、基础征信系统六类设施及其运营机构。例如，由中国人民银行清算总中心运营的支付清算系统是国家级的重要金融市场基础设施，为全社会提供支付清算服务，是社会资金流动的"高速公路"和"大动脉"。

3-1：征信管理办法

延伸阅读 3-1

中国人民银行支付清算系统

1. 大额实时支付系统

大额实时支付系统（high value payment system，HVPS）于 2002 年 10 月投产，2013 年 10 月升级为第二代，主要处理大额贷记支付业务和紧急的小额贷记支付业务。2015 年参与机构清算账户归并完成后，商业银行全面实现了"一点接入，一点清算"。大额实时支付系统能够为银行业金融机构和金融市场提供快速、高效、安全、可靠的清算服务，有力支持了人民币跨境支付业务，实现了跨行资金清算零在途，是支持货币政策实施和维护金融稳定的重要金融基础设施。

2. 小额批量支付系统

小额批量支付系统（bulk electronic payment system，BEPS）于 2005 年 11 月投产，2013 年 10 月升级为第二代，为广大企事业单位和居民个人提供全天候不间断的支付服务。自 2015 年 7 月 11 日起，节假日期间，小额批量支付系统业务限额上调为 50 万元。工作日期间，小额批量支付系统可支持 5 万元以下的汇兑业务，以及不限金额的实时借记、定期借贷记、集中代收付等特色业务。居民个人可以通过该系统方便地进行水费、电费、煤气费等日常缴费；企事业单位可以委托开户银行及时向在不同地区、不同银行开户的员工发放工资和养老金等费用，为社会公众的居家生活带来实实在在的方便。

3. 网上支付跨行清算系统

网上支付跨行清算系统（internet banking payment system，IBPS）于 2010 年 8 月投产，是第二代支付系统率先投产的业务系统，其支持网上支付等新兴电子支付业务的跨行（同行）资金汇划处理，能满足用户全天候的支付需求。为进一步提升系统处理效率，中国人民银行于 2016 年对网上支付跨行清算系统业务处理模式进行了优化，将"实时转发、实时轧差"改为"实时转发、定时轧差"，解决了大业务量参与者可能面临的热点账户问题，进一步改善了用户体验。用户通过网上支付跨行清算系统，不仅可以足不出户办理跨行账户管理、资金汇划、资金归集等多项业务，还可以实时在线获取业务的处理结果，有力支持了我国电子商务的发展。

4. 境内外币支付系统

境内外币支付系统（China foreign exchange payment system，CFXPS）于 2008 年 4 月 28 日投产。中国人民银行委托中国银行、中国工商银行、中国建设银行和上海浦东发展银行为境内外币支付系统的四家结算行,分别代理港币、英镑、欧元、日元、加拿大元、澳大利亚元、瑞士法郎和美元8个币种的支付业务结算,支付指令逐笔发送,实时全额结算,满足了国内对多个币种支付的需求,提高了结算效率和信息安全性。

资料来源:中国人民银行清算总中心官网.系统介绍[EB/OL].(2018-06-11)[2022-05-29]. http://www.cncc.cn/zfqszs/zfqsxtjj/201806/t20180611_487.html.

三、金融体系的类型

任何国家的金融体系都只能在一定的制度框架中运行,相对完备的制度是一切金融体系高效、有序运行的基石。在现实生活中,世界各国具有不同的金融体系,体现出不同的特点。例如,美国的金融体系中,金融市场体系的作用非常突出;而德国的金融体系中,商业银行是全能型模式,这些大银行在金融体系中起到支配作用。

从世界范围来看,不同国家的金融体系可以分为两大类:银行主导型金融体系和市场主导型金融体系。从微观金融角度来看,前述两种金融体系分别对应了两种银行经营机制:全能型银行制和分离型银行制。

(一)银行主导型金融体系

银行主导型金融体系也称为以间接融资为主的金融体系,其典型特点是以商业银行为主,即商业银行在金融体系中占据重要地位,发挥支配作用。利用银行贷款融资,银行在将储蓄转化为投资、分配资源、控制企业经营、提供风险管理工具方面起领导作用。以德国、日本、法国为典型代表国家,中国、韩国等世界大多数国家都具有银行主导型金融体系,然而这些国家也逐渐进行转型和改革,越来越重视直接融资模式,突出金融市场的重要作用。

(二)市场主导型金融体系

市场主导型金融体系也称为以直接融资为主的金融体系,其典型特点是以金融市场尤其是资本市场为主,即资本市场在金融体系中占主导地位。通过资本市场实现投融资和资源的有效配置,从而促进经济发展。该类型的金融体系以美国、英国为典型代表国家。

(三)我国的金融体系

1948年12月1日,中国人民银行宣告成立,标志着我国金融体系由此建立。改革开放后,我国金融改革以市场为导向,金融体系发生了巨大变化,金融业从单一的国家银行体制转变到多元化金融体系,从长期以银行为主的间接融资为主模式,发展为逐步提高直接融资比重,越来越重视资本市场的作用。

近年来,我国在金融体系中进行了一系列改革,包括扩大直接融资规模,建立多层次资本市场体系;完善资本市场结构,开设了科创板,改革了中小企业板、创业板、新三板,丰富资本市场产品,推进风险投资和创业板市场建设,拓展债券市场,并扩大公司债券发行规模,发展机构投资者,完善交易、登记和结算体系,稳步发展期货市场等。

相关思考3-2

哪种类型的金融体系更好

不同国家的金融体系是不同的。那么,哪种类型的金融体系更好?其实银行主导型和市场主导型的金融体系各有优缺点。例如,银行主导型的金融体系过于强调银行的作用,风险很容易集中在商业银行,一旦坏账率高,则银行经营会困难;而过于依赖市场主导型的金融体系,投资者面临的风险会比较大,并且直接融资的发展程度受制于各种金融制度(如证券发行制度)的完善度等因素。由此可见,两种金融体系各有优劣,各国应按照实际情况选择适合的金融体系,甚至与时俱进地进行改革、转型。

四、金融体系的运行

作为现代经济的核心,金融的影响力日益增强,与社会经济活动、公众利益之间的联系日益紧密。金融体系的运行状态,也成为影响经济持续稳定、高效发展的关键因素。效率和稳定是影响金融体系稳健运行的两大基本支柱,运行的效率决定了经济的活力,运行的稳定决定了经济的弹性。

党的二十大报告明确定位了我国金融体系建设、金融市场发展、金融体制改革,就加快建设制造强国、质量强国、航天强国、交通强国、网络强国、数字中国,实现中国式现代化作出重要部署。因此,金融体系运行的效率、稳定、监管都非常重要。

(一)金融体系运行的效率

金融体系运行的效率体现为其承担经济社会职能的效果,具体包括金融体系在保持经济稳定、促进经济发展、控制金融风险,以及优化资源配置等方面的实际作用,同时考虑在实现这些经济社会职能时所消耗的金融资源数量。

金融体系运行的效率一般包括三个方面:一是宏观经济效率,表现在金融体系运行对经济发展的促进效率、金融风险的控制效率。二是金融资源的配置效率,表现在金融市场的水平化、各金融市场的资源配置效率。三是金融机构效率,主要包括金融机构的经营能力及盈利能力。

(二)金融体系运行的稳定

由于金融内在的脆弱性和金融活动的多样性极容易导致金融风险甚至金融危机的产生,而经济全球化和金融自由化又加剧了金融内在的脆弱性和金融危机爆发的可能性,金融体系的波动对经济金融、百姓生活的影响越来越大,后果越来越严重,因此金融体系运行的稳定性显得至关重要。

目前国际社会通行的金融运行稳定目标是保持价格稳定和支付体系安全、快捷、有效。我国特有的金融运行稳定目标主要有三个:一是国有银行消除潜在风险,发展成具有国际竞争力的商业银行。二是资本市场稳健发展,增加金融市场工具,为间接调控打下更好的基础。三是银行、证券、保险三大行业协调发展,优化融资结构,避免因个别机构风险而引发社会不稳定因素。

(三)金融体系运行的监督调控

为了维持金融体系的稳定与高效,加强金融体系的监督调控、提高金融监管机构的监管水平意义重大。

3-2:锻造金融稳定"三支箭"

由于金融具有特殊的公共性和全局性,一旦某家存款性金融机构陷入流动性困境,不仅会导致众多储户受损,还会引发更大规模的流动性危机,从而影响整体社会经济的稳定,因此对金融体系运行的监管调控十分重要。金融体系监管是金融体系运行稳定和效率的有效保证,其也决定在遭受危机时,金融体系如何重返稳定、提高效率。

综上所述,金融体系运行的效率、金融体系运行的稳定,共同决定了金融体系的运行状态。

第二节 金融机构体系

一、金融机构体系概述

(一) 金融机构体系的含义

金融机构体系是指在一定历史和经济条件下,各种金融机构的组成及其相互联系的统一整体。金融机构体系是一国金融体系的基础。

由于国家和地区的历史文化背景、经济制度和经济发展水平存在差异,世界上主要形成了三种金融机构体系模式:一是以中央银行为核心的金融机构体系。目前西方主要发达国家和我国等大部分国家普遍采用这种模式。二是高度集中的金融机构体系。苏联、我国改革开放前都采用这种模式。三是没有中央银行的金融机构体系。目前只有少数国家和地区,如新加坡、中国香港等采用这种模式。

(二) 金融机构体系的构成

金融机构体系一般由多种类型金融机构构成,主要包括以下内容。

1. 商业银行

商业银行在金融机构体系中占主体地位,其具有数量多、业务全、分布广等特点。商业银行以营利为目的,以经营存款、贷款、转账结算为主要业务,在国民经济中起着货币周转、创造存款货币的作用,并为客户提供多种金融服务。商业银行具有典型的信用创造功能,因此国际货币基金组织也称之为存款货币银行。

2. 政策性银行

政策性银行是由政府投资设立的,是指根据政府的决策和意向专门从事政策性金融业务的银行。政策性银行不以营利为目的,并且根据分工的不同,服务于特定的领域。这类金融机构的资金来源、资金运用及业务范围等方面都与商业银行存在差异。此外,政策性金融机构与开发性金融机构也是有区别的。

延伸阅读3-2

开发性金融

开发性金融是政策性金融的深化和发展,以服务国家发展战略为宗旨,以国家信用为依托,以市场运作为基本模式,以保本微利为经营原则,以中长期投融资为载体,在实现政府发展目标、弥补市场失灵、提供公共产品、提高社会资源配置效率、熨平经济周期性波动等方面具有独特优势和作用,是经济金融体系中不可替代的重要组成部分。

开发性金融的基本内涵包括以下几个方面:

(1) 以服务国家战略为宗旨,始终把国家利益放在首位,致力于缓解经济社会发展的瓶颈制约,努力实现服务国家战略与自身发展的有机统一。

(2) 以国家信用为依托,通过市场化发债把商业银行储蓄资金和社会零散资金转化为集中长期大额资金,支持国家建设。

(3) 以市场运作为基本模式,发挥政府与市场之间的桥梁纽带作用,规划先行,主动建设市场、信用、制度,促进项目的商业可持续运作。

(4) 以保本微利为经营原则,不追求机构利益最大化,严格管控风险,兼顾一定的收益目标,实现整体财务平衡。

(5) 以中长期投融资为载体,发挥专业优势,支持重大项目建设,避免期限错配风险,同时发挥中长期资金的引领带动作用,引导社会资金共同支持项目发展。

资料来源:国家开发银行官网.关于开发性金融[EB/OL].(2015-10-20)[2022-01-15]. http://www.cdb.com.cn/kfxjr/gykfxjr/.

3. 专业银行

专业银行与政策性银行不同,它以营利为目的,属于商业性金融机构,有专门的经营范围,提供专门的金融服务,一般有其特定的客户。专业银行主要有储蓄银行、不动产抵押银行等。

4. 非银行类金融机构

非银行类金融机构也称为非存款类金融机构,是指经金融监管部门批准成立,不以吸收存款为资金来源,主要开展发行证券、提供保险、受托理财等业务,提供多种金融服务的金融机构。非银行类金融机构主要包括投资银行(或证券公司)、保险公司、证券投资基金公司、信托公司等。

5. 金融监管机构

金融监管机构是根据法律规定对一国的金融体系进行监督管理的机构。其职责包括按照规定监督管理金融市场,发布有关金融监督管理和业务的命令、规章,以及监督管理金融机构的合法、合规运作等。金融监管机构一般包括中央银行及专门针对某领域设立的金融监管机构。

延伸阅读3-3

金融监管体系重塑,加强集中统一领导

2023年3月16日,中共中央、国务院印发了《党和国家机构改革方案》(以下简称《方案》),并发出通知,要求各地区、各部门结合实际认真贯彻落实。此次机构改革,在金融监管体制改革领域,有两大重要看点:

一是国务院机构改革方案中提到,在原银保监会基础上组建国家金融监督管理总局,统一负责证券业之外的金融业监管工作。

二是在深化党中央机构改革方面,组建中央金融委员会(以下简称中央金融委),设立中央金融委办公室;组建中央金融工作委员会(以下简称金融工委),同中央金融委办公室合署办公。同时,不再保留国务院金融稳定发展委员会(以下简称国务院金融委)及其办事机构,将国务院金融委办公室职责划入中央金融委办公室。

业内专家认为,这一改革内容强调了中央金融委在金融工作中的核心领导地位,强化了监管的统筹协调,有利于防范并化解重大金融风险,更好助力实体经济健康发展。

根据《方案》,中央金融委是党中央决策议事协调机构,将加强党中央对金融工作的集中统一领导,负责金融稳定和发展的顶层设计、统筹协调、整体推进、督促落实,研究审议金融领域重大政策、重大问题等;中央金融委办公室,作为中央金融委的办事机构,列入党中央机构序列。

熟悉党内法规制度的研究人员对记者表示,党中央决策议事协调机构是在中央政治局及其常委会领导下开展工作,如中央全面依法治国委员会、中央审计委员会等。其办事机构设于何处通常在改革方案中会有说明,此次中央金融委的办事机构,即中央金融委办公室就列入了党中央机构序列。

此次机构改革加强党中央对金融工作的集中统一领导是核心,中央金融委、金融工委是一体两面,一个管事,一个管人。

资料来源(节选)：秦燕玲.中央金融委来了！金融领域六大改革，有何深意？金融监管体系重塑，加强集中统一领导[EB/OL].（2023-03-17）[2023-03-17］. http://www.stcn.com/article/detail/818585.html.

二、我国的金融机构体系

随着市场经济的发展和金融改革的逐步推进，我国的金融机构体系不断完善。目前我国已经形成以中国人民银行为领导，国有商业银行为主体，政策性银行、开发性金融机构、非存款类金融机构、外资金融机构等多种机构并存和分工协作的金融机构体系。我国目前的金融机构体系的具体构成，如图3-2所示。

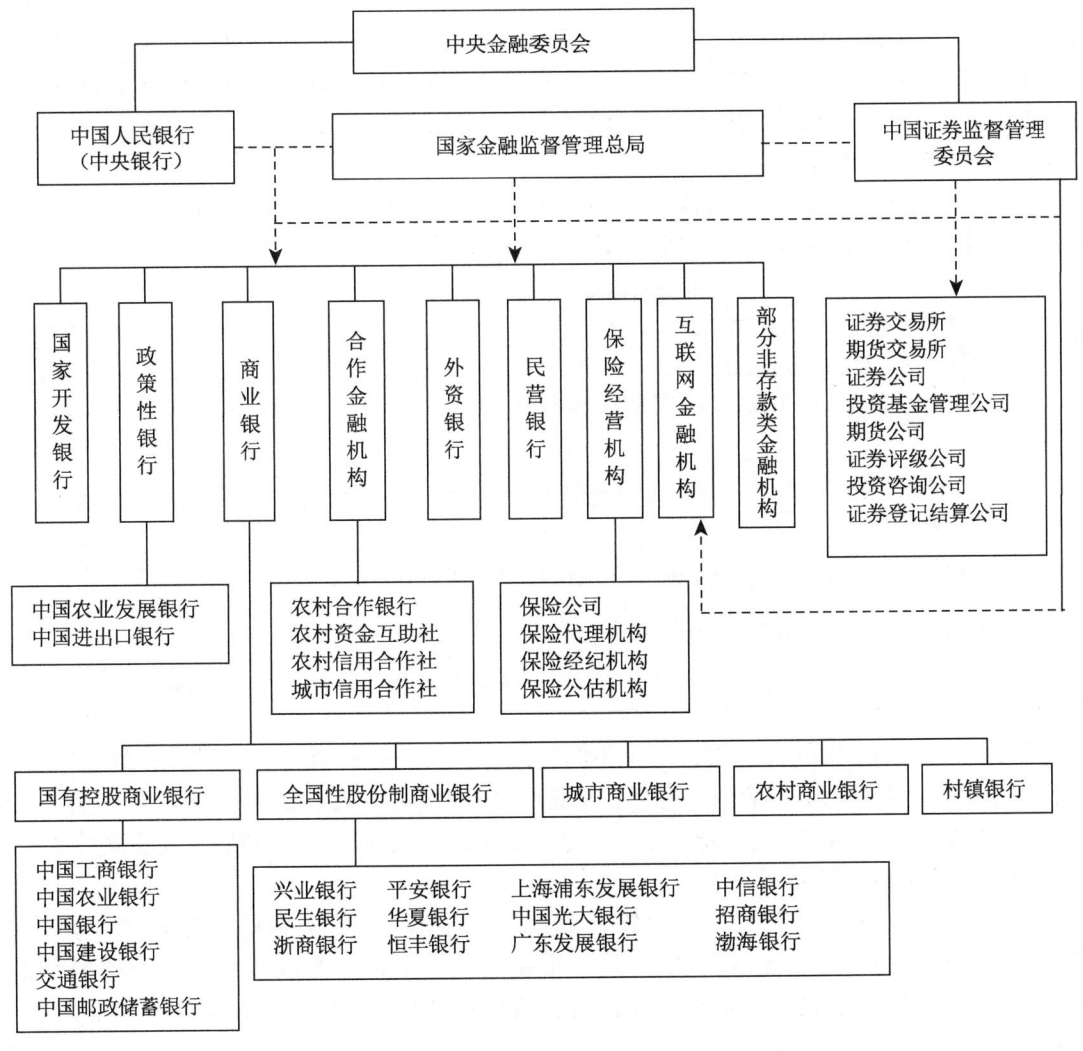

图3-2　我国目前的金融机构体系的具体构成

（一）中国人民银行

中国人民银行是我国的中央银行，是全国金融机构体系的核心。中国人民银行于1948年12月1日在华北银行、北海银行、西北农民银行的基础上合并组成。1983年9月，国务院决定中国人民银行专门行使国家中央银行职能。1995年3月,第八届全国人民代表大会第三次会议通过了《中华人民共和国中国人民银行法》。至此,中国人民银行作为我国的中央银行以法律形式被确定下来。

中国人民银行在国务院领导下,依法发行货币、独立制定和执行货币政策、保管国家的黄金外汇、对金融业实施监督管理等。中国人民银行开展业务不受各级政府部门、社会团体和个人行为的干涉。中国人民银行所属的分支机构是其派出机构,执行全国统一的货币政策,维护本辖区的金融稳定,其职责的履行也不受地方政府的干预。

中国人民银行实行总分行制,于1998年跨省区设立分行,在全国共设立了9个大区分行、北京及重庆两个营业管理部,在不设分行的省会城市及计划单列市共设立了25个中心支行,还有数量众多的地(市)支行和县(市)支行。2023年3月,国务院机构改革调整,撤销大区分行、分行营业管理部总行直属营业管理部和省会城市中心支行;在31个省(自治区、直辖市)设立省级分行,在深圳、大连、宁波、青岛、厦门设立计划单列市分行;不再保留县(市)支行,相关职能上收至中国人民银行地(市)中心支行。

3-3:中国人民银行职责及内设机构

(二) 我国的商业银行

商业银行在我国当前金融机构体系中处于主体地位,在我国长期承担间接融资中起重要中介作用。目前我国商业银行体系的具体构成,如表3-1所示。

表3-1　　　　　　　　　　我国商业银行体系的具体构成

类型	银行名称
国有控股商业银行	中国工商银行、中国农业银行、中国银行、中国建设银行、交通银行、中国邮政储蓄银行
全国性股份制商业银行	招商银行、上海浦东发展银行、中信银行、华夏银行、中国光大银行、兴业银行、广发银行、中国民生银行、平安银行、恒丰银行、浙商银行、渤海银行等
城市商业银行	北京银行、南京银行、宁波银行、青岛银行等
农村商业银行	北京农商行、上海农商行、深圳农商行、青岛农商行等
村镇银行	四川仪陇惠民村镇银行、湖北随州曾都汇丰村镇银行、山东东营莱商村镇银行等

3-4:视频-我国商业银行的构成

表3-1中不同层次的商业银行处于不同的地位,具有不同的特点。近年来,商业银行特别是地方性商业银行因地制宜,通过规划和战略推动,实现了自身的差异化特色发展,涌现了一大批独特的金融品牌,既活跃了金融市场,又满足了不同方面、不同层次的金融需求。

(三) 我国的政策性银行

1994年以前,我国没有专门的政策性银行,国家的政策性金融业务分别由4家国有专业银行承担。为了适应经济发展的需要,根据政策性金融与商业性金融相分离的原则,我国于1994年相继建立了3家政策性银行:国家开发银行、中国进出口银行和中国农业发展银行。

这3家政策性银行在从事业务活动中,均贯彻不与商业性金融机构竞争、自主经营、保本微利的基本原则。政策性金融机构在发展过程中,经历了转型或重新定位。其中,国家开发银行于2008年12月改制为国家开发银行股份有限公司,但由于定位不够清晰,后再次转为政策性银行。2015年3月,国务院明确将国家开发银行定位为开发性金融

3-5:了解国家开发银行

机构。

（四）我国的外资银行

外资银行是指在一国境内经营的，由外资设立的银行机构，一般是该银行在境外的分支机构。外资银行的经营范围根据各国银行法律和管理制度的不同而有所不同。有的国家为稳定本国货币，对外资银行的经营范围加以限制，而有的国家则对外资银行的业务管理与本国银行一视同仁。外资银行主要凭借其对国际金融市场的了解、广泛的国际网点等有利条件，为在其他国家的本国企业、跨国公司或当地的企业与居民等客户提供金融服务。目前，在我国的外资银行众多，主要有渣打银行、东亚银行、汇丰银行、东京银行、荷兰银行、德意志银行、巴黎银行、三菱东京日联银行、法国兴业银行等。

（五）我国的非银行类金融机构

我国非银行类金融机构主要有保险公司、证券公司、证券投资基金管理公司、信托投资公司、金融租赁公司、消费金融公司、金融控股公司、互联网金融机构等。

1. 保险公司

保险公司是指按照《中华人民共和国保险法》和《中华人民共和国公司法》设立的，提供保险产品、收取保费，以及为客户提供保障服务的金融机构。保费一般投资于债券、基金、股票等资产，保险公司运用这些资产所得收入支付保险合同所确定的保险赔偿。保险公司通过上述业务，能够在投资中获得高额回报并以较低的保费向客户提供适当的保险服务，从而实现盈利。

保险公司的业务主要分为两类：一是人身保险业务，包括人寿保险、健康保险、意外伤害保险等。二是财产保险业务，包括财产损失保险、责任保险、信用保险、保证保险等。

2. 证券公司

证券公司是指依照《中华人民共和国公司法》和《中华人民共和国证券法》的规定设立并经国务院证券监督管理机构审查批准而成立的专门经营证券业务，具有独立法人地位的金融机构。证券公司通常是会员制证券交易所的会员，以承销发行、自营买卖或自营兼代理买卖证券、充当企业财务顾问等为主营业务。普通投资者如果要投资股票或债券等，需要委托证券公司进行，但证券公司会收取佣金。

不同的国家对证券公司有不同的称谓。在美国，证券公司经常被称作投资银行或者证券经纪商；在英国，证券公司被称作商人银行；在欧洲大陆（以德国为代表），由于一直沿用混业经营制度，证券公司仅是全能银行的一个部门。

证券公司从事的业务范围主要有证券承销与保荐业务、证券自营业务、证券经纪业务、证券投资咨询、证券资产管理、与证券交易及证券投资活动有关的财务顾问等。

3. 证券投资基金管理公司

证券投资基金管理公司是指经中国证券监督管理委员会批准，在中国境内设立，从事证券投资基金管理业务的金融机构。证券投资基金管理公司依据有关法律法规对基金的募集、基金份额的申购和赎回、基金财产的投资和收益分配等活动进行管理。证券投资基金管理公司负责管理基金，帮助投资者设定投资计划以谋取收益，收取一定比例的基金管理费，是资本市场上重要的机构投资者。

4. 信托投资公司

信托投资公司是一种以受托人的身份，代人理财的非银行类金融机构。我国的信托投资公司业务范围主要限于信托、投资和其他代理业务,少数确属有业务扩展经营需要的,经中国人民银行批准可以兼营租赁、证券业务和发行1年以内的专项信托受益债券,用于进行有特定对象的贷款和投资,但不准办理银行存款业务。信托业务一律采取委托人和受托人签订信托契约的方式进行,信托投资公司受托管理和运用信托资金、财产,只能收取手续费,费率由中国人民银行会同有关部门制定。

5. 金融租赁公司

金融租赁公司是指经监管机构批准,以经营融资租赁业务为主的非银行类金融机构。融资租赁是所有权和使用权相分离的一种经济活动方式,具有融资、投资、促销和管理的功能。金融租赁公司的主营业务有融资租赁(包括直租、转租和回租三种形式)、联合租赁、杠杆租赁和委托租赁四种。

6. 消费金融公司

消费金融公司是指经监管机构批准,在中国境内设立的,不吸收公众存款,以小额、分散为原则,为中国境内居民个人提供以消费为主的贷款的非银行类金融机构。消费金融公司的业务主要包括个人耐用消费品贷款及一般消费用途个人消费贷款。

国内首批4家消费金融公司于2010年经原中国银监会批准设立,这4家消费金融公司分别是北银消费金融有限公司(北京银行在北京市独资设立)、中银消费金融有限公司(中国银行联合百联集团有限公司和上海陆家嘴金融发展有限公司在上海市设立)、四川锦程消费金融有限责任公司(成都银行联合马来西亚丰隆银行在成都市设立)、捷信消费金融有限公司(由消费金融服务提供商捷信集团全资控股,这也是我国首家外资独资消费金融公司)。目前,我国持牌消费金融公司已达30家,随着消费金融业的发展,消费金融公司的数量会不断变化。此外,我国对消费金融领域的监管日渐加强,消费金融公司的业务经营会更加规范,不同消费金融公司的定位及经营战略也会发生转变。

7. 金融控股公司

金融控股公司是指对两个或两个以上不同类型金融机构拥有实质控制权,自身仅开展股权投资管理、不直接从事商业性经营活动的非银行类金融机构。金融控股公司是金融业实现综合经营的一种组织形式,也是一种追求资本投资最优化、资本利润最大化的资本运作形式。在金融控股公司中,控股公司可视为集团公司,其他金融企业可视为成员企业。集团公司与成员企业间通过产权关系或管理关系相互联系。各成员企业虽受集团公司的控制和影响,但要承担独立的民事责任。根据2023年3月中共中央、国务院发布的《党和国家机构改革方案》,金融控股公司的监管主体从中国人民银行调整为新组建的国家金融监督管理总局。

8. 互联网金融机构

互联网金融是一种新型金融业务模式,从事互联网金融业务的机构越来越多。互联网金融机构主要包括三种基本形式:网络小贷公司、第三方支付公司以及金融中介公司。目前,国内比较有影响力的互联网金融机构主要包括:阿里巴巴集团旗下的蚂蚁集团(主要有支付宝、余额宝、招财宝、蚂蚁聚宝、网商银行、芝麻信用等业务);腾讯公司旗下的财付通公司(主要有微信支付、微粒贷等业务);百度旗下的百度金融公司(主要有度小满钱包、有钱花);京东集团旗下的京东科技(主要有京东支付、京东白条)。此外,小米金融、陆金所、苏宁金融、国美金融科技等机构也逐步转变为互联网金融机构。

三、国外的金融机构体系

目前,大多数国外的金融机构体系和我国的金融机构体系一样,主要以中央银行为核心进行组织管理,因而形成了以中央银行为中心、商业银行和专业银行为主体、银行类及非银行类金融机构并存的金融机构体系。但与我国不同的是,西方很多国家的中央银行独立性较强,货币政策的制定和执行不太受制于政府。作为金融机构体系主体的商业银行和专业银行,西方国家相对于我国更加规范标准、专业化更强、发展更快、数量更多。在西方很多国家,储蓄银行是专门建立的、独立的金融机构。西方国家的政策性金融机构较少,其地位没有我国那么突出,然而,西方国家的保险业比我国发达,保险机构和保险产品多、规模大。在西方国家金融机构的设置与运作方面,法律比我国更加健全。西方很多国家金融机构实行混业经营,而我国的金融业目前是分业经营。

（一）美国的金融机构体系

美国的金融机构体系是世界上最庞大的金融机构体系,它在美国占据重要地位,对全球的影响力度也非常大。美国的金融机构体系以联邦储备系统为中心,主要由联邦储备系统（中央银行）、商业银行、政府金融机构及非银行类金融机构组成。美国目前的金融机构体系的构成,如图3-3所示。

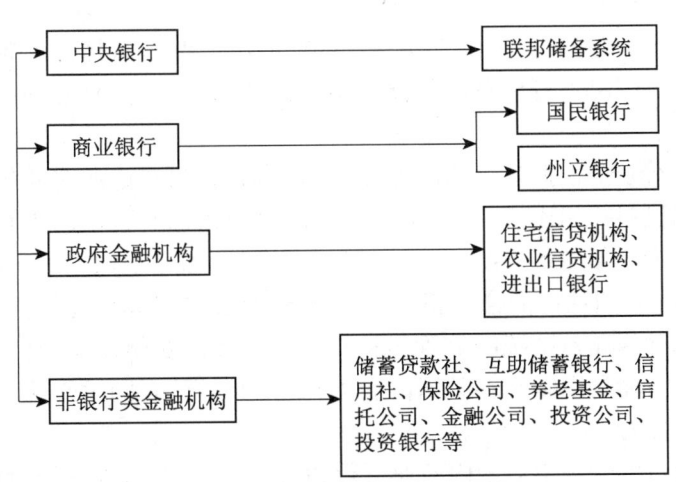

图3-3 美国目前的金融机构体系的构成

1. 中央银行

美国的中央银行是联邦储备系统,其主要由三部分组成：联邦储备委员会、联邦公开市场委员会、12家地方联邦储备银行。

联邦储备委员会主要负责制定货币政策,监管12家联邦储备银行和联储管辖范围内的金融机构,确保美国支付体系的完整性和连续性,负责执行有关消费信贷的联邦法规。同时,联邦储备委员会还必须向国会提交其经营情况的年报,以及一年两度的有关国家经济发展状况和联储货币与信贷供应增长目标的特别报告。

联邦公开市场委员会是负责实施主要的货币政策工具（公开市场业务）的专门机构,即由它来决定联储在公开市场上应做何种交易。这些交易是指通过买卖政府和联邦机构的证券,以吞吐存款机构的储备,从而实现货币政策的目标。联邦公开市场委员会也规定和指导外汇市场上美元对外汇的操作。

美国有12家地方联邦储备银行,这些银行在本区内设立自己的分行。它们的职责有:提出有关贴现率的建议;保管存款机构的准备金,并通过贴现窗口向其提供贷款;印制、保管货币;清算存款机构的支票,为其转账;代理国库;对辖区内的金融机构实施监管。

相关思考3-3

美国的中央银行体制与我国相比,有何不同

美国的中央银行是美国联邦储备系统,我国的中央银行是中国人民银行,两者同为中央银行,其体制上有什么相同之处和不同之处呢?

2. 商业银行

按照对商业银行管理体制的划分,美国商业银行可分为两种:在联邦政府注册的国民银行和在州政府注册的州立银行,即美国独特的"双轨银行制度"。美国的商业银行制度,除了具有双轨特点,还具有多头管理的特点。在美国除了每个州有一个银行管理机构,联邦还有三个银行管理机构并存,即财政部所属的通货总监、联邦储备委员会、联邦存款保险公司,对银行进行检查、监督。

国民银行是指根据美国《国民银行法》在联邦注册的银行,具体注册审批机构是财政部的货币监理署。所有国民银行均是联邦储备系统的会员银行,并且必须将存款投保于联邦存款保险公司。

美国的州立银行是指根据各州的法律建立,在所属各州登记注册并领取营业执照的银行。州立银行与国民银行相比,建立得更早。美国每个州都有自己的银行法。州立银行可以自己决定是否成为联邦储备系统的会员银行及是否参加存款保险。实际生活中,州立银行分为两类:一类是在州注册的会员银行并选择成为联邦储备系统的会员银行,它同时受州银行管理部门和联邦储备系统的监管与检查。另一类是在州注册的会员银行,不是联邦储备系统的会员银行而是由联邦存款保险公司保险的银行,它同时受州银行管理部门和联邦存款保险公司的监管。

美国对外国银行的管理与对国内商业银行的管理相似,要求外国银行缴纳存款准备金,也对外国银行办理再贴现,但外国银行需要经过联邦储备系统批准注册才能开业。

3. 政府金融机构

政府金融机构是指由美国联邦政府创办的金融机构,主要有住宅信贷机构、农业信贷机构和进出口银行。住宅信贷机构主要向住宅所有者及出租者提供信贷。农业信贷机构主要向大农场者发放抵押贷款。美国进出口银行主要承担私人出口商和金融机构所不愿意或无力承担的风险。

4. 非银行类金融机构

美国将商业银行以外的所有金融机构统称为非银行类金融机构。其包括储蓄贷款社、互助储蓄银行、信用社、保险公司、养老基金、信托公司、金融公司、投资公司及投资银行等。在这些机构中有的可吸收存款,称为非银行类存款机构,如储蓄贷款社、信用社等;有的则不接受存款,称为非存款类金融机构,如保险公司、养老基金等。

延伸阅读3-4

美国的保险业

美国拥有世界上最大的保险市场,有近6 000家保险公司。其中,责任与财产保险公司超过2 500家,健康保险公司有907家,人寿保险与年金公司有850余家。美国保险市场的总保费全球第一,第二名和第三名分别是日本和中国。在2015年美国保险业贡献的GDP就已超过银行业;2017年,保险业贡献的GDP总额占全国的3.1%,银行业占2.9%。2017年,保险行业的净保费达到了1.2万亿美元。人寿保险与年金占52%,责任与财产保险占48%。保险业在2019年为美国创造近280万个岗位,并且保险业支付给政府的保费税超过了236亿美元。

据市场调查和报告,未来有三个方面将会改变全球的保险业,即云计算、区块链和网络安全问题。随着互联网和信息技术的不断发展,全球会开发出更多的消费市场,对于保险业和保险公司来说会有各种挑战,至少有三成的保险公司对于信息技术改革带来的成本消耗已经超过了企业的承受范围,很多传统公司也在受到新公司的挑战。然而总体来说,保险业在全球的发展一直很好,而美国的保险业也一直处在第一梯队。保险业的未来很明朗,只要全球的经济可以保持健康,并且整个行业能迅速适应信息技术的改革,其就会发展得越来越好。

资料来源:北美风险攻略.美国保险业有多发达,你根本想象不到![EB/OL].(2020-09-15)[2022-02-20]. https://zhuanlan.zhihu.com/p/245051660.

(二)英国的金融机构体系

英国的金融机构体系以英国财政部和英格兰银行为核心,以零售性银行、商人银行、贴现行、房屋互助协会、保险公司、投资信托公司和单位信托公司等各类金融机构为主体构成。英国目前的金融机构体系的构成,如图3-4所示。

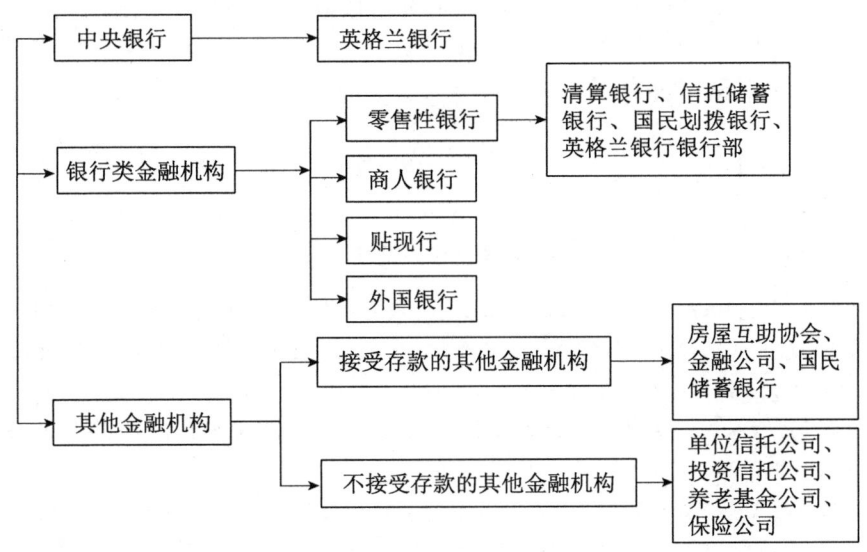

图3-4 英国目前的金融机构体系的构成

1. 中央银行

英国的中央银行是英格兰银行。英格兰银行建立于1694年,是现代银行开始的标志。1844年,英国政府颁布了《银行特许法》,以法律的形式确立了英格兰银行独占货币发行权

3-6：战火中诞生的英格兰银行

的地位。银行券的发行开始与国家权力相结合,使英格兰银行初步具备了中央银行的基本职能。英国议会于1928年通过《通货与钞票法》,在法律上确定了英格兰银行正式成为在英格兰和威尔士有权发行货币的唯一机构。1946年《英格兰银行法》被颁布后,英格兰银行被收为国有,由此英格兰银行真正成为英国政府的一个重要组成部分,成为真正意义上的中央银行。

2. 银行类金融机构

英国的银行类金融机构种类齐全,数量众多,主要包括零售性银行、商人银行、贴现行和外国银行。其中,零售性银行是英国银行类金融机构的主体,主要向个人和中小企业客户提供现金存取款、贷款安排、资金转账等服务,在全国拥有大批从事零售业务的分支机构并有资格参加清算委员会。英国的零售性银行可分为清算银行、信托储蓄银行、国民划拨银行、英格兰银行银行部。清算银行是零售性银行的主要组成部分,在英国的金融机构体系中发挥着重要作用,其资产和吸收的存款约占英国银行业总资产和存款总额的90%。

总分行制是英国银行类金融机构的特色之一。英国的银行最早普遍实行总分行制,其又称为英国模式,特征是总行设在大城市,在国内外广设分支机构作为总行的派出机构,控制大部分银行业务。

3. 其他金融机构

英国的其他金融机构是指银行以外的各类金融中介机构,主要包括能够接受存款的房屋互助协会、国民储蓄银行,以及不能接受存款的单位信托公司、投资信托公司、养老基金公司和保险公司等。英国非银行类金融机构的特征主要包括三个方面:第一,英国不断调整金融机构的划分标准,因此非银行类金融机构涵盖的范围不断发生变化。第二,英国银行类金融机构与非银行类金融机构的相对地位生了变化,非银行类金融机构在整个金融机构体系中扮演着越来越重要的作用。第三,房屋互助协会的发展速度远超其他金融机构。

延伸阅读3-5

英国的商人银行

英国是当今世界投资银行历史最悠久的国家之一。投资银行在英国称为商人银行。从职能上看,英国的商人银行与美国的投资银行不完全相同。英国的商人银行历史更悠久,并且英国的商人银行不仅从事证券业务,还从事普通商业银行的存贷款业务。商人银行的业务起源于18世纪的欧洲商业活动,其最初的业务是为商人的票据进行承兑,而后逐渐从原来的贸易融资服务发展到为政府和企业提供长期的资金及其他专业性的服务和咨询。

商人银行业务的发展与贸易和资本市场的发展有着密切的联系。商人银行的业务大体包括短期和中期资金融通、长期融资、投资管理、经纪服务及其他新兴服务。与传统的商业银行相比,商人银行对市场的依赖性更强。商人银行发展至今,主要有以下几种存在形式:一是商业银行通过兼并、购买、参股或建立附属公司拥有商人银行,这类形式较为普遍;二是独立的商人银行;三是全能性银行直接经营商人银行业务。

资料来源:lemon. merchant 什么银行[EB/OL]. (2023-01-19)[2023-03-24]. https://www.cadforex.com/licai/33435.html.

(三) 日本的金融机构体系

日本的金融机构体系由中央银行和民间金融机构等组成,形成了以中央银行为领导、民间金融机构为主体、政府政策性金融机构为补充的模式。日本目前的金融机构体系的构成,如图3-5所示。

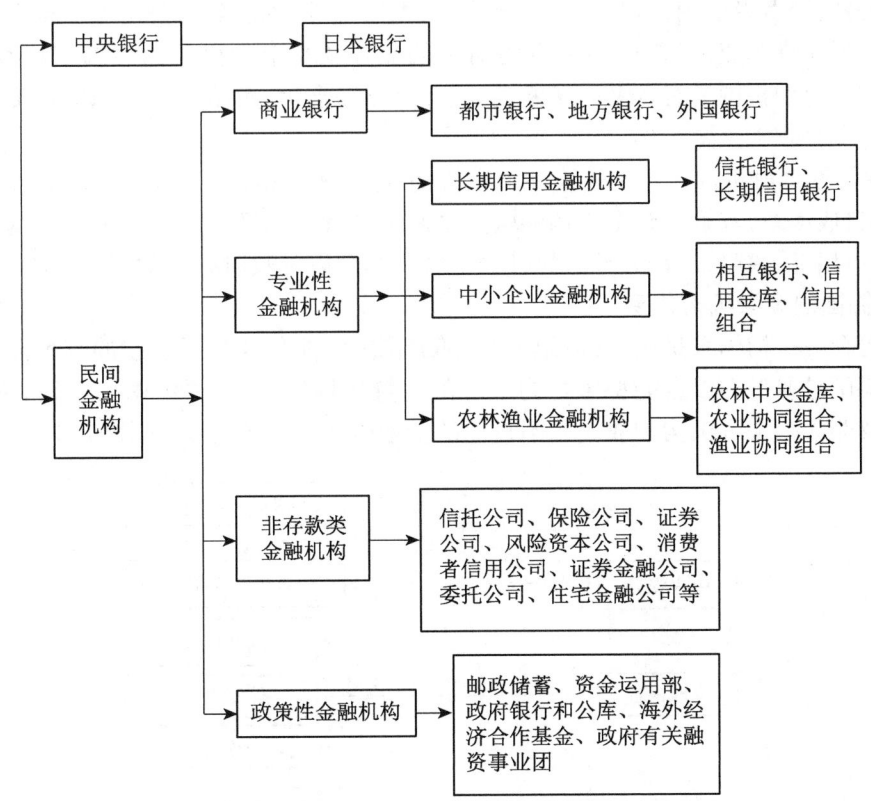

图3-5 日本目前的金融机构体系的构成

1. 中央银行

日本的中央银行是日本银行,在日本其经常被简称为日银。日本银行的代表者是该行的总裁。根据《日本银行法》,日本银行属于法人,类似于股份公司。日本银行不同于其他国家的中央银行,其资本属于公私混合型,资本金为1亿日元,其中5 500万日元由日本政府出资,其余的资本金由私人部门出资。

日本银行根据《日本银行法》执行以下职能:发行纸币现钞并对其进行管理;执行金融政策;作为政府银行的同时,担任"最后贷款者"的角色;执行与各国中央银行、公共机关之间的国际关系业务;搜集经济金融信息并对其进行研究等。

2. 民间金融机构

民间金融机构由商业银行、专业性金融机构、非存款类金融机构和政策性金融机构四部分组成。

(1) 商业银行。商业银行是日本金融机构体系的主体,包括都市银行、地方银行和外国银行,它们面向全国,提供存款、放款、票据贴现、汇兑等业务服务。

(2) 专业性金融机构。日本专业性金融机构包括长期信用金融机构、中小企业金融机构和农林渔业金融机构。长期信用金融机构主要包括长期信用银行和信托银行。中小企业金融机构由相互银行、信用金库、信用组合构成,其主要向中小企业开展一般金融业务。农林渔业金融机构由农林中央金库、农业协同组合、渔业协同组合构成。

(3) 非存款类金融机构。日本非存款类金融机构包括保险公司、证券公司、信托公司、风险资本公司、消费者信用公司、证券金融公司、委托公司、住宅金融公司等。日本非存款类金融机构发展非常迅速,以普通消费者为对象的非存款类金融机构的经营状况普遍不错。日本非存款类金融机构具有较高的垄断性,业务日益综合化,然而其金融创新程度远远低于英美国家的非存款类金融机构。

(4) 政策性金融机构。日本政策性金融机构种类多样,范围广泛,其与商业性金融机构严格分离,自成体系,政策性金融机构的资金来源独具特色。日本政策性金融机构包括邮政储蓄、资金运用部、政府银行和公库、海外经济合作基金以及政府有关融资事业团。

(四) 德国的金融机构体系

德国的金融机构体系是从 19 世纪中叶,随着国家工业化及其所引起的资本需求而发展起来的。德国是典型的以全能型银行为主导的金融机构体系,主要由中央银行、全能银行、专业银行及非银行金融机构构成。德国目前的金融机构体系的构成,如图 3-6 所示。

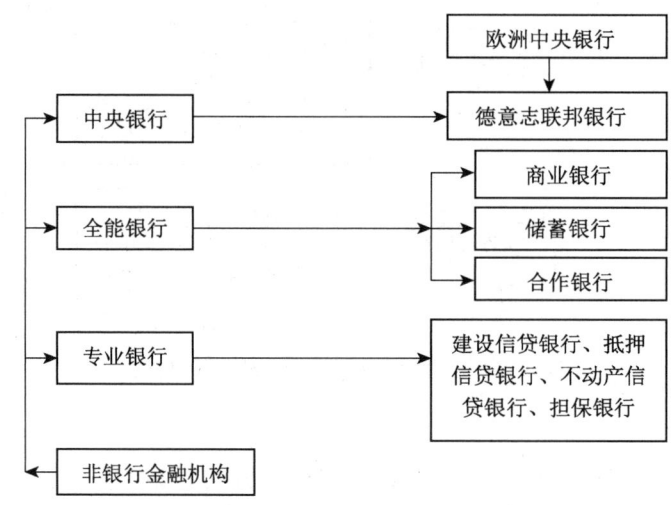

图 3-6 德国目前的金融机构体系的构成

1. 中央银行

德国的中央银行是德意志联邦银行,其成立于 1957 年 6 月 26 日。在联邦德国时期,德国的中央银行采取二元复合式中央银行制度,这种制度是指在中央和地方设立两级相对独立的中央银行机构,中央级机构为最高权力和管理机构,地方级机构也有其独立的权利,两者分别行使职权。二元复合式中央银行制度的特征一般和国家政治体制相联系。在德国加入欧元区后,实行跨国中央银行制度,德国中央银行成为欧洲中央银行系统的一部分。

2. 全能银行

德国的全能银行主要包括商业银行、储蓄银行、合作银行,它们又由不同的机构构成。

德国的商业银行可以分为四类:一是全国性银行,如德意志银行、德国商业银行和德累斯顿银行。二是区域性银行,是指在某特定区域内开展业务的银行,一些较大的区域性银行也在全国开展业务,如巴伐利亚联合银行、西德意志地方银行等。三是外国银行德国分行。四是私人银行,主要形式为有限责任的合伙人公司或单一股东形式的公司。

德国的储蓄银行是公共法人银行。储蓄银行最初的任务是针对中小客户的存贷款业务,后来逐步发展成全能银行。

德国的合作银行是德国银行业的主体,合作银行原来由三级构成,即初级信用合作社、地区信贷合作银行和全国性的德国合作银行。合作银行的业务活动主要是为中小企业及建筑公司提供长期贷款,并吸收储蓄存款。

3. 专业银行

德国的专业银行是指专门从事特定金融业务的银行。德国的专业银行主要分为四类:一是建设信贷银行,专门从事为客户提供住房购置或建设方面的资金。二是抵押信贷银行,为地方政府和其他公共机构提供抵押及商业贷款。三是不动产信贷银行,根据相关部门对房地产评估决定的贷款比例,以房地产作为抵押办理相关贷款业务。四是担保银行,主要为中等规模的公司贷款提供担保。

4. 非银行金融机构

近年来,德国出现越来越多的非银行金融机构,如保险公司、证券公司、投资公司、养老基金公司等。然而,由于德国具有典型的银行主导型金融机构体系特征,其他非银行金融机构在德国金融机构体系中的影响不大。

延伸阅读3-6

欧央行加息,走出负利率的欧元区何去何从

2022年7月21日,欧洲中央银行召开货币政策会议,决定将欧元区三大关键利率上调50个基点,以确保欧元区中期通胀率低于2%的目标。这是欧洲中央银行自2011年以来首次加息。

此次加息结束欧洲近10年负利率时代。自2009年欧债危机爆发后,欧洲中央银行做了大量的"拯救"工作。为了刺激经济,2012年7月,欧洲中央银行把存款机制利率下调至0,自此,欧洲中央银行一直实行量化宽松货币政策。2014年6月,欧洲中央银行将存款机制利率下调至负0.1%,开始步入负利率阶段。此后,欧洲中央银行多次降息,存款机制利率最高达到负0.5%。此次欧洲中央银行加息的直接因素是高企的通货膨胀。2022年7月19日,欧盟统计局公布数据显示,受食品和能源价格飙升影响,欧元区调和CPI在5月同比上升8.1%后,6月继续同比上升8.6%,续创历史最高水平。欧元区债务风险虽尚不足为虑,但仍需警惕后续压力。

上海交通大学上海高级金融学院教授胡捷认为,目前葡萄牙、意大利、希腊和西班牙等国政府债务高企,部分国家债务与GDP之比远超2008年的水平。通货膨胀提升了这些国家政府融资的成本,其中意大利10年期国债收益率超过了4%的分水岭。升息会进一步提升这些国家的融资成本,造成偿债压力,欧债危机重演仍然值得警惕。但目前的情况与此前欧债危机有所不同,目前欧洲没有2009年前后的房地产泡沫,实体经济正在恢复,虽有能源供应短缺的冲击,但经济整体仍相对健康,并且欧洲中央银行协助各国政府应对债务压力的经验更加丰富,重演2009年欧债危机的可能性较小。然而,若加息速度进一步加快,欧洲债务风险仍将持续提升。

资料来源:中国经济网.欧央行正式加息,欧元区债务风险上升[EB/OL].(2022-07-26)[2022-08-24]. http://news.10jqka.com.cn/20220726/c640690959.shtml.

第三节　金融市场体系

一、金融市场体系概述

金融市场是实现资金融通的市场,有广义和狭义之分。广义上的金融市场泛指一切通过金融交易活动来实现资金余缺调剂的市场,它是实现货币借贷和资金融通、办理各种票据和有价证券交易活动的市场。狭义的金融市场一般是指有价证券市场(资本市场),即以有价证券为金融工具的交易市场。

金融市场是连接国民经济各个环节的重要纽带。从整个经济运行的角度来看,金融市场具有将分散的小额社会资金汇聚成为投入社会再生产的大笔资金的聚敛功能,同时其具有资源配置、财富再分配及风险再分配的配置功能,此外其还具有灵敏反映国民经济运行状况的反映功能以及对宏观经济的调节功能。

金融市场体系是指其子市场的构成形式,包括货币市场、资本市场、外汇市场、黄金市场、金融衍生品市场等。一个发展完善、健康的金融市场体系,能使中央银行的货币政策迅速、有效、顺畅传导,能促进经济稳定发展。因此,一个国家金融市场体系是否成熟和完善是其经济快速、稳健、高质量发展的重要标志。

二、我国的金融市场体系

随着经济体制和金融体制的市场化发展,我国金融市场规模不断扩大,市场参与主体日趋广泛,基本形成了分工明确、颇具规模的货币市场、资本市场、外汇市场、黄金市场、金融衍生品市场、证券投资基金市场等多市场共存、共同发展的金融市场体系。同时,随着金融市场创新的稳步推进,金融市场规模不断扩大,市场涵盖面和影响力不断增强,市场功能日趋深化。我国的金融市场体系结构不断优化,多层次金融市场体系建设稳步推进。

(一)我国金融市场的发展历史

1. 中华人民共和国成立之前的金融市场

我国金融市场的发展历史追溯起来可至宋朝,当时晋商、徽商、潮商等商帮初露头角。明朝时放松用银禁令,银钱流通,钱庄盛行,成为新型独立经营的金融组织雏形。到了清朝,我国民间金融业发展已经较为成熟,自由市场与金融企业家互利共生,涵盖了多种金融形态。民国时期是一个社会急剧变革的转型时期,就金融发展而言,既出现了四大家族的垄断,又出现了当时独具特色的废两改元的货币政策。北京、上海两个金融中心城市的繁荣与形势复杂,更使得当时的经济呈现出构成复杂、城乡贫富差距大、农村发展停滞,以及世界经济对国内影响日益加重等状况。

2. 1949—1978年的金融市场

中华人民共和国成立初期,我国金融市场发展较为混乱和缓慢,金融业务受到冲击。银行鼓励无息存款,降低了群众储蓄的积极性;国外保险业务、侨汇业务也受到冲击;银行机构被大规模地合并,银行难以形成统一的系统,金融政策贯彻执行面临巨大障碍。而后国家开始加强整顿银行机构,充实领导力量,整顿规章制度,加强金融工作,于1977年基本恢复了银行秩序,提高了银行的工作质量,为保证银行在国民经济中的作用创造了必要的条件。

3. 1978—1984 年改革开放初期的金融市场

1978 年 12 月,中国金融改革开放拉开大幕。中央银行制度框架基本确立,主要国有商业银行基本成型,资本市场上股票开始发行,保险业开始恢复,适应新时期改革开放要求的金融体系初显雏形。1978—1984 年我国金融市场的主要标志性事件,如表 3-2 所示。

表 3-2　　　　　　　　　　1978—1984 年中国金融市场的标志性事件表

时间	标志性事件
1979 年 2 月	中国农业银行重新恢复成立
1979 年 3 月	中国银行从中国人民银行中分离出来,作为国家指定的外汇专业银行统一经营和集中管理全国的外汇业务; 国家外汇管理局设立
1979 年 10 月	第一家信托投资公司——中国国际信托投资公司成立,揭开了信托业发展的序幕
1983 年 9 月	国务院颁布《关于中国人民银行专门行使中央银行职能的决定》(以下简称《决定》),中央银行制度框架初步确立。《决定》同时决定"成立中国工商银行,承办原来由中国人民银行办理的工商信贷和储蓄业务"
1984 年 1 月	中国人民银行不再办理针对企业和个人的信贷业务,成为专门从事金融管理、制定和实施货币政策的政府机构
1984 年 11 月	上海飞乐音响股份有限公司公开向社会发行股票,这是中国改革开放后第一张真正意义上的股票,标志着我国证券市场从无到有的突破

4. 1985—1993 年的金融市场

1985—1993 年,我国的金融市场开始向法制化发展、体系更加完善。中国人民银行领导下的商业银行职能开始逐渐明晰,业务范围开始扩大,资本市场开始发展,股票、期货交易等交易制度陆续规范,使金融体系更加适应市场经济需求,并为推动经济高速发展奠定了基础。1985—1993 年我国金融市场的标志性事件,如表 3-3 所示。

表 3-3　　　　　　　　　　1985—1993 年中国金融市场的标志性事件表

时间	标志性事件
1985 年 1 月	实行"统一计划,划分资金,实贷实存,相互融通"的信贷资金管理体制
1986 年 1 月	国务院发布《中华人民共和国银行管理暂行条例》,使中国银行业监管向法制化方向迈出了重要的一步
1986 年 7 月	中国人民银行颁布《城市信用合作社管理暂行规定》,城市信用社的发展从此步入正轨
1990 年 11 月	第一家证券交易所——上海证券交易所成立,自此,中国证券市场的发展开始了一个崭新的篇章
1992 年 10 月	中国证券监督管理委员会成立,由此中国金融业迈出了"分业经营、分业监管"的第一步,标志着中国证券市场统一监管体制开始形成
1993 年 12 月	国务院颁布《关于金融体制改革的决定》,明确了中国人民银行制定并实施货币政策和实施金融监管的两大职能,并明确提出要把中国的专业银行办成真正的商业银行

5. 1994—2000 年的金融市场

1994—2000 年,我国的金融改革继续深化,中国人民银行的货币调控职能加强,银行之外的金融监管职能由中国证券监督管理委员会和中国保险监督管理委员会承担。此外,建立政策性银行,银行证券法制化继续深化,金融体系各系统职能更加清晰、完善,分工更加明确,期货等新兴金融业继续发展。1994—2000 年我国金融市场的标志性事件,如表 3-4 所示。

表 3-4　　　　　　　1994—2000 年中国金融市场的标志性事件表

时间	标志性事件
1994 年 3 月至 4 月	三大政策性银行成立,标志着政策性银行体系基本框架的建立
1995 年	金融监管进入了一个新的历史时期,开始向法制化、规范化迈进
1996 年 7 月	全国农村金融体制改革工作会议召开,农村金融体制改革被开启
1998 年 11 月	中国保险监督管理委员会成立,这是保险监管体制的重大改革,标志着中国保险监管机制和分业管理的体制得到了进一步完善
1999 年 5 月	上海期货交易所正式成立
1999 年 7 月	《中华人民共和国证券法》正式实施,其对资本市场发展起到巨大作用

6. 2001 年至今的金融市场

2001 年 12 月,中国正式加入世界贸易组织(WTO),我国的金融业开始从政策性开放转向制度性开放,金融业的改革步伐明显加快。2001 年至今我国金融市场的标志性事件,如表 3-5 所示。

表 3-5　　　　　　　2001 年至今中国金融市场的标志性事件表

时间	标志性事件
2002 年 12 月 1 日	《合格境外机构投资者境内证券投资管理暂行办法》正式施行,QFII 制度在中国拉开了序幕
2003 年 3 月 10 日	《关于国务院机构改革方案的决定》批准国务院设立中国银行业监督管理委员会,进而形成中国金融监管"一行三会"格局
2003 年 12 月 16 日	中央汇金公司成立
2004 年 2 月 1 日	《中华人民共和国银行业监督管理法》正式颁布并施行
2004 年 6 月 1 日	《中华人民共和国证券投资基金法》正式颁布并施行
2005 年 7 月 21 日	人民币汇率制度改革。中国开始实施以市场供求为基础、参考一揽子货币进行调节、有管理的浮动汇率制度
2006 年 9 月 8 日	中国金融期货交易所在上海宣告成立
2009 年 10 月 23 日	中国创业板市场正式启动
2010 年 3 月 31 日	首批 6 家融资融券试点券商进行上线交易,该事件在中国证券市场上具有里程碑意义

(续表)

时间	标志性事件
2010年7月15日和16日	中国农业银行正式在上海和中国香港两地上市,宣告四大国有商业银行上市收官
2013年	互联网金融元年。百度、苏宁、京东宣布进军互联网金融,微信上线"微信支付"功能、新浪获得第三方支付牌照、中国建设银行、中国农业银行等成立互联网金融中心,传统银行转型"互联网"金融
2014年11月17日	沪港股票市场交易互联互通机制试点(沪港通)正式启动
2015年11月30日	国际货币基金组织批准人民币加入特别提款权货币篮子
2017年6月20日	MSCI宣布中国A股纳入MSCI新兴市场指数和全球基准指数
2017年7月14日	国务院金融稳定发展委员会成立
2018年4月8日	中国银行保险监督管理委员会正式成立,中国的金融监管格局由"一行三会"转变成"一行两会"
2018年11月5日	习近平总书记在首届中国国际进口博览会开幕式上的主旨演讲中宣布在上海证券交易所设立科创板并试点注册制
2019年8月17日	贷款市场报价利率(LPR)机制形成
2020年3月1日	《中华人民共和国证券法》(新《证券法》)正式施行
2021年11月15日	北京证券交易所开市并同步试点注册制
2022年10月31日	科创板做市商制度正式启动
2023年3月16日	中共中央、国务院印发《党和国家机构改革方案》。其中,在原中国银行保险监督管理委员会基础上组建新的国家金融监督管理总局,将中国人民银行对金融控股公司等金融集团的日常监管职责、有关金融消费者保护职责、中国证券监督管理委员会的投资者保护职责划入国家金融监督管理总局

(二) 我国金融市场体系的构成

目前,我国已经逐渐形成了一个由货币市场、资本市场、外汇市场、黄金市场、金融衍生品市场、风险投资市场和资产证券化市场等构成的,体现交易场所多层次、交易品种多样化、交易机制多元化等特征的金融市场体系。

1. 货币市场

货币市场是指期限在1年以内的金融工具交易的市场,交易的金融工具主要有国库券、商业票据、银行承兑汇票、可转让定期存单、回购协议等短期工具。货币市场上的金融工具期限短、流动性强、风险小,同时货币市场信息流动迅速、交易活跃且持续、拥有众多的参与者、交易资金额度大,是一个大宗买卖的批发市场。货币市场的参与者主要包括资金需求者、资金供给者、交易中介、中央银行和政府机构。货币市场的功能主要有促进短期资金融通、实现流动性管理、传导货币政策、促进资本市场尤其是证券市场的发展。

目前我国已经形成包括同业拆借市场、短期债券市场、债券回购市场、票据贴现市场、可转让存单市场和货币市场共同基金等在内的统一的货币市场格局。其中,同业拆借市场在货币市场中发挥了主导作用。货币市场既从微观上为银行、企业提供灵活的管理手段,使管理人员在对资金的安全性、流动性、盈利性相统一的管理上更方便、灵活,又为中央银行实施货币政策以调节宏观经济提供手段。

2. 资本市场

资本市场又称为长期资金市场,是金融市场的重要组成部分。资本市场通常是指进行中长期(1年以上)资金融通活动的市场。广义的资本市场包括两部分:一是银行中长期存贷款市场。二是有价证券市场。狭义的资本市场专指发行和流通股票、债券、基金等证券的证券市场。本书中的资本市场是指狭义的资本市场。

资本市场的参与者主要包括:证券发行人(主要有政府、金融机构、企业、基金发起人等),证券投资人(主要有个人投资者、企业、各类金融机构、各类基金公司、国外投资者等),市场中介机构(主要有证券承销商和经纪商、证券交易所、证券结算公司、证券评级机构、证券投资咨询与服务机构等),自律性组织(一般是指行业协会,我国的证券业自律性机构有中国证券业协会和中国国债协会),证券监管机构(我国的证券监管机构是中国证券业监督管理委员会,简称证监会)。

与货币市场相比,资本市场的特点主要有:一是融资期限长。融资期限至少在1年以上或长达几十年,有的甚至无到期日。二是流动性相对较差。通过资本市场筹集到的资金多用于解决中长期融资需求,因此流动性和变现性相对较弱。三是风险大并且收益高。由于融资期限较长,发生重大变故的可能性也较大,因此市场价格容易受到波动,投资者需承受较大风险。相对应地,风险的报酬即收益,也较高。四是资金借贷量大。资本市场上融通的资金主要用于满足长期投资项目的需求,如用于补充固定资本、扩大生产能力、国家建设中的长期建设项目等。

我国资本市场主要包括债券市场、股票市场和证券投资基金市场三类子市场。

1) 债券市场

债券市场是债券发行和买卖的场所,是金融市场的重要组成部分,也是传导中央银行货币政策的重要载体。债券市场可以为投资者和筹资者提供低风险的投资、融资工具。同时,债券的收益率曲线尤其是国债收益率曲线通常是金融工具收益水平的参照基准。

我国债券市场分为场外市场和场内市场。场外市场包括银行间债券市场(场外债券批发市场,市场参与者限定为机构)和银行柜台市场(场外债券零售市场,参与者限定为个人)。场内市场是指在证券交易所进行债券交易的市场。我国债券市场发行的债券包括利率债和信用债。利率债主要是指国债、地方政府债券、政策性金融债和央行票据。利率债的信用风险极低,但是投资时需要面临利率风险,即由于市场利率波动给投资者带来的损失可能性。信用债具体包括企业债、公司债、短期融资券、中期票据、资产支持证券、次级债等债券,其面临一定信用风险,同时也面临利率风险,因此信用债的票面利率一般高于利率债。

我国债券市场自20世纪90年代成立以来,不断发展壮大。截至2022年5月,我国债券市场共发行各类债券4.91万亿元,债券市场托管余额为139.1万亿元,其中境外机构在我国债券市场的托管余额为3.74万亿元,债券市场成为投资交易的最主要的场所。当前,我国债券市场券种创新不断,国际化程度逐步加深,发展态势良好。

延伸阅读 3-7

全国银行间债券市场

银行间债券市场是一个相对于交易所债券市场的场外交易市场。全国银行间同业拆借中心承担交易功能,中央国债登记结算公司和银行间市场清算所股份有限公司(即上海清算所)承担托管功能。全国银行间债券市场是商业银行、保险公司、证券公司等金融机构进行债券买卖和回购的市场。银行间债券市场目前已成为我国债券市场的主体部分,大部分记账式国债及政策性金融债券都在该市场发行并上市交易。

2022年6月24日,中国人民银行官网发布2022年5月份金融市场运行情况。在债券市场运行方面,数据显示,2022年5月,银行间债券市场现券成交19.8万亿元,日均成交9 895.7亿元。交易所债券市场现券成交3.9万亿元,日均成交2 031.9亿元。由此可见,银行间债券市场成交量远远超过交易所和商业银行柜台市场债券成交量。

截至2022年5月末,银行间债券市场的法人机构成员共3 855家,全部为金融机构。按法人机构统计,非金融企业债务融资工具持有人共计2 243家。从持债规模看,前50名投资者持债占比51.1%,主要集中在基金公司、国有大型商业银行(自营业务)和股份制商业银行(代客业务);前200名投资者持债占比81.8%。持有人拥有20家以内的非金融企业债务融资工具只数占比为91%。

资料来源:中国人民银行.2022年5月份金融市场运行情况[EB/OL].(2022-06-24)[2022-07-10]. http://www.pbc.gov.cn/goutongjiaoliu/113456/113469/4586575/index.html.

2)股票市场

股票市场是指股票发行和交易的场所,包括发行市场和流通市场两部分。股份公司通过面向社会发行股票,迅速集中大量资金,实现生产的规模经营。社会上分散的资金盈余者在股票市场上投资股票,成为公司的股东,通过赚取股息、红利以及价差收入来谋求财富的增值。

我国的股票市场分为场内市场和场外市场。场内市场主要是指在交易所交易股票的市场。我国的场内市场由沪深主板市场、创业板市场、科创板市场和北京证券交易所(新三板的精选层)构成。我国的场外市场包括全国中小企业股份转让系统(新三板的基础层和创新层)、区域性股权交易市场和交易柜台市场。

证券交易所具有固定的交易场所和交易时间,其接受和办理符合有关法律规定的股票上市买卖,使原股票持有人和投资者有机会在市场上进行股票交易。目前,中国内地主要有三个全国性的证券交易所:上海证券交易所(以下简称上交所)、深圳证券交易所(以下简称深交所)、北京证券交易所(以下简称北交所)。中华人民共和国成立后,我国股市最初上市交易的只有沪市的"老八股"和深市的"老六股"。然而,经过30多年的发展,我国股市上市交易的股票规模越来越大。截至2022年11月,我国A股上市公司已经突破5 000家。在5 000家A股上市公司中,在上交所上市的公司有2 153家,占比43%;在深交所上市的公司有2 721家,占比54.5%;在北交所上市的公司有126家,占比2.5%。

延伸阅读 3-8

北京证券交易所正式开市

2021年11月15日,北京证券交易所(以下简称北交所)正式开市。作为2021年资本市场的"重头戏",北交所从2021年9月2日宣布设立到2021年11月15日开市,一共只用了74天。这是继上海证券交易所(以下简称上交所)、深圳证券交易所(以下简称深交所)之后,我国境内第三家证券交易所,也是我国第一个公司制的证券交易所。

北交所的全速推进,体现出资本市场探索如何更好服务创新型中小企业的路径。数据显示,我国中小企业贡献全国50%以上的税收、60%以上的GDP。然而因企业规模、发展阶段等原因,中小企业获取金融服务的能力较弱。过往资本市场对接中小企业的主阵地是新三板,但吸引力有所不足。武汉科技大学金融证券研究所所长董登新表示,以前如果能在上海、深圳两个交易所首次公开募股(IPO),就是登上了"主板"。过去新三板门槛低,不设涨跌幅限制,出现了流动性不足等问题。部分中小企业找投资机构融资,未来直接冲刺主板,甚至赴海外上市,存在资本市场"断层"。因此,北交所的设立,实质上完成了中小企业"层层递进"的培育路径。

北交所上市的最低市值门槛为2亿元,而上交所科创板、深交所创业板的上市门槛基本在10亿元以上。因此,北交所的推出,有利于中小公司拓宽直接融资渠道,这也意味着袖珍股、小盘股在北交所占据较大比例。

对于投资者来说,如果拥有精选层的权限,可以直接平移到北交所。但如果没有权限,要想参与北交所投资,就先得开通权限。开通权限需要满足两个条件:一是近20个交易日内,证券账户和资金账户内的资产日均不低于50万元,即股票、公募基金、债券、现金等加起来超过50万元。二是参与证券交易24个月以上。

业内人士指出,北交所的投资门槛要高于沪、深主板,主要是为了保护小投资者,这是因为该板以中小市值公司居多,投资风险不容忽视。

资料来源:李程.北京证券交易所正式开市,首秀81家公司,其中2家来自陕西[EB/OL].(2021-11-15)[2022-06-10]. http://news.hsw.cn/system/2021/1115/1395448.shtml.

3)证券投资基金市场

证券投资基金是指通过发售基金份额募集资金形成独立的基金财产,由基金管理人管理、基金托管人托管,以资产组合方式进行证券投资,基金份额持有人按其所持份额享受收益和承担风险的投资工具。在我国,基金托管人必须由合格的商业银行担任,基金管理人必须由专业的基金公司担任。

证券投资基金体现的是一种信托关系。投资者将资金委托给专业机构进行证券投资,由第三方托管机构管理资金,基金管理人制定投资方案。这些专业机构按照投资者的要求进行管理和投资,并将收益分配给投资者,是一种典型的信托行为。此外,证券投资基金以集资的方式集合资金,用于证券投资,基金发起人向投资者发行基金券,将众多投资者分散的小额资金汇成一大笔资金,用于对股票、债券等有价证券的投资,其体现出证券投资基金的间接投资特点。

证券投资基金市场是资本市场的重要组成部分。证券投资基金市场之所以能成为重要的金融市场,一方面由于投资基金作为一种投资工具所固有的特点和独特优势,另一方面是各国支持证券投资基金市场发展及加强监管的结果。证券投资基金市场较为发达的国家有英国、美国、日本等。

我国的证券投资基金市场从20世纪90年代初开始发展。1991—1997年,全国先后设立投资基金79只,资产总规模约90亿元人民币。1997年11月,国务院证券委员会(现已改为中国证券监督管理委员会,以下简称证监会)发布了《证券投资基金管理暂行办法》。1998年4月,证监会开始依法组织证券投资基金试点,并于1999年3月起按照国务院的要求,对1997年以前设立的老基金进行了清理、规范。2003年10月,《中华人民共和国证券投资基金法》颁布并于2004年6月1日正式施行。从此,我国证券投资基金市场走向法制化道路。

延伸阅读3-9

我国私募基金行业从量的增长向质的发展迈进

2022年7月30日,中国证券监督管理委员会副主席方星海在"2022青岛·中国财富论坛"上说:"总体来看,我国私募基金行业已经从一个'小众行业'发展成为资产管理行业的重要组成部分,开始从量的增长向质的发展迈进。"

近年来,我国私募基金行业蓬勃发展,从无到有,从小到大。自2015年至2022年6月末,资产管理规模增加了16万亿元,增长近4倍。中国证券投资基金业协会日前发布的数据显示,截至2022年6月末,存续私募基金管理人有24 330家,管理基金数量133 797只,管理资产规模达到19.97万亿元。

私募基金在满足居民财富管理需求的同时,对于促进创新资本形成,提升直接融资比重,支持科技创新和产业转型升级,正发挥着越来越重要的基础性、战略性作用。私募基金通过管理和技术赋能,帮助企业准确把握市场需求,加大研发投入,有效支持国家重点战略。"近年来,股权创投基金投向半导体、网络信息、生物医药、新能源等行业的资金连续提升。2021年,上述领域新增投资项目数量和规模均居行业各项投资规模的前列,体现出股权创投基金对重点创新领域的精准支持",方星海表示。

2021年,北京证券交易所的成立,是我国资本市场改革的一件大事。设立北京证券交易所,是资本市场更好支持中小企业发展壮大的内在需要。对于私募基金而言,北京证券交易所的设立同样重要,北京证券交易所畅通了私募基金的退出渠道,从而形成良性的"募、投、管、退"的闭环。

资料来源:杨毅.我国私募基金行业从量的增长向质的发展迈进,行业发展面临机遇和挑战[EB/OL].(2022-08-04)[2022-12-10]. https://www.financialnews.cn/zq/pevc/202208/t20220804_252744.html.

4) 我国多层次资本市场构成体系

目前,我国多层次资本市场随着北交所的建立,基本框架已形成,底层基础设施和监管体系等在符合中国特色的同时,逐渐与国际市场接轨。目前我国资本市场已形成主板、科创板、创业板、北交所、新三板,以及区域性股权交易市场等多层次资本市场体系,各板块和市场功能定位明确,层层递进,错位发展,形成支持处于不同成长阶段和不同类型企业创新发展的资本市场体系。下面主要介绍主板市场、创业板市场和科创板市场。

(1) 主板市场。主板市场也称为一板市场,是一个国家或地区证券发行、上市及交易的主要场所。中国内地主板市场的公司在上交所和深交所两个市场上市。2004年5月,经国务院批准,证监会批复同意深交所在主板市场内设立中小企业板块。作为我国多层次资本市场体系的重要组成部分,深交所主板和中小板在扩大直接融资、服务实体经济,支持中小企业方面发挥了积极作用。然而,深交所主板和中小板在发展过程中也暴露出来了一些问题,如板块同质化,主板结构长期固化等。因此,2021年2月5日,证监会宣布,经国务院同意,证监会正式批复深交所合并主板与中小板。合并深交所主板和中小板是坚持问题导向的改革之举,有利于优化深交所板块结构,形成主板与创业板各有侧重,并且相互补充的发展格局,更好满足不同阶段的企业发展融资的需求,增强深交所的融资功能。同时,深交所的主板和中小板合并的安排坚持"两个统一、四个不变",即统一业务规则,统一运行监管模式,保持发行上市条件不变、投资者门槛不变、交易机制不变、证券代码及简称不变。截至2022年12月底,深交所主板市场上市公司为1 511家,总市值为22.36万亿元。

(2) 创业板市场。创业板市场又称为二板市场,在我国特指深圳创业板,于2009年10月设立。其目的主要是扶持中小企业,尤其是高成长性企业,为风险投资和创投企业建立正常的退出机制,为自主创新国家战略提供融资平台,为多层次的资本市场体系建设添砖加瓦。自创业板设立以来,在推动高成长性企业发展壮大方面发挥了重要的作用。2020年8月,创业板市场进行发行制度改革,开始推行注册制,该改革实行后效果良好。

(3) 科创板市场。科创板是由习近平总书记于 2018 年 11 月 5 日在首届中国国际进口博览会开幕式上宣布设立的。2019 年 6 月 13 日,科创板正式开板,同年 7 月 22 日,科创板首批公司上市。科创板设立在上交所,是独立于现有主板市场的新设板块,并在该板块内进行注册制试点。科创板主要服务于符合国家战略、突破关键核心技术、市场认可度高的科技创新企业;重点支持新一代信息技术、高端装备、新材料、新能源、节能环保及生物医药等高新技术产业和战略性新兴产业。传统行业中致力于推动互联网、大数据、云计算、人工智能和制造业深度融合,引领中高端消费,推动质量变革、效率变革、动力变革的企业也可以在科创板上市。

相关思考 3-4

创业板和科创板的异同

从整体来看,在我国多层次的资本市场构成体系中,创业板和科创板都扮演着重要角色,发挥着重要作用。那么,请思考创业板和科创板两大板块在发行制度、交易制度、涨跌幅限制等方面有什么异同呢?

(4) 新三板市场。新三板(即全国中小企业股份转让系统)分为精选层、基础层和创新层。其中,精选层于 2021 年 11 月平移至新成立的北交所。北交所是经国务院批准,依据《中华人民共和国证券法》设立的继上交所、深交所之后第三家全国性证券交易场所,也是我国第一家公司制运营的证券交易场所,全国中小企业股份转让系统有限责任公司为其运营管理机构。新三板市场的定位是以机构投资者和高净值人士为参与主体,为中小微企业提供融资、交易、并购、发债等业务的股票交易场所。

(5) 区域性股权交易市场。区域性股权交易市场又称为四板市场,是为特定区域内的企业提供股权、债券的转让和融资服务的私募市场,其一般以省级为单位,由省级人民政府监管。区域性股权交易市场是我国多层次资本市场构成体系的重要组成部分,也是中国多层次资本市场建设中必不可少的部分。区域性股权交易市场对于促进企业特别是中小微企业股权交易和融资、鼓励科技创新和激活民间资本、加强对实体经济薄弱环节的支持,具有积极作用。

我国目前的多层次资本市场的构成体系,如图 3-7 所示。

3-7:我国金融市场发展十年,成绩单出炉!

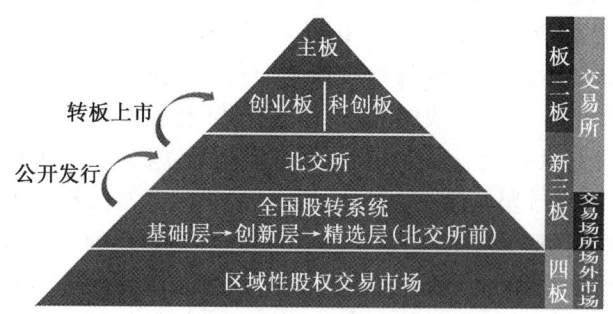

图 3-7 我国目前的多层次资本市场的构成体系

3. 外汇市场

外汇市场是指在从事外汇买卖,调剂外汇供求的交易场所。在外汇市场上,一国的中央银行、买卖外汇的机构、专营外汇业务的银行、外汇经纪人、进出口商,以及外汇市场其他供求者都从事着各种外汇交易。外汇市场的职能主要体现在以下三个方面:

(1) 实现购买力的国际转移。国际之间发生贸易关系或者资金融通等,都会涉及国家之间的货币兑换,而这种兑换行为就要在外汇市场上进行,通过货币兑换进行国际购买或投资,从而实现购买力的国际转移。

(2) 提供资金融通。外汇市场为国际交易者提供资金融通,外汇存贷款业务集中了各个社会闲置资金,加快了资金的周转,促进了国际借贷和国际投资活动的进行。

(3) 提供外汇保值和投机的机制。在国际外汇交易中,买卖双方都面临着风险,外汇市场提供了规避外汇风险的场所,为投机者提供了承担风险的机会。

我国的外汇市场有两个层次:第一个层次是客户与外汇指定银行之间的零售市场,第二个层次是银行之间买卖外汇的同业市场,其又称为银行间外汇市场,包括银行与银行相互之间的交易,以及外汇指定银行与中央银行之间的交易。

我国银行间外汇市场也称为中国外汇交易中心,成立于1994年4月,总部设立在上海。银行间市场交易以美元/人民币的交易为主,外币成交品种主要为美元/港币、美元/日元和欧元/美元。办理外汇零售业务的银行是外汇指定银行,外汇指定银行根据中国人民银行公布的基准汇率,在规定的幅度内制定挂牌汇率,从而买卖外汇。目前我国初步形成了外汇零售市场和银行间批发市场相结合,覆盖即期、远期和掉期等外汇交易工具的外汇市场体系。

 延伸阅读3-10

世界主要四大外汇市场

一、伦敦外汇市场

伦敦外汇市场是全世界历史最悠久的外汇市场,它的产生可以追溯到14世纪伦巴第商人对货币的兑换。伦敦外汇市场作为全球最大的外汇市场,具有如下优势:一是交易规模大,其目前日平均交易量占全球交易量的三分之一以上。二是交易币种丰富。三是区位优势明显。正是由于伦敦所处的特殊地理位置,使其交易时间与亚洲和北美外汇市场相衔接,从而使伦敦外汇市场的走势对全球外汇市场有着重要的影响。

二、纽约外汇市场

第二次世界大战以后,美国以其雄厚的经济实力倡导建立起了以美元为中心的世界货币体系——布雷顿森林体系,该体系奠定了美元的国际地位。此后,纽约外汇市场迅速发展成为一个完全开放的市场,并以其独特的功能和作用,左右着全球的外汇市场:其一是纽约外汇市场已成为全球美元交易的清算中心;其二是纽约外汇市场的汇率波动较为剧烈,同时该市场的风吹草动会对全球外汇市场乃至整个金融市场产生重大的影响。

三、东京外汇市场

东京外汇市场是目前亚洲最大的外汇市场,其交易规模位居世界第三。与其他主要外汇市场相比,东京外汇市场形成较迟,这是因为20世纪60年代以前,日本实行严格的外汇管制,直到1964年日本加入国际货币基金组织后,日元才允许自由兑换,日本的外汇交易也逐步实现自由化,日本的外汇市场才逐渐形成。20世纪70年代下半期以来,随着日本经济的迅猛发展和在国际贸易中的地位上升,日元国际化取得了极大进展,东京外汇市场也获得了较快的发展。进入20世纪90年代,受日本泡沫经济破灭的影响,东京外汇市场的交易量一直处于徘徊状态。

四、中国香港外汇市场

中国香港外汇市场是20世纪70年代以来发展起来的国际性外汇市场。1973年,解除外汇管制;1974年,开放黄金市场;1978年,放宽外国银行来港设分行的限制,使国际资本大量流入,各种金融机构不断增加,金融业务的规模不断扩大,中国香港外汇市场也开始活跃起来,从而发展成为国际化的外汇市场。目前,中国香港外汇市场的日平均交易量排名世界第五位。

资料来源:千鹤财金.世界主要的几个外汇市场[EB/OL].(2022-04-29)[2022-07-10]. https://baijiahao.baidu.com/s?id=1731405365838606800&wfr=spider&for=pc.

3-8:视频-人民币是自由外汇吗?

4. 黄金市场

黄金市场是指专门经营黄金买卖的金融市场,分为国内黄金市场和国际黄金市场两种类型。国内黄金市场只允许本国居民参加,不允许非居民参加并禁止黄金的输出输入。国际黄金市场只允许非居民参加或居民与非居民均可参加,对黄金的输出输入不加限制或只有某种程度的限制。国际黄金市场是国际金融市场的重要组成部分。伦敦和纽约是世界上最大的两个黄金交易市场所在地。

我国的黄金市场具有四大特点:

(1)市场架构比较完整。目前,我国黄金市场已经初步形成了以上海黄金交易所黄金现货、上海期货交易所黄金期货,以及商业银行的黄金经纪、场外柜台零售和对公业务的"三元一体"黄金市场架构。该架构层次分明,定位各有侧重,能较好满足各类投资者的多样化市场需求。

(2)参与主体类型多样。商业银行、产用金企业,以及期货、证券、信托等各类专业投资公司是黄金市场的参与主体,此外还包括会员代理客户、提供客户服务的中间商及支持类机构等。

(3)与实体经济和黄金产业密切关联。我国是全球最大的黄金生产国、消费国和进口国。随着黄金市场化改革的推进,建设一个市场化、统一高效的交易平台,有助于提高交易和生产效率,从而更好地为黄金产业和国民经济发展服务。

(4)投资与风险分散功能进一步得到发挥。近年来,我国黄金市场的交易规模和在金融市场体系中的占比均稳步提升。各类金融机构、非金融机构以及广大投资者越来越重视参与黄金投资,黄金市场的投资与风险分散功能日益完善。

5. 金融衍生品市场

1)金融衍生品及其特征

金融衍生品又称为金融衍生工具,是从原生性金融工具(股票、债券、存单、货币等)派生出来的金融工具,其价值依赖于基础标的资产。金融衍生品在形式上表现为一系列合约,合约中载明交易品种、数量、交割时间、地点等。目前较为普遍的金融衍生品合约有金融远期、金融期货、金融期权、金融互换等,它们由此形成了金融远期市场、金融期货市场、金融期权市场、金融互换市场。

金融衍生品主要有以下基本特征:一是杠杆性,金融衍生品交易一般只需要支付少量的保证金或权利金就可签订远期大额合约或互换不同的金融工具;同时,交易者承担的风险与损失也会成倍放大,基础工具的轻微变动经常会导致交易者大盈或大亏。二是高风险性,金融衍生品交易的后果取决于交易者对基础工具未来价格的预测和判断的准确程度,基础工具价格的变幻莫测决定了金融衍生品交易盈亏的不稳定性。三是跨期性,金融衍生品是交易双方通过对利率、汇率、股价等因素变动趋势的预测,约定在未来某一时间按照一定条件进行交易的金融合约。金融衍生品会影响交易者在未来一段时间内或某个时点上的现金流,体现跨期交易的特点。四是联动性,金融衍生品的价值与基础产品或基础变量紧密联系。

2) 金融衍生品市场的功能

金融衍生品市场主要具有套期保值及投机套利的功能。参与主体通过利用金融期货或金融期权等金融衍生品进行买入或卖出交易,以规避利率、汇率、股价指数波动等风险,或者主动利用价格波动形成的机会,通过操作进行投机套利。该市场成为风险厌恶者规避和分散风险的场所,同时也为风险爱好者提供了投机获利的机会。

我国的金融衍生品主要在中国金融期货交易所进行交易。截至2023年4月,该交易所共推出了11个交易品种,主要涉及股指期货、股指期权、国债期货三大类,未来交易品种还将继续扩大。此外,金融衍生品市场交易越来越规范。2022年8月1日,《中华人民共和国期货和衍生品法》正式实施。该法共13章155条,重点围绕期货交易、结算与交割基本制度、期货交易者保护制度、期货经营机构与期货服务机构的监管、期货交易场所和期货结算机构的运行、期货市场监督管理、法律责任等方面作出了规定。《中华人民共和国期货和衍生品法》立足我国市场实际情况,重点规范期货市场,兼顾金融衍生品市场,明确规定国家支持期货市场健康发展,发挥市场价格发现、风险管理和资源配置的功能,鼓励实体企业利用期货市场从事套期保值等风险管理活动。

3-9:中华人民共和国期货和衍生品法

延伸阅读3-11

"互换通"推出,中国香港与内地利率互换市场开展互联互通合作

中国人民银行、香港证券及期货事务监察委员会(以下简称香港证监会)、香港金融管理局(以下简称香港金管局)于2022年7月4日发布联合公告,开展中国香港与内地利率互换市场互联互通合作("互换通"),进一步推动人民币国际化,巩固中国香港国际金融中心的地位。

近年来,中国银行间债券市场对外开放力度不断加大。截至2021年年末,境外投资者持有人民币债券规模达到4万亿元。随着境外投资者持债规模扩大、交易活跃度上升,其利用金融衍生品管理利率风险的需求持续增加。

中国人民银行副行长潘功胜在2022年7月4日举行的"债券通"五周年论坛暨"互换通"发布仪式上表示,在"债券通"的基础上,启动中国香港与内地的"互换通",境内外投资者可通过中国香港与内地金融市场基础设施的连接,参与中国香港与内地金融衍生品市场,有利于满足投资者的利率风险管理需求。同时,此举进一步提升中国香港与内地金融市场的联通效率,巩固中国香港国际金融中心和离岸人民币业务枢纽地位。

记者从中国人民银行了解到,"互换通"全面借鉴了债券市场对外开放的成熟经验和整体框架,对接境外金融衍生品市场最新发展趋势,以电子化交易、中央对手方清算为核心优化了现有流程,提高了交易清算效率。为保证交易秩序和控制市场总体风险,"互换通"采用报价机构交易模式,发挥报价机构稳定市场的作用;此外,参考沪深港通机制,初期实施总量管理,在满足投资者风险管理需求的同时防范市场风险。

"互换通"在中国金融市场对外开放的整体规划与部署下持续推进。2022年7月4日,中国人民银行会同香港证监会、香港金管局等部门共同制定制度办法,加强监管合作和信息共享,指导相关金融市场基础设施做好规则、业务、技术等方面的准备工作,加强市场沟通培育,引导市场成员做好交易前准备工作,在6个月之后项目上线。

资料来源:吴雨,王茜."互换通"推出,香港与内地利率互换市场开展互联互通合作[EB/OL].(2022-07-04)[2022-07-10]. http://www.news.cn/gangao/2022-07/04/c_1128803453.htm.

6. 风险投资市场

风险投资(venture capital,VC)简称风投,又称为创业投资,是向高新技术领域的初创企业提供资金支持并取得该公司部分股份的一种直接融资方式,也是重要的股权投资形式。

风险投资具有典型的高风险、高回报特点。这是因为在风险投资中有很多不确定性,给投资及其回报带来很大的风险。一般来说,风险投资是把资本投向风险相对大的高新技术及其产品的研究开发领域,旨在促使高新技术成果尽快商品化、产业化,以取得高收益的一种投资过程。

近年来,我国风险投资发展迅猛,投资规模和机构数量均呈现上升趋势,风险投资在促进我国经济和资本市场发展等方面发挥了重要作用。未来我国风险投资行业的发展趋势表现在:一是风险投资的投资产业将逐步多样化,投资空间将进一步扩张。二是风险投资需求将向中小企业倾斜。三是风险投资在企业的投资阶段将不断前移,风险投资的重点将逐渐转移到被投资企业的前期研究准备阶段。四是政府促进风险投资的方式将发生改变,民间资本将发挥重要作用,政府在风险投资中扮演更多的将是"监管者"的角色。

7. 资产证券化市场

资产证券化是指以基础资产未来所产生的现金流作为偿付支持,通过结构化设计进行信用增级,将流动性差的资产转换为可流通的资本市场证券,在此基础上发行资产支持证券的过程。资产证券化可以看成是一种创新的融资方式,相对于银行贷款、上市融资等方式,资产证券化在融资成本及规模等方面都具有一定的优势,其在金融体系中发挥了至关重要的作用。

利用资产证券化实现融资的基本流程是:发起人将证券化资产出售给一家特殊目的机构(special purpose vehicle,SPV),或者由SPV主动购买可证券化的资产,然后SPV将这些资产汇集成资产池,以该资产池所产生的现金流为支撑在金融市场上发行有价证券融资,最后用资产池产生的现金流来清偿所发行的有价证券。

狭义的资产证券化是指信贷资产证券化。按照被证券化资产种类的不同,信贷资产证券化可分为住房抵押贷款支持的证券化(mortgage-backed securitization,MBS)和资产支持的证券化(asset-backed securitization,ABS)。

我国资产证券化起步于2005年,当时国家开发银行与中国建设银行等陆续发行了ABS与MBS,而后美国次贷危机爆发导致我国的资产证券化实践陷入停顿。直到2012年5月,中国人民银行宣布重新启动资产证券化。2013年8月,国家支持进一步扩大信贷资产证券化试点,与资产证券化有关的监管制度陆续放松。自2014年起,我国资产证券化的发展速度明显加快,发行频率显著上升,发行主体也更加多元化。2022年3月2日,中央结算公司中债研发中心发布的《2021年资产证券化发展报告》指出,2021年我国资产证券化市场规模延续增长态势,全年发行各类产品3.1万亿元,年末存量规模接近6万亿元。

相关思考 3-5

金融市场未来的发展趋势

改革开放以来,我国金融市场取得了长足的发展,金融机构大幅增加、金融产品极大丰富、金融法规日趋完善、金融市场日趋成熟。未来随着经济全球化和市场化程度的进一步增强,请思考我国金融市场未来的发展趋势将会是怎样的呢?

从目前我国金融市场的发展情况来看,我国金融市场改革取得了重大进展,证券市场逐步进入规范发展阶段,我国对宏观经济的金融调控能力和金融监管能力不断提高,我国的金融市场在国际上的地位进一步提升,与金融市场相关的法律体系日益完善。未来我国的金融市场将会进一步完善和规范,然而我国的金融市场尤其是资本市场,在金融创新方面还处于成长阶段,国家在鼓励创新的同时,需要引导其正确的发展方向,从而使其发挥好金融服务实体经济的基本功能。

本章小结

本章的主要学习内容是金融体系。通过本章的学习,学生熟悉了金融体系的含义、构成、类型、运行,金融机构体系和金融市场体系的含义、功能;了解了我国金融机构体系和金融市场体系的产生和发展历史;掌握了我国金融机构体系和国外金融机构体系的构成及发展状况。

本章重要概念

金融体系　金融机构体系　中央银行　商业银行　政策性银行　保险公司　证券公司　信托公司　证券投资基金管理公司　互联网金融机构　联邦储备系统　英格兰银行　日本银行　金融市场　货币市场　资本市场　金融衍生品　证券投资基金　风险投资　资产证券化　主板市场　创业板市场　新三板市场　科创板市场

本章练习

一、单选题

1. 根据现有史料,银行业起源于中世纪的(　　)。
   A. 荷兰　　　　B. 意大利　　　　C. 法国　　　　D. 英国
2. 世界上第一家股份制银行——英格兰银行始建于(　　)。
   A. 1640 年　　B. 1789 年　　　C. 1694 年　　　D. 1649 年
3. 下列各项中,属于专业银行的是(　　)。
   A. 投资银行　　　　　　　　　　B. 国家开发银行
   C. 不动产抵押银行　　　　　　　D. 中国农业发展银行
4. 证券公司在各国的称谓不同,其在(　　)被称为商人银行。
   A. 中国　　　　B. 美国　　　　C. 英国　　　　D. 德国

5. 下列各项中,不属于国有控股大型商业银行的是( )。
   A. 中国进出口银行 B. 中国工商银行 C. 中国银行 D. 交通银行
6. 下列各项中,不属于商业性金融机构的是( )。
   A. 商业银行 B. 信托公司 C. 租赁公司 D. 国家开发银行
7. 下列各项中,不属于银行类金融机构的是( )。
   A. 中央银行   B. 证券公司
   C. 政策性银行   D. 信用合作社
8. 下列各项中,不属于股份制商业银行的是( )。
   A. 渤海银行   B. 中信银行
   C. 深圳发展银行   D. 中国农业发展银行
9. ( )也称为二级市场,是对已经发行的证券进行买卖、转让和流通的市场。
   A. 证券交易市场   B. 证券发行市场
   C. 证券初级市场   D. 证券一级市场
10. 下列各项中,不属于货币市场的是( )。
    A. 短期债券市场 B. 票据市场 C. 股票市场 D. 大额存单市场

二、多选题

1. 下列各项中,属于我国股份制商业银行的有( )。
   A. 广东发展银行 B. 华夏银行 C. 招商银行 D. 中国民生银行
2. 不设中央银行的金融机构体系的国家或地区有( )。
   A. 俄罗斯 B. 瑞士 C. 新加坡 D. 中国香港
3. 我国在1984年金融机构体系中的四大专业银行主体包括( )。
   A. 中国工商银行 B. 中国农业银行 C. 中国银行 D. 中国建设银行
4. 下列各项中,属于金融市场的功能有( )。
   A. 聚敛功能 B. 配置功能 C. 调节功能 D. 监管功能
5. 金融市场可以分为( )。
   A. 货币市场   B. 资本市场
   C. 金融衍生工具市场   D. 保险市场
6. 资本市场的主要交易工具包括( )。
   A. 股票 B. 债券 C. 证券投资基金 D. 公益基金
7. 货币市场的特点包括( )。
   A. 交易期限短,流动性强,交易目的是解决短期资金周转的需要
   B. 参与主体主要以机构为主
   C. 交易期限较长,交易的目的主要是套期保值
   D. 主要是无形市场
8. 与货币市场相比,资本市场的特点包括( )。
   A. 期限长
   B. 流动性较差
   C. 风险大、收益高
   D. 交易的目的主要是解决长期投资性资本需求

9. 我国场内市场主要包括( )。
   A. 主板市场　　　　　　　　　B. 科创板市场
   C. 区域性股权交易市场　　　　　D. 创业板市场
10. 下列各项中,属于金融衍生品的有( )。
    A. 股票　　　　B. 期货　　　　C. 债券　　　　D. 期权

三、判断题

1. 金融机构体系一般可以分为中央银行和商业银行两大类。　　　　　　　　(　)
2. 在多数国家,银行类金融机构在整个金融体系中占有支配性地位。　　　　(　)
3. 银行类和非银行类金融机构的区别主要在于其是否吸收活期存款。　　　　(　)
4. 中央银行是一国金融运作体系的主体。　　　　　　　　　　　　　　　　(　)
5. 中央银行是一国最高的货币金融管理机构,在各国金融体系中居于领导和核心的地位。
   　　　　　　　　　　　　　　　　　　　　　　　　　　　　　　　　　(　)
6. 随着金融自由化的发展,现在西方发达国家的中央银行已逐渐成为"金融百货公司"。
   　　　　　　　　　　　　　　　　　　　　　　　　　　　　　　　　　(　)
7. 政策性银行与中央银行一样,它们不以营利为目的,共同制定和实施货币政策。(　)
8. 资本市场的交易对象是1年以上的长期证券。这是因为在长期金融活动中,其涉及资金期限长、风险大,具有长期较稳定收入,类似于资本投入。　　　　　　(　)
9. 黄金既具有商品属性,也具有投资属性。　　　　　　　　　　　　　　　(　)
10. 股票市场被称为反映宏观经济的"晴雨表"。　　　　　　　　　　　　　(　)

四、简答题

1. 简述金融机构体系的构成。
2. 简述我国商业银行的构成及其在我国金融机构体系中的地位。
3. 简述我国多层次资本市场构成体系。
4. 简述货币市场和资本市场的异同之处。

五、材料分析题

2023年2月1日,我国全面实行股票发行注册制改革正式启动,党中央、国务院批准了《全面实行股票发行注册制总体实施方案》。

中国证券监督管理委员会(以下简称证监会)指出,注册制改革是放管结合的改革。此次改革将总结试点注册制经验,推广实践证明行之有效的制度,进一步完善注册制安排。此次改革的重中之重是上海证券交易所、深圳证券交易所主板。经过30多年的改革发展,我国证券交易所市场由单一板块逐步向多层次拓展、错位发展、功能互补的市场格局基本形成。证监会有关部门负责人指出,审核注册机制是注册制改革的重点内容,将保持交易所审核、证监会注册的基本架构不变,进一步明晰交易所和证监会的职责分工,提高审核注册的效率和可预期性。同时,加强证监会对交易所审核工作的监督指导,切实把好资本市场入口关。证监会将充分考虑我国资本市场发展尚不充分、中小投资者占比高、诚信环境不够完善的现实国情,加大发行上市全链条各环节监管力度。

请结合上述材料,分析:为什么我国要实行注册制改革?注册制改革给我国资本市场发展带来的好处有哪些?

3-10:本章练习答案

第四章　金融业及行业岗位

> 内容提要
> 重点难点
> 学习目标
> 知识框架
> 思政育人
> 第一节　金融业及其构成
> 第二节　金融业岗位及人才需求
> 本章小结
> 本章重要概念
> 本章练习

内容提要

　　本章主要讲述了现阶段金融业的构成、特点；目前我国银行业、保险业、证券业、信托业等主要金融业的发展情况；金融业岗位分类及人才需求变化等。

重点难点

　　本章重点为金融业的构成及特点、不同金融业的特征、金融业岗位分类；难点为金融业的构成。

学习目标

　　通过本章的学习，学生应理解并掌握金融业的构成、金融业的突出特点；熟悉不同金融业的发展情况及未来发展趋势；了解金融业岗位分类及人才需求变化。

知识框架

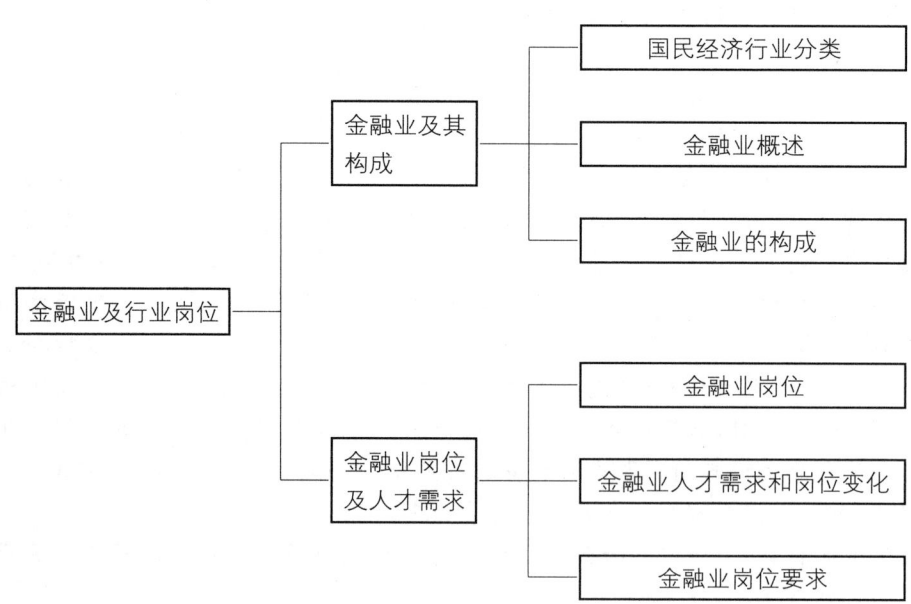

思政育人　　　行业巨变成就复合型金融人才

在互联网和信息技术革命推动下,金融业架构中的"底层物质"正在发生深刻变化,移动云、云计算、大数据等大趋势引发金融业"基因突变",这种变化使得传统金融业版图日益模糊,加速传统金融业务与互联网技术融合。

金融业的"三驾马车"一般是指银行、证券、保险三个行业,它们也被誉为金融业三大支柱。目前,银行业、保险业由国家金融监督管理总局监管(它还负责监管除证券业的其他金融业),证券业由中国证券监督管理委员会监管。"三驾马车"相互影响作用,促进中国金融业稳步发展。

近几年,在互联网和信息技术革命推动下发展起来的互联网金融悄然改变着传统金融业,不论是银行、保险、证券还是企业金融,都迫切需要数字化转型。当前供应链的安全稳定已成为各行业关注的问题,全链路数字化服务提供商数商云能为金融业企业打造数智化供应链管理系统,从而推动企业成本降低、效率提升,以及促进企业优化和模式创新,进而助力金融业创新智能转型。

数字经济方兴未艾、数字金融发展步入快车道,对金融机构的数字化供给、生态化链接、金融安全等能力提出了高要求,金融业正迎来全新的大变局。构建智能供应链管理平台,赋能金融企业构建数字化、有韧性、快速响应的供应链系统能力,赋能智能金融变革显得既重要又迫切。随着行业改变,以银行为代表的金融机构推进人才"更新换代"。懂金融、擅技术的复合型金融人才成为市场急需人才。

资料来源:云朵匠.金融业数智化供应链管理系统多维度评估分析供应商,供应链平台赋能智能金融变革[EB/OL].(2022-04-01)[2022-06-30].https://www.shushangyun.com/article-5856.html.

第一节　金融业及其构成

一、国民经济行业分类

行业也可称为产业,是指从事国民经济中同性质的生产、服务或其他经济社会的经营单位或者个体的组织结构体系。现行《国民经济行业分类》(GB/T 4754—2017)于 2017 年 6 月 30 日由原中华人民共和国国家质量监督检验检疫总局和中国国家标准化管理委员会联合发布,自 2017 年 10 月 1 日起实施。该分类标准采用经济活动的同质性原则对各行业进行划分,并且每一个行业类别按照同一种经济活动的性质划分。国民经济行业的分类标准中涉及门类、大类、中类和小类四个层次,共包含门类 20 个,大类 97 个,中类 473 个和小类 1 382 个。

按照《国民经济行业分类》(GB/T 4754—2017)的分类标准,我国国民经济行业目前的分类情况具体如下:A. 农、林、牧、渔业;B. 采矿业;C. 制造业;D. 电力、热力、燃气及水生产和供应业;E. 建筑业;F. 批发和零售业;G. 交通运输、仓储和邮政业;H. 住宿和餐饮业;I. 信息传输、软件和信息技术服务业;J. 金融业;K. 房地产业;L. 租赁和商务服务业;M. 科学研究和技术服务业;N. 水利、环境和公共设施管理业;O. 居民服务、修理和其他服务业;P. 教育;Q. 卫生和社会工作;R. 文化、体育和娱乐业;S. 公共管理、社会保障和社会组织;T. 国际组织。其中,金融业是推动国民经济发展的重要行业。金融业的发展关系到经济发展和社会稳定,其具有优化资源配置、调节反映经济、分散转移风险等功能。金融业的独特地位和内在特征使得各国政府都非常重视金融业的发展。

二、金融业概述

(一) 金融业的含义、构成和执业要求

1. 金融业的含义、构成

金融业是指经营金融商品和金融服务的特殊行业,主要为国家经济发展提供金融服务,从事金融经济资源配置,在国民经济中占有重要地位。

现代金融业主要包括银行业、证券业、保险业、基金业、信托业、期货业、典当业等。随着数字经济及信息技术的发展,金融业中逐渐出现了互联网金融、金融科技等新兴行业。互联网金融是传统金融机构与互联网企业相结合,利用互联网技术和信息通信技术实现资金融通、支付、投资和信息中介服务的新型金融业务模式;而金融科技是典型的技术驱动下的金融创新模式。互联网与金融、科技与金融深度融合是大势所趋,对金融产品、业务、组织和服务创新等方面产生了深刻的影响。因此,互联网金融业、金融科技行业成为新兴金融业。

2. 金融业的执业要求

目前,我国已形成了银行、证券、保险等功能齐全、分工合作、各类型金融机构相互补充的金融机构体系;形成了货币市场、资本市场、保险市场、外汇市场等多类型、多层次协调发展、相互依存的金融市场体系。因此,随着金融体系的不断完善,对金融业的执业要求就更加严格。

基于金融业的特殊性,从事金融业有专门的要求。金融从业人员需要具备专业的金融知识、技术和能力。金融企业是指开展金融业务的企业,它们需要取得金融监管部门授予的金融业务许可证才能开展业务。其中,国有商业银行、股份制商业银行、信托投资公司、金融资产管理公司、金融租赁公司和部分财务公司执业需要取得银行业务许可证;证券公司、期货公司和基金管理公司执业需要取得证券业务许可证;各类保险公司执业需要取得保险业务许可证;从事支付清算方面业务的企业需要取得支付业务许可证。

(二) 金融业的特点

金融业是国民经济的重要行业,而且该行业与其他行业相比有其特殊性。其中,交易对象有很明显的不同,金融业的交易对象主要是货币资金、股票、债券、基金等各类金融产品。由于金融业的地位及交易对象的特殊性,该行业主要体现以下突出特点。

1. 高风险

任何一个行业的经营都具有风险性。金融业是资金密集的场所,是庞大资金的集散地,其主要交易的是货币资金或金融产品,这就意味着该行业有极高的风险性,很容易受到市场环境变动的干扰,并且会影响到国民经济的各个部门。金融业稍有不慎或出现问题,就会出现"多米诺骨牌效应",对实体经济及社会稳定都产生不利影响。历届金融危机,最后都演变成经济危机,造成经济萧条甚至是社会混乱,从这也可以看出金融业存在明显的高风险。

2. 特许经营

金融业是特许经营行业,金融企业必须持牌经营。没有金融牌照就不允许开展相应的金融业务,是金融业的执业要求。金融牌照是指相关机构经国家金融监管部门批准,从事特定的金融业务的许可证,主要由中国人民银行等金融监管机构颁发。必须经许可才能开展

的金融业务主要有银行、保险、证券、基金、信托、期货、金融租赁、第三方支付、资产管理等。属于金融业务范畴的，必须持牌经营，必须纳入金融监管。未经金融监督管理部门许可，任何非金融机构和个人不得从事金融类业务。投资者如有理财需求，应当选择银行、信托、证券、基金、期货、保险、金融资产投资公司等持牌金融机构发行的资产管理产品等。国家对非法集资、非法放贷、金融诈骗等违法活动实施严厉打击。

3. 合规性

金融业专业性非常强，各行各业主要与货币资金、金融产品等象征财富的工具打交道。因此，对于金融业而言，依法合规经营非常重要。在银行业、证券业、保险业这三大传统金融业中，都有明确的守法合规要求。金融企业如果不按照法律法规经营，可能会引发很大的风险，客户也会产生巨大的损失。

4. 监管严格性

金融业监管非常严格，首先与其经营的对象、经营的特点密切相关。如前所述，金融业的交易对象主要是货币等各类金融产品，此类交易对象决定了该行业具有典型的高风险性。其次，金融业尤其是银行业具有突出的高负债经营特点，其自有资金比重低（一般不超过20%），而负债比例很高（超过80%甚至更高），这点与一般的工商企业非常不一样。最后，金融业与各行各业关系密切，牵一发而动全身。一旦金融业出了问题，就会影响到其他行业的稳定及发展。

因此，各国或地区都会对金融业进行非常严格的监管。监管内容包括市场准入、业务经营等方面，监管手段包括依照法律法规或制定规章制度、管理办法等方式。如前所述的"合规性"，即强调业务经营必须依法合规。商业银行、证券公司、保险公司等金融机构的设立都有严格的要求和门槛，如设立银行有最低注册资本，按照2020年《商业银行法》修订意见稿提出的要求，全国性商业银行的最低注册资本为100亿元。此外，我国金融监管调控体系于2023年被调整，以便更好地对金融行实施监管。

5. 信息密集化

金融业聚集了各类信息，是信息和资源密集型行业。从微观角度看，金融业汇聚了投资者及融资者需要的各类信息，投资者或融资者依据这些信息作出科学的投资决策或融资决策。从宏观角度看，金融市场交易形成的价格指数作为国民经济的"晴雨表"，能直接或间接地反映出国家宏观经济的运行状况。

此外，信息技术对金融业具有明显的渗透性。当前金融业体现突出的是"金融+科技"的融合特点。以大数据、云计算、区块链、人工智能等为代表的现代信息技术，在金融领域应用非常广泛，推动了金融业的发展与变革。金融业利用信息技术，极大地提高了金融交易效率，降低了金融交易成本。金融业与信息技术的融合，促使金融业进入到一个全新的发展阶段。

4-1：金融牌照知多少

 相关思考4-1

国家对金融业的监管有哪些特殊之处

金融业是我国国民经济中的重要行业。该行业与制造业、建筑业、通信业、交通业、农业等其他行业相比，有其非常特殊的地方。结合金融业的特殊性，思考该行业在经营中，在监管方面有哪些特殊之处？

(三)金融业与实体经济的关系

金融是现代经济的核心和命脉,金融要为实体经济发展服务已成为广泛共识。金融业通过其特殊的产品和服务推动经济的增长。同时,金融业发展的根基是实体经济,离开了实体经济,金融就会成为无本之木、无源之水。

党的二十大报告提出要建设现代化产业体系,坚持把发展经济的着力点放在实体经济上。我国将实体经济的重要性提高到全局性、战略性的层次,进一步明确了金融服务于实体经济,实际上是服务于我国经济发展的着力点这一战略要求。因此,我们需要正确认识金融业和实体经济的关系。

1. 金融业推动或制约实体经济发展

(1)金融业的发展影响实体经济的外部宏观经营环境。外部宏观经营环境包括全社会的资金总量状况、资金筹措状况、资金循环状况等。这些方面情况如何,将在很大程度上影响实体经济的生存和发展状况。

(2)金融业的发展为实体经济的发展增加后劲。实体经济的发展随时都需要资金的支持和金融血液的灌输,其筹资主要有两条途径:一是向以银行为主体的各类金融机构贷款融资;二是通过发行股票、债券等各类有价证券筹措资金。借助各种各样的途径和金融工具,不仅可以分散实体经济发展中面临的风险,以及解决或缓解资金需求,还可以提高实体经济的发展效率。

(3)金融业的发展状况制约着实体经济的发展程度。从经济与金融的关系上看,经济是肌体,金融是血脉。可见,金融业的发展状况极大地影响着经济的发展,当金融业出现危机、不稳定或不良贷款率大幅提升时,其对实体经济没有推动作用,反而只会制约实体经济的发展。

2. 实体经济助推金融业繁荣

(1)实体经济为金融业的发展提供物质基础。金融业无法独立于实体经济而单独存在,实体经济为金融业的发展壮大提供了"土壤"。

(2)实体经济对金融业提出了新的要求。随着整体经济的进步,实体经济也必须向更高层次发展。当实体经济发生大的变化,如实体经济越来越数字化、智慧化,金融业也应该跟随实体经济发展的步伐,即金融业也会越来越数字化、科技化。

(3)实体经济是检验金融业发展程度的标志。金融业的出发点和落脚点都是实体经济,即发展金融的初衷是为了更好地发展实体经济,而其最终也是为实体经济服务。因此,实体经济的发展情况反映出金融业的发展程度,正所谓"经济活,则金融活;经济稳,则金融稳"。

4-2:视频—金融业构成及其特征

延伸阅读4-1

中国金融业的五大趋势

2022年中国全面进入数字经济时代,各行各业都在探索数字化转型中的新机遇。随着数据的流通和数字技术的深度利用,产业数字化正在带动金融数字化加速发展。随着科技公司以数字技术全面赋能金融机构转型升级,结合行业特点和政策引导来看,中国金融业呈现出五大趋势:

趋势一:金融信创成果涌现。信创,即信息技术应用创新,已上升至国家战略,其中金融信创一直是行业建设的重点。

趋势二：数字技术驱动绿色金融发展。在"碳达峰、碳中和"背景下，国家出台多项政策支持绿色金融发展。以百度为代表的头部厂商响应政策号召，将数字技术深度运用在绿色金融领域，提升金融机构的含"绿"度。

趋势三：金融机构数字化经营加速。金融机构向来对高效的产品推广和精准化的客户营销需求不减，近年来更加速线上拓客，数字化经营趋势凸显。科技企业从营销和服务两方面全力拓展这一重点领域。

趋势四：产业金融深度融合。政策引导下，厂商瞄准产融结合趋势下的机遇，科技赋能金融机构，综合运用数字技术，渗透中小企业的各类生产经营场景，为中小企业解决融资难、融资贵的问题，并且提供金融信贷支持助其长远发展。

趋势五：金融机构加快数字化组织管理变革。金融机构着力提升数据管理能力，加快打造轻型敏捷组织。

资料来源：中国新闻网.报告：数字经济迅猛发展　中国金融业呈现五大趋势[EB/OL].(2022-01-18)[2022-07-01].https://baijiahao.baidu.com/s?id=1722300663884169773&wfr=spider&for=pc.

三、金融业的构成

金融业在国民经济发展中占据核心地位。改革开放以来，我国金融业由小到大、从弱到强。金融业不断深化改革、不断创新发展，着力兴利除弊、补齐短板，我国不断推动金融业发展与社会主义现代化建设相适应。银行业、证券业、保险业、信托业等作为金融业的支柱，都体现出不同的发展特点，同时也存在一些问题。

（一）银行业

在现代金融业中，各类银行占据主导地位，它们是国民经济运转的枢纽。银行是经营货币和信用业务的金融机构，通过发行货币、管理货币流通、调剂资金供求、办理存贷与结算，充当信用的中介人。银行业一般是指由中央银行（部分国家或地区不设中央银行）、商业银行、政策性银行或开发性金融机构、外资银行、非银行存款类金融机构、货币金银局等构成的银行体系。这些机构是银行业中提供各类金融服务和金融产品的主体。

由于银行业经营的主要是货币资金，并且是高负债经营，一旦经营管理不善则很容易引发社会动荡。相对于其他行业，银行业更加强调稳健经营，而非追求高风险、高利润。因此，银行业与其他金融业相比，面临的监管更加严格。银行业坚持审慎经营原则，将不发生金融动荡作为底线。

1. 我国的银行体系

中华人民共和国成立后银行业经过几次改革，目前已形成了由中央银行（中国人民银行）、商业银行、政策性银行以及其他非银行存款类金融机构构成的银行体系。我国的银行业受到中国人民银行和国家金融监督管理总局的双重监管。

银行业作为国民经济的重要产业，与宏观经济发展具有高度相关性。近年来，我国宏观经济发展步入高质量发展阶段，宏观经济增长速度自然放缓，但随着结构转型、深化改革等措施的推进，我国宏观经济逐步探底企稳，在合理的增速区间内保持可持续发展。目前我国银行业形成了多层次、广覆盖、有差异的银行机构体系，可分为国有大型商业银行、股份制商业银行、城市商业银行、民营银行、农村金融机构及其他类金融机构六大类。根据原中国银行保险监督管理委员会的统计数据显示，"十三五"期间我国各类银行业金融机构法人数量如表4-1所示。从表4-1中数据，我们可以看出自2015年至2020年我国银行业金融机构法人总数量持续增加。

表 4-1　　　　　　　　　我国各类银行业金融机构法人数量

机构名称	2015年	2016年	2017年	2018年	2019年	2020年
政策性银行及国家开发银行	3	3	3	3	3	3
国有大型商业银行	5	5	5	6	6	6
股份制商业银行	12	12	12	12	12	12
城市商业银行	133	134	134	134	134	133
民营银行	5	8	17	17	18	19
农村商业银行	859	1 114	1 262	1 427	1 478	1 539
农村合作银行	71	40	33	30	28	27
农村信用社	1 373	1 125	965	812	722	641
新型农村金融机构	1 373	1 504	1 623	1 674	1 687	1 691
非银行金融机构	385	412	437	444	451	455
外资银行	40	39	39	41	41	41
其他机构（邮储和中德住房储蓄银行）	2	2	2	1	1	1
理财子公司	0	0	0	0	9	20
金融资产投资公司	0	0	0	5	5	5

数据来源：原中国银行保险监督管理委员会.统计数据——我国各类银行业金融机构法人数量[EB/OL].(2021-01-10)[2022-07-01]. http://www.cbirc.gov.cn/cn/view/pages/tongjishuju/tongjishuju.html.

2. 我国银行业的经营情况

自改革开放后，我国银行业高速发展。银行业作为一国重要金融机构，作用不可代替，银行的支付中介、信用中介、金融服务、信用创造等功能，对于国民经济发展也具有重要作用。随着宏观经济增速的放缓，我国银行业正由过去十余年规模、利润高速增长的扩张期，进入规模、利润中高速增长的常态期，经营情况总体保持平稳。其中，银行业信贷资产规模不断增长，银行业服务实体经济的能力进一步增强；商业银行信贷资产质量基本稳定；商业银行不良贷款率整体有所降低，保持较强风险抵补能力；商业银行流动性水平保持稳健，盈利能力平稳增强。

我国银行业已进入了稳健经营的发展阶段，大型银行和部分中小银行加快了引入外资的步伐。我国在加入世界贸易组织之后，银行业的综合实力得到了巨大提升，已经跃居世界首位。从资产规模来看，2019年我国银行业总资产已经超越欧盟成为全球第一。近年来，我国银行业金融机构总资产持续增长，截至2022年5月末，银行业总资产为3 543 448.9亿元，比上年同期增长9.3%，其中商业银行总资产占比84.1%；银行业总负债为3 237 088.1亿元，比上年同期增长9.2%，其中商业银行总负债占比84.5%。

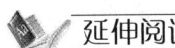

延伸阅读 4-2

数字经济时代商业银行面临的挑战

在数字经济时代,商业银行面临的更大的挑战,包括:一是如何充分挖掘有效利用生态场景数据和新技术;二是如何更好地切入区域发展战略;三是如何弥补金融数字化与产业数字化之间的差距;四是如何抵御多方竞争带来的市场挤压。

1. 如何充分挖掘有效利用生态场景数据和新技术

工业互联网、数字物流、企业 ERP 等新技术编织了一个多元信息网络,构成一个新的生态,在该生态中对银行的数字化转型也提出了更高的要求。如何更好地在生态场景中提供无感知的金融服务,如何创造新的数据价值,需要商业银行作出更多努力。

2. 如何更好地切入区域发展战略

在金融端,如何利用数字化金融服务能力以更好地满足城市的发展,其实是银行业需要思考的一个重大问题。很多地区提出了明确的数字经济发展的规划和目标。在城市的区域发展过程中,商业银行要抓住这样的发展机遇,以自身的数字化能力、数字化技术运用更好地切入和服务区域经济发展战略。

3. 如何弥补金融数字化与产业数字化之间的差距

数字中国战略已经深入到我国产业的方方面面,产业基础高级化、产业现代化目前正处于关键时期。在这个关键时期,各行各业都在加速数字化。作为商业银行,也深深地感受到与快速发展的产业端相比,银行业的数字化还存在一定的差距,这也是数字经济时代给银行业提出的新命题,即如何减少金融数字化与产业数字化之间的差距。

4. 如何抵御多方竞争带来的市场挤压

在利率市场化推进的过程中,商业银行利差普遍面临着收窄。与此同时,客户却对银行提出了更高的要求,如金融服务能不能是无感的;在购物的时候能不能很快捷地通过一键点击的方式提供融资支持;如果不想去网点,能不能就在办公室利用移动端、网络端即可享受银行便捷、高效的服务;银行在营销过程中,能不能更好地运用外部大数据,以及更好地运用人工智能等技术实现精准营销,减少营销资源的浪费。这些问题都给银行业带来了在利差收窄的竞争压力中,如何更好提升其服务能力的思考。

资料来源:陈璐. 数字经济时代商业银行面临着四大方面挑战[EB/OL]. (2021-12-16)[2022-07-02]. https://baijiahao.baidu.com/s?id=1719271261534639661&wfr=spider&for=pc.

3. 我国银行业的发展趋势

我国的银行业长期依靠经济高速增长,然而经济快速发展积累下来的资产质量、业务结构、收入结构、人才结构等经营管理短板问题开始显现。未来我国银行业将向精细化、敏捷化管理转变,打造"科技生态"、构建银行新核心竞争力,是银行业未来发展的重任。

1)数字化战略布局成为重心

数字化已经融入社会生活的各个方面,银行业无论主动还是被动都在进行数字化转型。近几年,我国银行业加大了科技投入的力度,各行的数字化趋势尤为明显,业务层的落地路径也更加清晰。一方面,零售端大型银行开始探索并聚焦手机应用的生态化重构。另一方面,线下渠道越来越被互联网企业重视,数字化战略布局逐渐成为重心。

2)分业经营向混业经营、综合经营转变

我国的银行业目前根据《中华人民共和国商业银行法》采取的是分业经营模式,然而随着我国产业转型升级的需求不断加大,分业经营模式难以满足产业升级对银行业的需求。因此,混业经营、综合经营模式已成为重要趋势。

在实现综合经营的转变中,发展金融控股集团是重要战略选择。一方面,金融控股集团面向创新经济,以推进实体型企业创新转型、实现实体经济高质量发展,实现技术创新与金融创新的"双轮驱动"。另一方面,针对当前民营企业、中小微企业融资难、融资贵的经济痛点以及新经济部门轻资产、高增长的经营特点,金融控股集团能够通过综合化的产品及服务体系,在企业全生命周期内提供符合其信用特点的金融产品,有助于降低企业融资成本,更好地满足银行业在转型过程中实体经济不断变化的金融需求。

3) 向精细化、敏捷化管理转变

通过金融科技驱动敏捷化和精细化管理。一是通过不断升级的金融科技手段,强化个性化营销和服务、优化客户体验、实施全渠道战略,推进移动平台转型。二是通过金融产品设计组件化,风险控制、运营、合规审查等重要环节的数字化和智能化,以及深入的大数据分析等,促进业务中台转型。三是充分运用云计算技术和区块链技术,实施核心系统和开放平台双"IT"战略,向分布式后台转型。

延伸阅读4-3

金融信息数据服务商四大领域

在金融财经数据领域,为什么人们在搜索很多金融数据时,总会显示"数据来源:Wind(万得数据库)或东财Choice"?这些是什么?其实,这些是当今在金融领域中非常火的金融信息数据服务商。目前,金融信息数据服务商在我国国内影响力比较大的,主要有以下四大领域:

(1) 证券基金信息技术服务商:一是前端应用领域,如同花顺、财富趋势、大智慧;二是中后台柜台系统领域,如恒生电子、金证股份、顶点软件、金仕达。

(2) 机构金融数据和分析工具服务商:彭博、万得资讯、东财Choice、同花顺iFinD、森浦Qeubee(固收领域)等。

(3) 垂直领域金融信息数据服务商:①A股为主,如同花顺、指南针、益盟股份、麟龙股份、大智慧、金融界。②港美股为主,如富途、老虎、雪球。③基金为主,如蛋卷基金、同花顺爱基金、好买基金、私募排排网。④期货/黄金现货为主,如文华财经、金大师、同花顺猎金等。

(4) 一站式金融服务平台:东财,它旗下有东方财富网、天天基金网、东方财富证券、股吧、choice数据、东方财富终端、优优私募、东方财富期货、东方财富基金、东财保险经纪、东方财富国际证券、东方财富国际期货等。

资料来源:三少爷的见.图解证券:金融信息数据服务商都有哪些[EB/OL].(2021-11-28)[2022-07-02]. https://zhuanlan.zhihu.com/p/437289741.

4-3:万得数据库

(二) 保险业

保险是指投保人根据合同约定,向保险人支付保险费,保险人对于合同约定的可能发生的事故因其发生所造成的财产损失承担赔偿保险金责任,或者当被保险人死亡、伤残或者达到合同约定的年龄、期限时承担给付保险金责任的商业保险行为。

按照保险标的不同,保险可分为财产保险和人身保险两大类。财产保险是指以财产及其相关利益为保险标的的保险,包括财产损失保险、责任保险、信用保险、保证保险、农业保险等。财产保险是以有形或无形财产及其相关利益为保险标的的一类补偿性保险。人身保险是以人的寿命和身体为保险标的的保险。当人们遭受不幸事故或因疾病、年老以致丧失工作能力、伤残、死亡或年老退休时,根据保险合同的约定,保险人对被保险人或受益人给付保险金或年金,以解决其因病、残、老、死所造成的经济困难。

保险行业将通过契约形式集中起来的资金用于补偿被保险人的经济利益,其为社会经济发展、百姓生活保驾护航,是一国经济中的重要行业。保险业一般是指由提供保险服务的保险公司、保险经纪公司、保险公估公司、保险业监督管理机构等构成的保险体系,是金融业的重要组成部分。保险业体现出典型的"我为人人、人人为我"的保障特征。

1. 我国保险业的"前世"

1) 外资保险在我国的发展

为了商品经济的发展和对外贸易的需要,清政府于 1685 年设立粤海关进行进出口贸易,即广州成为外国保险业进入中国的第一站。频繁的对外贸易和长途运输催生了人们对海上保险的大量需求。因此,第一家在华外资保险公司——"谏当保安行"在广州成立。随着对外贸易和海上保险的不断发展,我国涌现出了很多外资保险公司,其中友邦成为当时我国知名的外资保险公司之一。

2) 我国民族保险业的起步

保险招商局于 1875 年 12 月 28 日正式在上海成立。保险招商局经营半年后,业务虽日渐步入正轨,但由于承保能力有限、管理权受限等问题,仁和保险应运而生。1886 年,仁和、济和两家保险公司宣布合并,成立仁济和水火保险公司。在仁和保险公司的带动下,我国民族保险业从无到有,并开始迅速发展。一批新的华商保险企业随之建立,我国民族保险业终于迈开了前进的第一步。

2. 我国保险业的"今生"

改革开放 40 多年来,中国保险业的发展大致可以划分为四个阶段,先后经历了恢复业务、对外开放、全面发展、深化改革等不同的发展阶段。

1) 1979—1989 年:第一轮改革发展

这一阶段是保险业务逐步恢复期。1979 年,国务院批准恢复国内保险业务。随后,中国人民银行下发《关于恢复国内保险业务和加强保险机构的通知》,中国人民保险总公司立即进行恢复国内保险业务和机构的筹备工作。其中,1982 年开始恢复办理人身保险业务。我国保险市场在 1986 年之前一直由中国人民保险公司(该公司成立于 1949 年 10 月,是中华人民共和国成立后第一家国有保险公司)独家垄断经营。1985 年 3 月,国务院颁布了《保险企业管理暂行条例》,明确规定只要具备相关条件,经过国家保险管理机关批准,并向工商行政管理机关申请营业执照,便可设立保险机构,经营保险业务。1986 年,经中国人民银行批准,成立了新疆生产建设兵团农牧业保险公司;1988 年,批准成立平安保险公司;1991 年,批准成立太平洋保险公司。从此,我国正式打破了保险市场由中国人民保险公司独家经营的格局。

2) 1990—2001 年:第二轮改革发展

这一阶段是保险业试点改革开放期。1992 年,国务院选定上海作为第一个保险对外开放试点城市。1992 年 7 月,中国人民银行颁布了《上海外资保险机构暂行管理办法》,对外资保险公司设立的条件、业务范围、资金运用以及对外资保险公司的监管等作出了较为明确的规定。同年 9 月,中国人民银行批准友邦在上海设立独资寿险公司。1995 年,保险对外开放试点城市从上海扩大到广州。2000 年,原中国保险监督管理委员会加入国际保险监督官协会。

随着友邦保险在上海设立分公司,个人营销代理制开始进入中国内地。平安保险公司借鉴友邦保险公司营销代理制度,并被我国各寿险公司广泛采用。1995年10月1日,我国正式颁布实施《中华人民共和国保险法》,这是中华人民共和国成立以来第一部保险基本法,其将《保险合同法》和《保险业法》合二为一,确立了产险、寿险分业经营的原则,对保险合同、保险公司、保险经营行为、保险监管、保险违法行为处罚等方面作出了较为系统的规定。《中华人民共和国保险法》标志着我国保险业进入有法可依、依法经营、依法监管的新阶段。

3) 2002—2008年：第三轮改革发展

这一阶段是保险业全面发展期。2008年年底,我国共有保险公司120家,比2001年年底的52家增加了68家,其中保险集团和控股公司为8家,财产险公司为47家,人身险公司为56家,再保险公司为9家。从2003年中国人保资产管理有限公司成立开始,到2008年年底已有9家保险资产管理公司,我国以集中管理和专业化运用为导向的保险资金运用体制进而初步形成。

4) 2009年至今：第四轮改革发展

这一阶段是保险业深化改革发展期。我国各项保险制度体系愈发完善,健全了事中风险识别和控制机制,发挥第二代偿付能力监管制度体系(以下简称偿二代)"指挥棒"作用,及时识别和控制风险。经过3年努力,原中国保险监督管理委员会成功研发以风险为导向、符合国情、国际可比的偿二代,出台偿二代17项主干监管规则,到2016年初步建成,其与美国RBC(风险资本)监管、欧盟偿付能力Ⅱ形成了全球三足鼎立的局面。

2017年4月以来,原中国保险监督管理委员修订完善了《保险公司股权管理办法》,强力规范保险企业公司治理,以偿付能力监管为核心、以公司治理监管为基础、以市场行为监管为抓手的三支柱监管框架进一步健全完善。国家"十三五"规划有18处提到商业保险。国务院及各部委、地方党政还针对农业、巨灾、健康、养老等保险出台了相关补贴和税优政策,支持保险业参与大病保险等管理运作。发展现代保险服务业逐步成为国家战略,社会各界对保险的认可程度稳步提升。我国已经成为全球最重要的新兴保险市场。

3. 我国保险业的现状

保险行业的快速发展支持了经济发展,其服务改善了民生。伴随行业的发展,人口红利逐渐消失,原来粗放发展的保险行业尤其是寿险行业亟须改革。此外,保险公司数量越来越多,从一开始的一家独大,发展为目前的群雄并起。

保险主要是由寿险、健康险、意外险、财产险等组成。截至2021年12月底,中国境内保险机构(总公司)共有235家。其中,保险集团13家,财产险公司87家,人身险公司91家,再保险机构7家,保险资产管理公司33家,出口信用保险公司1家,其他类型保险公司3家。

从区域分布上看,这些保险公司主要分布在北京、上海和广东(深圳为主),三个区域合计占比70.3%,其次是浙江、天津。北京分布最多,有77家,其中人寿保险34家、资产管理13家、财产保险11家、再保险9家;上海有56家,其中人寿保险22家、财产保险13家、资产管理8家、再保险5家;广东有35家,其中财产保险15家、人寿保险9家、资产管理5家、再保险1家。我国保险公司的区域分布,如图4-1所示。

此外,随着互联网金融的迅猛发展,部分互联网平台也开始逐步涉足保险行业。目前,我国仅有4家保险公司具备互联网保险牌照：众安在线财产保险股份有限公司(以下简称众字在线)、安心财产保险有限责任公司(以下简称安心财险)、易安财产保险股份有限公司

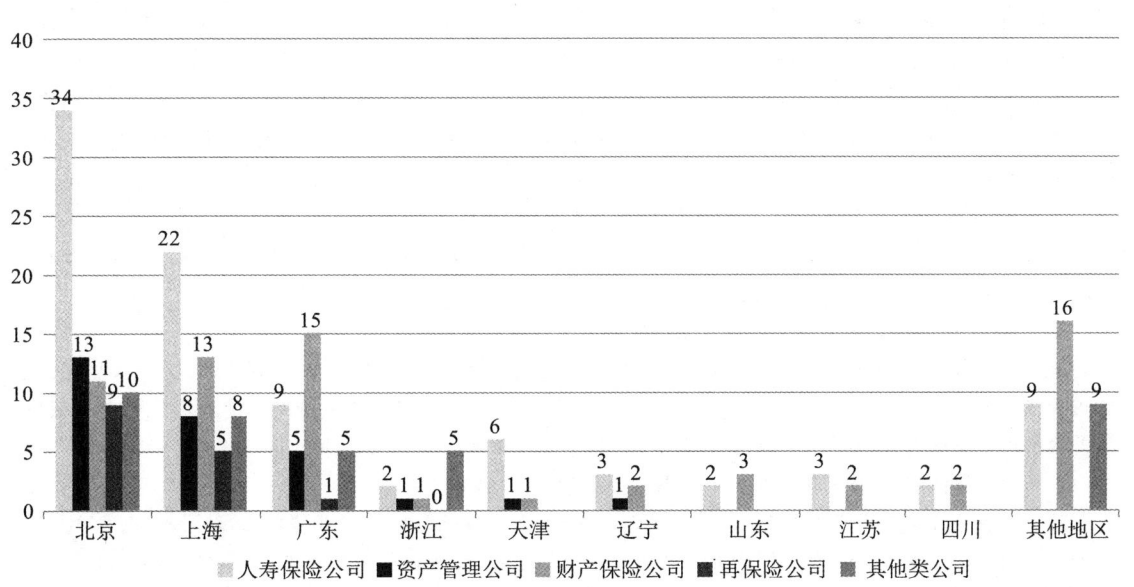

图 4-1 我国保险公司的区域分布

资料来源：原中国银行保险监督管理委员会.统计数据——我国保险公司分布[EB/OL].（2022-01-10）[2022-07-01]. http://www.cbirc.gov.cn/cn/view/pages/tongjishuju/tongjishuju.html.

（以下简称易安保险）和泰康在线财产保险股份有限公司（以下简称泰康在线）。

1）众安在线

众安在线总部位于上海，其不设任何分支机构，完全通过互联网展业。由"保险＋科技"双引擎驱动，众安在线专注于应用新技术重塑保险价值链，围绕健康、消费金融、汽车、生活消费、航旅五大生态，以科技服务新生代，为其提供个性化、定制化、智能化的新保险。

2）安心财险

安心财险是全国首批创新型互联网保险公司，于 2015 年 6 月 26 日获得原中国保险监督管理委员会筹建批文，2016 年 1 月 18 日正式开业。安心财险也是全国首家在"云"上通过监管开业验收的保险公司。

3）易安保险

易安保险是应国家"互联网＋"战略浪潮，经原中国保险监督管理委员会批准设立的国内 4 家专业互联网保险公司之一，2016 年 2 月 16 日获批开业，注册资本金为 10 亿元。

4）泰康在线

泰康在线成立于 2015 年，以"保险＋科技""保险＋服务"为主要商业模式，专注于互联网保险业务的创新开拓。泰康在线致力于开发能够与医疗健康生态深度融合、与互联网生态完全贴合的保险产品。

 延伸阅读 4-4

我国保险业未来的机遇与挑战

我国经济目前进入高质量发展阶段，人口结构变化、金融科技方兴未艾，对外开放竞争压力，中国保险业机遇与挑战并存。

(一) 面临的主要机遇

1. 保险具有风险保障、资产配置、金融服务等多重属性

总体来看,经过多年发展,中国保险深度(保费/GDP)从1994年的0.77%提升至2022年的5.25%,保险密度(人均保费)从1994年的3.2美元提高至2022年的520美元,但仍低于全球平均水平,在众多领域保险消费存在缺口。

2. 风险保障需求与人口结构、社会保障体系息息相关

截至2022年5月末,中国60岁及以上人口占比55.8%。目前我国居民养老主要依靠社保,商业养老发展不足。因此,养老金融需求前景广阔。

3. 金融服务需求受益于居民对美好生活需求

随着消费升级、新经济蓬勃发展,我国居民从单一金融产品向多元服务、产业链延伸。例如,居民健康意识加强,医疗费用快速增长,"保险＋健康""保险＋医疗"等差异化服务模式迎来快速发展。在新兴领域,随着技术进步日新月异,如何满足创新场景和需求,仍是未被充分挖掘的蓝海。

4. 不同规模的保险公司探索不同的发展变革之路

随着经济进入高质量发展阶段和政策纠偏,我国保险公司告别高速增长、规模扩张,转向产品、客户、服务等价值挖掘。在坚持"保险姓保"的基础上,从同质化产品销售、价格竞争向差异化、专业化转变,结合服务场景、客户需求开发新产品。大型保险公司向全面化、产业链、提供一站式服务发展,构建自身生态和流量入口。中小保险公司专注细分客户和领域,与互联网平台合作推出爆款产品,探索适合自身资源禀赋的发展之路。

(二) 面临的主要挑战

1. 保费收入增速放缓,行业转型压力大

党的十九大报告已经提出,我国经济发展模式从高速增长转向高质量增长。保险行业政策趋严强调"保险姓保"、代理人增速放缓、互联网保险竞争激烈,保险行业面临多重转型压力。2018—2022年,保费收入持续增长但是保费增速下滑,行业从规模扩张转向质量提升阶段。

2. 传统渠道转型压力大,新型渠道待破局

保险行业渠道包括个人代理、银保渠道、直销渠道等,受政策导向和产品结构影响大。近年来,我国呈现个代渠道占比提高、银保渠道压缩的情况,个人代理渠道增长缓慢,直销渠道总体规模不大。

资料来源:前瞻经济学人.2022年中国保险行业市场现状及发展前景分析 保险密度与深度仍有上升空间[EB/OL].(2022-06-07)[2022-07-01].https://baijiahao.baidu.com/s?id=1734957567447553852&wfr=spider&for=pc.

(三) 证券业

1. 证券行业概述

证券业是指从事证券发行和交易服务的行业。证券行业的各项经营活动连接证券交易双方,并为双方证券交易提供服务,促使证券发行与流通高效地进行。证券业是整个金融业的重要组成部分,是推动金融业发展的重要角色。证券业促进了资本市场的发展,在解决投融资方面发挥了重要的作用。

证券业不同于银行业,其虽然强调审慎经营,但一定程度上具有冒险精神。证券业中的重要主体——证券公司或投资银行,以追求高利润为目标,从事一定的高风险活动,这与商业银行强调稳健经营和谨慎原则是有差异的。此外,在我国,证券业呈现如下特点:证券公司数量众多,但整体规模偏小,竞争激烈;证券公司同质化竞争明显,行业整合趋势逐步显现;业务和产品趋于多样化。

证券业是由证券发行人、证券投资者、证券市场中介机构、自律性组织、证券监管机构等构成的。

1) 证券发行人

证券发行是证券发行人把证券销售给投资者的行为。证券发行人是证券发行的主体，是指为筹措资金而发行债券、股票等证券的政府及其机构、金融机构、公司和企业。证券发行可以由证券发行人直接完成（即直接发行），但更多的是按照监管部门的规定，委托证券公司（或投资银行）销售证券（即间接发行或承销）。按照发行风险的承担、所筹资金的划拨、销售手续费高低等因素划分，承销方式有包销和代销两种，而包销又可分为全额包销和余额包销。

2) 证券投资者

证券投资者是证券市场的资金供给者，也是金融工具的购买者。证券投资者的类型有很多，他们投资的目的也各不相同。证券投资者可分为机构投资者和个人投资者两大类。

（1）机构投资者。机构投资者是指企业、商业银行、非银行类金融机构（如养老基金、保险基金、证券投资基金）等。相对于中小投资者而言，机构投资者拥有资金、信息、人力等优势，并具有收集和分析信息能力强、可通过建立有效的资产组合分散投资风险、对证券市场影响大的特点。

（2）个人投资者。个人投资者是指从事证券投资的居民或家庭，他们是证券市场中最广泛的投资者，数量多但资金实力远不如机构投资者，对市场的影响力也很小。个人投资者的主要投资目的是追求收益，谋求资本的保值和增值，因此他们十分重视本金的安全和资产的流动性。

延伸阅读 4-5

证券行业中的庄家和散户

证券投资者是证券行业中的重要主体。那么，机构投资者与个人投资者有何不同？你听过庄家（主力）和散户的说法吗？他们有何区别？

庄家是指能够影响金融证券市场行情的大户投资者，通常占据发行量的 50% 以上，有时庄家的控量不一定达到 50%（与投资品种有关），一般 10% 到 30% 就可以控制金融证券市场。由于交易量和资金量巨大，有些证券市场（如期货市场）很少有庄家。庄家通常也是指持有大量流通股的股东。庄家可以通过坐庄某股票影响甚至控制其在二级市场的股价。

散户是指那些在股市上投资较少的个人投资者。散户是相对于机构而言的，这是因为在资本市场面前，无论个人拥有多少资金，都是极其微小的。

庄家与散户的盈利预期、盈利方式等方面都有区别。第一，盈利预期不同。散户往往希望自己买入的股票能够短期内大幅上涨甚至翻倍。庄家通过盘面运作实现行业平均利润（如 20%），也可能更多或略少。在庞大的体量下，低盈利值也能获得巨额利润。更何况庄家还可以借助资源，将自有资金成倍放大，实际利润率同样很高。第二，盈利方式不同。散户多是短线操作，今买明卖或持仓 5 天左右很常见，他们总是希望能快速获利而追涨杀跌，却在被套后还坚持守住股票不放。庄家是在一个相对宽泛的区间内运作，3 至 5 个月是常态，即便在市场行情不好时做短线，也是根据月度内的盈亏作综合评定。

资料来源：股民汇讯．什么是庄家，庄家与散户的区别是什么[EB/OL]．（2018-04-08）[2022-07-01]．https://www.toutiao.com/article/6541945504807256584/?channel=&source=search_tab&wid=1681280105975．

3) 证券市场中介机构

证券市场中介机构是指为证券的发行与交易提供服务的各类机构，包括证券公司和其他证券服务机构，人们通常把两者合称为证券市场中介机构。中介机构是连接证券投资者与筹资者的桥梁。

(1) 证券公司。证券公司是指依法设立可经营证券业务、具有法人资格的金融机构。证券公司的主营业务有承销、经纪、自营、投资咨询、兼并收购、资产管理、基金管理、风险投资等。证券公司一般分为综合类证券公司和经纪类证券公司。

(2) 证券服务机构。证券服务机构是指依法设立的从事证券服务业务的法人机构，主要包括财务顾问机构、证券投资咨询公司、会计师事务所、资产评估机构、律师事务所、证券信用评级机构等。

4) 自律性组织

自律性组织包括证券交易所、证券业协会和证券登记结算机构。

(1) 证券交易所。根据《中华人民共和国证券法》的规定，证券交易所是提供证券集中竞价交易场所的不以营利为目的的法人。其主要职责有：提供交易场所与设施；制定或修订交易规则；监管在该交易所上市的证券以及会员交易行为的合规性、合法性，确保市场交易的公开、公平和公正。

(2) 证券业协会。证券业协会是证券行业的自律性组织，是社会团体法人。证券业协会的权力机构是由全体会员组成的会员大会。根据《中华人民共和国证券法》的规定，证券公司应当加入证券业协会。证券行业协会履行的职责主要有：协助证券监督管理机构组织会员执行有关法律、维护会员的合法权益、为会员提供信息服务、制定规则、组织培训和开展业务交流、调解纠纷、就证券业的发展开展研究、监督检查会员行为等。

(3) 证券登记结算机构。证券登记结算机构是为证券交易提供集中登记、存管与结算业务，不以营利为目的的法人。按照《证券登记结算管理办法》，证券登记结算机构实行行业自律管理。我国的证券登记结算结构为中国证券登记结算有限责任公司。

5) 证券监管机构

在我国，证券监管机构是指中国证券监督管理委员会及其派出机构。它是国务院直属的证券管理监督机构，依法对证券市场进行集中统一监管。它的主要职责有：负责行业性法规的起草，负责监督有关法律法规的执行，负责保护投资者的合法权益，对全国的证券发行、证券交易，以及中介机构的行为等依法实施全面监管，维持公平而有秩序的证券市场。

2. 我国证券行业发展的重要阶段

伴随着中国经济改革开放和资本市场快速发展，我国证券行业历经多年波折和锤炼，从无到有、从小到大、从本土化到国际化、从粗放经营到规范发展，取得了巨大成就。我国证券行业规模迅速扩大，资本实力显著提升，业务体系日益完善，治理水平和风控能力大幅提高，科技化程度不断增强，多层次资本市场有序搭建，为实体经济发展提供了强有力的支持。

1986年11月，邓小平同志在人民大会堂会见华尔街金融巨头，标志着改革开放的中国正式拥抱现代金融，证券、股票开始进入人们的生活。经过30多年的发展，我国已成为世界第二大资本市场，多层次资本市场体系架构基本完成搭建。纵观证券行业的发展历史，我国证券行业发展大体经历了以下几个阶段。

1) 形成及初步发展阶段

20世纪80年代开始，我国恢复发行国债，一些企业开始进行股份制改造，并尝试发行企业债券。以飞乐音响为代表的一批股票开始面向社会公众公开发行，是我国证券市场的开端和雏形。随着各类证券持有人交易意愿的日益增强，对证券流通与发行的中介需求日渐增加。各大银行、信托及地方财政部门开始陆续设立了一些证券营业网点。在早期的试验探索阶段中,证券经营机构的业务结构较为单一,资产规模相对较小,且缺乏机构独立性和业务专业度。1995年《中华人民共和国商业银行法》出台后,大量证券经营机构从银行、信托以及财政体系中剥离出来,形成了专业独立的证券公司。整体来看,这一时期的资本市场和证券行业在规制建设、机构数量、市场规模等方面有了长足的进步。然而,作为新生事物,证券行业发展尚处于初期,其监管制度也不完善,不可避免地存在很多问题。

2) 处置及规范发展阶段

1992年至1995年,证券市场持续4年低迷,直接导致证券公司热衷于对外投资实业,从而形成大量不良资产,部分证券公司的自营投资和委托理财业务形成严重亏损。证券公司挪用客户交易结算资金、违规资产管理等问题所形成的风险,在证券行业景气度下降和业绩亏损的背景下逐渐暴露出来。

2002年1月,中国证券监督管理委员会颁布实施《客户交易结算资金管理办法》,旨在防范和监控证券公司挪用客户保证金的违规现象,为客户资金建立安全的防火墙。2004年1月,国务院发布《关于推进资本市场改革开放和稳定发展的若干意见》("国九条"),标志着证券行业开启综合治理。总体而言,这一阶段爆发出来的问题是市场、机构以及监管等内外因素共同叠加发酵的结果。经过3年多的综合治理,我国证券行业的制度更加健全,治理水平、合规和风控能力大幅提升,为证券行业下一步规范发展奠定了良好基础。

3) 拓展及创新发展阶段

拓展及创新发展阶段的重要特征如下:一是机构数量平稳增长;二是营收能力显著增强;三是资产规模极大增厚;四是行业专业化水平不断提升,各项收入更趋均衡,传统经纪业务收入占比已低于30%,多业务共同发展的格局正在形成。我国证券行业虽在此期间取得了令人瞩目的发展成就,但高杠杆的场外配资成为2015年"股灾"的直接诱因,股价大幅异常波动对市场形成了强烈冲击,对所有参与主体带来严重的不良影响。最后得益于监管部门对套利投机、高频交易、多层嵌套、高杠杆的限制性举措,股票市场逐渐趋于稳定。

3. 我国证券行业的现状

我国资本市场经过多年发展已经形成了全方位、立体化、多层次的市场格局。随着资本市场的发展,证券行业应运而生。我国证券行业经过多年的转型创新和综合治理,其规模、实力和能力都达到了新的高度,已成长为国民经济和金融市场体系中的重要组成部分。证券行业业务体系相对完备,涵盖经纪业务、证券承销和发行业务、财务顾问业务、资产管理业务、融资类业务、国际化业务及衍生品业务等。近年来,中资证券公司的"出海"进程也在不断加快,各大券商纷纷通过设立海外分支机构、收购海外金融机构等方式拓展海外版图。

当前我国证券行业体现出以下特点:一是证券行业积极发挥投资银行功能,服务实体经济能力持续提升。二是证券行业加快财富管理业务转型,服务市场投资理财需求。三是证券行业业绩保持增长,资产规模稳步提升。四是证券行业有效防范金融风险,合规风控水平整体稳定。然而,我国证券行业也面临很多挑战。由于证券行业政策环境、市场环境和人才储备等因素造成我国证券公司盈利模式单一,主要依赖证券经纪、承销保荐、自营等传统业务,尤其依赖通过收取佣金的经纪业务,其他各类创新业务尚未形成稳定的收入。其中,经纪业务与二级市场成交量高度相关,自营业务总体上也与二级市场涨跌高度相关;而一级市场与二级市场间的相互作用又影响着证券公司的承销保荐收入。

证券市场总体行情及其走势直接影响我国证券公司的总体利润水平。与国外发达资本市场相比,我国证券行业仍存在诸多挑战,证券市场尚需不断完善。在过去10年间,二级市场行情波动较大,对证券行业的影响巨大。

4. 我国证券行业的未来发展

"十四五"时期,高质量发展是经济社会发展的主题,更是资本市场和证券行业发展的主题。证券行业的未来发展主要有以下方向。

1) 证券行业回归本源,提升服务实体经济能力

资本市场在优化资源配置,促进资本、科技和实体经济高水平循环发展中发挥枢纽作用。证券行业作为连通实体经济与资本市场的核心中介,应该始终坚持服务实体经济这一根本宗旨,并在服务实体经济的实践中汲取前进的不竭动力。全面实行注册制改革、提高直接融资比重等目标任务,对证券行业提出了新的更高要求。证券行业要进一步深化金融供给侧结构性改革,为实体经济提供更高质量、更高效率的服务。

2) 坚持严守底线,强化合规风控意识

金融机构是经营和管理风险的专业机构,由于金融风险具有显著的外溢性,证券行业必须牢牢树立合规风控意识,坚守合规风控底线。证券经营机构要将合规风控摆在突出位置,全面提升合规风控能力,有效防范化解风险。各证券公司要更好地发挥中介机构作用,着力健全公司治理,夯实行业高质量发展基础。

3) 强化证券行业文化和声誉建设

文化建设为证券经营机构提供了价值引领和精神支撑,是证券业能够行稳致远的根本保障。证券业协会要进一步加强行业的文化和声誉建设,加强声誉风险管理,自觉维护行业专业声誉,促进行业不断提升声誉资本"软实力"。

4) 加强专业化主动管理

专业能力是证券经营机构的安身立命之本。证券公司只有坚持提升专业能力、发挥专业精神,才能肩负起服务实体经济的重任。证券发行注册制改革是资本市场基础制度的重大变革,证券公司首先要聚焦主业,健全与注册制改革相适应的能力体系建设,加强专业化、主动管理。

 延伸阅读4-6

中国股市30年光辉岁月

1990年12月19日,星期三,上海证券交易所正式开市交易。时任上海市市长朱镕基在浦江饭店敲响上交所开业的第一声铜锣。沪市首个交易日以96.05点开盘,并以当日最高点位99.98点报收,当日成交金额49.4万元人民币。

2020年是中国股市正式开业30周年的重大时间节点。30年来,中国股市从无到有、从小到大、从弱变强。中国股市"三十而立"之年,已然步入世界第二大市场的国际地位。回顾30年历程,总结过去经验教训,坚定改革方向,继往开来,让中国股市不断做大做强。

1. 沪、深交易所正式营业

经中国人民银行批准,1990年12月19日,上海证券交易所正式营业,这一天被公认为中国股市的诞生之日。1990年12月1日,深圳证券交易所试营业。1991年4月16日,深圳证券交易所获中国人民银行批准,于1991年7月3日正式开业。2000年年底,上海证券交易所和深圳证券交易所上市公司数量首次突破1000家,达到1088家。

2. 中国证监会诞生

1992年10月,国务院证券管理委员会及其监管执行机构中国证券监督管理委员会的成立,标志着中国资本市场开始逐步纳入全国统一监管框架,区域性试点推向全国,全国性的集中市场由此开始发展。

3. 股票权证的虚假繁荣

1992年,我国A股历史上出现了第一只配股权证——飞乐股份配股权证;同年深宝安发行了我国第一张中长期(1年)认股权证。1992年11月5日,2 640万张宝安认股权证上市,开盘价4元。在随后一年的交易期中,宝安认股权证最高被炒到23.60元,比20元的行权价还高出近4元,这意味着在23.60元价位买入认股权证的人预期宝安股票在认股权证到期时至少会涨到43.60元,也就是行权价的两倍多。由于存在过度投机炒作,监管层于1996年6月底终止了权证交易。实际上,第一轮配股权证全部属于认购权证,其市场仅持续了4年时间(1992—1996年),其间四川长虹配股权证价格从发行价6元跌至最后1分钱。

直至2005年,为了配合股权分置改革,A股权证市场再次被激活,既有认购权证,也有认沽权证。2005年8月22日,宝钢认购权证正式推出,当天宝钢权证最高涨至1.976元,7亿元的市值,成交额超过30亿元,换手率超过400%,而当日整个沪市的成交量不过105.87亿元。宝钢成为首家将权证引入股权分置改革的公司,这标志着A股权证9年之后正式复出。新一轮权证交易仍采用T+0回转交易机制。

4. A股T+0时代

1995年1月1日,我国取消T+0回转交易机制,实行T+1交易机制。此前,A股实行T+0交易机制,与现在的香港证券交易所的规定是完全一样的。投资者当天买入股票可以当天卖出;当天卖出股票的资金可以再用来买入股票;如此循环往复,从理论上讲,在一个交易日之内,同一笔资金可以进行无数次T+0交易。

5. A股无涨跌停板制时代

1996年12月26日,我国取消无涨跌幅限制,实行10%涨跌幅限制。此前,A股没有涨跌停板制,与今天的香港证券交易所是完全一样的。1994年上海证券综合指数涨跌幅超过10%的交易日只有11天;1995年上海证券综合指数涨跌幅超过10%的交易日只有3天;其他大部分交易日的涨跌幅均在5%以内。

6. 现代公募基金正式诞生

1997年11月14日,我国首部基金法,即《证券投资基金管理暂行办法》生效实施。此前我国已有的证券投资基金由于缺乏统一法律制度规范,有的投资房地产,有的投资乡镇企业,五花八门,但都不是现代意义上的证券投资基金。

1998年3月23日,A股市场首批两只公募封闭式基金——基金金泰和基金开元通过交易所系统上网发行,有近两千亿元的资金蜂拥而至抢购这两只发行规模各只有20亿元的新基金,最终两者中签率都只有2%略多。然而,20世纪90年代,基民大多将封闭式基金当作股票一样短炒,没有长期投资的概念。

2001年9月,华安基金管理公司推出了我国第一只开放式证券投资基金——华安创新,从而揭开了我国开放式基金业的发展序幕,同时也标志着中国证券投资基金业的发展向规范运作转变。

7. ST股、*ST股及PT股的诞生

1998年4月22日,上海证券交易所和深圳证券交易所宣布对财务状况和其他财务状况异常的上市公司股票交易进行"特别处理"。1998年4月28日,辽物资A因连续两年亏损,被列为首家特别处理的股票,名为:ST辽物资A。

如果上市公司出现连续三年亏损或者净资产为负数,则必须在其股票名称前加上"*ST"标签,作为退市风险警示。

8. 我国首部证券法颁布

1999年7月1日,我国首部证券法,即《中华人民共和国证券法》正式生效实施,标志着证券市场集中统一的监管体制建立,也标志着证券市场法制化建设步入新阶段。

资料来源:董登新. 中国股市30年光辉岁月[EB/OL]. (2020-09-17)[2022-07-03]. https://baijiahao.baidu.com/s?id=1678051964159229090&wfr=spider&for=pc.

(四) 信托业

信托既是一种特殊的财产管理制度和法律行为,又是一种金融业务。信托业是专门从事信托业务的行业。信托业与银行业、保险业、证券业经常被称为现代金融业的四大支柱。

伴随 1979 年我国第一家信托公司——中国国际信托投资公司的创办,我国信托业从无到有、从小到大。我国信托业发展跌宕起伏,走过了 40 多年的坎坷历程。

1. 我国信托业的发展演变

1) 1979—2000 年:偏离主业,在多次整顿中逐步规范

该阶段属于行业发展早期,定位模糊但在发展中经过多次整顿后逐步规范。该阶段信托业其实未经营真正的信托业务,由于肩负历史和政治使命,本源业务难以开展。这一时期,信托公司主要定位于银行体系之外融通资金,充当政府对外融资的窗口,为中央和地方筹措银行计划体系之外的建设资金,促进国家经济和部门经济的快速发展。

1982 年至 1999 年,国家先后五次对信托公司开展清理整顿规范工作,其中,1999 年开始的第五次清理整顿工作最为彻底和有效。信托业经过五次大的整顿不断探索前行。需要注意的是,信托业之后也有整顿,但都无法与这五次相提并论。

2) 2001—2007 年:出台法律新规,主营固有业务

该阶段最主要的变化是信托制度真正建立,信托业和银行业业务分开经营,而且出台了专门的信托法。为了促进我国信托业的规范发展,我国于 2001 年出台了《中华人民共和国信托法》(以下简称《信托法》),旨在确立一种民事信托关系,填补我国信托立法方面的空白。信托基本关系确立后,根据这种关系进行的各种信托活动才有法可依,继而进一步制定信托业法及其他法律法规。《信托法》的出台,标志着我国从此确立了信托制度,信托活动的规范发展走上了法制化的轨道。同时,《信托法》也为我国信托业的发展提供了理论基础和法律依据,对完善我国社会主义市场经济法律体系,具有非常重要的意义。

该阶段信托业主要开展固有业务。由于尚不具备大规模开展信托业务的条件,同时信托公司的固有业务几乎没有投资限制,导致信托公司纷纷投身实业,其收入主要来源于固有业务收入,少数信托公司管理的信托财产规模为零。另外,《信托法》的出台,使信托制度在我国得到正式的确立,部分信托公司开始尝试按照信托原理开展信托业务。这一时期信托业务的最主要种类是贷款信托,因此信托公司开展的业务明显带有银行的影子,在信托监管与贷款业务、回归信托本源等方面产生了不可调和的矛盾。

2006—2007 年是我国信托业历史中最重要的分水岭。2006 年,原中国银行业监督管理委员会启动第六次行业整顿工作。此前很长时期,信托业"除了信托,什么都做"。严重背离主业、关联交易泛滥、高度同质化于银行成为信托业发展中致命的三个问题。然而,2007 年《信托公司管理办法》《信托公司集合资金信托计划管理办法》的发布实施,限制了信托公司的固有业务,引导、支持、鼓励信托回归主业,破解了多年来影响行业发展的功能定位难题,促使信托公司定位于主营信托业务的金融机构,并由此进入了一个全新的高速增长时期。自此,信托业步入稳健发展轨道。

3) 2008—2016 年:虽快速发展,但逐渐背离业务本源

该阶段以经营信托业务为主,并且以融资类信托业务为主。无论是单一信托还是集合信托,信托公司均主要将信托财产直接或间接投资运用于非公开市场交易的债权性资产。

2008—2016年,信托业进入快速发展阶段。在监管、政策红利驱动银信合作的背景下,信托逐渐成为逃避监管的工具,行业发展逐渐背离本源,信托资产规模增速逐渐放缓。

4) 2017年至今:加强监管,资管新规明确回归本源

该阶段是信托业被强化监管、进一步规范发展的阶段。2017年,原中国银行业监督管理委员会颁布《关于规范银信类业务的通知》,对银信类业务定义及银信通道业务定义进行明确,并对银信类业务中商业银行和信托公司的行为进行规范。

针对资产管理行业乱象,我国于2018年4月由中国人民银行、原中国银行保险监督管理委员会、中国证券监督管理委员会、国家外汇管理局四大部委联合发布实施了《关于规范金融机构资产管理业务的指导意见》,过渡期至2020年年底结束。但由于特殊原因,过渡期延长至2021年年底,该新规于2022年1月1日正式实施。

资管新规对银行、信托、证券、保险、基金、期货等资产管理行业进行了约束,资管行业监管逐渐趋于统一。根据资管新规,明确要求信托行业回归本源。信托业面临"两压一降"严监管的双重压力,行业转型亟待取得实质性进展。"两压一降"是指压降信托通道业务规模,压缩违规融资类业务规模,加大对表内外风险资产的处置。

我国对于信托行业的政策重点在于监管,且越来越专业化、精细化。信托监管核心是"三管一提高一加强",即管战略、管风险、管股东,提高服务实体经济的质效,加强党建,意在保证信托行业健康化、规范化发展。2020年,原中国银行保险监督管理委员会下发了《关于信托公司风险资产处置相关工作的通知》,坚持"去通道"目标不变,继续压缩信托通道业务,逐步压缩违法违规的融资类信托业务。监管政策不会"一刀切",不会停止信托公司开展融资类信托业务,而是逐步压缩违规融资类业务规模,直至信托公司能够依靠本源业务支撑其经营发展。

2022年12月,《关于规范信托公司信托业务分类有关事项的通知(征求意见稿)》(以下简称《通知》)正式向社会公开征求意见。《通知》明确了信托业务的分类标准和具体要求,将信托业务分为资产管理信托、资产服务信托、公益/慈善信托三大类共25个业务品种。未来,我国信托业将会更加规范化发展。

4-4:重塑信托业信誉与能力

2. 我国信托业的发展趋势

根据信托业协会数据显示,截至2022年第四季度末,我国信托资产规模余额为21.07万亿元。相比于2017年的历史峰值,行业管理的信托资产规模下降幅度明显,信托业正在迈入新的发展阶段。

目前我国信托业仍坚持主营信托业务的定位,并出现以下新趋势:一是不再以融资类信托业务为主,主要风险类型也不再是信用风险。伴随利率市场化、科技金融等的发展,信托作为资金中介的作用将弱化。二是形成了专业的资产管理能力。信托公司加强自身建设,形成专业的资管能力,具体包括战略规划能力、人才研发能力、资产管理能力、风险管理能力、IT建设能力和品牌建设能力等。三是面临的主要风险是受托管理责任风险。这是信托公司风险管理最具特色的一点,受托管理责任风险成为信托公司面临的最主要风险类型。信托公司在展业过程中,需要重视履行受托责任,加强对受托责任风险的管理。总体来看,我国信托业的健康发展任重而道远,行业未来仍有较大的发展潜力。

延伸阅读 4-7

近年来信托业的主要法律法规

我国信托业发展迅速,尤其是近年来,信托业在资产管理等业务方面突飞猛进,却也由此产生了一定的问题。因此,为了促使信托业健康发展,我国对此加强了监管,法律法规也进一步完善。我国针对信托业的主要法律法规,具体如表 4-2 所示。

表 4-2　　　　　　　　　　我国针对信托业的主要法律法规

颁布时间	颁布部门	法律法规	简介
2017 年 11 月	原银监会①	《关于规范银信类业务的通知》	对银信类业务定义及银信通道业务定义进行明确,并对银信类业务中,商业银行和信托公司的行为进行规范
2018 年 8 月	原银保监会②	《信托部关于加强规范资产管理业务过渡期内信托监管工作的通知》	允许信托公司可以发行存量老产品对接,也可以发行老产品投资到期日不晚于 2020 年年底的新资产
2018 年 4 月	中国人民银行、原银保监会、证监会③、外汇局④	《关于规范金融机构资产管理业务的指导意见》	信托业的牌照红利消失,信托业崛起的两大利器——监管套利、刚性兑付手段被禁止
2018 年 9 月	中国信托业协会	《信托公司受托责任尽职指引》	对于尽调报告内容、依据、存档要求,以及信托销售、合同签署、运营等环节,都进行了更明确的规范
2019 年 5 月	原银保监会	《关于开展"巩固治乱象成果　促进合规建设"工作的通知》	对信托公司开展房地产业务提出严格要求,重点关注以下几个方面:向"四证"不全、开发商或其控股股东资质不达标、资本金未足额到位的房地产开发项目直接提供融资;直接或变相为房地产企业缴交土地出让价款提供融资;直接或变相为房地产企业发放流动资金贷款等
2019 年 6 月	原银保监会	《关于保险资金投资集合资金信托有关事项的通知》	对保险资金投资集合资金信托进一步细化,对保险、信托合作,信托机构资质要求略有宽松,但对投资集合信托提出了集中度、增信等要求
2019 年 7 月	原银保监会	《信托受益权账户管理细则》	标志由中国信托登记有限责任公司集中管理的信托受益权账户体系建设正式启动。2019 年 9 月 10 日,全国集中管理的信托受益权账户系统正式在中国信托登记有限责任公司上线并对外提供账户业务办理服务

---

① 原中国银行业监督管理委员会(后同)。
② 原中国银行保险监督管理委员会(后同)。
③ 中国证券监督管理委员会。
④ 国家外汇管理局。

(续表)

颁布时间	颁布部门	法律法规	简介
2019年10月	中国人民银行	《标准化债权类资产认定规则(征求意见稿)》	明确了标准化债权类资产的范围、应符合的条件。《标准化债权类资产认定规则(征求意见稿)》比预期严格,其中之一是将部分非标资产认定为非标资产
2019年10月	发改委等多部门①	《关于进一步明确规范金融机构资产管理产品投资创业投资基金和政府出资产业投资基金有关事项的通知》	存量基金募资不再受限,FOF多层嵌套也完全放开。已出台一年半时间的资管新规,迎来了最大的一次政策松绑
2019年11月	原银保监会	《信托公司股权管理暂行办法(征求意见稿)》	此前信托公司都参照《商业银行股权管理暂行办法》执行,股权清晰完整,只有个别实控人不明,信托计划持股或一个股东持有几家信托公司这类情况受影响较大,新规同时也适用于混改行为
2020年	原银保监会	《关于信托公司风险资产处置相关工作的通知》	坚持"去通道"目标不变,继续压缩信托通道业务,逐步压缩违法违规的融资类信托业务。监管政策不会"一刀切"停止信托公司开展融资类信托业务,而是会逐步压缩违规融资类业务规模,直至信托公司能够依靠本源业务支撑其经营发展

资料来源:中国人民银行官网 http://www.pbc.gov.cn/tiaofasi/144941/index.html。

(五)互联网金融业

随着互联网技术的推动与创新,金融业越来越多地应用互联网技术进行金融产品创新及经营模式的转变。"互联网+金融"的模式逐渐形成金融业新的业态,互联网金融模式诞生,新兴的互联网金融业由此迅速发展。

1. 我国互联网金融的参与主体

目前,我国互联网金融的参与主体主要有三类:一是提供产品和服务的机构,主要包括互联网平台或互联网金融公司。二是互联网金融产品和服务的消费者,包括机构和个人,是支撑该行业的最终用户。这些主体借助互联网提供的信息服务,提供商加工整合过的金融信息,方便快捷地作出投资决策。三是互联网金融监管机构,包括中国人民银行、国家金融监督管理总局、中国证券监督管理委员会等机构,以及互联网金融协会等自律机构。

2. 我国互联网金融业的发展现状

自2013年互联网金融兴起以来,在快速发展过程中出现了很多问题。从2016年开始,互联网金融从爆发增长期进入专项整治阶段。当前及未来一段时期内,严格监管是互联网金融业发展的主基调。经过行业持续出清,目前监管方面已经明确了金融领域"一致性""持牌经营"的监管原则,并且继续加强对传统金融机构的互联网业务规范整理,以及对涉及金融业务领域的互联网平台进行整改。

---

① 中华人民共和国国家发展和改革委员会、中国人民银行、中华人民共和国财政部、原中国银行保险监督管理委员会、中国证券监督管理委员会、国家外汇管理局。

在2020年以前,监管部门主要针对非金融机构领域的互联网金融乱象进行整治,在互联网保险等领域出台了相关管理办法。2020年年底,多项监管条例陆续颁布,体现了监管部门开始着手对持牌金融机构的互联网金融业务进行规范管理。这些监管条例主要针对当前金融机构开展互联网业务时存在的一些问题进行规范整治,维护市场秩序,以防范金融机构经营风险和保护消费者权益为主要目的,既清理了中小互联网金融机构无序经营和无牌照经营的行为,又将大型互联网平台的金融活动纳入监管框架,监管部门对互联网金融领域监管层层加码,坚持守住不发生系统性金融风险这一底线。2021年,我国继续加强对互联网平台金融活动的监管,依法将金融活动全面纳入监管范畴,对同类业务、同类主体一视同仁,并加强对银行、保险机构与互联网平台合作开展金融活动的监管。至此,我国互联网金融领域得到很好的规范和整治,降低了发生系统性风险的可能性,确保了金融秩序的稳健运行。

3. 我国互联网金融业的发展趋势

1) 合规性更突出

随着我国对互联网金融领域监管的日益增强,互联网金融运营将会越来越规范、越来越合规。互联网金融的未来发展将走向合规化,监管机制将逐步完善。合法合规是互联网金融发展的基础,正规的互联网金融平台不仅有助于行业整体的发展、减少系统性风险,更有助于企业塑造自有品牌、吸引投资资金、获得大批忠实用户。

《网络小额贷款管理暂行办法》《商业银行互联网贷款管理暂行办法》对互联网贷款的资金流进行监管,《征信业务管理办法》将互联网贷款的信息流纳入监管范畴,这些整治措施取得了良好的效果,同时也体现国家对互联网金融的重视以及管好该领域的决心。2021年12月31日,中国人民银行、原银行保险监督管理委员会、中国证券监督管理委员会、中华人民共和国国家互联网信息办公室等七部委就《金融产品网络营销管理办法》公开征求意见,主要针对游离于监管之外的互联网营销金融产品。从"法无禁止即可为"到"法无授权不可为",金融严监管的思路没有变。经历漫长的整治后,我国互联网金融业将进一步洗牌。

2) 普惠性更明显

互联网金融本身具有突出的普惠性、包容性特点,与传统金融服务相比,其以低成本、高效率、便捷化提供金融服务从而占据市场优势。推行普惠金融是我国重要的战略规划之一。通过互联网的方式提供普惠金融服务,将会成为未来重要的发展趋势。因此,互联网金融的普惠性将会更明显。此外,随着科技的发展、政策的颁布,我国将引导互联网金融企业进一步走向开放透明化,将更多的资金提供给实体经济,促进实体经济的发展。

3) 技术渗透性更强

互联网金融野蛮生长时代已近尾声,监管套利消失,科技将成为该行业发展的重要动力。随着大数据、云计算、区块链等信息技术的发展及应用范围的不断扩大,信息技术对互联网金融的渗透性会更强。

 相关思考4-2

互联网金融业细分市场的发展空间如何

在互联网金融业发展中,潜藏着巨大的市场机会,市场细分越来越重要。互联网金融业可以细分成哪些市场?细分市场分别有什么特点?其发展现状、供需状况、发展模式如何?未来是否具有发展前景?同学们可以结合互联网消费金融市场、互联网金融上下游市场等方面进行探讨和分析。

第二节 金融业岗位及人才需求

金融业是一国经济中的重要行业,是金融类专业或其他经管类专业,甚至是理工科专业的学生都非常向往的行业。那么,金融业都有哪些岗位分类?不同岗位的人才需求有何变化?

一、金融业岗位

(一) 传统金融业岗位

现代金融业非常庞大和复杂,存在很多不同的金融业岗位分类,其可以按照金融机构的主营方式、金融业务所处的特定领域或根据职责性质划分。常见的金融业可以细分为六大行业:银行业、证券业、保险业、基金业、信托业、期货业。每个细分行业都有不同的岗位。此外,资产管理业务近年来也非常受欢迎。

在实践中,金融业的岗位可以根据行业内部的工作性质和职责划分,整体上分为前台、中台、后台岗位。不同行业的前台、中台、后台岗位分类依据基本相同,但具体岗位不完全一致。前台部门一般是面向客户,与客户打交道,负责产品介绍、业务拓展等,适合擅长与人沟通、能承担较大工作压力的人,如客户经理、市场销售人员、经纪业务人员、研究员等。中台部门一般是技术部门或产品研发部门,适合专业能力强、想走技术路线的人,如风控合规人员、产品研发人员、战略规划人员、渠道管理人员等。后台部门一般是提供保障和支持服务,适合通用技能强、追求平稳发展的人,如财务审计人员、人力资源人员、法务部门人员、办公室人员等。

不同的金融业,都有对应的职能部门及岗位。在传统的金融业中,银行和证券这两大行业受到各类求职者的青睐。银行是间接融资的重要中介,无论是哪种规模、性质的商业银行,其部门和岗位划分相差不大。证券公司(通常国内称其为券商,国外称其为投行),是金融市场上的重要中介机构,其主要职能是撮合交易、提供交易通道、代销金融产品等,其主要业务是投行(承销)、交易(经纪和自营)、并购等。银行、证券公司常设的主要职能部门,如表4-3所示,但并非所有银行、证券公司都一样。而且每家金融机构都会随着行业的发展变化、公司经营战略的调整,适时调整公司的组织架构,进而职能部门及具体岗位也会发生变化。

表4-3 银行、证券公司常设的主要职能部门

银行(主要职能部门)		证券公司(主要职能部门)	
个人金融部	公司金融部	投资银行部	研究部(所)
信贷管理部	私人银行部	股票销售交易部	固定收益部
国际业务部	资产管理部	资产管理部(代客理财部门)	证券投资部(自营业务)
投资银行部	金融市场部	财富管理部	证券金融部
风险管理部	内控合规部	风控合规部	财务部
财务核算部	人力资源部	人力资源部	清算部
信息技术部	信用卡中心	法务部	技术部

4-5：券商里的岗位

相关思考4-3

证券公司与商业银行的投资银行部的职能是否相同

从实践中看，规模稍大的商业银行基本都设立投资银行部，证券公司本身就是投资银行，其从事投资银行业务是非常正常的。那么，这两种机构的投资银行部的主要职能是完全一致的吗？同学们可以结合我国目前的分业经营、商业银行法的业务规定等进行分析。

（二）新兴金融业岗位

随着金融领域的创新发展，互联网金融、金融科技等新兴行业蓬勃发展。这些行业的发展形成了巨大的人才需求。近年来，随着金融科技的发展进入"深水区"，从基层培养到高层战略，从实践需求到宏观政策，互联网金融人才、金融科技人才越来越受重视。此外，随着银行、证券、保险等传统金融业向数字化转型，其对互联网金融及金融科技人才的需求也逐步增加。

例如，商业银行的数字化转型主要涉及四个方面：一是中台模式的数字化，分为数据中台、移动中台和开放平台。二是手机银行App的发展。手机银行App是移动互联时代下传统银行"获新客、稳存客"的重要渠道，也是各大银行重点争夺的竞争焦点。三是大数据助力精准营销。大数据营销是近年来零售银行业的热门话题，一些银行在海量的大数据采集、挖掘和营销方面已有丰富的实践经验。在实践中，基于数据洞见的多种营销方式可以有效联动，形成多产品、多渠道、多波次的营销共振。四是区块链技术赋能小微金融服务。区块链在金融服务特别是小微企业的金融服务领域大放异彩，在贷前调查、贷中审查、贷后检查、不良资产处置及衍生服务的各个环节，都有非常丰富的应用前景。此外，保险业目前经常利用科技手段精准营销、开发保险产品、进行风险管控等。

正因为产生了新的需求，在金融业出现了越来越多的适应行业变革的新部门、新岗位。我们可以通过银行、证券、保险、基金、信托等传统金融机构以及互联网平台、金融科技公司等招聘信息看到，岗位需求在变化，行业对人才的要求也在变化。

目前，新兴的金融业岗位主要有：互联网金融产品经理、互联网金融产品策划师、量化分析师、市场研究分析师、智能投顾、智能风控、智能投研、量化策略开发等。这些岗位一般属于金融科技岗，可以归纳为三大类：产品经理岗、平台运营岗和数据分析岗。而从金融机构或金融科技公司等单位对金融科技类人才的需求上看，岗位主要集中在产品类、运营类、营销类、研发类和其他类。金融科技类人才岗位的主要分类，如表4-4所示。

表4-4 金融科技类人才岗位的主要分类

金融科技类人才岗位	具体细分岗位	金融科技类人才岗位	具体细分岗位
产品类岗位	产品经理	研发类岗位	数据建模师
	产品设计与开发		算法工程师
运营类岗位	数据分析师		应用开发工程师
	风险控制		运维
	客户服务		架构师
	用户运营		项目经理
营销类岗位	销售	其他类岗位	金融顾问
	智能投顾		金融科技分析师

资料来源：根据金融科技人才需求与发展报告（2021年）及网络资源整理。

二、金融业人才需求和岗位变化

（一）金融业人才需求变化

在金融科技的推动下，金融业的发展趋势发生了巨大变化。其主要表现在，金融业在前端变革金融客户实际操作模式的同时，也在招聘大量具备互联网思维和互联网应用能力的金融人才，以便对金融数据进行合理分析，从而更好地设计金融产品。从 2015 年开始，我国对互联网金融及金融科技类人才的需求每年都在增加，而且目前金融业最紧缺的岗位是既懂金融知识又擅长技术、擅长分析的复合型人才。

1. 复合型人才需求激增

金融与科技融合衍生出各类创新的金融产品和金融服务，对传统金融业造成了极大冲击。面对国内外金融科技创新发展形势，金融业需要更多高素质的复合型金融人才以支持整个行业的转型升级。从 2021 届及 2022 届校园招聘情况来看，银行、券商等传统金融机构都开设了金融科技招聘专场校招，以吸引金融科技类人才，尤其是具备人工智能、云计算、大数据等金融与科技复合型专业背景人才。金融业招聘岗位涉及的专业很广，不局限于金融类专业，如金融工程、互联网金融、数学、数据科学、人工智能、计算机科学、电子与通信等。

2. 创新型人才和应用型人才短缺

随着金融产品设计与业务模式的不断创新与发展，新型金融应用场景（如智能大堂机器人、智能柜员机、手机 App 线上交易模式等）的不断衍生，线上金融服务与客户体验类服务成为未来金融服务发展的主要趋势，虚拟金融场景将逐步取代现实金融场景，金融业未来的发展模式与形态越来越难以预测，因此具有创新意识和产品研发能力的创新型人才成为各大金融机构争抢的对象。随着大数据、人工智能、区块链等新兴技术与传统金融业务的不断深度融合，金融机构对人才的要求不再局限于掌握金融知识或只具备基本营销技能的单一型人才，而是需要集信息化技术能力、金融知识与不断学习能力相结合的复合型金融人才。

3. 低端从业人员需求大量减少

金融与科技的结合还会不断大幅减少金融业较低端的从业人员需求。长期来看，金融业对复合型高级金融人才的需求会持续增加，互联网金融或金融科技专业作为新兴的跨学科融合专业，其培养的学生更符合当前及未来的行业需求。未来的就业岗位会更多集中在金融产品研发、数据分析、产品经理、智能风控等。

（二）金融业岗位变化

随着金融科技的快速发展，从金融业的整体人才需求变化趋势可见金融业的岗位发生了明显的变化，金融业岗位转型逐步升级。

1. 产品类及数字化运营类岗位明显增多

金融业务数字化需求提升，金融业产品需求越来越多，产品类岗位如产品经理、产品设计及开发等岗位成为越来越多金融机构人才需求的标配。其中，产品经理要求熟悉金融业务流程，着重掌握数据分析、产品原型设计、产品运营优化等能力。

此外，利用大数据等技术的精准运营趋势越来越明显，因此数字化运营岗位成为热门岗位。这类岗位要求工作人员对大数据、云计算等技术掌握较扎实，具备较强的数据分析及运营能力，能开展业务数据统计分析，发现业务运营问题并提出解决方案，制作相关预案。

2. 营销类岗位突出数据分析能力

营销类岗位由传统的零售、面向企业逐步转变为客户画像构建,并实施线上精准营销。因此,在新形势下,金融业的传统销售岗位需求明显降低,机器人营销方式已逐渐代替传统营销方式。新的金融销售岗位更看重营销人员对金融科技工具的运用程度,这是考验营销人员工作能力的关键。营销人员擅长利用信息技术进行数据分析,以及使用客户画像、数字营销、多媒体营销等手段已成为营销类岗位新趋势。

3. 研发类岗位要求学历层次分布明显

目前,以大数据、区块链、云计算、人工智能、5G 为核心的技术研发师、运维师、应用开发工程师、算法工程师成为研发类岗位招聘主流,学历覆盖专科、本科、硕士研究生、博士研究生,高端研发岗位要求硕士研究生及以上学历,应用开发类岗位专科需求量越来越大。这是因为专科主要聚焦在大数据、区块链、云计算、物联网领域的应用开发与系统维护,区块链工程技术人员对于区块链链上数据存证开发与智能合约开发等方面的岗位学历门槛不高,从而专科学生具有更多的优势。

 相关思考 4-4

未来传统金融类人才还受欢迎吗

金融业发展变化很快,金融业对人才的需求也发生了巨大的变化。金融机构的转型改革,使其对人才的需求同样有新的要求。在新形势下,传统金融类人才还有市场吗?他们还会有竞争力吗?他们应该如何提升自身能力?

三、金融业岗位要求

金融业之间差异较大,不同金融业、不同岗位对人才的要求不同。传统金融机构的岗位对应聘者有明确的要求,包括知识、能力、素养、经验、性格等各方面,同时针对某个具体的岗位,也有更多详细而严格的条件。

金融业岗位要求一般包括:扎实的专业知识(如金融知识、技术知识、财会知识、法律知识等)、岗位所需要的各种能力(如沟通与协作能力、市场洞察能力、数据分析能力、风险控制能力、创新能力、技术能力等)、软实力(如智商、情商、逆商等)。此外,部分特殊岗位对英语、计算机、数学等有较高的要求。金融机构会优先选择持有金融类证书的应聘者,如特许金融分析师(CFA)、金融风险管理师(FRM)、国际注册会计师(ACCA)、英国特许管理会计师(CIMA)、注册会计师(CPA)等。除上述要求,金融机构对职业道德要求比较严格,同时性格因素也会成为一些岗位的要求。以银行机构为例,目前银行的部分招聘岗位及岗位要求,如表 4-5 所示。

表 4-5 银行的部分招聘岗位及岗位要求

主要岗位	工作职责	主要岗位要求
柜员类	负责直接面向客户的各项柜面业务,如操作、查询、咨询等	工作谨慎细致,具有良好的客户服务意识、良好的沟通能力、认真的工作态度
销售类	面向个人或公司开展金融业务,发掘公司及个人潜力客户,维护客户关系,营销各类金融产品与服务,满足客户需求,开拓市场份额	具有良好的营销能力、策划及市场调研能力、敏锐的市场洞察及开拓能力、较强的沟通能力、项目执行能力、良好的服务意识

(续表)

主要岗位	工作职责	主要岗位要求
产品支持类	分析客户与市场需求,设计金融产品与服务方案,制定开展营销活动,为销售人员提供支持协助	具备良好的分析能力、设计统筹能力、对金融产品的理解和把控能力、活动策划能力、宣传推广能力、品牌塑造能力、团队合作能力、人际沟通互动能力等
风险控制类	预防控制信用风险、市场风险和操作风险,监测风险指标,管控运行风险,落实全面风险管理要求	具有良好的风险管理专业度,较强的预见风险能力、项目执行能力、耐心细致的工作态度
信息技术类	开发和测试应用软件,安装和维护硬件系统,保障信息系统安全稳定,支持业务发展要求	具备较强的计算机专业水平、良好的开发能力、创新能力、沟通能力以及团队合作能力,熟练掌握Python、R语言等

总之,宏观环境在变、行业在变,岗位需求及岗位的能力要求也会变。我们只有掌握更多的知识尤其是复合型知识,才能有更多机会胜任更多的岗位。

 延伸阅读4-8

2022年金融人才招聘市场的变化

一、金融科技岗

金融科技行业发展迅猛,金融业全面拥抱数字化转型。国有大行、全国性股份制商业银行大多成立了自己的科技子公司,保险、券商、公募基金等领域均在大力发展自己的科技中台力量。金融领域正在进行一场技术、数字化变革——加快推进人工智能、大数据、云计算、区块链等技术在投资、研究、风险、精准营销、理赔、支付等方面的应用。整体行业应用场景主要集中在:移动支付、数字征信、消费金融、网络银行、投研、营销、保险服务等领域。

在人才需求和人才缺口方面,岗位主要以智能风控、大数据产品、数据科学、算法方向招聘需求居多。同时自我国2021年9月1日实施《关键信息基础设施安全保护条例》以来,信息安全领域成为企业在发展中不可缺少的一环,尤其对金融等信息化程度高及信息敏感的行业,网络安全尤为重要。信息安全领域的渗透测试、安全运维、安全合规、开发等岗位成为市场热门岗位。

人才缺口包括信息技术部总经理、安全专家、安全架构等。

人才来源包括:同业金融机构、互联网背景公司金融板块、持牌照金融类公司等。

二、风险控制岗

近年来,全球经济严重下挫,中国经济与企业也遭受了前所未有的挑战。作为服务于实体经济的金融业也在经受各类金融风险的冲击。无论从市场的角度、还是从监管机构的角度,风控都是业务稳步向前蓬勃发展的重要保障。因此,各类金融机构都在持续提升自己的风控能力。

全球金融市场对于风险管理的重视程度日益提升,过去各类金融机构只是把风险管理设置为中台部门,而最近几年,越来越多的机构将风险管理作为一线部门纳入公司业务体系建设。在我国,银行业的竞争已由以往的比拼存量、产品、服务,发展到现在比拼风控水平的阶段。行业监管力度的不断加强也使金融机构对于风险管理专业人才的需求越来越大。

从人才需求来看,蚂蚁集团未成功上市对互联网金融信贷领域产生了很大的影响,整个金融业加强了对消费信贷的管理力度,对金融风险人才需求加剧。市场上出现多家互联网+、民营银行、直销银行、消费金融公司等,对风险策略、模型、数据分析、反欺诈、催收、风控系统类岗位的新增需求,薪资也呈现先下降后逐步上升趋势。银行的传统风险部门,随着自动化线上审批,对风险管理专业化、自动化、系统化的趋势不可阻挡,具备金融风险和IT知识储备的复合型人才备受金融机构的青睐。

人才缺口包括：首席风险师、风险总经理、市场风险、信用风险、风险策略、风险模型、数据分析、反欺诈。

人才来源包括：各类持牌金融机构、互联网金融机构等。

资料来源：科锐国际.金融|2022人才市场洞察及薪酬指南[EB/OL]．（2022-06-20）[2022-07-20]．https://zhuanlan.zhihu.com/p/531413104.

本章小结

本章的主要学习内容是金融业的构成、金融业岗位及人才需求。通过本章的学习，学生掌握了金融业的构成及特点；熟悉了我国银行业、保险业、证券业、信托业及互联网金融业的特点、发展现状和未来发展趋势；了解了金融业在国民经济中的地位，金融业岗位分类、要求，金融业人才需求及其变化等。

本章重要概念

行业　金融业　银行业　保险业　证券业　信托业　互联网金融业　金融业岗位　金融业人才需求

本章练习

一、单选题

1. 在国民经济行业分类中，金融业的代码是（　　）。
   A. A类　　　　　B. J类　　　　　C. E类　　　　　D. F类
2. 金融业的特征不包括（　　）。
   A. 高风险　　　B. 特许经营　　C. 依法合规　　D. 重资产
3. 下列关于金融业与实体经济关系的表述中，不正确的是（　　）。
   A. 金融业的发展影响实体经济的外部宏观经营环境
   B. 金融业的发展为实体经济的发展增加后劲
   C. 实体经济为金融业的发展提供物质基础
   D. 实体经济发展程度不影响金融业的兴旺
4. 为筹措资金而发行债券、股票等证券的政府及其机构、金融机构、公司和企业称为（　　）。
   A. 证券发行人　　　　　　　　　B. 证券投资人
   C. 证券服务商　　　　　　　　　D. 证券监管人
5. 金融业岗位与其他行业不同，金融业岗位主要是面向客户，与客户打交道。负责产品介绍的岗位属于（　　）。
   A. 前台　　　　　B. 中台　　　　　C. 后台　　　　　D. 销售
6. 证券登记结算机构，是不以营利为目的的法人。下列各项中，不属于证券登记结算机构的业务的是（　　）。

A. 集中登记　　B. 证券发行　　C. 证券存管　　D. 证券结算

7. 2001年,我国出台了(　　),旨在确立一种民事信托关系,填补我国信托立法方面的空白。

A.《中华人民共和国证券法》　　B.《中华人民共和国信托法》
C.《中华人民共和国商业银行法》　　D.《中华人民共和国外资银行管理条例》

8. (　　)是以人的寿命和身体为保险标的的保险。

A. 人身保险　　B. 财产保险　　C. 寿险　　D. 意外保险

9. 1995年10月1日,我国正式颁布实施《中华人民共和国保险法》,这是中华人民共和国成立以来第一部保险基本法,将《保险合同法》和《保险业法》合二为一,确立了(　　)。

A. 分业经营　　B. 混业经营　　C. 单一经营　　D. 独立经营

10. 从事支付、银行、证券、保险、基金、信托、期货等业务都需要获得相应的牌照才能开展业务,这体现的是(　　)。

A. 合规性　　B. 高风险性　　C. 技术性　　D. 信息集聚性

二、多选题

1. 银行业岗位中,属于前台的有(　　)。

A. 柜员　　B. 大堂经理　　C. 风控员　　D. 法务经理

2. 证券业的特征包括(　　)。

A. 非常谨慎　　B. 竞争非常激烈
C. 不得吸存　　D. 与资本市场兴衰密切相关

3. 目前我国银行业体系的特点有(　　)。

A. 多层次　　B. 覆盖广　　C. 有差异　　D. 结构单一

4. 目前,我国金融业的典型特点有(　　)。

A. 高风险性　　B. 特许经营性　　C. 合规性　　D. 信息密集型

5. 证券公司是指依法设立可经营证券业务、具有法人资格的金融机构。证券公司的主营业务有(　　)。

A. 承销　　B. 经纪　　C. 资产管理　　D. 投资咨询

6. 目前,我国的证券行业的自律性组织主要包含(　　)。

A. 证券业协会　　B. 会计师事务所
C. 证券交易所　　D. 证券登记结算机构

7. 互联网金融的参与主体主要包含(　　)。

A. 互联网平台　　B. 互联网金融产品和服务的消费者
C. 互联网金融监管机构　　D. 互联网金融公司

8. 证券监管机构是指中国证券监督管理委员会及其派出机构。它们依法对证券市场进行集中统一监管,其监管原则有(　　)。

A. 依法原则　　B. 公开原则　　C. 公平原则　　D. 严格原则

9. 金融业的岗位人才需要具备的专业知识有(　　)。

A. 金融　　B. 计算机　　C. 数学　　D. 电子通信

10. 下列各项中,属于现代金融业范畴的有(　　)。

A. 保险业　　B. 证券业　　C. 信托业　　D. 银行业

三、判断题

1. 银行业目前面临金融科技冲击，需要数字化转型。（   ）
2. 保险行业中，只有财险公司、寿险公司两类机构。（   ）
3. 证券业中投资者数量最多的是机构投资者，其实力也是最强的。（   ）
4. 金融业岗位目前急需复合型金融人才。（   ）
5. 目前，金融业招聘岗位对数据分析能力、风险控制能力都有较高的需求。（   ）
6. 与其他金融业相比，银行业更加强调稳健经营，而非追求高风险、高利润。（   ）
7. 证券投资过程中，收益越高的产品越是值得投资的产品。（   ）
8. 金融业的岗位需求是跟随时代变化的，目前，金融业需要复合型人才。（   ）
9. 财产保险是指以财产及其相关利益为保险标的的保险，包括财产损失保险、责任保险、信用保险、保证保险、农业保险。（   ）
10. 信托行业的经营活动连接证券交易双方，并为双方证券交易提供服务，促使证券发行与流通高效地进行。（   ）

四、简答题

1. 伴随着中国经济改革开放和资本市场快速发展，我国证券行业历经多年时间逐渐发展壮大。简述目前我国证券行业的特点。
2. 互联网金融自2013年兴起，从2016年开始，互联网金融从爆发增长期进入专项整治阶段。当前及未来一段时期内，严格监管是互联网金融业发展的主基调。浅谈互联网金融业的发展趋势。
3. 简述金融业对人才需求的特点。
4. 简述证券监管机构的主要职责。

五、材料分析题

根据2023年1月17日《国家统计局局长就2022年全年国民经济运行情况答记者问》公布的信息，"2022年12月份，国内20~24岁大专及以上人员城镇调查失业率为21.1%，比上月下降0.2个百分点，连续5个月下降"。2022年11月15日，教育部、人力资源和社会保障部召开的2023届全国普通高校毕业生就业创业工作网络视频会议公布，2023届高校毕业生规模预计1 158万人，同比增加82万人。2023年2月28日，教育部印发《关于开展2023届高校毕业生春季促就业攻坚行动的通知》，部署各地各高校2~4月开展春季促就业攻坚行动，多措并举全力促进高校毕业生顺利就业、尽早就业。

作为一名金融相关专业的大学生，请结合我国当前的就业形势和专业知识，分析金融业的就业前景和人才需求。

4-6：本章练习答案

第五章　金融职业道德及行为规范

- 内容提要
- 重点难点
- 学习目标
- 知识框架
- 思政育人
- 第一节　金融职业道德概述
- 第二节　金融行为规范概述
- 本章小结
- 本章重要概念
- 本章练习

内容提要

本章主要讲述了金融伦理、职业道德、金融职业道德的含义及重要性;不同金融业的金融职业道德及行为规范等。

重点难点

本章重点为银行业、证券业、保险业三大金融业的职业道德及行为规范;难点为金融职业道德及行为规范的执行。

学习目标

通过本章学习,学生应熟悉是什么职业道德以及金融职业道德的基本准则;掌握银行业、证券业、保险业这三大金融业不同的金融职业道德及行为规范。

知识框架

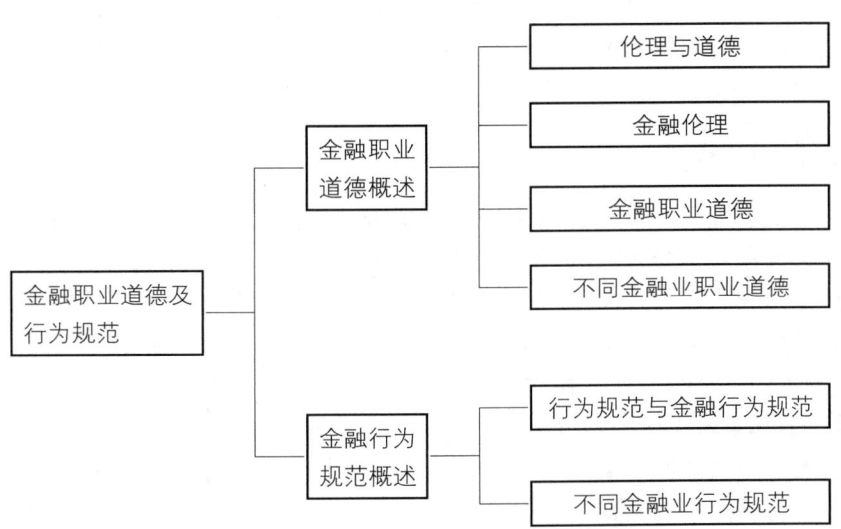

思政育人　塑造银行业共同职业操守　规范银行业从业人员行为

为进一步规范银行业金融机构从业人员职业操守和行为准则，塑造共同价值观，加强行业自律和从业人员行为管理，推动清廉金融文化建设，经广泛征求和吸收会员单位意见，2020年中国银行业协会修订了2007年《银行业从业人员职业操守》，明晰了银行业从业人员行为规范，并将名称变更为《银行业从业人员职业操守和行为准则》（以下简称《操守和准则》）。

《操守和准则》的发布，对于塑造银行业从业人员共同价值观，规范银行业从业人员的职业行为，推进银行业清廉文化建设，维护银行业正常经营秩序，维护国家金融安全等具有特别重要的现实意义。

《操守和准则》对2007年规范进行了全面修订：框架上不再按照与客户、同事等主体关系展开，而是按照规范职业操守和行为准则的目标设定框架；内容上结合监管要求和行业需求予以充实和完善；适用对象上尽量对相关银行业从业人员实现全覆盖。整体上，《操守和准则》突出了爱国爱行等七大价值理念，借鉴了国际上关于银行业从业人员的职业操守和行为准则，体现了中国银行业的特色和国际通行做法。

《操守和准则》分为七章五十四条，各章依次为"总则""职业操守""行为规范""保护客户合法权益""维护国家金融安全""强化职业行为自律"和"附则"，其中"行为规范"分为"行为守法""业务合规"和"履职遵纪"三个小节。

具体而言，《操守和准则》提炼了"七项职业操守""三类行为规范""两个服务核心"和"一项名单惩戒机制"。其中，三类行为规范包括"行为守法、业务合规和履职遵纪"；两个服务核心为"保护客户合法权益和维护国家金融安全"；一项名单惩戒机制包括"黑名单""灰名单"及相关制度。

资料来源：中国银行业协会.塑造银行业共同职业操守　规范银行业从业人员行为[EB/OL].(2020-09-07)[2021-11-28]. https://www.china-cba.net/Index/show/catid/14/id/36994.html.

5-1：塑造银行业共同职业操守规范银行业从业人员行为（详解版）

第一节　金融职业道德概述

职业道德是职业素养的重要部分。职业素养是指职业内在的规范和要求，是在职业过程中表现出来的综合素质。职业素养是很宽的概念，一般包括职业道德、职业行为规范、职业能力或技能、职业习惯等方面。本章重点阐述在从事金融业时，应遵守的职业道德及职业行为规范。

一、伦理与道德

任何一个时代、任何一个社会都需要伦理道德。"伦理"与"道德"其实是两个相通相异的词，意思相近又很难区分，因此经常被模糊混用。在西方语境中，伦理包含了人伦之序及规范的意思，但因为与道德经常被混用，在人伦及规范之外增加了德性、品质的意味。只有到了黑格尔（18—19世纪德国著名哲学家）时期才开始严格区分伦理与道德，并把道德看成是伦理的前提条件，由此开辟了"由道德入伦理"的思想路径，但本质上两者还是互释的，对伦理的科学理解基本取决于对道德的理解。

在中国，"伦"与"理"原本是两个词，《说文解字》中对"伦"的解释为："伦，从人，辈也，明道也。"意思是指人际关系符合一定的规矩、准则，而且代代相传；对"理"的解释为："理，从玉也。"意思是指依照玉本身的纹路来雕琢玉器，使得玉器成型有用，后引申为"治理、协调社会生活和人际关系"。现代学者整合"伦"和"理"之意，将"伦理"定义为"处理人们相互关系所应遵循的道理和准则"。另外，在汉语中，"道德"也是一个组合词。从历史资料看，"道"与

"德"存在极为密切的关系,二字联用后形成的"道德"既有"德行与德性的规范"之意,也有"符合规范的德行和德性"之意。从词源上分析,伦理与道德都被用来描述人在行为活动中养成的行为或习惯品质。

二、金融伦理

金融伦理有广义和狭义之分。广义的金融伦理是指金融活动参与各方在金融交易中应遵循的道德准则和行为规范。狭义的金融伦理指的是金融机构及其从业人员,以及金融市场必须遵循的道德规范与行为方式,是提供各种金融服务的金融机构、金融从业人员、金融市场应遵循的行为规范与道德准则。

现代金融是信用关系规范化、法制化的产物。金融伦理准则中最主要的是信用准则和公平准则。一是信用准则。它是金融活动的基础,是现代金融产生和发展的第一推动力量,是金融伦理的重要准则。二是公平准则。它是金融活动主体公正、平等履行自身权利与义务的准则与行为方式。金融活动主体与各利益相关者在金融活动中必须公正、平等地进行金融交易,这是金融活动健康发展的内在要求。这两个准则相辅相成、相互促进、相互影响、相互作用,影响和推动金融活动的开展。

三、金融职业道德

(一)关于职业道德

职业道德是指从事一定职业的人们在职业活动中应该遵循的依靠社会舆论、传统习惯和内心信念来维持的行为规范的总和。它是职业或行业范围内的特殊要求,是社会道德在职业领域的具体体现。它是一种内在的、非强制性的约束机制,可以调节从业人员与服务对象之间、从业人员之间、从业人员与职业之间的关系。

职业道德通过责、权、利体现出来。"责"是指责任感,源于每个人对自己行为的一切后果负责的道德义务。"权"是指每种职业都享有一定的社会权利,即职权,例如使用、操作、管理或支配某些社会资源的权利,通过职务报酬获得社会财富的权利。"利"是指每种职业都体现和处理着一定的利益关系,尤其是那些以公众为服务对象的职业,其利益是社会利益或国家利益、公众利益、行业集体利益和个人利益的集结点。

职业道德存在行业上的差异化,不同的行业有不同的职业道德,但是不同的行业依然存在一些社会公认的道德,如爱岗敬业、诚实守信、办事公道、服务群众、奉献社会等。

(二)关于金融职业道德

1. 金融职业道德的含义

金融职业道德即从事金融业的人们在金融职业中,根据从事的行业及职业、岗位的特殊性应该遵循的职业道德或职业操守。它体现出金融职业的特征,用于调整金融从业人员的职业行为,有助于促进金融从业人员遵循社会责任和诚信原则。金融职业道德是社会职业道德原则在金融职业活动中的具体反映,是用来评价金融从业人员工作行为的道德标准,也是金融职业道德规范在金融业工作中的体现。

金融职业道德是金融从业人员对金融伦理的认同和修养,是一种自律性的伦理标准。金融从业人员的职业道德与信用是整个金融伦理的基石。金融从业人员道德缺失会直接导致金融内部的腐败,金融从业人员盲目地追求利益最大化会使得金融调控经济的作用失去平衡。因此,金融职业道德在金融业的运行及发展中发挥着重要作用。

2. 金融职业道德的基本原则

1) 廉正守信,坚持诚信为本

"廉正"即廉洁、正直。"廉"意为清白,与损公肥私和贪污相对立;"正"为守正不阿,要求金融业从业人员必须严格按制度、原则办事。"守信"即遵守信用,这是必须履行的道德责任。信用对于金融业来说,是决定其荣辱兴衰的重要因素,因此金融业从业人员必须严格执行各项规章制度,自觉维护客户利益;必须牢固树立"信誉至上"的职业道德观念,在日常工作中,时时处处维护行业声誉、所在机构声誉、职业声誉。所有金融业从业人员要坚持公开、公平、公正的原则,不得违反规定相互打压同事或同业从业人员;此外还应该养成严谨的工作作风,严格按照岗位职责或岗位业务要求完成各项工作任务。

2) 坚持全心全意为客户服务

金融业作为服务行业,全心全意为客户服务应被摆在重要的位置。金融业从业者要培养热爱本职工作的道德情感,培养对工作极端负责的精神和诚实劳动的工作态度;也要文明礼貌待人,热情周到服务;同时还要积极钻研业务,提高自身技能,达到业务精通,从而为客户提供更专业的服务。

 相关思考 5-1

金融职业道德有何作用?

金融职业道德建设是金融业文化建设的重要内容,对金融业的健康发展有重要的意义。那么,金融职业道德有何作用?加强金融职业道德建设的意义具体表现在哪些方面?

四、不同金融业职业道德

金融业是非常特殊的行业,风险高、诱惑大、联系面广、与经济发展及人民生活息息相关。因此,作为金融从业机构及从业人员,除了必须遵纪守法,还应该遵守职业道德。金融业是一个庞大的体系,不同金融业由于主营业务有其特殊性,因此具体的职业道德要求不完全一致。以下主要介绍银行业、证券业、保险业这三大金融业的职业道德。

(一) 银行业职业道德

银行业是我国金融业的重要支柱,从业人员众多。银行业从业人员一般分为临柜人员、客户经理、管理人员等。我国银行业从业人员应遵守的职业道德主要包括以下内容。

1. 爱国爱行

银行业从业人员应当拥护中国共产党的领导,认真贯彻执行党和国家的金融路线方针政策,严格遵守监管部门要求,认真践行服务实体经济、防范化解金融风险、深化金融改革的任务;热爱银行业工作,忠诚金融事业,切实履行岗位职责,爱岗敬业,努力维护所在银行的商业信誉,为银行业的改革发展作出贡献。

2. 诚实守信

银行业从业人员应当恪守诚实信用原则,真诚对待客户,珍视声誉、信守承诺,发扬银行业"三铁"精神,践行"三严三实"的要求,谋事要实、创业要实、做人要实,通过踏实劳动实现职业理想和人生价值。

银行业从业人员作为提供金融服务的专业人员,服务客户的工作涉及金钱来往,只有取得客户的信任,客户才会接受银行提供的服务。一旦银行业从业人员有失信行为,失去客户的信任,银行就失去了生存和发展的基础。因此,银行业从业人员不仅要诚实守信,更要以高标准的职业道德规范行事。

3. 依法合规

银行业从业人员应当敬畏党纪国法,严格遵守法律法规、监管规制、行业自律规范以及所在机构的规章制度,自觉抵制违法、违规、违纪行为,坚持不碰政治底线、不越纪律红线,一以贯之地守纪律,积极维护所在机构和客户的合法权益。

银行业从业人员的工作,必须在法律法规的指引下进行。银行业从业人员需要从三个方面践行依法合规的要求:一是遵守法律法规。二是遵守行业自律规范。三是遵守银行规章制度。

4. 专业胜任

银行业从业人员应当具备现代金融岗位所需的专业知识、执业资格与专业技能;树立终身学习和知识创造价值的理念,及时了解国际国内金融市场动态,不断学习提高政策法规、银行业务、风险管控的水平,通过"学中干"和"干中学"锤炼品格、补充知识、增长能力。

银行业从业人员的工作,不只是数钱那么简单,而是提供专业性非常高的服务。银行业从业人员必须具备岗位所需的专业知识、资格与能力,才能适应客户提出的需求,维护客户的权益,以高效率的工作赢得客户的满意。

5. 勤勉尽责

银行业从业人员应当遵守岗位管理规范,严格执行业务规定和操作规程,防范利益冲突和道德风险,尽责、尽心、尽力做好本职工作。

6. 服务为本

银行业从业人员应当秉持服务为本的理念,以服务国家战略、服务实体经济、服务客户为职责,借助科技赋能,竭诚为客户和社会提供规范、快捷、高效的金融服务。

7. 严守秘密

银行业从业人员应当谨慎负责,严格保守工作中知悉的国家秘密、商业秘密、工作秘密和客户隐私,坚决抵制泄密、窃密等违法违规行为。

银行业从业人员应当遵守《银行业从业人员职业操守和行为准则》(2020年9月2日发布实施),同时接受所在组织、监管机构、银行业自律组织及社会公众的监督。

5-2:《银行业从业人员职业操守和行为准则》

以上是要求银行业从业人员都必须遵循的职业道德准则。但对于不同岗位的从业人员,还有专门的行为规范及工作指引等进行约束和要求。

延伸阅读5-1

警惕银行从业人员的隐性道德风险

近年来,银行业金融机构从业人员数量不断增加,银行业案件频发,多与银行业从业人员内外勾结、违规操作相关,暴露了银行业金融机构对从业人员行为管理不足、部分从业人员行为缺乏有效约束等问题。

小到利用职务之便盗取客户资料,大到挪用客户资金、违规私售理财产品,甚至骗取巨额贷款,形形色色、屡见不鲜的银行风险案件,背后几乎都有从业人员道德风险的影子。除了监管部门近期公开处罚的中国工商银行黑龙江分行私售理财、中国邮政储蓄银行武威分行票据违规等大案,与银行业从业人员职业道德相关的另外两类风险,同样不得不引起关注:一类是涉案规模较小,但数量更多的显性道德风险案件;一类是存在违规行为,未造成直接风险但却存在风险隐患的行为。

自2012年华夏银行理财"飞单"之后,银行业从业人员潜在的道德风险成为各类风险事件的直接诱发因素之一。2018年2月,原中国银行业监督管理委员会出台《银行业金融机构从业人员行为管理指引(征求意见稿)》,规定银行业金融机构应开展从业人员行为的定期评估、建立长期监测和不定期排查机制。

金融机构也意识到了内部人员的道德风险隐患问题。公开信息显示,2017年三季度以来,某全国性股份制银行江西多地支行以及河北省部分银行分支机构,均进行了员工道德风险座谈,传达上级在此方面的要求。

资料来源:杨佼.记者观察|警惕银行从业人员的隐性道德风险[EB/OL]. (2018-04-03)[2022-07-19]. https://www.yicai.com/news/5412377.html.

(二)证券业职业道德

证券业不同于银行业,根据证券业的业务类型及特点,形成了证券业的基本道德准则。为了加强证券从业人员职业道德建设,防范道德风险,维护行业声誉,保护投资者及其他利益相关方的合法权益,促进行业健康发展,中国证券业协会制定了《证券从业人员职业道德准则》,于2020年8月6日正式发布。具体规定包括以下内容。

1. 敬畏法律,遵纪守规

证券从业人员应遵从宪法,对证券行业相关法律法规、监管规定、自律规则以及道德准则心存敬畏,牢固树立依法合规、遵循展业理念,自觉接受监管和自律管理,坚决抵制违反规则及道德准则的行为。

2. 诚实守信,勤勉尽责

证券从业人员应表里如一、言而有信,珍视行业声誉与职业声誉,坚守契约精神,保护并合理运用受托资产,真实、准确、完整地披露相关信息,自觉抵制弄虚作假、误导欺骗等行为。

3. 守正笃实,严谨专业

证券从业人员应恪守职业操守,规矩做事、踏实做人、不偏不倚,客观、审慎、专业地为投资者及其他利益相关方提供服务,自觉抵制利用资源、信息不对称损害客户及其他利益相关方合法权益的行为。

4. 审慎稳健,严控风险

证券从业人员应牢固树立风险底线意识,提高风险识别、应对和化解能力,审慎执业,主动履行报告义务,严防执业过程中因不当行为带来的各类业务风险,自觉抵制侥幸心理与短视行为。

5. 公正清明,廉洁自律

证券从业人员应树立正确的世界观、人生观、价值观和利益观,清廉自律,在开展证券业务及相关商业活动时,应保持清爽规矩的共事关系、客户关系,自觉抵制直接或者间接向他人输送或者谋取不正当利益的行为。

6. 持续精进,追求卓越

证券从业人员应树立持续学习理念,坚持与时俱进,不断更新业务知识与技能,守正创新,秉持工匠精神为客户及其他利益相关方提供优质服务,自觉抵制不思进取、故步自封的工作学习态度和行为。

7. 爱岗敬业，忠于职守

证券从业人员应忠于所在机构，认真做好本职工作，公私分明，保护并合理使用所在机构资产，及时报告与所在机构存在的或潜在的利益冲突，自觉抵制损害所在机构合法权益的行为。

8. 尊重包容，共同发展

证券从业人员应遵从社会公德，尊重客户、合作伙伴、竞争对手及社会公众等利益相关方，尊重和包容不同的意见及文化、语言、专业等背景差异，共同营造没有歧视和偏见的行业发展环境、职业氛围。

9. 关爱社会，益国利民

证券从业人员应自觉维护国家利益和金融安全，积极参与普惠金融、绿色金融、金融扶贫、投资者教育保护等活动，自觉践行社会责任，做有担当、有格局、令人尊重的证券从业人员。

需要注意的是，在职业道德准则下，证券行业不同的岗位所遵循的职业道德甚至是职业能力要求都会不完全一致。例如，按照金融从业规范，公司金融顾问岗位的职业道德要求有：守法、独立、客观、公允、诚信、保密、胜任、勤勉尽责等。公司金融顾问是指依托于各类机构或经批准设立的独立金融咨询服务机构，运用自身具备的专业知识和技能，为企业提供投资、融资及金融规划等咨询服务，并获得直接或间接报酬的人员。

相关案例 5-1

侵占、挪用客户资金，理财资金不翼而飞：案件频发多家银行被重罚

原中国银行保险监督管理委员会（以下简称原银保监会）2021年4月底以来公示的罚单显示，多家银行出现了侵占、挪用客户资金或者理财资金不翼而飞的案件，给客户造成较大损失。多家银行和违规当事人因此被重罚，折射部分银行内控管理漏洞和理财销售环节员工管理不当等诸多问题。

原银保监会2021年5月27日发布的《理财公司理财产品销售管理暂行办法》明确指出，包括理财公司在内的银行业机构在理财产品销售过程中，应全方位加强销售人员管理，并且从机构和员工两个层面分别提出管理要求。

吉安银保监局近日公告显示，赣州银行吉安分行内控管理失效，导致发生员工侵占客户资金案件被罚款30万元。2021年4月底，内蒙古银保监局公布的一纸罚单牵出了招行理财"飞单"案件。除了理财飞单、侵占客户资金，还有不少挪用客户资金的罚单。2021年5月，因员工挪用客户资金、内控管理不到位等诸多违法违规行为，河南省的博爱农商银行多达十余名高管及员工一并被处罚，该行原董事长祝兴金，被罚取消董事、高级管理人员任职资格终身，另有2名员工被处以终身禁止从事银行业工作，10名员工被处以警告。据21世纪经济报道不完全统计，2021年以来银行业罚单涉及侵占客户资金的罚单有14张，挪用客户资金的罚单有4张。

案件频发折射内控和管理漏洞。防范员工操作风险、提高内控管理水平依然是部分银行需要着力提高的重要合规课题，尤其一些农商行、农信社由于内控缺失容易出现窝案，持续出现多起违规的案例。部分银行员工违法违规行为持续多年，凸显内控严重缺失。

资料来源：21世纪经济报道.侵占、挪用客户资金，理财资金不翼而飞：案件频发多家银行被重罚[EB/OL].(2021-05-27)[2022-06-01]. https://finance.sina.com.cn/money/bank/bank_hydt/2021-05-27/doc-ikmxzfmm5045108.shtml.

(三) 保险业职业道德

保险业是金融业的重要组成部分,通过销售保险产品、提供保险服务为社会、经济保驾护航。保险从业人员在开展保险工作过程中,应该要遵循相应的职业道德。主要表现在以下几个方面。

1. 守法遵规

保险从业人员必须要遵守法律法规,遵守行业及所属机构、监管机构、保险业自律组织等部门的规章制度,一切依法依规办事。

2. 诚实信用

信用是金融的基础,恪守信用是金融职业道德的核心,是一切金融活动赖以生存的基础,它要求保险从业人员必须以诚信为先,严格履约,尊重对方利益等。在推荐保险产品或保险服务的过程中,接受或者支付的补偿费用等都必须对客户、潜在客户和雇主进行披露。不得夸大宣传保险产品的功能,更不能欺骗消费者。

3. 专业胜任

保险从业人员必须高度专业,拥有专业素养,执业前需取得法定资格并具备足够的专业知识与能力,能够给客户提供专业的保险产品和投保方案,并针对客户提出的问题,能给出专业的解决方案。保险从业人员应遵守政府和监管机构的法律法规,遵守保险行业的规范和准则,在工作中保持客观独立,避免歪曲欺诈等对从业机构和个人信誉产生不良影响的行为。

4. 客户至上

保险从业人员对客户要忠诚,要将客户的利益放在首位,时刻为客户的利益着想,服务周到细致。对待所有客户要一视同仁,当客户利益与自身利益冲突时,应以维护客户利益为重。

5. 勤勉尽责

保险从业人员应当秉持勤勉的工作态度,尽心尽力完成岗位所需的各项工作任务,努力避免执业活动中的失误。应忠诚服务于所属机构,接受所属机构的业务管理,切实履行对所属机构的责任和义务,不得侵害所属机构利益。

6. 公平竞争

尊重竞争对手,不诋毁、贬低或负面评价其他保险中介机构、保险公司及其从业人员。不靠低价销售、虚假宣传、贿赂等不正当竞争方式抢占客户资源。同时,应当尊重同业人员,共同建立合作共赢的良好行业风气。

7. 保守秘密

保险从业人员对客户和所属机构负有保密义务,对客户资料、所属机构及岗位信息严格保密,不泄露商业秘密。

 相关思考 5-2

金融业共同的职业道德是什么

通过以上阐述可以看到,银行、证券、保险三大金融业尽管对其从业人员的职业道德或行为准则方面要求不完全一致,但是有很多是相同的。能否概括出金融业共同的职业道德准则是什么?还有哪些都是相通的?

第二节 金融行为规范概述

金融业是高度专业及严谨的行业,其经营的对象非常特殊(主要是货币及其他金融产品),容易产生腐败等问题。因此,金融业有严格的行为规范或行为准则,用于规范和约束金融从业人员的行为,防止损害客户、所属机构及行业利益和声誉。

一、行为规范与金融行为规范

(一) 行为规范

行为规范是指社会群体或个人在参与社会活动中所遵循的规则、准则的总称,是社会认可和人们普遍接受的具有一般约束力的行为标准。行为规范强调人们在日常生活和工作中的所作所为,必须符合一定的规矩。

行为规范在现实生活中根据人们的需求、好恶、价值判断而逐步形成和确立,是社会成员在社会活动中应遵循的标准或原则。由于行为规范建立在维护社会秩序的理念基础之上,因此对全体成员具有引导、规范和约束作用。行为规范引导和规范全体成员可以做什么、不可以做什么及怎样做,是社会价值观的具体体现和延伸,也是社会和谐重要的组成部分。

行为规范不是由某一个人随意制定的,而是公认并取得共识后的产物,为确保大多数人的利益而制定,为了维护整个群体的利益而存在。

(二) 金融行为规范

金融行为规范主要是指从事金融业的机构及从业人员应该遵守的行为准则。这些行为规范的制定及实施,是为了促使金融业从业人员提供更好的金融服务,也是推动金融业健康发展的重要保障。整体上,金融业行为规范都会强调遵纪守法、规范展业,公正客观、不损害客户利益等。不同的金融业,甚至是不同的金融机构,由于其业务的特殊性及机构的经营目的的差异,都会制定不同的行为规范。有的行为规范是共性的,但有的行为规范只专门针对某个具体金融机构。

 延伸阅读 5-2

原银保监会要求:保险销售行为规范统一

2022 年 7 月,原银保监会发布《保险销售行为管理办法(征求意见稿)》(以下简称《管理办法》),向社会公开征求意见。《管理办法》共 6 章 49 条,对保险销售前、保险销售中及保险销售后的行为规则作出规定,并对违反行为的行政责任作出规定。《管理办法》明确提出,除保险公司和保险中介机构以及保险销售人员,其他单位和个人不得从事保险销售行为。保险公司、保险中介机构应当为其所属的保险销售人员办理执业登记。值得关注的是,《管理办法》要求要对保险产品和保险销售人员进行分级管理。

根据《管理办法》,保险公司应当建立保险产品分级管理制度。根据产品的结构复杂程度、保费负担水平以及保单利益的风险高低等标准,对本机构的保险产品进行分级。同时,保险公司、保险中介机构应当建立本机构保险销售能力资质分级管理体系,根据保险销售人员的专业知识、销售能力、诚信水平、品行状况等标准,对所属保险销售人员进行分级,并与保险公司保险产品分级管理制度相衔接,区分销售能力资质实行差别授权,明确各等级保险销售人员可以销售的保险产品。

虚假宣传、夸大宣传是保险业一直被诟病的,也是被保险消费者"吐槽"最多的地方。《管理办法》明确指出,保险公司、保险中介机构应当建立保险销售宣传管理制度,要求保险销售宣传不得引用不真实、不准确的数据和资料,不得隐瞒限制条件,不得进行虚假或者夸大表述,不得使用偷换概念、不当类比等不当宣传手段;不得通过不当评比、不当排序等方式进行宣传;不得利用监管机构对保险产品的审核或者备案程序,使用监管机构为该保险产品提供保证等引人误解的不当表述,同时禁止炒作停售及价格变动。

根据《管理办法》,禁止强制搭售和默认勾选,保险公司、保险中介机构及其保险销售人员不得使用强制搭售、信息系统或者网页默认勾选等方式与投保人订立保险合同。此外,免责说明既要醒目也要易懂。

资料来源:新浪财经.原银保监会要求:保险销售行为规范统一[EB/OL].(2022-07-28)[2022-07-29]. http://finance.sina.com.cn/jjxw/2022-07-28/doc-imizmscv3818156.shtml.

二、不同金融业行为规范

(一)银行业行为规范

根据我国2020年发布的《银行业从业人员职业操守和行为准则》,银行业从业人员的行为规范主要分为三个方面:行为守法、业务合规、履职遵纪。

1. 行为守法

(1)严禁违法犯罪行为。银行业从业人员应自觉遵守法律法规规定,不得参与"黄、赌、毒、黑"、非法集资、高利贷、欺诈、贿赂等一切违法活动和非法组织。

(2)严禁非法催收。银行业从业人员不得以故意伤害、非法拘禁、侮辱、恐吓、威胁、骚扰等非法手段催收贷款。若违反规定,必须接受相应的处罚。

(3)严禁组织、参与非法民间融资。银行业从业人员不得组织或参与非法吸收公众存款、套取金融机构信贷资金、高利转贷、非法向在校学生发放贷款等民间融资活动。

(4)严禁信用卡犯罪行为。银行业从业人员不得利用职务便利实施伪造信用卡、非法套现信用卡、滥发信用卡等行为。不得为特定客户优于同等条件办理高端信用卡,提供价格和质量不符的高端服务。

(5)严禁信息领域违法犯罪。银行业从业人员不得利用职务便利实施窃取、泄露客户信息、所在机构商业秘密等违法犯罪行为。发现泄密事件,应立即采取合理措施并及时报告。违反工作纪律、保密纪律,造成客户相关信息泄露的,应当按照有关规定承担责任。

(6)严禁内幕交易行为。银行业从业人员在业务活动中应当遵守有关禁止内幕交易的规定。不得以明示或暗示的形式违规泄露内幕信息,不得利用内幕信息获取个人利益,或是基于内幕信息为他人提供理财或投资方面的建议。

(7)严禁挪用资金行为。银行业从业人员不得默许、参与或支持客户用信贷资金进行股票买卖、期货投资等违反信贷政策的行为。不得挪用所在机构资金和客户资金,不得利用本人消费贷款进行违规投资。

(8)严禁骗取信贷行为。银行业从业人员不得向客户明示、暗示或者默许以虚假资料骗取、套取信贷资金。

5-3:视频-银行业从业人员行为守法规定

2. 业务合规

银行业从业活动中的业务合规非常重要,合规性也是银行业的重要特征。按照目前规定,业务合规共涉及八个方面,包括:遵守岗位管理规范、遵守信贷业务规定、遵守销售业务规定、遵守公平竞争原则;还有遵守财务管理规定、遵守出访管理规范、遵守外事接待规范、遵守离职交接规定,但此处不作详述。

"岗位管理规范"规定银行业从业人员应当遵守业务操作指引,遵循银行岗位职责划分和风险隔离的操作规程,确保客户交易的安全。不得打听与自身工作无关的信息,或是违反规定委托他人履行保管物品、信息或其他岗位职责。

"信贷业务规定"要求银行业从业人员应当根据监管规定和所在机构对风险控制的要求,严格执行贷前调查、贷时审查和贷后检查的"三查"工作。

"销售业务规定"要求银行业从业人员不得在任何场所开展未经监管机构或所在机构批准的金融业务,不得销售或推介未经所在机构审批的产品,不得代销未持有金融牌照机构发行的产品,不得针对特定客户非公开销售优于其他同类客户的存款产品、贷款产品、基金产品、信托产品、理财产品等。

"公平竞争原则"规定银行业从业人员应当崇尚公平竞争,遵循客户自愿原则、尊重同业公平原则。在宣传、办理业务过程中,不得使用不正当竞争手段。坚决抵制以权谋私、钱权交易、贪污贿赂、"吃拿卡要"等腐败行为。

3. 履职遵纪

在履职遵纪规定中,强调银行业从业人员应当贯彻"八项规定"及反"四风"、如实反馈信息、按照纪律要求处理利益冲突、严禁非法利益输送交易、实施履职回避、严禁违规兼职谋利、抵制贿赂及不当便利行为、厉行勤俭节约等规定。

除了以上规定,银行业从业人员职业操守和行为准则还包括保护客户合法权益、维护国家金融安全、强化行业行为自律三个方面。

 相关案例 5-2

百万存款不翼而飞:原来是被银行员工挪用消费

2019年6月,储户吴女士本以为在甘肃榆中农村合作银行存入了约125万元存款。然而没想到的是,其百万存款却被该行工作人员祁某挪用,用于了个人投资、消费、借贷。明明存折上打印的字体显示着,百万存款已经存在了上面,可事实上,当储户去银行查账时才发现存款余额为零。

2015年3月至2018年4月,吴女士通过转账和现存的方式,向榆中农合银行工作人员祁某的账户陆续存入约125万元,让祁某为其在榆中农合银行办理存款业务。谁能想到,将钱转给祁某后,身为银行工作人员的祁某,却对储户要存入银行的钱动起了歪念头。祁某凭借其身为银行工作人员的职务之便,利用空存的方式,向吴女士出具了两张空存折。

时光飞逝,转眼时间来到了2019年,在6月8日前后,看到存款即将到期的吴女士,本想和祁某沟通去办理续存业务。然而,祁某却告诉吴女士不用她亲自去,她会直接给吴女士办好。1天后,祁某果然将已"办好"的存折交给了吴女士。不过,吴女士也并非那么好糊弄,很快她就发现了一个细节:之前的存折上的数字都是电脑打印的,而这次却突然变成了"手写"。2天后,起疑的吴女士拿着存折去榆中农合银行分理处去查账,查询的结果却让她大跌眼镜。银行告诉她,钱早在2018年就被人取走了。惊魂未定的吴女士拨通了祁某的电话想问个究竟,此时的祁某直接告诉吴女士说,存款被自己挪用了。

身为银行工作人员,本应恪守职责,为储户做好金融服务工作。而祁某却"监守自盗",挪用储户的百万存款。同时,除了吴女士之外,祁某还在榆中农合银行上班期间,以办理"协议存款"利率高的名义,替客户陈某办理了80万元活期存款业务。之后,祁某利用职务之便分18次将陈某存入榆中农合银行的80万元存款也全部取走。

2019年10月,祁某因涉嫌挪用资金罪被甘肃榆中县公安局刑事拘留。同年11月8日,被检察院批准逮捕。之后,祁某以挪用资金罪被判刑3年,同时对其违法所得进行追缴并发还被害单位。

资料来源：科技金融在线.百万存款不翼而飞：原来是被银行员工挪用消费 甘肃榆中农合银行被判向储户赔偿[EB/OL].（2022-03-17）[2022-06-18]. https://finance.sina.com.cn/money/bank/gsdt/2022-03-18/doc-imcwiwss6704731.shtml.

（二）证券业行为规范

证券业以"合规、诚信、专业、稳健"作为行业文化及核心价值观，以加强行业行为规范及文化建设。根据《证券从业人员职业道德准则》《证券业从业人员执业行为准则》《证券行业诚信准则》《证券经营机构及其工作人员廉洁从业实施细则》《中国证券业协会证券经纪人执业规范（试行）》等文件，证券业行为规范整体上包括以下几个方面。

1. 执业行为基本准则

（1）守法合规。自觉学习了解并严格遵守相关法律法规、监管规定、自律规则、业务规范和内部规章制度，形成主动守法合规的意识。注重知识和信息更新，及时了解相关制度和政策变化，减少因知识或者信息更新不及时导致的风险。

（2）诚实信用。牢固树立依法依规、诚实守信开展业务活动的理念，自觉抵制违法违规和失信行为，形成诚信展业意识与行为习惯。开展业务活动时，表达的信息应当真实、准确、完整，不对自身专业能力、执业经验及过往业绩进行夸张、虚假和误导性宣传；不利用虚假和误导性信息进行宣传，不编造传播虚假和误导性信息。

（3）勤勉尽责。按照法律法规和业务规范尽职履行相关资本中介义务的要求，能够保证结果的真实、准确、完整；恪守职业操守，忠实勤勉，履行对投资者及其他利益相关方的责任和义务；持续学习，不断提升专业能力，保证服务质量；专业审慎，尽到合理专业的注意义务，履职尽责；对自己的专业能力有充分认识，不承诺力不能及或不能如期完成的业务，不推诿应承担的责任；实事求是，独立、审慎、客观、公正地开展业务，不受其他单位和个人的非法干预和影响；按规定做好相关工作底稿档案的记录、归集和保存管理。

（4）专业胜任。应当具备从事相关业务所需的专业知识和技能，努力提高专业胜任能力，适应资本市场发展。

（5）稳健经营。在经营活动中应当平衡风险与收益的关系，保持资本稳健，做到业务发展与管理能力相匹配。

2. 对待客户行为规范

（1）充分揭示风险。向客户提供产品和服务时，应当按照相关监管规定向客户充分揭示风险，帮助其作出理性判断，不得故意隐瞒产品缺陷及风险。

（2）提供适合服务。向客户销售产品、提供服务时，应当了解客户信息，向其销售、提供相匹配的产品和服务。依法依规落实投资者适当性管理责任，履行尽职调查义务，科学有效评估客户投资需求、财务状况、风险承受能力等，科学客观划分产品或服务等级，充分揭示相关风险，提出适当性匹配意见，确保各项适当性工作落到实处。

（3）客户利益优先。正确处理好开展业务与维护客户利益之间的关系，时刻将客户的合法利益放在优先位置。当出现利益冲突时，必须维护客户利益。

（4）公平对待客户。应当公平对待所有客户，不得为特定客户利益损害其他客户利益或进行利益输送。

（5）保护客户信息。应当妥善保管客户相关信息，在执业期间和离职后均负有保护客户信息安全义务。在与投资者订立合同前，应当充分履行告知、协助、保密等先合同义务。

自觉树立保密意识,保守客户的商业秘密和个人隐私,不得向第三方泄露相关信息,法律法规另有规定的除外;严格履行个人信息保护义务,确保个人信息处理活动不侵犯客户的合法权益。

3. 对待所服务机构行为规范

(1) 忠于职守。对服务的机构要忠诚,应当遵守所在机构各类规章制度,忠实、审慎地履行岗位职责,自觉维护机构的形象和声誉。

(2) 廉洁从业。在业务活动中应当合规经营,防范利益冲突,不向他人输送不正当利益或者谋取不正当利益。机构及其工作人员不得以任何形式向监管工作人员输送不正当利益,不得干扰或者唆使、协助他人干扰监管或自律管理工作。

(3) 公平竞争。尊重同行,公平竞争,禁止商业贿赂,自觉维护市场竞争秩序,坚决反对不正当竞争的行为;不以恶性压价、支付回扣、虚假宣传,或者贬损、诋毁其他机构等不正当手段招揽业务;不发表不当言论,贬损、诋毁其他同行,损害同行声誉和利益。在资本市场上,禁止利用重大非公开信息为个人或他人牟利,禁止进行旨在误导参与者的市场操纵行为。

(4) 保密义务。在工作中应当保守相关国家秘密、商业秘密及保护知识产权、内部信息安全。不得因一己私利出卖国家、机构秘密及客户资料。

(5) 奉献和团队精神。在工作中应积极树立努力、热忱的奉献精神,充分信任同事,与同事团结合作。

延伸阅读 5-3

证券业从业人员行为准则的"十不准"

2014年,证券业协会组织修订并发布了《证券业从业人员执业行为准则》,规定证券从业人员十项禁止行为,即"十不准"。规定证券从业人员不得从事以下活动:

(1) 不得从事内幕交易或利用未公开信息交易活动,泄露利用工作便利获取的内幕信息或其他未公开信息,或明示、暗示他人从事内幕交易活动。

(2) 不得利用资金优势、持股优势和信息优势,单独或者合谋串通,影响证券交易价格或交易量,误导和干扰市场。

(3) 不得编造、传播虚假信息或作出虚假陈述或信息误导,扰乱证券市场。

(4) 不得损害社会公共利益、所在机构或者他人的合法权益。

(5) 不得从事与其履行职责有利益冲突的业务。

(6) 不得接受利益相关方的贿赂或对其进行贿赂,如接受或赠送礼物、回扣、补偿或报酬等,或从事可能导致与投资者或所在机构之间产生利益冲突的活动。

(7) 不得买卖法律明文禁止买卖的证券。

(8) 不得利用工作之便向任何机构和个人输送利益,损害客户和所在机构利益。

(9) 不得违规向客户作出投资不受损失或保证最低收益的承诺。

(10) 不得隐匿、伪造、篡改或者毁损交易记录。

资料来源:中国证券业协会.关于发布《证券业从业人员执业行为准则》的通知[EB/OL].(2014-12-17)[2022-03-16]. https://www.sac.net.cn/tzgg/201412/t20141217_113207.html.

5-4:《证券业从业人员执业行为准则(2014年修订)》

(三) 保险业行为规范

保险业是金融业中另一大支柱行业。为了保障保险业的健康发展,对保险从业人员制定了相应的行为规范。随着经济、金融及保险领域的发展,新的问题逐渐出现,相关规定也进行了适当的调整。目前,我国保险业的行为规范主要包括以下几方面。

1. 保险从业人员基本行为准则

根据规定,保险从业人员应依法合规,自觉遵守法律法规、规章制度,接受国家监管部门及其派出机构的监督与管理,遵守中国保险行业协会的自律规则,执行所在机构的规章制度;应诚实守信,不隐瞒、不说谎、不作假,不损害投保人、被保险人和受益人权益;应爱岗敬业,尽职尽责,努力提高服务质量;应专业胜任,热爱学习,钻研业务,不断提高专业素养;应保守秘密,不泄露商业秘密和客户资料;应公平竞争,自觉抵制不正当竞争。

2. 保险销售、理赔和客户服务人员行为准则

在保险从业人员中,主要是销售保险产品、理赔及承担客服等工作。因此,这些从业人员在从业活动中必须严格遵守相应的行为规范,包括:应根据客户需求、经济承受能力推荐适合的保险产品;应以客户易懂的方式提供保险产品的信息,不得进行任何形式的误导;应主动提示保险产品可能涉及的风险,不得有意规避;应确保所有文件的有效性和准确性,不得代签名、代体检、伪造客户回访记录;应客观、公正、及时理赔,不得拖赔、惜赔;应迅速回应客户咨询,及时提供服务,不得推诿懈怠。

以上只是最基本的规定,在实际的保险从业活动中还会有更加详细的工作指引或业务规则等,从业人员都必须严格遵守。

 **相关案例5-3**

互联网渠道意外伤害保险理赔欺诈案例

案情简介:2021年7月,章某通过互联网渠道在青岛某保险公司投保短期意外伤害保险。1周后,章某报案称在辽宁省某地发生意外事故并在当地医院就诊,发生诊疗费用4 000余元,向公司提出理赔申请并提交了诊疗记录、检验报告和医疗发票等资料。

调查过程:保险公司针对客户投保后极短期出险的异常情况,随即委托辽宁分公司开展调查。调查人员走访发现,该医院并没有章某的诊疗记录,当事医生确认自己未开具相关病例,该医院答复相关诊断报告及发票并非本院出具,全部为虚假材料。保险公司随即对该案作出拒赔、保单解约不退费处理,后续将章某列入"黑名单",并反馈至青岛保险业反欺诈中心办公室备案。

案件点评:章某缜密布局骗局,精心伪造资料,但终究落得一场空,反被列入保险公司"黑名单"。鉴于该类欺诈案件具有一定的代表性,青岛保险业反欺诈中心办公室下一步将探索将这类人员列入行业"黑名单",进行全行业通报,予以重点盯防。

资料来源:青岛市保险业协会. 互联网渠道意外伤害保险理赔欺诈案例[EB/OL].(2021-12-21)[2022-05-06]. http://www.iaqd.org.cn/ClassicCase/2529.jhtml.

 相关思考5-3

金融业的执业能力要求有哪些?

金融业不同于其他行业,其专业性、合规性、高风险性等特征决定了金融业对人才的要求比较高。结合银行、保险、证券等传统金融业及互联网金融、金融科技等新兴行业,你认为,如果你未来打算进入这些行业,他们会对应聘者提出哪些执业能力要求?应聘者应该具备哪些素养和知识?

本章小结

本章的主要学习内容是金融职业道德及行为规范。通过本章的学习,学生对金融伦理、金融职业道德有了基本的认识,了解了金融职业道德的基本准则;掌握了银行业、证券业、保险业这三大金融业不同的职业道德及行为规范,进一步认识了金融业的特征。

本章重要概念

伦理　道德　职业道德　金融职业道德　行为规范　守法合规　勤勉尽责　诚实信用　专业胜任　客户至上

本章练习

一、单选题

1. 尊重竞争对手,不诋毁、贬低或负面评价其他保险中介机构、保险公司及其从业人员。不靠低价销售、虚假宣传、贿赂等不正当竞争方式抢占客户资源。这体现了保险从业人员的(　　)职业道德。
   A. 诚实信用　　　B. 公平竞争　　　C. 勤勉尽责　　　D. 专业胜任

2. 银行业从业人员不得组织或参与非法吸收公众存款、套取金融机构信贷资金、高利转贷、非法向在校学生发放贷款等民间融资活动。这属于银行业从业人员的(　　)行为规范。
   A. 严禁违法犯罪行为　　　　　　B. 严禁非法催收
   C. 严禁内幕交易行为　　　　　　D. 严禁组织、参与非法民间融资

3. 中国银行业协会于(　　)年发布《银行业从业人员职业操守和行为准则》。
   A. 2020　　　B. 2021　　　C. 2007　　　D. 2013

4. 银行工作人员利用职务之便,挪用客户资金,骗取贷款或理财飞单,说明银行工作人员存在(　　)。
   A. 道德风险　　　B. 流动性风险　　　C. 业绩风险　　　D. 市场风险

5. 银行业从业人员不得向客户明示、暗示或者默许以虚假资料骗取、套取信贷资金,这属于银行业从业人员的(　　)行为规范。
   A. 严禁挪用资金行为　　　　　　B. 严禁非法催收行为
   C. 严禁骗取信贷行为　　　　　　D. 严禁内幕交易行为

二、多选题

1. 下列各项中,属于金融职业道德的有(　　)。
   A. 诚实信用　　　B. 公平公正　　　C. 勤勉尽责　　　D. 专业胜任

2. 下列各项中,属于证券行业执业行为基本准则的有(　　)。
   A. 守法合规　　　B. 专业胜任　　　C. 客户利益优先　　　D. 保护客户信息

3. 下列各项中,属于证券从业人员禁止行为的有(　　)。

A. 不得从事与其履行职责有利益冲突的业务
B. 不得买卖法律明文禁止买卖的证券
C. 不得为自己或亲属开户炒股
D. 不得操纵股市

4. 金融伦理准则中最主要的两个准则包括(　　)。
   A. 公平准则　　　B. 信用准则　　　C. 勤勉准则　　　D. 专业准则

5. 金融职业道德的基本原则有(　　)。
   A. 廉正守信　　　　　　　　　　B. 坚持诚信为本
   C. 专业能力强　　　　　　　　　D. 坚持全心全意为客户服务

三、判断题

1. 伦理与道德没有任何区别,而且中西方理解相同。　　　　　　　　　　　　　　　(　　)
2. 银行业从业人员需要从三个方面践行依法合规的要求,一是遵守法律法规,二是遵守行业自律规范,三是遵守银行规章制度。　　　　　　　　　　　　　　　　　　　　　(　　)
3. 诚实守信、勤勉尽责、专业胜任这些都是所有金融业共同的职业道德。　　　　　(　　)
4. 银行的贷款催收可以外包出去,不用过问采取何种催收手段,出现任何问题不承担任何责任。　　　　　　　　　　　　　　　　　　　　　　　　　　　　　　　　　　　(　　)
5. 证券从业人员不得利用职务之便进行股票投资。　　　　　　　　　　　　　　　(　　)
6. 作为金融从业机构及从业人员,除了必须遵纪守法,还应该遵守职业道德。　　　(　　)
7. 银行业从业人员为了更好地为客户制定方案,可以打听客户更多的信息。　　　　(　　)
8. 《银行业从业人员职业操守和行为准则》还包括了保护客户合法权益、维护国家金融安全、强化行业行为自律等方面。　　　　　　　　　　　　　　　　　　　　　　　　(　　)
9. 当出现利益冲突时,应该先保住金融机构的利益,而不是先维护客户利益。　　　(　　)
10. 不得因一己私利出卖国家、机构秘密及客户资料,这体现的是保密义务。　　　　(　　)

五、材料分析题

2023年1月9日,北京证监局发布的行政处罚书指出,作为证券从业人员的田某桥,在近14年的证券从业期间通过借用他人证券账户买卖股票,累计成交金额高达7.24亿元。不过,先后在招商证券、华福证券、国开证券等3家券商投行部工作的田某桥,违法买卖股票并未实现盈利,反而亏损了182.74万元(不含待业期间的交易和所得金额)。同时,田某桥还被北京证监局处以了25万元的罚款。

值得一提的是,证券从业人员违法炒股反而出现亏损的情况,并非个例,且不乏券商投资经理等高管。违规炒股是券商从业人员不可逾越的红线,同时也是证券从业人员违法违规行为的重灾区。仅在2022年,证监系统便披露了多起违规买卖证券的案例。

请结合上述材料、《证券法》及证券业从业行为规范等规定,对上述现象进行分析。

5-5:本章练习答案

第六章　金融法律法规

- 内容提要
- 重点难点
- 学习目标
- 知识框架
- 思政育人
- 第一节　金融法律法规概述
- 第二节　我国主要金融法律法规
- 本章小结
- 本章重要概念
- 本章练习

内容提要

本章主要讲述了金融法律法规及我国金融法律法规的体系构成;《中华人民共和国中国人民银行法》《中华人民共和国商业银行法》《中华人民共和国保险法》《中华人民共和国证券法》《中华人民共和国信托法》《中华人民共和国反洗钱法》等代表性金融法律法规;互联网金融法律的颁布与实施现状等。

重点难点

本章重点为我国金融法律法规的基本构成及代表性法律法规的主要内容;难点为理解金融法律法规的特征、各类金融法律法规的修订。

学习目标

通过本章学习,学生应了解金融法律法规的主要分类、特征、调整对象;掌握我国金融法律法规体系的构成以及银行法律法规制度、证券法律制度、保险法律制度等多种金融法律法规的基本内容,并了解其实施现状及最新修订情况。

知识框架

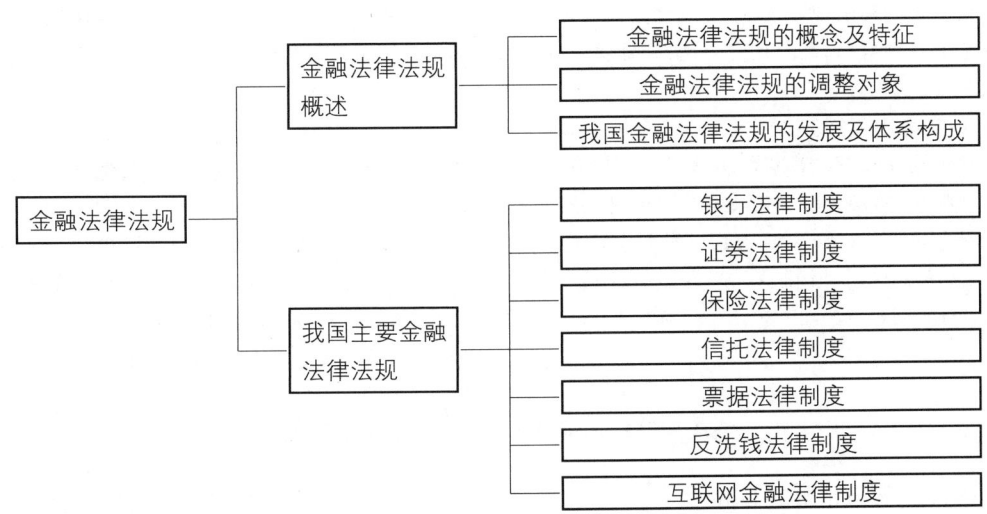

思政育人　　加强金融法治建设,恪守金融法律底线

党的二十大报告提出,加强和完善现代金融监管,强化金融稳定保障体系,依法将各类金融活动全部纳入监管,守住不发生系统性风险底线。必须按照党中央决策部署,深化金融体制改革,加强金融法治建设,织牢金融安全网,持续强化金融风险防控能力。

作为全面依法治国的关键环节,金融法治建设正处于全面推进阶段。经过长期努力,我国金融法治建设取得了长足发展,基本建立了层次丰富、覆盖全面、结构合理、保障坚实的现代金融法治体系。金融立法成果丰硕,立法数量大幅增加,法律体系日益完备,以高质量立法促进金融业健康发展。金融执法工作机制持续优化,执法力度不断加大,执法水平显著提高,执法力量不断充实,金融秩序得到切实维护。金融司法迈上新台阶,金融审判体制改革深入推进,金融司法服务保障更加有力,推动形成公正、高效的金融司法环境。金融法治宣传教育成效显著,积极促进金融机构依法合规经营和全社会自觉守法,营造良好的金融法治氛围。金融法治建设的跨越式发展为防范化解风险、服务实体经济、深化金融改革打下了坚实的制度基础,为胜利实现第一个百年奋斗目标提供了有力服务保障。

1. 坚持正确方向、强化理论武装,全面加强金融法治建设

我国金融法治建设始终坚持将习近平新时代中国特色社会主义思想和习近平法治思想作为理论基础,金融管理部门深入学习领会习近平新时代中国特色社会主义思想和习近平法治思想,大力开展各种形式的学习研讨和宣传宣讲,领导干部带头学习、模范践行,将理论学习作为金融法治工作的头等大事和首要任务。通过深入学习理论,明确战略定位,找准奋斗方向,不断引领金融法治建设取得跨越式发展和历史性进步。

2. 加强系统谋划、突出重点部署,着力健全金融法律体系

金融法律体系的系统性、整体性、协同性持续增强,重要领域的基础性、综合性制度相继出台,新兴领域和突出问题的法律空白得到及时填补,立法形式和体制机制不断丰富优化。在金融管理部门和有关部门的大力推动下,金融立法成果丰硕,每年推动出台多件对金融业改革发展具有重大意义的法律文件,已经构建起多层次、广覆盖、富活力、有特色的金融法律体系。

3. 完善执法制度、提高执法水平,切实维护金融管理秩序

不断充实金融法治人才队伍,健全法律顾问和公职律师管理制度,加快高端法律人才培养。对行政执法人员加强培训考核和监督管理,逐步实现执法人员专业化和执法行为规范化。高频次举办行政执法、法律工作技能和新法律法规培训活动,持续提高行政执法人员专业化、职业化水平。

4. 强化法治思维、提升法治能力,充分运用市场化法治化手段,有效防范化解金融风险

在党中央的坚强领导下,原国务院金融稳定委员会靠前指挥,各地区各部门齐心协力,系统性金融风险的上升势头得到遏制,金融脱实向虚、盲目扩张得到根本扭转,金融风险整体收敛、总体可控,金融业得到平稳健康发展。

5. 加强司法守护、促进守法自觉,积极营造良好金融法治氛围

金融审判体制改革取得较大成效,2018年4月上海金融法院设立,在防范金融风险、促进实体经济和金融良性循环、推动金融深化改革等方面提供有力司法服务保障。

资料来源:刘宏华(中国人民银行条法司司长). 我国金融法治建设的"非凡十年"[EB/OL]. (2022-08-03)[2022-12-03]. https://mp.weixin.qq.com/s?__biz=MzA4MzA1MjIzOQ%3D%3D&mid=2650746350&idx=1&sn=801510a6280ac54260ea6696d831dcaf&scene=45#wechat_redirect.

第一节　金融法律法规概述

当前,我国与世界各国的经济交往日益密切,经常受到各国经济形势和政策的影响,全

球成为"命运共同体"。伴随着经济全球化的深入推进,金融危机外溢性突显,金融风险对金融领域及实体经济的危害性和传染性不可忽略,因此做好金融监管至关重要。党的二十大报告明确提出,加强和完善现代金融监管,做好宏观审慎管理和微观审慎监管。防范和化解系统性风险,避免全局性金融危机,是金融治理的首要任务。在金融监管的手段中,法律手段非常重要而且有效。

一、金融法律法规的概念及特征

(一)金融法律法规的概念

金融法是指由国家制定或认可的,用以确定金融机构的性质、地位和职责权限,调整在金融活动中形成的金融监督管理关系、金融业务关系、金融宏观调控关系和金融机构或金融组织的内部关系的法律规范的总称。

在我国没有以"金融法"命名的单独法律,涉及金融类的法律,通常用其涉及的金融业名称命名,如《中华人民共和国中国人民银行法》(以下简称《中国人民银行法》)和《中华人民共和国商业银行法》(以下简称《商业银行法》)等。目前,我国已颁布多部金融法律与法规,其中由全国人大颁布的金融法律只有《中国人民银行法》;由全国人大常委会颁布的金融法律有八部,包括《商业银行法》《中华人民共和国证券法》(以下简称《证券法》)、《中华人民共和国保险法》(以下简称《保险法》)、《中华人民共和国票据法》(以下简称《票据法》)、《中华人民共和国担保法》(以下简称《担保法》)等。

(二)金融法律法规的特征

1. 实体法与程序法相统一

金融法规定了金融主体的职责、权利和义务,同时又规定了实现这些权利、义务的程序、步骤、方法等,因此金融法是实体法和程序法的统一。

2. 融合公法与私法、是以社会为本位的社会法

金融法调整的对象,既有事关"金融个体"利益的金融业务关系,又有事关金融全局的金融监管体系。这就决定了金融法既不能如公法,一切以国家意志为本位,也不能如私法,完全以个人意志为中心,而必须以社会为本位,融合公法、私法的调整方法,成为社会法。

3. 具有强行性、准则性

金融法律规范多为义务性、禁止性规范,金融业的公共性和高风险性,决定了金融机构的组织及其活动的开展对整个社会的一般商业活动和人民大众的生活具有重大影响,需要由国家法律强行规定并予以强制实施。因此,金融法主体的组成、职责、权利、义务往往由国家法律直接作出强行规定,不允许当事人随意改变。金融活动的开展也极为规范,有非常严格的程序性、准确性要求。

4. 调整范围越来越广、法律内容日益增多

金融是商品经济的产物,并随商品经济的高度发展而不断创新。新的金融机构、融资手段、金融工具不断涌现,金融已经渗透到社会生产、生活的各个层面,因此金融所涉及的范围越来越广,法律内容也随之增加。

二、金融法律法规的调整对象

金融法的调整对象是在金融业务和金融管理活动中形成的各种经济关系,包括金融监

督管理关系、金融业务关系、金融宏观调控关系和金融机构或金融组织的内部关系。

1. 金融监督管理关系

金融监督管理关系是指国家金融监督管理部门在组织和管理全国的金融机构、金融市场、金融产品及金融交易过程中形成的经济监督管理关系,包括货币流通管理关系、金融机构资格监管关系、金融业务活动监管关系、金融处罚关系。

金融监督管理关系的主要内容是金融监管机关依法制定监管规章,审批金融机构,对金融机构进行稽核和检查,对金融活动当事人的违法行为进行查处等。金融监管机关的监管行为必须依法进行,被监管的金融机构、其他组织和个人必须服从监管。金融监督管理关系本质上是一种金融行政关系。

2. 金融业务关系

金融业务关系是指银行和其他非银行金融机构在法律法规允许的范围内,在从事业务活动过程中与其他平等主体之间发生的经济关系,包括间接融资关系、直接融资关系、金融中介服务关系、特殊融资关系。一般而言,金融业务是指存款、贷款、结算、保险、信托、金融租赁、票据贴现、融资担保、外汇买卖、金融期货、证券发行与交易等。金融业务关系本质上是一种民事关系。

3. 金融宏观调控关系

金融宏观调控关系是指中央银行在金融宏观调控过程中与金融机构、其他政府部门、企业和个人之间发生的权利、义务关系。中国人民银行是我国的金融宏观调控机构。金融宏观调控的特点是中央银行主要利用经济手段依法对金融机构和金融活动进行调整,其调控的直接对象是金融机构及金融市场,间接对象是国民经济各部门、企业及个人,主要是通过货币政策工具及法律规定的其他方式进行。

4. 金融机构或金融组织的内部关系

金融机构或金融组织的内部关系是指金融机构或金融组织内所发生的有关组织管理、运作和协调的关系。金融机构或金融组织的内部关系包括管理关系、财务关系、会计关系、内部监督关系、资金调度关系等。

 延伸阅读 6-1

中华人民共和国金融稳定法(草案征求意见稿)

为贯彻落实党中央、国务院关于防范化解金融风险、健全金融法治的决策部署,建立维护金融稳定的长效机制,人民银行会同有关部门深入研究、反复论证,起草了《中华人民共和国金融稳定法(草案征求意见稿)》(以下简称《金融稳定法》),现向社会公开征求意见。

党中央、国务院高度重视金融法治建设。近年来,我国金融立法工作稳步推进,形成了以《中国人民银行法》《商业银行法》《证券法》《保险法》等金融基础法律为统领,以金融行政法规、部门规章和规范性文件为重要内容,地方性法规为补充的多层次金融法律体系。但涉及金融稳定的法律制度缺乏整体设计和跨行业跨部门的统筹安排,相关条款分散,规定过于原则,一些重要问题还缺乏制度规范。因此,有必要专门制定《金融稳定法》,建立金融风险防范、化解和处置的制度安排,与其他金融法律各有侧重、互为补充。

防范化解金融风险是金融工作的永恒主题。在党中央、国务院的坚强领导下,原国务院金融稳定发展委员会统筹协调、靠前指挥,各部门、各地区协作联动,防范化解重大金融风险攻坚战取得了重要阶段性成果,长期积累的风险点得到有效处置,金融风险整体收敛、总体可控,金融稳定基础更加牢靠,金融业总体平稳健康发展。当前我国正向实现第二个百年奋斗目标迈进,立足"两个大局",有必要制度先行、未雨绸缪,制定《金融稳定法》,总结重大金融风险攻坚战中行之有效的经验做法,健全维护金融稳定的长效机制,切实维护国家经济金融安全和社会稳定。

《金融稳定法》草案征求意见稿共六章四十八条,分为总则、金融风险防范、金融风险化解、金融风险处置、法律责任、附则。草案旨在建立健全高效权威、协调有力的金融稳定工作机制,进一步压实金融机构及其主要股东、实际控制人的主体责任,地方政府的属地责任和金融监管部门的监管责任;加强金融风险防范和早期纠正,实现风险早发现、早干预;建立市场化、法治化处置机制,明确处置资金来源和使用安排,完善处置措施工具,保护市场主体合法权益;强化对违法违规行为的责任追究,以进一步筑牢金融安全网,坚决守住不发生系统性金融风险的底线。

下一步,人民银行将会同有关部门坚持以习近平法治思想为指导,坚持科学立法、民主立法、依法立法,充分吸收社会各界反馈的意见建议,进一步修改完善《金融稳定法》草案,按照立法程序配合立法机关高质量推进后续工作,推动《金融稳定法》早日出台。

资料来源:中国人民银行.中国人民银行就《中华人民共和国金融稳定法(草案征求意见稿)》公开征求意见[EB/OL].(2022-04-06)[2022-08-24]. http://www.pbc.gov.cn/goutongjiaoliu/113456/113469/4525737/index.html.

三、我国金融法律法规的发展及体系构成

(一)我国金融法律体系的发展沿革

从 20 世纪 70 年代末到 20 世纪 90 年代初,随着经济体制改革的推进,中国金融业经历了一个从无到有、从少到多的快速发展过程。在这个过程中,金融法治建设基本是空白,金融机构和金融监管主要是依托中央银行的行政体系,依靠行政手段实施的。

1993 年,党的十四届三中全会提出加快金融体制改革以后,我国开始尝试建立一个更加市场化的金融体系,具体措施包括促使四大专业银行向商业银行转型、发展证券市场和保险市场、建立分业监管体制等。经过多年的发展,无论是金融组织、金融市场还是金融监管体制都发生了巨大变化,金融法律框架也从无到有,逐渐成形。

1995 年,《中国人民银行法》《商业银行法》《保险法》颁布实施,此后我国又相继制定了《证券法》《中华人民共和国信托法》(以下简称《信托法》)、《中华人民共和国银行业监督管理法》《中华人民共和国证券投资基金法》等重要的金融法律,以及配套实施的行政法规、司法解释与部门规章、规范性文件,我国的金融法律框架初步形成。这些金融立法在很大程度上满足了处于特殊历史时期的中国金融市场的发展需要,也反映出法律与国家双重指引下的中国特色金融市场的形成过程。

目前,在银行、证券、保险、信托等领域,均颁布了相应法律和大量由国家机关制定的规范性文件。尽管如此,中国的金融法制还是不充分、不健全。特别是随着经济发展模式的变化以及金融改革的深化,金融体系更加高效、安全、稳健,需要更加健全、更具适应性的金融法律体系。

(二)我国金融法律法规的体系构成

在金融法总称下,可以将有关金融监管与金融交易关系的法律分为银行法、证券法、期货法、票据法、保险法、外汇管理法等类别。我国金融法的渊源包括国内法渊源和国际法渊源两大类。

1. 国内法渊源

金融法的国内渊源,是指国家有关机关制定并发布的有关金融组织及其活动的规范性

法律文件。具体包括:

(1) 宪法。宪法是国家的根本大法,是治国安邦的总章程。宪法规定国家的根本任务和根本制度,即社会制度、国家制度的原则、国家政权的组织、公民的基本权利与义务等内容。宪法在我国具有最高的法律地位和法律效力,是其他一切法律、法规的制定依据。同样,宪法也是我国金融法立法的基础。

(2) 金融法律。金融法律是由全国人大及其常委会制定的、有关金融组织及其活动的规范性法律文件,它包括专门金融法律和其他法律中涉及金融活动的有关规定。专门金融法律,如《中国人民银行法》《商业银行法》《保险法》《票据法》等;其他法律中涉及金融活动的有关规定,例如《担保法》中关于保证、抵押、质押的规定,《中华人民共和国公司法》中关于公司组织的规定等。

(3) 金融行政法规。金融行政法规是由国务院制定的、有关金融组织及其活动的规范性法律文件,如《中国人民银行货币政策委员会条例》《中华人民共和国外汇管理条例》《储蓄管理条例》等。金融行政法规不得与宪法、金融法律相矛盾。

(4) 金融行政规章。金融行政规章是指国家金融监管部门(或机构)根据金融法律、法规的规定或授权,制定的有关金融活动的规范性法律文件,例如,中国人民银行制定的《贷款通则》《金融机构管理规定》、国家外汇管理局制定的《保税区外汇管理办法》等。

(5) 地方性法规和地方性规章。地方性法规和地方性规章是指省、自治区、直辖市的人民代表大会及其常委会和人民政府制定的、有关金融活动的规范性法律文件。这些地方性法规和规章因地制宜,是对金融法律、法规的具体化,但它们不得同金融法律、行政法规相矛盾。

(6) 行业自律性规章、规范。行业自律性规章、规范是由金融业或金融机构制定的、有关自身金融活动的行为规范,具有准法律效力,如《中国证券业协会章程》《深圳证券交易所股票上市规则》等。

2. 国际法渊源

我国金融法的国际法渊源,是指我国缔结或参加的有关国际条约、协定以及一些具有广泛影响、为国际社会接受并认可的国际惯例。

(1) 国际条约。我国缔结或参加的金融国际条约,除我国声明保留的条款,均属于我国金融法的重要渊源。我国参加国际金融活动所签订和加入的双边或多边条约,虽然不是我国有关机关制定的,但一经参加就表明得到了我国政府的承认,对我国具有约束力。通常而言,金融国际条约一旦缔结和参加,即具有优先于国内法的效力。

目前,我国缔结和参加的金融国际条约主要有《国际货币基金组织协定》《国际复兴开发银行协定》《国际复兴开发银行协定附则》《国际金融公司协定附则》《国际复兴开发银行贷款和国际开发协会信贷采购指南》等。

(2) 国际惯例。国际惯例是在国际经济长期实践交往中形成的,为国际社会广泛接受并承认的,一经双方确认就具有法律约束力的习惯性规范,如1958年国际商会的《商业单据托收统一规则》、1983年修订的《跟单信用证统一惯例》、1997年9月巴塞尔银行监管委员会颁布的《有效银行监管的核心原则》等。

延伸阅读6-2

健全平台企业金融监管法律制度,规范平台经济竞争秩序

2021年10月21日,中国人民银行条法司副司长刘晓洪在2021金融街论坛年会"治理体系与金融安全"平行论坛上表示,金融法治取得长足进步。

第一,完善基础法律制度。《中华人民共和国民法典》的颁布实施,为金融市场的有序运行和金融业务的依法开展奠定坚实基础。新《证券法》《中华人民共和国刑法修正案(十一)》的修订出台,有效规范资本市场发展,有力规制欺诈发行、内幕交易、市场操纵等违法行为,打击金融犯罪。《防范和处置非法集资条例》的正式出台,为治理非法集资和各类非法金融乱象提供制度依据。与此同时,一系列金融业重要立法修法项目正在稳步推进,并已取得重要阶段性成果。

第二,健全审慎监管制度。金融管理部门出台并推动资管新规平稳实施,金融业内部脱实向虚、层层嵌套、资金空转等情况明显改观。制定《关于加强非金融企业投资金融机构监管的指导意见》和《金融控股公司监督管理试行办法》,规范金融控股公司行为,隔离实业板块与金融板块风险,实现对产融结合的有效监管。出台《统筹监管金融基础设施工作方案》,加强重要金融基础设施统筹监管与建设规划,为金融市场稳健高效运行提供更好的基础性保障。健全违约债券处置机制,推动债券市场统一执法。

第三,强化金融违法处罚规则。按照原国务院金融稳定委员会对金融违法行为"零容忍"的要求,金融管理部门着力统一监管执法标准,提高违法成本,切实严肃市场纪律。新《证券法》《防范处置非法集资条例》显著提高了行政处罚标准,《中华人民共和国刑法修正案(十一)》加重了金融犯罪行为的刑事责任。

第四,加强金融消费者保护制度建设。中国人民银行出台《中华人民共和国金融消费者权益保护实施办法》,规范银行、支付机构提供金融产品和服务的行为,保护金融消费者合法权益;发布《征信业务管理办法》,以落实《中华人民共和国个人信息保护法》的个人信息权益规定,从严加强征信监管,保障信息主体合法权益和信息安全。

资料来源:刘凤茹.中国人民银行条法司副司长刘晓洪:金融法治从四方面取得了长足进步[EB/OL].(2021-10-21)[2022-07-28]. https://baijiahao.baidu.com/s?id=1714222309222554646&wfr=spider&for=pc.

第二节 我国主要金融法律法规

伴随着社会经济制度的进步及金融业的蓬勃发展,我国的金融监管日益加强,金融法律法规也逐步健全。在我国,金融体系长期以银行为主体,因此金融立法中针对银行业的立法成为重中之重。1908年清政府颁布的《大清银行则例》是我国的第一部银行法规。1931年民国政府制定了《银行法》,是真正以"银行法"命名的法规。1947年再次制定的《银行法》,是近代银行立法成熟的标志。中华人民共和国成立后,特别是改革开放后,金融法律法规真正地发展起来。

一、银行法律制度

银行法是金融法律体系的核心,是国家进行宏观调控的重要法律依据。1994年2月25日,国务院发布了《中华人民共和国外资金融机构管理条例》;1994年10月9日,中国人民银行发布了《银行账户管理办法》等法规。1995年被称为"金融立法年",1995年3月18日,第八届全国人大第三次会议通过了《中华人民共和国中国人民银行法》;1995年5月

10日,第八届全国人大常委会第十三次会议通过了《中华人民共和国商业银行法》。两部银行法的颁布是我国银行体制改革和银行法制建设的重大成果,标志着我国较为完整的银行法律体系已初步形成。

银行法具有以下两点特征:一是银行法律规范所规定的主体的一方是特定的,即相关银行。二是银行法较多地体现了国家干预的色彩,金融监控是国家管理经济的一项重要职能,银行业与社会各类经济活动密切相关,影响着经济秩序的稳定,国家必然要加强对其合理的管制。

(一)中华人民共和国中国人民银行法

1. 中央银行法

中央银行法是规定中央银行的地位、性质、职能、组织、业务范围等内容的法律规范的总称。中央银行是负责管理一国金融事业,制定和执行国家的货币信用政策,调节和控制货币流通及信用活动,依法管理监督其他金融机构的国家机关。中央银行在金融体系中居于核心地位,是国家贯彻金融业法律法规及政策,进行国家管理、干预经济的重要机构。

中央银行法确立了中央银行的地位和职责,调整中央银行在组织管理和业务经营活动中形成的内外关系,规范了部分金融法律制度,为完善金融法律制度提供了可能,使中央银行能独立行使其职能,保障了国家货币政策的制定和执行,促使金融体系稳健运行。

2. 中国人民银行法

我国最早的中央银行法是1995年3月18日第八届全国人大第三次会议审议通过的《中华人民共和国中国人民银行法》(以下简称《中国人民银行法》),它是中华人民共和国成立以来管理和规范金融业的第一部大法,是中国金融法律体制中的基本法,是金融法制建设的里程碑。《中国人民银行法》共分为八章十五条,包括总则、组织机构、人民币、业务、金融监督管理、财务会计、法律责任、附则。该法于2003年12月27日进行修订。此外,中央银行的相关法律法规还散见于《中华人民共和国宪法》《中华人民共和国刑法》《中华人民共和国外汇管理条例》及《中国人民银行行政复议办法》等多部法律法规中。上述法律法规共同构成了我国中央银行法律体系。

2020年10月23日,中国人民银行就《中华人民共和国中国人民银行法(修订草案征求意见稿)》(以下简称《征求意见稿》)发布公开征求意见通知。这是现行《中国人民银行法》继2003年12月27日修正以来,时隔17年再次大修。此次《征求意见稿》扩充了中国人民银行的职能,其主要职责由原先的13项增加至19项,明确了金融科技、支付、征信等由中国人民银行监管,并首次写入人民币数字形式,对数字人民币的发行和监管作了相应规定。例如,第19条规定,人民币包括实物形式和数字形式;第22条规定,任何单位和个人不得制作、发售代币票券和数字代币,以代替人民币在市场上流通。

另外,此次中国人民银行的宏观审慎管理职能被正式写入《征求意见稿》,填补了我国宏观审慎监管制度的空白。宏观审慎监管与微观审慎监管是相对应的概念。微观审慎监管更关注单个金融机构的安全与稳定,宏观审慎监管是2008年世界金融危机后各国新增加的监管措施,它更关注整个金融系统的稳定,并针对不稳定的因素进行监管和调整。宏观审慎监管主要解决的是整个社会的金融稳定问题,对普通公众的日常生活并没有直接的影响,但可以产生间接的影响。《征求意见稿》同时加大了对金融违法行为的处罚力度,将违法处罚上限提高至2 000万元。

(二) 中华人民共和国商业银行法

1. 商业银行法的适用范围

商业银行法是国家制定的,用来规范与调整商业银行和客户、商业银行和中央银行、商业银行与其他金融机构之间关系的法律规范的总称。

1995年5月10日,第八届全国人民代表大会常务委员会第十三次会议通过了《中华人民共和国商业银行法》(以下简称《商业银行法》),并分别于2003年和2015年进行了两次修订。该法最新的修订于2020年10月启动。

《商业银行法》的适用范围是指该法对哪些金融机构的哪些活动有法律约束力,主要包括以下几个方面:

(1) 商业银行的一切经营和管理活动。

(2) 外资商业银行、中外合资商业银行、外国商业银行的分行,适用《商业银行法》规定,但法律、行政法规另有规定的除外。

(3) 城市信用合作社、农村信用合作社办理存款、贷款和结算等业务。

(4) 邮政企业办理邮政储蓄、汇款业务。

2. 商业银行法的基本原则

1) "三性"原则

"三性"原则是指商业银行以安全性、流动性、盈利性为经营原则。这是我国商业银行必须遵守的基本原则。其中,安全性原则是指商业银行在进行业务活动时,必须充分防范和化解各种经营风险,确保银行资产安全、稳健经营。流动性原则是指商业银行在流动性不足时能随时获得资金或将资产变现,以便及时、充分地满足客户提现和发放正常贷款的需求。盈利性原则是指商业银行在经营过程中,必须以盈利为目标,努力使盈利最大化,追求最佳的经济效益和社会效益。

从短期看,"三性原则"存在一定的矛盾和冲突。但从长期看,"三性"原则之间是相互统一的,它们共同保证了商业银行经营活动的正常运行。其中,安全性原则是基础,是实现盈利性原则和流动性原则的前提;流动性原则是保证,是实现盈利性原则和安全性原则的条件;盈利性原则是核心,是保持或实现安全性原则和流动性原则的目的。

2) "四自方针"原则

"四自方针"原则是指商业银行实行自主经营、自担风险、自负盈亏、自我约束。其中,自主经营原则强调商业银行有权根据市场的需要,自主地对经营计划、投资安排、金融产品的开拓以及劳动、人事、工资奖金分配等方面作出决策并组织实施,不受地方政府和部门的干预。自担风险原则是指商业银行要独自承担信用风险、利率风险、汇率风险、流动性风险和国家风险等经营中出现的各种风险。自负盈亏原则是指商业银行对其经营业务所产生的后果享有相应的权利,承担相应的责任。自我约束原则是指商业银行必须遵照国家法律法规的规定,建立自我约束机制,建立、健全本行的业务管理和内部控制制度。

3) 平等、自愿、公平和诚实信用原则

商业银行与客户进行的业务活动是民事法律行为,理应遵守民法的基本原则。具体而言,商业银行与客户的法律地位完全平等,一方不得以大欺小、以强凌弱,双方完全受自己意志的支配,不受他人的左右和干涉。同时双方要诚实守信、不欺不诈,在享有民事权利和履行民事义务上要对等、合理,不能失当。

4) 不得损害国家利益、社会公共利益原则

商业银行作为金融体系的主体，其是否良性发展，不仅仅关系到银行自身能否盈利、能否存续发展，更关系到广大的工商企业和人民大众的生产、生活能否顺利进行，关系到整个国家的社会秩序、经济秩序能否稳定。为此，商业银行开展业务，应当遵守法律、行政法规的有关规定，不得为谋取私利或者局部利益而损害国家利益、社会公共利益。

5) 公平竞争原则

竞争是市场经济的基本特征之一，只有竞争才会出效益，才会使资源达到最佳配置。商业银行通过竞争，不断促进银行业提高管理水平和信贷资产质量，增强服务意识。银行业的竞争，必须是有序竞争、正当竞争，而不能搞不正当竞争。这是因为不正当竞争会破坏商业银行的稳健运营，使金融秩序发生混乱，严重阻碍经济发展。

6) 依法接受监管原则

商业银行依法接受国家金融监督管理总局的监督管理，但法律规定其有关业务接受其他监督管理部门或者机构监督管理的，依照其规定。

3. 商业银行法的修订

由于我国银行业经营环境、金融监管环境、市场环境出现的最新变化，银行业也出现了各种新问题。为了进一步完善银行业法律制度，支持银行业稳健发展，中国人民银行积极推进《商业银行法》的修改工作，于 2020 年 10 月起草了《中华人民共和国商业银行法（修改建议稿）》。

此次修订的重点很多，主要包括：纳入"提高金融服务质量""服务实体经济""防范金融风险"等表述；纳入公司治理、风险处置、市场化退出、存款保险基金、客户权益保护、宏观审慎等近年的主要政策导向。另外，此次修订依然坚持分业经营。注册资本显著提升，将全国性银行、城商行和农商行的最低注册资本分别从 10 亿元、1 亿元、5 000 万元大幅提升至 100 亿元、10 亿元、1 亿元。此外，突出区域银行的本地化经营要求，不得未经批准跨区经营；业务范围明显拓宽，新增了"办理衍生品交易业务""办理贵金属业务""办理离岸银行业务"等业务；新增多项客户权益保护要求，加大了违法处罚力度。

修订后的《商业银行法》有一项内容备受关注，原来的《商业银行法》规定"商业银行在中华人民共和国境内不得从事信托投资和股票业务，不得投资于非自用不动产"，而新修订的《商业银行法》则将其修改为"商业银行在中华人民共和国境内不得从事信托投资和证券经营业务，不得向非自用不动产投资或者向非银行金融机构和企业投资，但国家另有规定的除外"，尽管此次修订依然坚持分业经营原则，但这给商业银行混业经营留下了发展空间。

相关案例 6-1

龙湾农商银行 7 宗违法被罚 265 万　财务会计信息不真实

原银保监会网站披露的温州监管分局行政处罚信息公开表（温银保监罚决字〔2022〕3 号）显示，龙湾农商银行存在以下违法行为：一是违规以"过桥贷款"形式变相收费。二是财务会计信息不真实。三是投资入股企业整改不到位。四是违规保管客户已签字的空白业务凭证。五是个人贷款资金违规流入房地产市场。六是流动资金贷款资金违规流入房地产市场。七是以贷收息掩盖信贷资产质量真实性。胡荣安对上述违法行为负有管理责任。

原银保监会温州监管分局依据《中华人民共和国商业银行法》第七十三条第一款第（四）项及第二款、第八十九条第二款，《中华人民共和国银行业监督管理法》第四十六条第（五）项，对龙湾农商银行处罚款人民币265万元，并对胡荣安予以警告处分。

《中华人民共和国商业银行法》第七十三条规定，商业银行有下列情形之一，对存款人或者其他客户造成财产损害的，应当承担支付迟延履行的利息以及其他民事责任：

(1) 无故拖延、拒绝支付存款本金和利息的；
(2) 违反票据承兑等结算业务规定，不予兑现，不予收付入账，压单、压票或者违反规定退票的；
(3) 非法查询、冻结、扣划个人储蓄存款或者单位存款的；
(4) 违反本法规定对存款人或者其他客户造成损害的其他行为。

有前款规定情形的，由国务院银行业监督管理机构责令改正。有违法所得的，没收违法所得；若违法所得在五万元以上，处违法所得一倍以上五倍以下罚款；没有违法所得或者违法所得不足五万元的，处五万元以上五十万元以下罚款。

《中华人民共和国商业银行法》第八十九条规定，商业银行违反本法规定的，国务院银行业监督管理机构可以区别不同情形，取消其直接负责的董事、高级管理人员一定期限直至终身的任职资格，禁止直接负责的董事、高级管理人员和其他直接责任人员一定期限直至终身从事银行业工作。商业银行的行为尚不构成犯罪的，对直接负责的董事、高级管理人员和其他直接责任人员，给予警告，处五万元以上五十万元以下罚款。

6-1：《商业银行法》大修的13大要点

资料来源：蔡情.龙湾农商银行7宗违法被罚265万 财务会计信息不真实等[EB/OL].（2022-03-17）[2022-04-30]. http://finance.ce.cn/bank12/scroll/202203/17/t20220317_37411652.shtml.

二、证券法律制度

(一) 证券法概述

1. 证券法的概念

证券法有广义和狭义之分。广义的证券法包括国家机关和被授权机关制定的证券法律、法规和部门规章。狭义的证券法，是指调整和规范证券种类、证券发行关系、证券交易关系、证券市场监督管理关系以及其他相关法律规范的总称。

2. 证券法的适用范围

《中华人民共和国证券法》（以下简称《证券法》）的适用范围是在中华人民共和国境内的股票、公司债券与国务院依法认定的其他证券的发行和交易。《证券法》未规定的，适用《中华人民共和国公司法》和其他法律、行政法规的规定。政府债券、证券投资基金份额的上市交易适用《证券法》，但其他法律、法规另有规定的，适用其他法律、法规的规定。证券衍生品种，例如认股权证、期权、股指期货等的发行、交易的管理办法，则由国务院依照《证券法》的原则进行规定。

3. 证券法的宗旨及基本原则

《证券法》的宗旨是规范证券发行和交易行为，保护投资者的合法权益，维护社会经济秩序和社会公共利益，促进社会主义市场经济的发展。它是证券法要实现的总体目标，是指导建立证券法基本原则和具体规范的基础，具有高度的稳定性和抽象性。

证券法的基本原则是证券法基本精神的体现，是实现证券法宗旨的重要手段。它是证券发行、交易及其管理活动必须遵循的最基本的准则，贯穿于证券立法、执法和司法过程始终。证券法的基本原则包括以下几个方面：

1) 公开、公平、公正原则

公开原则一方面要求信息公开,即证券发行者必须将与证券有关的一切真实情况予以公开,以供投资者投资决策时参考;另一方面要求管理公开,即监管法律、法规、相关政策公开,市场监管与执法活动公开。公平原则指在证券发行和交易活动中,发行人、投资人、券商及证券专业服务机构等主体的法律地位、机会平等,其合法权益受到同等保护。公正原则指立法机关、证券监管机构、证券中介机构和司法机关在履行职责时,应当依法行使职责,对一切主体给予公正的待遇。公开原则是证券发行和交易制度的核心,只有以公开为基础,才能实现公平和公正。

2) 自愿、有偿、诚实信用原则

该原则是指证券发行与交易活动的当事人应当遵守市场活动规则,尊重对方主体平等的法律地位,自愿、有偿、诚实信用,实事求是地履行自己所承担的义务,不得有强制交易、无偿占有、不诚实的行为。

3) 合法原则

该原则是指证券发行、交易活动,必须遵守法律、行政法规,禁止欺诈、内幕交易和操纵证券交易市场的行为。

4) 分业经营、分业管理原则

该原则是指证券业和银行业、信托业、保险业实行分业经营、分业管理。证券公司与银行、信托、保险业务机构分别设立,国家另有规定的除外。

5) 保护投资者合法权益的原则

该原则是指证券市场的发展必须依靠社会公众的支持,投资者的热情和信心是证券市场稳健发展的重要保证。《证券法》将保护投资者合法权益放在首要位置,并在整部法律中规定了信息披露、禁止证券欺诈行为等制度,都体现了保护投资者合法权益的原则。

6) 国家集中统一监管与行业自律相结合的原则

该原则是指在证券市场上除证监会按照授权履行监管职责外,国家还依法设立证券业协会实行自律性监管。国家审计机关对证券交易所、证券公司、证券登记结算机构、证券监管机构依法进行审计监督。

(二) 我国证券法的制定及修订

我国证券市场的兴起是国家不断深化经济体制改革的产物。我国证券法的产生和发展,始终与经济体制改革进程联系在一起,与特定时期的国内外经济、政治和社会背景联系在一起。全国人大常委会于2005年修订的《证券法》,结合我国证券市场现状,吸收了国外证券法制的经验,加快了我国证券法制建设的步伐,增加了许多崭新的内容。该法共十二章二百四十条,对于完善上市公司监管制度,保护中小投资者的权益、健全证券发行和权证交易制度等具有重要意义。

2020年3月1日起我国正式实施新《证券法》。该法历时五年,历经四次审稿,最终经全国人大常委会审议通过。新的《证券法》在证券发行、证券交易、上市公司收购、信息披露、投资者保护、法律责任等方面作出调整更新。其在扩大证券定义、证券发行注册制改革、健全多层次资本市场、打击违法行为、完善保护投资者等方面取得了重大突破。其中,全面推行注册制、显著提高违法成本和保护中小投资者权益更是超出投资者预期。

值得一提的是,本次《证券法》修订扩大了证券定义。因为证券定义过窄不利于对所有证券发行与交易行为作出规范,本次修法虽然没有采取"定义+列举"的方式,但是已经扩大了证券定义的范围,将CDR、ABS和资管产品纳入证券范畴,是《证券法》由股票法回归证券本源的一大进步,也基本体现了中国资本市场近年来的发展,做到了与时俱进。

将资管产品纳入证券的定义将为完善资管市场顶层设计奠定基础。资管新规出台后,由于缺乏顶层设计,横向统一大资管行业的监管存在困难,监管套利仍然存在。《证券法》明确资管产品的证券属性,为资管行业法律框架的完善提供了一定支持。未来资管产品的法律关系将明晰,资管行业将迎来统一的行业法,资管产品的证券属性被确认后,资管新规有望得以完善。

《证券法》修订对中国资本市场发展影响深远,明确证券发行注册制从顶层设计上推动中国资本市场的市场化改革。中国股票发行经历了审批制和核准制,其中审批制带有较强的行政色彩,核准制于2001年正式启动,具有一定的市场化特点,而注册制充分尊重投资人和筹资人在公开发行证券上市的时机选择和价格选择的自主权,是让市场在资源配置中发挥决定性作用的表现,具有里程碑意义。全面实施注册制将通过分布式推进改革实现,而其需要资本市场进行多方面改革,例如,构建完善的投资者保护体系和完善的证券中介体系,新《证券法》的实施为这些改革打下了坚实的基础。

《证券法》修订支持全方位做强、做优资本市场,推动金融供给侧结构性改革,发行制度的市场化改革,这些有利于资本市场发挥其资本形成功能。证券定义的扩大有利于金融产品创新,提升信息披露要求有利于减少资本市场的信息不对称,促进市场资源配置效率的提升,加大投资者保护力度,提升证券违法成本有利于防范重大金融风险。

延伸阅读6-3

新《证券法》的特别之处

新《证券法》的修订实现了以下五大突破:

第一,规定全面实行注册制,优化上市条件:在第九条中直接规定证券发行实行注册制,同时放宽股票发行的财务条件,删去了债券发行的净利润、杠杆率、资金投向和债券利率等条件,体现了证券融资行为市场化的思路。

第二,扩大证券定义:将CDR、资管产品和ABS纳入了证券定义范围,赋予这些原来的"准证券"金融产品正式具有了可交易可转让的合法证券产品地位,一方面有利于配合实施"资管新规",为解决跨界监管难题打开了突破口;另一方面体现了中国资本市场的包容度和开放性,丰富和满足境内外企业多元化融资和投资产品多样化的需求,提升资本市场活跃度,促进资本市场繁荣发展。

第三,提高信息披露要求:新设信息披露专章,扩大了信息披露义务人的主体范围,完善了上市交易股票相关的强制披露事项,新增了上市交易公司债券相关的强制披露事项,并就近年来信息披露中遇到的一些问题作出了规范。

第四,加大投资者保护力度:新设投资者保护专章,强化了证券公司的销售责任,将投资者划分为普通投资者和专业投资者,给予了投资者保护机构充分的权限,引入了代表人诉讼制度。

第五,全面提升证券违法成本:对涉及证券发行(欺诈发行、保荐人不尽责、发行人改变资金用途等行为)和证券交易(操纵市场、内幕交易等)中的违法行为均大幅加大了处罚力度,有利于推进注册制实施,同时有助于防范重大金融风险,构建有韧性的资本市场。

资料来源:王锐.资本市场改革疾行 股权大时代来临[EB/OL].(2020-01-13)[2022-05-10]. https://baijiahao.baidu.com/s?id=1655581871225871641&wfr=spider&for=pc.

相关案例6-2

新证券法首个案例！这家公司董事长涉嫌操纵市场，拒不配合调查被立案，股价封死跌停

中恒电气成立于1996年，主营电力信息化与电力电子两大产业板块，2010年3月在深交所上市。公司围绕电力信息化与电力电子两大产业板块，一方面持续为电网、发电（含新能源）与工业企业的"自动化、信息化、智能化"建设与运营提供整体性解决方案；另一方面专注为客户提供通信电源、高压直流电源（HVDC）、电力操作电源、新能源电动汽车充换电系统、智慧照明、储能等产品及智慧能源整体解决方案。

资料显示，朱国锭1965年出生，大专学历。自中恒电气成立至2012年任公司董事长、总经理，2012年1月辞去公司总经理一职，现担任公司董事长。

上市以来，实控人朱国锭夫妇持续减持套现。上市之初，朱国锭夫妇及其控制的杭州中恒科技投资有限公司（以下简称中恒投资）合计持有中恒电气59.81%股权。

2020年8月19日，中恒电气发布的最新减持公告显示，朱国锭、包晓茹于2020年8月12日至8月17日通过集中竞价交易合计减持公司股票563.6万股，占公司总股本的1%。目前朱国锭、包晓茹和中恒投资合计持有中恒电气42.30%股份。上市至今减持了17.51%。

2019年11月，朱国锭夫妇还因违规减持收到监管罚单。根据浙江证监局下发的监管函，作为中恒电气实控人朱国锭，以及其一致行动人包晓茹，从2013年5月至2019年6月的6年间，多次减持中恒电气股份。按照相关规定，作为实控人及其一致行动人，应该于持有中恒电气股份每减少5%时暂停交易，并通知上市公司予以公告，但二人迟至2020年6月25日才通知上市公司，披露减持。二人行为违反了上述信息披露规定，浙江证监局决定对二人采取出具警示函的监督管理措施，并记入证券期货市场诚信档案。

2020年8月19日晚间，中恒电气披露公告称，公司董事长、董事朱国锭因涉嫌操纵上市公司股价、拒不配合国务院证券监督管理机构依法履行职责，违反相关证券法律法规，已被证监会开展立案调查。中恒电气表示，上述立案调查事项系对朱国锭个人的调查，不会影响公司正常生产经营活动，公司将根据调查情况及时履行信披义务。

据了解，中恒电气案是新《证券法》实施以来，因拒不配合调查被立案的第一案。新《证券法》明确规定了对拒绝和阻碍调查的处罚条款，并加大了惩戒力度。新《证券法》第一百七十三条明确指出，国务院证券监督管理机构依法履行职责，被检查、调查的单位和个人应当配合，如实提供有关文件和资料，不得拒绝、阻碍和隐瞒。另据新《证券法》第二百一十八条，拒绝、阻碍证券监督管理机构及其工作人员依法行使监督检查、调查职权，由证券监督管理机构责令改正，处以10万元以上100万元以下的罚款，并由公安机关依法给予治安管理处罚。

资料来源：康殷. 新证券法首案！这家上市公司董事长遭立案，37万手卖单封死跌停[EB/OL]. (2020-08-20)[2022-09-10]. https://mp.weixin.qq.com/s/S9MAiUUwMLIs-k8ArDEMFA.

三、保险法律制度

无论对个人还是社会，保险都具有十分重要的作用。从法律角度看，保险是指投保人根据合同约定向保险人支付保险费，保险人依约定向投保人或者合同约定的其他人支付保险金的商业行为。保险具有分散风险、补偿损失、防灾防损、融通资金、收入分配等职能。保险既在宏观上影响着国民经济的稳定与发展，又在微观上影响着单位和个人的生产生活。

（一）保险法的特征

保险法是调整保险关系的法律规范的总和，旨在调整保险活动中保险人与投保人、被保险人以及受益人之间的法律关系，保障国家对保险企业、保险市场实施监督管理。保险法一般具有以下特征。

1. 私益性与公益性相结合

保险法所调整的保险合同是当事人为追求私利而进行的商事法律行为,因此投保人与保险人之间基于保险合同所形成的关系是一种商事法律关系,即保险法的私益性。但是保险法对保险业的调整更多地注重保险业的社会责任或公共责任,此为保险法的公益性。

2. 任意性与强制性相结合

保险合同属于商事合同,合同法的一般原理和规则均适用于保险合同。在保险合同中,允许当事人采用协议或其他方式设定义务或施加条件,此为保险法的任意性。

保险法的强制性是指保险法规范中具有强制性规定的内容,其效力不允许当事人作出变更或限制。例如,关于保险人的免责事项,《保险法》第二十七条第二款规定,投保人、被保险人故意制造保险事故的,保险人有权解除合同,不承担赔偿或者给付保险金的责任。即使当事人有相反约定,其约定也应认定为无效。

3. 伦理性与技术性相结合

保险法的伦理性是指为防止道德危险,保险法对保险合同当事人提出了较高的善意要求,而使保险法具有了一定的伦理性特征。因此,保险合同又被称为"最大善意合同"。

保险法的技术性是指基于保险行为长期实践中得来的经验和客观规律,使得保险法中存在很多具有技术性要求的法律规范。例如,保险费率的厘定、保险事故损失及保险赔款的计算等。

(二) 保险法的分类

保险法具体可被分为保险业法、保险合同法、保险特别法和社会保险法四种。

1. 保险业法

保险业法,也被称为保险业监督法,是调整国家和保险机构的关系的法律规范。凡有关保险机构设立、经营、管理和解散等的法律均属于保险业法。例如,我国的《保险企业管理暂行条例》,其对保险企业的设立、中国人民保险公司等作了具体规定,即属于保险业法性质。

2. 保险合同法

保险合同法,也被称为保险契约法,是调整保险合同双方当事人关系的法律规范。保险方与投保方的保险关系是通过保险合同确定的,凡有关保险合同的签订、变更、终止以及当事人权利义务的法律,均属保险合同法。

3. 保险特别法

保险特别法是专门规范特定的保险种类的保险关系的法律规范。对于一些有特别要求或对国计民生具有特别意义的保险,国家专门为之制定法律实施,如《海商法》中的海上保险。这种保险特别法,往往既调整该险种的保险合同关系,也调整国家对该险种的管理监督关系。

4. 社会保险法

社会保险法是国家就社会保障所颁发的法令总称,例如,我国于2010年10月28日通过的《中华人民共和国社会保险法》,则属于此类。

(三) 我国保险法律制度的演变

我国于1981年12月13日颁布《中华人民共和国经济合同法》,对财产保险合同作出专门规定,这是我国首个实质意义上的有关保险的法律规定。1983年9月,国务院颁布了《中华人民共和国财产保险合同条例》,这是我国调整保险合同关系的第一部专门立法。

1985年3月3日,国务院制定了《保险企业管理暂行条例》(以下简称《条例》)。《条例》规定了中国人民银行为国家保险管理机关,中国人民保险公司为拥有垄断经营权的、在全国经营保险和再保险业务的国营企业,设立保险企业要具备的条件,保险公司要保证有足够的偿付能力和保险准备金,关于再保险的法律要求等。

1995年6月,第八届全国人大常委会通过了《保险法》,并于1995年10月1日起施行。这标志着我国保险立法走上了健康发展的轨道。随后,原中国保险监督管理委员会又先后颁布了《保险公司管理规定》《保险公估人管理规定(试行)》等一系列规范保险业的规章。从2002年10月起,《保险法》历经多次修改,逐步完善,更好地促进我国保险行业健康有序发展。《保险法》多次修订情况,如表6-1所示。

表6-1 我国《保险法》修订情况

时间	每次《保险法》的修订情况
2002年10月	《保险法》进行了一次修正,自2003年1月1日起施行。该次修改主要侧重于保险监管法部分的进一步完善,对保险合同法部分基本上未作改动。2009年2月28日,第十一届全国人大常委会第七次会议审议通过了《中华人民共和国保险法(修订草案)》,并于2009年10月1日起施行。这次对《保险法》进行的系统性修订,吸收了党的十六大以来保险业改革发展的宝贵经验和有益探索,针对保险业发展站在新起点进入新阶段的实际,对行业发展和保险监管作出了许多新的规定,进一步完善了商业保险的基本行为规范和国家保险监管制度的主体框架
2014年08月	第十二届全国人民代表大会常务委员会对该法再次修正,修订后的《保险法》共八章一百八十七条。其中第八十二条因《中华人民共和国公司法》修改导致本条所引用的条文序号发生变化而作相应修改,第八十五条删去了国务院保险监督管理机构对精算专业人员进行资格认可的规定
2015年4月	第十二届全国人民代表大会常务委员会第十四次会议对《保险法》再次修正。修订后的《保险法》共八章一百八十五条,主要内容在于放宽审批,纳入保险销售人员、个人保险代理人、保险代理机构的代理从业人员、保险经纪人的经纪从业人员"应当品行良好,具有保险销售所需的专业能力"内容,删去其需要取得"国务院保险监督管理机构颁发的资格证书"
2015年10月	国务院发布《保险法》第三次修订草案。本次《保险法》修改共新增24条,删去1条,修改54条,修改后共九章二百零八条。修改内容主要有:业务和资金管制放松、明确融资工具使用、加强偿付能力监管、增强消费者权益保护、完善和放松中介监管、明确行业协会等组织法律地位、加大对于保险违法行为的处罚力度等

相关案例6-3

中华财险宿州中支违法被罚,虚列费用

2022年6月,原中国银保监会网站公布的宿州银保监分局行政处罚信息公开表(宿州银保监罚决字〔2022〕11号、12号)显示,中华联合财产保险股份有限公司宿州中心支公司(以下简称中华财险宿州中支)存在虚列费用的违法违规事实。依据《中华人民共和国保险法》(2015年修正)第八十六条、第一百七十条,宿州银保监分局对其罚款23万元。

丁菲时任中华财险宿州中支总经理,对审批同意虚列费用违规行为负直接责任。依据《中华人民共和国保险法》(2015年修正)第八十六条、第一百七十一条,宿州银保监分局对其警告并罚款1万元。

《中华人民共和国保险法》第八十六条规定：保险公司应当按照保险监督管理机构的规定，报送有关报告、报表、文件和资料。

保险公司的偿付能力报告、财务会计报告、精算报告、合规报告及其他有关报告、报表、文件和资料必须如实记录保险业务事项，不得有虚假记载、误导性陈述和重大遗漏。

《中华人民共和国保险法》第一百七十条规定：违反本法规定，有下列行为之一的，由保险监督管理机构责令改正，处10万元以上50万元以下的罚款；情节严重的，可以限制其业务范围、责令停止接受新业务或者吊销业务许可证：

（1）编制或者提供虚假的报告、报表、文件、资料的。

（2）拒绝或者妨碍依法监督检查的。

（3）未按照规定使用经批准或者备案的保险条款、保险费率的。

《中华人民共和国保险法》第一百七十一条规定：保险公司、保险资产管理公司、保险专业代理机构、保险经纪人违反本法规定的，保险监督管理机构除分别依照本法第一百六十条至第一百七十条的规定对该单位给予处罚外，对其直接负责的主管人员和其他直接责任人员给予警告，并处1万元以上10万元以下的罚款；情节严重的，撤销任职资格。

资料来源：田云绯.中华财险宿州中支违法被罚　虚列费用[EB/OL].（2022-06-23）[2022-07-10].http://finance.ce.cn/insurance1/scrollnews/202206/23/t20220623_37787676.shtml.

6-2：《保险法》四大基本原则

四、信托法律制度

（一）信托法概述

1. 主体范围

《中华人民共和国信托法》（以下简称《信托法》）专门调整信托关系，而构成信托关系的当事人主要是与信托活动有直接的最密切关系的委托人、受托人、受益人，这三方当事人必须同时具备。缺少这三方当事人的任何一方，则缺少构成信托关系的基本要件，不可能形成信托关系。

委托人是指设立信托的人。委托人包括具有完全民事行为能力的自然人、依法成立的法人和依法成立的其他组织。

受托人是指与委托人订立信托合同而承诺接受委托，或者被信托遗嘱所指定而承诺接受指定，负责对信托财产进行管理、运用或处分的人。受托人可以是具有完全民事行为能力的自然人和依法成立的法人。

受益人是指依据信托文件享受信托利益的人。受益人包括自然人，该自然人可以是具有完全民事行为能力的人，也可以是无民事行为能力人或者限制民事行为能力人，这些人正是民事信托中主要的信托利益的受益对象；受益人还可以是依法成立的法人或者其他组织，这些法人或者组织，可以是营利性组织，也可以是非营利性组织。信托法对委托人、受托人、受益人在信托关系中的权利义务所作出的规范，信托当事人必须遵守。

除了上述信托当事人，与信托活动有联系的其他相关人，在信托法所指向的事项上，也应当遵守信托法的相关规定。

2. 客体范围

《信托法》作为调整信托关系的基本规范，需要涵盖那些为不同目的设立的信托关系，将各种信托中一般的、共同的规则，以法律的形式确定下来，适用于民事信托、营业信托、公益信托等各种信托。

经过信托活动的长期实践,从法律上对信托可以进行不同的分类,最基本的分类是根据信托目的性质的不同,将信托划分为私益信托和公益信托,即:出于私益目的设立的信托,属于私益信托;出于公益目的设立的信托,属于公益信托。

在私益信托中,又可以按照受托人的性质和设立信托的具体目的,区分为营业信托和非营业信托。营业信托是个人或法人以财产增值为目的,委托营业性信托机构进行财产经营而设立的信托。非营业信托即民事信托,是个人为抚养、扶养、赡养、处理遗产等目的,委托受托人以非营利业务进行财产的管理而设立的信托。相对于私益信托,公益信托是出于发展公共事业的目的而设立的信托,该信托财产只能用于公益事业。由此可见,信托法将其适用的客体范围确定为民事信托、营业信托和公益信托,涵盖了各类信托活动,有利于对其进行规范。

3. 法律管辖范围

在中华人民共和国境内,信托当事人进行民事信托、营业信托、公益信托活动,都必须遵守本法,即确定《信托法》的地域管辖范围。无论中国公民、中国的法人和其他组织,还是外国人、外国的法人或其他组织,凡在中华人民共和国境内进行信托活动,都受该法的调整和管辖。

(二) 我国信托法的实施

2001年颁布的《信托法》是确立我国信托制度的基本法律规范。《信托法》的适用范围一般包括该法所调整的主体范围、客体范围及法律管辖范围。从我国的现实条件和实践经验出发,借鉴国际上通行的调整信托关系的法律规范,确立适合我国国情的信托制度,对完善我国的民事商事法律制度,发挥信托在民事活动和经济活动中的作用,推动社会主义市场经济的发展,具有重要的意义。

《信托法》于2001年10月1日正式施行,至今已二十多年。作为经济金融领域的重要法律,《信托法》诞生于我国信托法律制度尚处空白、信托业亟待转型发展的关键时期。该法的实施为信托关系的调整、信托行为的规范以及信托当事人的权益保护提供了法律依据,对建立健全我国信托制度、促进信托业健康发展起到了重要作用。《信托法》施行二十多年来,人民群众财富稳步增长,信托业务需求日益增加。在此背景下,完善信托法律制度,更好适应信托行业发展新形势、新要求的呼声越来越强烈。

6-3:推动《信托法》修改与制度完善

2021年2月,为充分评估修改《信托法》的必要性和可行性,中国人民银行条法司会同原银保监会法规部、信托部以及中国信托业协会成立了《信托法》立法后评估小组,组织开展立法后评估工作,了解法律实施效果、总结现存问题、听取完善信托制度的具体建议,以期为适时推动修改《信托法》奠定良好基础。

五、票据法律制度

票据是出票人依法签发的,由自己无条件支付或委托他人无条件支付一定金额的凭证。票据是商品经济中的重要工具,是银行结算中常见的结算工具。票据制度是商品经济的产物,在经济上发挥着多种功能、多种作用,如充当支付手段、信用手段、结算手段以及融资手段等。

《中华人民共和国票据法》(以下简称《票据法》)是指调整因票据活动而发生的各种社会关系的法律规范的总称。《票据法》全面规范了票据活动中当事人的权利义务,保障票据活动中当事人的合法权益,为促进票据的正常使用和流动提供了法律保障。票据法有广义和狭义之分,狭义的票据法也被称为"形式票据法",是指有关票据的专门立法;而广义的票据法是"实质票据法",除了包括票据的专门立法,还包括民法、刑法、税法等其他法律法规中有关票据的一切规定。本书所指票据法为狭义的票据法。

《票据法》于1995年5月10日第八届全国人民代表大会常务委员会第十三次会议通过,自1996年1月1日起施行,2004年8月28日第十届全国人民代表大会常务委员会第十一次会议决定对《票据法》进行修改,删除原《票据法》第七十五条"本票出票人的资格由中国人民银行审定,具体管理办法由中国人民银行规定"的条款。

《票据法》主要用于调整票据关系。票据关系是因为票据的签发、转让、承兑、保证等形成的以金钱利益为内容的财产关系。票据关系是财产关系,具有私法上财产关系的基本特点,理应受私法调整。然而,票据关系又具备私法上物权关系、一般债权关系不具有的特点,难以用物权法、债权法加以规范。因此,为有效保障票据的使用和流通,保护票据关系当事人合法利益,促进经济发展,国家制定了《票据法》专门调整票据关系。

 延伸阅读6-4

什么是"区块链票据"

"区块链票据"从字面理解是"区块链+票据"。区块链通过密码学提供的安全性、完整性和不可篡改性的特性,可在一定程度上满足票据交易的这些需求,从而有助于在技术层面上防控票据业务风险。目前,学术界对区块链的定义尚未形成共识。区块链的定义有广义和狭义之分。广义的区块链是指利用块链式数据结构来验证与存储数据,利用分布式节点共识算法来生成和更新数据,利用密码学的方式保证数据传输和访问的安全,利用由自动化脚本代码组成的智能合约来编程和操作数据的一种全新的分布式基础架构与计算范式。狭义的区块链是指将数据区块以时间顺序相连的方式组合的一种链式数据结构,并以密码学方式保证的不可篡改和不可伪造的分布式账本。学术界普遍认为区块链技术的本质是去中心化的记账系统,该记账系统是全网共识、单一个体是无法篡改的,其记录具有可追溯性。

根据《票据法》第十九条的规定:"汇票是出票人签发的,委托付款人在见票时或者在指定日期无条件支付确定的金额给收款人或者持票人的票据。汇票分为银行汇票和商业汇票。"以票据载体的不同,汇票可分为商业汇票与电子商业汇票。票据是具有支付、融资和调节功能的重要金融工具。票据是完全的有价证券,票据的特征决定了其票面记载的基本信息和交易信息具有完整性和不可篡改性,且票面金额一般较高,因此其安全性要求很高。

"区块链+票据"是以区块链为技术基础,依据目前银行汇票和商业汇票的属性、法律法规、票据的监管规定和市场需求进行创新的一种新型票据表现形式。它是一种既具备电子票据功能和优点,又利用区块链技术的优势,以防范电子票据欺诈风险进行创新的新型有价证券。区块链票据利用区块链"去中心化、分布式账本、智能合约"等技术优势,实现了区块链技术与票据业务创造性相结合的一种新型支付工具。区块链技术的去中心化、点对点交易、不可篡改等技术价值与票据交易行为特征十分吻合。

因此,利用区块链技术可以实现传统票据的功能与作用,并解决传统票据在应用过程中的问题,例如实现票据防伪、提高资金清算效率、降低结算成本等。区块链利用分布式与共识算法可用以防范目前票据市场中所出现的票据平台等机构的票据欺诈行为和道德风险,例如通过假汇票和空头汇票买卖等方式套取银行资金等问题,从而保证银行票据业务的安全性、资产安全性和交易安全性。

资料来源:李爱君.区块链票据的本质、法律性质与特征[J].东方法学,2019(03):64-71.

六、反洗钱法律制度

洗钱是当前严重影响全球各国经济发展、扰乱金融秩序的毒瘤,为此各国都会通过立法、联合反洗钱等形式,严厉打击洗钱活动。2006年10月31日,中华人民共和国第十届全国人民代表大会常务委员会第二十四次会议通过了《中华人民共和国反洗钱法》(以下简称《反洗钱法》),自2007年1月1日起施行。《反洗钱法》所指的反洗钱,是指为了预防通过各种方式掩饰、隐瞒毒品犯罪、黑社会性质的组织犯罪、恐怖活动犯罪、走私犯罪、贪污贿赂犯罪、破坏金融管理秩序犯罪、金融诈骗犯罪等犯罪所得及其收益的来源和性质的洗钱活动,依照本法规定采取相关措施的行为。

2021年6月1日,为贯彻落实党中央、国务院金融工作部署,中国人民银行组织起草了《中华人民共和国反洗钱法(修订草案公开征求意见稿)》,向社会公开征求意见。

本次修订并拟出台的《反洗钱法》共有七章。第一章为总则,是反洗钱规制中抽象出来的基本原则;第二章为反洗钱监督管理,是反洗钱工作的重中之重;第三章为反洗钱义务,是对反洗钱义务主体提出的具体要求;第四章为反洗钱调查,即反洗钱调查程序,描述如何对反洗钱事件或风险进行调查;第五章为反洗钱国际合作,一方面是对国际反洗钱任务的回应,另一方面也是我国参与的国际组织FATF的相关要求;第六章为法律责任,明确了处分、禁业、罚款及需要刑法保护等内容;第七章为附则,对重要名词进行了必要解释。

七、互联网金融法律制度

(一)互联网金融法律制度的必要性

互联网金融是互联网技术和金融功能的有机结合,依托大数据和云计算在开放的互联网平台上形成的功能化金融业态及其服务体系,包括基于网络平台的金融市场体系、金融服务体系、金融组织体系、金融产品体系以及互联网金融监管体系等。针对互联网金融领域的高频算法交易、数据综合分析、违规操作监管、金融研究报告交易、金融数据服务等方面的法律监管需求,结合国内外证券及相关衍生品市场的高通量交易数据,构建我国互联网金融法律监管制度,已成为促进互联网金融业健康发展、优化金融生态环境、推动产业结构优化升级的迫切需要。

法律是社会关系的调节器,法律监管的目的是使相关领域的社会关系达到平衡。互联网金融风险虽然涉及各方面,但不管是从业者的道德风险、借款人的违约风险,还是交易平台的网络安全风险、支付风险、信息安全风险等,最后都可能被归为法律风险。

与传统金融一样,在互联网金融中都存在市场风险、信用风险、流动性风险、操作风险、声誉风险和法律合规风险等,因此,监管逻辑可以借鉴。但是需要在法律监管中考虑互联网金融的突出特点:一是互联网金融的匿名性、虚拟化程度高,对监管手段的要求更特殊。二是互联网金融具有融合性、多变性特点,使法律监管的幅度跨界较广。三是互联网金融风险集聚、破坏力更大,对法律监管的需求更大。四是对互联网金融机构的风险止损方式,不能完全适用传统企业的破产清算等模式。

(二)互联网金融法律制度的构成

我国的互联网金融还处于探索与发展阶段,目前缺乏直接对应的"互联网金融法",但在维护互联网金融秩序、调节互联网金融社会关系方面,我国已具备较为坚实的制度基础:一是在现有的法律框架,部分已有的法律法规可以利用。二是国家各部委发布了一系列专门对互联网金融进行分类监管的规章制度。三是各地方政府已先后出台促进互联网金融健康发展的政策法律措施。因此,互联网金融法律监管制度是互联网金融领域监管和治理规则体系的总称。

由于互联网金融法律监管跨越互联网与金融等领域,构建互联网金融法律监管制度存在监管要求更高、难度大等特点。以立法方式推进互联网和金融融合发展、以法律手段加强对互联网金融的风险监控,需要多方面措施。例如,事前进行风险评估或监管评级,采取前瞻性风险控制措施;事中随时现场检查;事后及时固定证据、防止风险扩大等,全方位地构建互联网金融法律监管制度。

(三) 现行互联网金融法律监管体系存在的主要问题

目前,我国没有对互联网金融业务设定专门法律规范,相对来说,立法散乱、呈零星分散状态,导致对互联网金融进行法律监管缺乏明确的法律指引。同时,现行互联网金融领域法律监管体系主要存在以下问题。

1. 制度设计与金融生态发展变化略有脱节

法律监管制度在对我国互联网金融的发展起到重要促进作用的同时,由于部分制度设计创新不够,一些内容还没有摆脱旧有惯性的影响;并且金融生态环境随时在发展变化,有些制度内容滞后于形势发展,对于互联网金融领域随时可能出现的新问题有较大的不适应性。

2. 监管思路与改革决策不协调

现有的互联网金融法律监管制度的规范、保障功能发挥较好,但引领、推动作用相对较弱。巩固改革成果、确认改革经验的内容较多,而推动改革进一步发展的前瞻性条款较为缺乏,体现出监管思路与改革决策之间不协调的问题。

3. 行业自律性组织作用发挥不够

互联网金融法律监管制度虽然较好地贯彻了服务实体经济发展的原则,但有关措施的实施主体以政府部门为主,义务性条款较多,授权性规范较少,对于行业自律性组织充分发挥监督管理作用的促进力度有待加强。

(四) 完善互联网金融法律监管制度的建议

针对互联网金融法律监管存在的问题,结合互联网金融与各行业融合发展的趋势,应该进一步完善互联网金融法律监管制度。

1. 加强法律监管,维护金融稳定

互联网金融法律监管应立足互联网金融服务实体经济发展的原则,维护金融稳定,防范和化解互联网金融领域隐藏的风险,促进互联网金融机构的审慎经营,这是各国、各地区互联网金融法律监管制度追求的核心目标。

2. 建立互联网金融纠纷救济制度

互联网金融立法应当对互联网金融业务的信息披露和风险揭示进行强制性要求,因风险揭示、信息披露方面的违规操作而造成的损失,投资者有权进行追偿。同时,立法应当畅通投资者的投诉渠道,强调互联网金融投资教育,提高投资者的风险意识和自我保护能力。

3. 保护金融消费者和投资者的合法权益

金融消费者和投资者保护是互联网金融法律监管制度的一项基本原则。金融消费者是

6-4：互联网金融监管的法治化思考：必要性、路径及实施

6-5：视频-互联网金融法律制度

互联网金融的参与主体之一，对其合法权益进行保护，正是对互联网金融进行法律监管的出发点。因此，互联网金融的法律监管应将金融消费者和投资者的合法权益保护放在突出位置。

4．提升行业自治水平

发挥行业自律、社会共治的作用，促进互联网金融市场有序发展，保护公平竞争，防止形成行业垄断和市场壁垒。互联网金融主体应当加强行业自律，而行业联合会和行业带头人要起到模范带头作用，建立行业自律标准规范，以保护行业健康、有序、可持续发展。

5．接轨国际化互联网金融法律法规

随着经济全球化的发展，任何国家、地区及城市的经济发展都不可能脱离全球经济发展而独立进行。因此，互联网金融法律监管制度应坚持开放共享，积极与国际接轨，研究制定既切合我国实际又符合国际惯例的互联网金融监管制度，加快形成互联网金融法律监管新模式。

相关案例6-4

防范假借互联网金融平台进行非法集资活动

浙江望洲集团有限公司（以下简称望洲集团）及其关联公司从事非法集资活动，截至2016年4月非法吸收公众存款共计64亿余元，未兑付资金共计26亿余元，涉及集资参与人13 400余人，其中，通过线上渠道吸收公众存款11亿余元。2017年，望洲集团实际控制人杨某等人因非法吸收公众存款罪被依法提起公诉，2018年杨某最终以非法吸收公众存款罪被判处有期徒刑9年6个月，并处罚金人民币50万元，其余有关人员也被处以相应刑罚。

据查，望洲集团通过线下和线上两个渠道开展非法吸收公众存款活动。在线下渠道，望洲集团自2013年9月起开始在线下进行非法吸收公众存款活动，其通过门店，采用发宣传单、办年会、发广告等方式宣传，理财客户通过签订债权转让协议或匹配望洲集团虚构的信贷客户借款需求进行投资，投资款被转至杨某个人名下账户，用于集团还本付息、生产经营等活动。在线上渠道，望洲集团假借开展网络借贷信息中介业务之名，未经依法批准归集不特定公众资金设立资金池，控制、支配资金。

其操作手段主要是三步走：第一步是成立网络借贷信息中介公司。2014年，望洲集团成立上海望洲财富投资管理有限公司（以下简称望洲财富）、望洲普惠投资管理有限公司（以下简称望洲普惠），以网络借贷信息中介的名义进行宣传。望洲普惠负责发展信贷客户（借款人），望洲财富负责发展不特定社会公众成为理财客户（出借人）。第二步是以保本高收益诱导公众出资。根据理财产品的不同期限，望洲集团与借款人约定7%～15%的年化利率募集资金，要求理财客户在第三方支付平台上开设虚拟账户并绑定银行账户，选定项目后将投资款转入虚拟账户进行投资，望洲集团、杨某及集团实际控制的担保公司为理财客户的债权提供担保。第三步是违法归集、控制、支配、使用资金。望洲集团可对虚拟账户内的资金进行调配，并将划拨出借资金和还本付息资金后的剩余资金转至杨某在第三方支付平台的托管账户，再转账至其个人银行账户，与线下资金混同，由望洲集团支配使用。最终望洲集团资金链断裂，无法按期兑付本息。

资料来源：原中国银行保险监督管理委员会网站.以案说险（八）：关于防范假借互联网金融平台进行非法集资活动的风险提示[EB/OL].（2020-07-16）[2022-06-10]. http://www.cbirc.gov.cn/cn/view/pages/ItemDetail.html?docId=937721&itemId=4100&generaltype=0.

本章小结

本章的主要学习内容是金融法律法规基本概念及我国金融法律法规的主要构成。通过

本章的学习,学生了解了金融法律法规的概念及特征,我国金融法律法规体系的构成;掌握了《中国人民银行法》《商业银行法》《证券法》《保险法》《票据法》《信托法》、互联网金融法律制度的出台及完善过程;了解了我国目前金融法律法规的整体实施情况。

本章重要概念

金融法律法规 《中国人民银行法》《商业银行法》《证券法》《票据法》《信托法》《反洗钱法》 互联网金融法律制度

本章练习

一、单选题

1. 下列各项中,不属于我国金融法律法规的是(　　)。
   A.《证券法》　　B.《保险法》　　C.《票据法》　　D.《互联网金融法》

2. 下列关于金融法律法规特征的表述中,不正确的是(　　)。
   A. 实体法与程序法相统一
   B. 融合公法与私法,是以社会为本位的社会法
   C. 调整范围逐渐具体、法律内容逐渐减少
   D. 具有强行性、准则性

3. 《商业银行法(修改建议稿)》提出,将全国性银行的最低注册资本提高至(　　)。
   A. 10亿元　　B. 100亿元　　C. 50亿元　　D. 1 000亿元

4. 《商业银行法》的适用范围不包括(　　)。
   A. 中国人民银行的一切经营和管理活动
   B. 商业银行的一切经营和管理活动
   C. 城市信用合作社、农村信用合作社办理存款、贷款和结算等业务
   D. 邮政企业办理邮政储蓄、汇款业务

5. 下列各项中,不属于互联网金融特征的是(　　)。
   A. 互联网金融的匿名性、虚拟化程度高,对监管手段的要求更特殊
   B. 互联网金融具有融合性、多变性特点,使法律监管的幅度跨界较广
   C. 互联网金融风险集聚、破坏力更大,对法律监管的需求更大
   D. 互联网金融形式单一,易于监管

6. 中央银行在金融体系中居于(　　),是国家贯彻金融业法律法规及政策,进行国家管理、干预经济的重要机构。
   A. 主要地位　　B. 核心地位　　C. 辅助地位　　D. 支撑地位

7. (　　)是出票人依法签发的,由自己无条件支付或委托他人无条件支付一定金额的凭证。
   A. 票据　　B. 合同　　C. 汇票　　D. 债券

8. (　　)又叫《保险业监督法》,是调整国家和保险机构的关系的法律规范。
   A.《保险业法》　　　　　　　B.《保险合同法》
   C.《保险特别法》　　　　　　D.《社会保险法》

9. ( )年被称为"金融立法年"。
   A. 1995　　　　B. 1990　　　　C. 2000　　　　D. 2005
10. 下列各项中,属于《商业银行法》职责范围的是( )。
    A. 发行人民币　　　　　　　　　B. 管理人民币流通
    C. 经理国库　　　　　　　　　　D. 邮政企业办理邮政储蓄业务

二、多选题

1. 商业银行的三性原则包括( )。
   A. 安全性　　　B. 流动性　　　C. 营利性　　　D. 风险性
2. 保险法的特征包括( )。
   A. 私益性与公益性相结合　　　　B. 任意性与强制性的结合
   C. 权利与义务的结合　　　　　　D. 伦理性与技术性的结合
3. 保险法具体可分为( )。
   A.《保险业法》　　　　　　　　B.《保险合同法》
   C.《保险特别法》　　　　　　　D.《社会保险法》
4. 构成信托关系的三方当事人包括( )。
   A. 受托人　　　B. 委托人　　　C. 受益人　　　D. 投保人
5. 证券法的基本原则是证券法基本精神的体现,其内容包括( )。
   A. 公开、公平、公正原则　　　　B. 自愿、有偿、诚实信用原则
   C. 合法原则　　　　　　　　　　D. 分业经营、分业管理原则
6. "四自方针"原则是指商业银行实行( )。
   A. 自主经营　　B. 自担风险　　C. 自负盈亏　　D. 自我约束
7. 我国缔结和参与的有关金融的国际条约主要有( )。
   A.《国际货币基金组织协定》　　　B.《国际复兴开发银行协定》
   C.《国际复兴开发银行协定附则》　D.《跟单信用证统一惯例》
8. 下列各项中,由全国人大常委会颁布的金融法律包括( )。
   A.《商业银行法》　　　　　　　B.《证券法》
   C.《中国人民银行法》　　　　　D.《担保法》
9. 金融法的调整对象包括( )。
   A. 金融监督管理关系　　　　　　B. 金融业务关系
   C. 金融宏观调控关系　　　　　　D. 金融机构或金融组织的内容关系
10. 下列各项中,属于金融法律的是( )。
    A.《中国人民银行货币政策委员会条例》B.《商业银行法》
    C.《外汇管理条例》　　　　　　D.《保险法》

三、判断题

1. 票据制度是商品经济的产物,是源于它在经济上能发挥多种功能、多种作用,如支付手段、信用手段、结算手段的作用以及融资手段的作用。　　　　　　　　　　　( )
2. 反洗钱是指为了预防通过各种方式掩饰、隐瞒各项犯罪活动所得及其收益的来源和性质的洗钱活动。　　　　　　　　　　　　　　　　　　　　　　　　　　　( )
3. 在我国有"金融法"这样的一部单独法律。　　　　　　　　　　　　　　( )

4. 银行法是金融法律体系中的核心，是国家进行宏观调控的重要法律。（ ）
5. 互联网金融已泛指一切可以通过互联网技术来实现资金融通的行为。（ ）
6. 全国人大颁布的金融法律只有《中国人民银行法》。（ ）
7. 金融法只规定了金融主体义务。（ ）
8. 新《证券法》于 2020 年 3 月正式实施。（ ）
9. 银行法是金融法律体系的核心，是国家进行宏观调控的重要法律依据。（ ）
10. 《商业银行法》分别于 2003 年和 2015 年进行了两次修订。该法最新的修订于 2015 年 10 月启动。（ ）

四、简答题

1. 请简要叙述商业银行法的"三性原则"。
2. 请简要回答《证券法》的宗旨及原则。
3. 请简要回答保险法的分类。
4. 请简要叙述《票据法》的职能。

五、材料分析题

2023 年 3 月 3 日，国务院新闻办公室举行了"权威部门话开局"系列主题新闻发布会。中国人民银行行长易纲表示，中国人民银行将会落实党中央决策部署，为经济平稳健康发展提供有力的金融支持。另外，强化金融稳定保障体系，守住不发生系统性金融风险的底线。易纲指出，我国金融风险总体上收敛，目前 4 家最大的银行都是全球系统性重要银行，资本实力居全球前四位。其他银行，包括股份制银行、中小银行等，大部分经营稳健。

下一步，中国人民银行将压实各方防范和处置金融风险的责任。《金融稳定法》已经通过了全国人大第一次审议，中国人民银行将推动《金融稳定法》的出台，依法将各类金融活动全部纳入监管，保护最广大的老百姓、中小投资者、被保险人的利益。善始善终做好平台企业金融业务整改，加强常态化监管，支持平台企业健康规范发展。

请结合上述材料，分析：我国为什么要出台《金融稳定法》？

6-6：本章练习答案

第七章　金融学科及金融专业

- 内容提要
- 重点难点
- 学习目标
- 知识框架
- 思政育人
- 第一节　金融学科及金融专业概述
- 第二节　金融学类专业培养方案
- 第三节　国内外金融学专业对比
- 第四节　金融类专业考试证书
- 本章小结
- 本章重要概念
- 本章练习

内容提要

本章主要讲述了经济学与金融学的关系，金融学科概况，金融学与投资学、财务管理的关系及区别；金融学类专业培养方案；国内外金融专业对比；主要的金融类专业考试证书等。

重点难点

本章重点为金融学科体系，投资的含义，投资学与金融学、财务管理与金融学的区别，培养方案的构成，国内外金融学专业的异同；难点为对金融与投资、金融与财务管理关系的理解，金融类专业主要考试证书的具体要求。

学习目标

通过本章的学习，学生应理解并掌握金融学科体系的构成，金融学与投资学、财务管理专业的区别；了解培养方案的重要性和基本构成以及金融类专业培养方案的总体情况；掌握国内外金融学专业的差异；熟悉金融类专业主要的考试证书。

知识框架

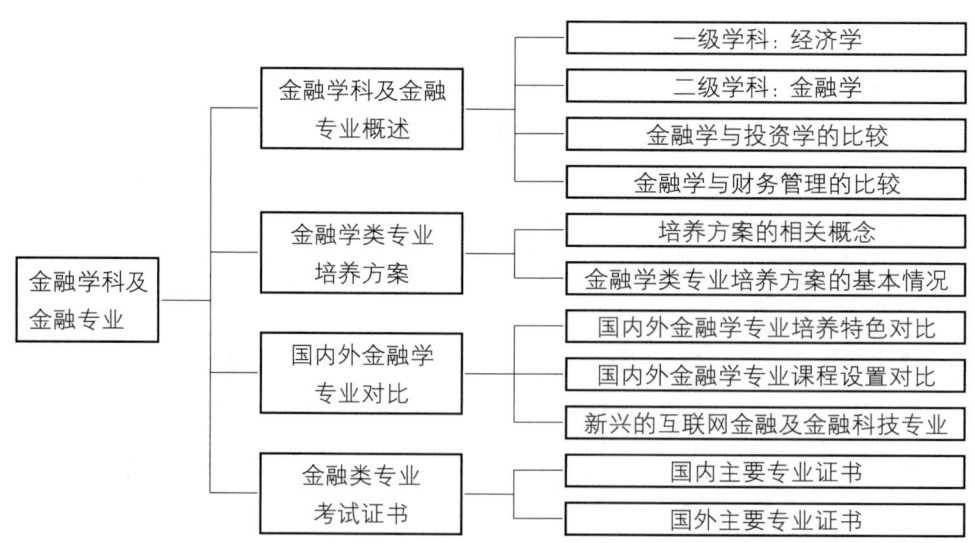

思政育人　　　　辩证看待"双面"金融学

金融是一个既可爱又"可恨"的"双面物"。因为金融,个人资本得以参与融通资金过程,产生更多的收益,从而提高生活品质;因为金融,社会经济活动更加活跃,也使各国经济保持增长;因为金融,世界范围内资本能够更加自由地流通,全球经济一体化得到巨大的发展。

同样是因为金融,迎合了众多投机人的心理,促成了越来越多的投机行为;因为金融,有时会冲击发展中国家金融体系的稳定性,增加发展中国家的债务负担,最终有可能会增加发展中国家出现经济衰退的可能性,如1996年的东南亚金融危机;因为金融,小范围的金融危机将会引发全球金融危机,使得世界经济陷入低迷。

金融的双面性,引发了我们太多的思考。我们感谢金融带给人类的一切利益,我们应该学习如何利用金融更好地促进国家经济发展;同时我们也应看到金融对我们的消极影响,应该学习分析如何去化解金融风险给个人、企业、国家带来的危机,降低消极影响,实现经济的繁荣发展。

为了完善金融,我们还应做到以下几方面:一是要增强忧患意识。真正的忧患意识是科学冷静地分析目前的环境,尤其是在发展过程中,一定要看到我们在发展中存在的脆弱性。特别是2022年,高通胀、战争引发资源短缺等问题,使得世界各国经济都有所变动。二是要增强创新意识。一个国家、一个民族能够屹立在世界民族之林,不是因为其模仿能力,而是因为其自主创新能力。三是要增强外向型思维意识。当我们过度审视内部的时候,还应考虑复杂多变的国际环境。我们因金融获得了长远的发展,但我们应辩证地看待金融,用理性和发展的思维思考金融。

资料来源:爱问文库.金融的重要性和作用[EB/OL].(2020-04-15)[2022-07-07].https://wenku.so.com/d/06e40d68aff30061c9d7f8d0686c4ea3.

第一节 金融学科及金融专业概述

一、一级学科:经济学

(一)经济学学科简介

经济学是重要的人文社会学科,属于一级学科。我国高等学校本科教育及研究生教育目前共有14个学科门类,主要包括:哲学、经济学、法学、教育学、文学、历史学、理学、工学、农学、医学、军事学、管理学、艺术学、交叉学科(2021年新增)。

经济学是现代的一门独立学科,是关于经济发展规律的科学,对研究国民经济的运行具有重要作用。经济学是研究人类社会在各个发展阶段上的各种经济活动和经济关系及其运行、发展的规律的学科。

(二)经济学学科构成

按照我国目前的学科分类目录,经济学学科包括理论经济学和应用经济学两类。

1. 理论经济学

理论经济学论述经济学的基本概念、基本原理及经济运行和发展的一般规律,为各个经济学科提供基础理论。

理论经济学通常被称为一般经济理论,主要包括以下分支:一是微观经济学,它主要研究市场经济中单个经济单位即生产者(厂商)、消费者(居民)的经济行为等。二是宏观经济学,它是以整个国民经济为视野,以经济活动总过程为对象,考察国民收入、物价水平等总量的决定和波动。三是经济思想史或称经济学说史,它是研究各个历史时期出现的经济观点、经济思想、经济学说及其产生的经济政治背景、所起的影响、所占的历史地位,以及各个人物、各个学派之间的承袭、更替、对立的关系等方面的学科。四是经济发展史,它是研究人类社会在各个历史时期,不同国家或地区的经济活动和经济关系发展演变的具体过程及其特殊规律的学科,为总结历史经验和预见未来社会经济发展趋势提供依据,也为研究各个历史时期形成的经济思想、经济学说、经济政策提供历史背景。

2. 应用经济学

应用经济学是应用理论经济学的基本原理,研究国民经济各个部门、各个专业领域的经济活动和经济关系的规律性,或对非经济活动领域进行经济效益、社会效益的分析而建立的经济学科。

应用经济学主要包括三大类:一是产业经济学、区域经济学、财政学、金融学、国际贸易学、劳动经济学、城乡经济学、国防经济学、公共经济学、社会企业经济学等。二是人口经济学、能源经济学、资源环境经济学、地理经济学、生态经济学、交通运输经济学、行为经济学、管理经济学等。三是数量经济学、统计学等。其中,第一类是对各不同领域或专业部门的研究所形成的分域性经济理论和方法;第二类是超越传统经济学学科边界,同其他学科相融合而形成的,以特定域类现象为研究对象的分支学科;第三类是方法类学科。

根据我国教育部2023年4月最新发布的《普通高等学校本科专业目录》,目前经济学门类的具体情况如表7-1所示。其中,特设专业在专业代码后加T表示,国家控制布点专业在专业代码后加K表示。

表7-1　　　　　　　　　　　经济学门类的具体情况

序号	专业代码	专业名称	门类	专业类	学位授予门类
1	020101	经济学	经济学	经济学类	经济学
2	020102	经济统计学	经济学	经济学类	经济学
3	020103T	国民经济管理	经济学	经济学类	经济学
4	020104T	资源与环境经济学	经济学	经济学类	经济学
5	020105T	商务经济学	经济学	经济学类	经济学
6	020106T	能源经济	经济学	经济学类	经济学
7	020107T	劳动经济学	经济学	经济学类	经济学
8	020108T	经济工程	经济学	经济学类	经济学
9	020109T	数字经济	经济学	经济学类	经济学
10	020201K	财政学	经济学	财政学类	经济学
11	020202	税收学	经济学	财政学类	经济学
12	020203TK	国际税收	经济学	财政学类	经济学
13	020301K	金融学	经济学	金融学类	经济学

(续表)

序号	专业代码	专业名称	门类	专业类	学位授予门类
14	020302	金融工程	经济学	金融学类	经济学
15	020303	保险学	经济学	金融学类	经济学
16	020304	投资学	经济学	金融学类	经济学
17	020305T	金融数学	经济学	金融学类	经济学
18	020306T	信用管理	经济学	金融学类	管理学,经济学
19	020307T	经济与金融	经济学	金融学类	经济学
20	020308T	精算学	经济学	金融学类	理学,经济学
21	020309T	互联网金融	经济学	金融学类	经济学
22	020310T	金融科技	经济学	金融学类	经济学
23	020311TK	金融审计	经济学	金融学类	经济学
24	020401	国际经济与贸易	经济学	经济与贸易类	经济学
25	020402	贸易经济	经济学	经济与贸易类	经济学
26	020403T	国际经济发展合作	经济学	经济与贸易类	经济学

 延伸阅读 7-1

什么是"新文科"

"新文科"的概念最早来自美国希莱姆大学,该校是美国以文科著称的大学。全校有40多个文科专业,因感觉到培养的人才不能适应社会的需求,所以提出了"新文科"的概念。

我国的新文科,与传统文科相比,应秉持新理念、确立新使命、赋予新内容、运用新方法。其一,在话语体系上,应把西方话语体系主导下的文科转向中国话语体系主导下的文科,不完成这个转变就无所谓中国的新文科。其二,在内容上,应把纯文科转向文理交叉的学科,要使文科的学生具有理科的思维。其三,在功能上,应从探讨人文社科所涉对象的规律性转向对社会价值观的重塑和形成国家软实力,为理工科甚至为国家和社会提供指导思想和价值选择。其四,在方法论上,应从运用传统的人文社科方法转向运用现代科技、信息技术、人工智能特别是要运用算法,将文科的定性方法与定量方法相统一,彰显新文科的科学性。新文科将成为文理打通、人文与社科打通、中与西打通、知与行打通的"四通文科"。

资料来源:徐显明.新文科建设与卓越法治人才培养[EB/OL].(2021-01-21)[2022-08-19].https://baijiahao.baidu.com/s?id=1689461105115192474&wfr=spider&for=pc.

二、二级学科:金融学

(一) 金融学学科研究内容

金融学从经济学分化出来,属于经济学学科下的二级学科。金融学的主要研究内容包括货币、信用、利率、汇率、金融机构、金融市场、货币供求、通货膨胀、通货紧缩、金融宏观调控等方面。另外,投资、融资、风险控制、金融监管等也属于金融学的研究内容。例如,股票、债券、基金、金融衍生品等金融投资及其分析；银行业务开展及经营管理；财产保险及人身保险的销售、赔付；兼并收购或风险投资等。

延伸阅读7-2

为什么金融专业受欢迎

金融业的就业前景广阔，是热门行业。在中国，金融业处于快速发展的时期，中资金融机构和外资金融机构都需要大量的人才，这使得金融学的专业人才拥有很大的就业市场。在全球化时代，全球金融市场快速扩张，而优秀金融人才普遍匮乏，同时，很多行业都会涉足金融领域，各种类型的企业也都需要对企业资金进行有效管理，因此对金融人才的需要量会不断增多。除了工作，在生活中，人们也需要对自己的财富进行管理、进行各类投资，获得增值。因此，掌握扎实的金融知识，对个人的职业生涯和自身的理财都有极大的帮助。

资料来源：小金窝. 大家为什么喜欢金融专业[EB/OL].（2019-12-16）[2022-07-07]. https://www.zhihu.com/question/25056525.

（二）金融学与经济学的关系

金融学属于经济学学科，但两者在研究问题上的侧重点有所不同。

经济学通常被归为社会科学，主要侧重于研究宏观上的生产、消费以及商品、服务、资源的分配问题。同时，经济学也会研究政府的税收政策、货币政策以及其他管制政策对于宏观经济以及微观企业、市场参与者的影响与作用，研究市场的供给与需求问题。上述经济学领域的问题与微观市场参与者（包括企业、个人等）的金融决策（如融资、投资等）紧密相连。

金融学虽然通常意义上属于商学，但其依旧具有社会科学的属性。金融学侧重于研究分析金融市场，以及金融市场上交易的金融资产定价问题、公司金融的运作和治理问题。金融资产的合理定价涉及合理度量资产及现金流的风险问题，而这些又与宏观经济环境、政策息息相关。

这两个学科本质上研究的都是人类的活动，因此都具有社会性。经济学研究人如何优化配置有限的资源，而金融学则对此加入了时间和风险的维度，实质上依旧在研究人如何最优化地配置资源。随着研究的深入，人们也发现人类的理性是有限的，往往并不能总是作出最优的决策，因此行为经济学和行为金融学又引入了心理学对此加以解释，这进一步印证了经济学和金融学都属于社会科学的范畴。

（三）金融学学科体系

金融学学科体系是由从不同角度研究金融系统各方面的活动及其规律的各分支学科综合构成的有机体系。

按通常理解的金融口径，金融学学科体系应大体分为微观金融分析（micro-financial analysis）和宏观金融分析（macro-financial analysis）。

1. 微观金融分析

微观金融分析从个体的角度研究金融运行规律，有两大分支：金融决策分析和金融中介分析。

金融决策分析主要研究金融主体投融资决策行为及其规律，金融决策理论是个人理财、公司理财甚至一切有理财要求的部门所共同需要的。该领域的分支学科包括金融市场学、证券投资学、公司财务学、金融工程学、金融风险管理、金融资产定价等。近几十年该领域的研究发展十分迅速,并取得了许多优异的成就,部分研究者多次获得了诺贝尔经济学奖。国内的财务管理与此类似,都是侧重从微观角度分析,即微观金融。

金融中介分析主要研究金融中介机构的组织、管理和经营,包括对金融中介机构的职能、作用及其存在形态的演进趋势的分析,以及对金融中介机构的组织形式、经济效率、混业与分业、金融机构的脆弱性、风险转移和控制等的研究。其主要的分支学科包括商业银行学、投资银行学、保险学等。对该领域的研究虽然历史悠久,并且在19—20世纪初金融理论和实践的发展中占有重要的地位。但是,20世纪中叶以来,与迅速发展的金融决策分析相比,金融中介分析的发展则相对滞后,远远不能适应世界金融业飞速发展的需要。

2. 宏观金融分析

宏观金融分析从整体角度讨论金融系统的运行规律,重点讨论货币供求均衡、金融经济关系、通货膨胀与通货紧缩、金融危机、金融体系与金融制度、货币政策与金融宏观调控、国际金融体系等问题。其主要的分支学科有货币政策分析学、金融监管学、国际金融学等。

7-1:视频-金融学专业基本情况介绍

(四)金融学发展趋势

伴随着社会分工的精细化,学科交叉成为突出现象。目前,金融学与数学、统计学、工程学、法学、信息技术等相关学科紧密联系,因此金融学产生了一些新的分支学科,如金融工程学、互联网金融、金融科技、法和金融学等,体现出典型的交叉融合特征。

目前互联网、大数据、人工智能、区块链、云计算等新技术已经成为影响我国经济、金融高质量发展的关键因素,新技术对金融领域也产生了巨大的影响,互联网金融与金融科技成为当前金融模式、金融专业发展的新趋势。从2017年开始,众多高校(尤其是财经类高校)纷纷开设互联网金融或金融科技专业。这些新兴专业体现出传统金融与现代信息技术的融合,培养的是具有交叉学科背景的创新型、复合型金融人才。

 延伸阅读7-3

2022软科中国大学专业排名——金融学专业的排名

2022年6月18日,高等教育专业评价机构软科正式发布"2022年软科中国大学专业排名"。排名包括568个本科专业,每个专业榜单发布的是所有开设该专业的高校中排名位列前50%的高校,共有990所高校的30 242个专业上榜。

2022年软科中国大学金融学专业排名前十,如表7-2所示。

表7-2 **2022年软科中国大学金融学专业排名前十**

排名	学校名称	排名	学校名称
1	北京大学	6	南开大学
2	中国人民大学	7	对外经济贸易大学
3	中央财经大学	7(并列第7)	西南财经大学
4	复旦大学	9	湖南大学
5	上海财经大学	10	清华大学

资料来源:软科.2022中国大学专业排名[EB/OL].(2022-06-18)[2022-07-08].https://www.shanghairanking.cn/rankings/bcmr/2022/020301K.

7-2:2022软科中国大学专业排名方法

三、金融学与投资学的比较

(一) 投资及主要种类

投资是一种经济活动,通常与资本联系在一起,因此人们对投资的概念有着不同的理解。在现代投资学领域,依据投资者投入的资金所增加的资产种类进行划分,投资可分为实物投资与金融投资。

实物投资是指投资者无论将资金用于何种目的和领域,都会形成现实的固定资产或流动资产,即实物资产的增加。而金融投资则如西方经济学者所说,只是单纯地表现为一种财务关系。金融投资的方式主要有证券投资(如购买债券、股票)、信托投资、金融衍生品投资等。无论哪种方式的金融投资,都是将货币资金转化为金融资产,但没有直接实现实物资产的增加。

延伸阅读 7-4

经济学家对投资的不同认识

约翰·伊特韦尔等编著的《新帕尔格雷夫经济学大辞典》对"投资"一词作了较为详尽的描述:"投资就是资本形成——获得或创造用于生产的资源。资本主义经济中非常注重在有形资本——建筑、设备和存货方面的企业投资。但是政府、非营利公共团体、居民家庭也进行投资,它不但包括有形资本,而且包括人力资本和无形资本的获得。原则上,投资还应包括土地改良或自然资源的开发。因此,政府或家庭购置一辆汽车同厂商购置一辆汽车一样都是投资。同样,政府营造道路、桥梁和机场,同企业获得卡车和飞机一样,都是投资。花在研究与发展上的支出,不论是由企业、政府还是由非营利的大学承担,都是投资。更为重要的是,无论在何处,教育和培训都是人力资本投资的主要形式。"该定义对投资的功能、主体、方式都作出了经典概括。

萨缪尔森和诺德豪斯在《经济学》中认为,对经济学者来说,投资总是意味着实际资本形成——存货的增加量,或新生产的工厂、房屋或工具。这种观点认为投资就是资本品的购置,包括厂房的建造、机器设备的购买和安装以及生产经营活动所必需的存货的形成等。这类似于我们通常所说的固定资产投资或直接投资。

资料来源:郎荣燊,裘国根.投资学[M].北京:中国人民大学出版社,2017:3-4.

(二) 投资学研究对象

投资学是研究社会经济运行过程中投资的一般运行规律和不同投资的特殊运行规律的一门经济学科,是经济学的重要分支。但投资学作为一门独立的学科,又具有自己特定的研究内容。这种研究内容的特殊性主要表现在以下两个方面:

(1) 宏观方面。投资学主要分析研究投资规模、投资结构、投资布局以及投资的资金市场等,即宏观经济中的投资规律。

(2) 微观方面。投资学主要从项目角度,分析研究投资项目的实施和管理,以及微观投资项目的一般运行规律和不同投资项目的特殊运行规律。例如,由于投资主体不同,投资方式和投资实施运行机制也不一样,不同形式的投资运行各有其特点:风险投资不同于一般投资;直接投资不同于间接投资;固定资产与流动资产投资,股票投资与债券投资等也分别有各自的特点,有其独特的运行规律。因此投资学在研究微观投资的一般运行规律的同时,还要研究不同投资的特殊运行规律。

(三) 投资学专业

投资学专业是目前很多财经类高校开设的专业。该专业研究如何把个人、机构的有限资源分配到不同的资产以获得合理的现金流量、风险和收益率。以下是投资学专业的基本情况。

1. 学科门类

投资学专业属于经济学门类中的金融学类，其基本信息如表7-3所示。

表7-3　　　　　　　　　　　　　　投资学专业基本信息

专业	专业代码	学历层次	门类	专业类
投资学	020304	本科	经济学	金融学类

2. 培养目标

投资学专业，一般来说旨在培养具备当代世界政治、经济视野，了解中国投资政策，能够在银行、证券公司、保险公司、投资公司、投资咨询公司、资产管理公司、基金管理公司及信托公司等金融机构从事投资管理、投资咨询工作的高素质的投资专门人才，以及到各类企事业单位、政府部门以及教学科研单位从事投资管理及相关业务的应用型人才。

3. 课程设置

投资学专业的主要课程有：政治经济学、西方经济学、计量经济学、货币银行学、财政学、会计学、投资学、国际投资、公共投资学、创业投资、投资项目评估、证券投资学、投资基金管理、投资银行学、公司投资与案例分析、项目融资、投资估算、投资项目管理、房地产金融、家庭投资理财以及投资管理信息系统等。

4. 就业方向

投资学专业的毕业生的主要就业方向是在金融机构或各类型企业财务部门从事投资、融资等相关工作。例如，可以就职于证券公司或投资银行、信托投资公司、基金公司、商业银行等金融机构，从事证券投资岗位。

(四) 金融学与投资学的关系

金融学和投资学，两者既有联系又有区别。投资学是属于金融学的一个分支，两者都研究投资，但研究的投资范畴不同。金融学研究的投资主要是金融投资，如证券投资。而投资学研究的投资，除了金融投资，还包括实物投资或项目投资等。

四、金融学与财务管理的比较

(一) 财务管理的含义及活动

1. 财务管理的含义

财务管理是指在一定的整体目标下，关于投资、筹资、营运资金及利润分配的管理活动，它是企业管理的重要组成部分。任何企业的生产经营活动，都是运用人力、资金、物资与信息等各项生产经营要素来进行的，其中包含了生产经营的业务活动和财务活动两个方面。与之对应的，在企业中必然存在两种基本管理活动，即生产经营管理和财务管理。

2. 财务管理活动

财务管理活动主要包括筹资管理、投资管理、营运资金管理、股利分配管理四个方面。其核心是进行资金的管理。

筹资管理是企业根据其生产经营需要,运用权益或者负债等筹资方式,经济有效地筹集企业需要的资金的财务行为,主要包括:①科学地确定所需资金金额。②合理选择筹集资金的来源渠道和筹资方式。③保持较低的资本成本和合理的资本结构。

投资管理是以收回现金并取得收益为目的而发生的现金流出规划,主要包括:①认真选择投资方向和投资方式。②合理安排资产结构,提高投资报酬率。③降低企业风险。

营运资金管理是对现金的收支平衡、存货和应收账款的周转、费用的消耗等方面进行的规划管理活动,主要包括:①增强资产的流动性,使短期资金得到有效使用,提高资金的整体利用效率。②降低企业的风险。

股利分配管理是对分配政策进行合理确认、对各项财务关系进行科学协调的财务活动,目的是要制定合理的股利分配政策,主要包括:①缓解企业对资金需求的压力。②降低企业筹资的资本成本。③影响企业股价在市场上的走势。④满足投资者对投资回报的要求。

 延伸阅读7-5

财务管理小故事

故事一:让每磅铜的价格翻一万倍

1947年,自由女神像翻新后留下了大量的废料,美国政府为了清理这些废料,向社会广泛招标。由于美国政府出价太低,好几个月过去了,依然没有人应标。此时,远在他国的一位犹太人听说了此事,立即飞到纽约,在看过自由女神像下面堆积如山的铜块、螺丝和木料后,他未提任何条件,当即揽了下来。

许多人为他这一愚蠢举动暗自发笑,因为在纽约州,对垃圾的处理有严格的规定,弄不好就要受到环保组织的起诉。就在一些人要看这个犹太人笑话的时候,他开始组织工人对废料进行分类。他让人把废铜熔化,铸成小自由女神像;把水泥块和木头加工成底座,甚至把从自由女神身上扫下来的灰尘都包装起来,出售给花店。不到三个月时间,他让这堆废料变成了350万美元,使每磅铜的价格整整翻了一万倍。

故事二:"情侣苹果"的故事

元旦,某高校饭堂前,一老妇守着两筐大苹果叫卖,5毛钱一个(成本4毛),因为天寒,问者寥寥。一教授见此情形,上前与老妇商量几句,然后走到附近商店花3元钱买来节日织花用的红彩带,并与老妇一起将苹果两两一扎,接着高叫道:"情侣苹果哟!两元一对!"经过的情侣们甚觉新鲜,用红彩带扎在一起的一对苹果看起来很有情趣,因而买者甚众,不一会就将100个苹果卖光。扣除3元红彩带的费用,老妇还挣了97元(原来就算能卖完也只能挣20元),对教授感激不尽。

【感悟】

财务管理的首要任务就是要使企业价值最大化。为了达此目标,必须在开源节流两方面狠下功夫,故事中说的就是如何"开源"。开源的核心是要打破思维局限,以尽可能少的投入获取尽可能高的收益。通常企业会比较关注产品的销量,一味靠低价促销,却忽略了对产品价值的塑造,甚至为了节约成本而不舍得在产品质量、品牌推广上投入,使产品价值难以提升,卖不出好价钱,这种做法严重制约了企业价值最大化的实现。与此相反,如果把视角放在产品价值的塑造上,收入将会百倍千倍甚至万倍的增长。譬如自由女神像翻新后留下的废料按照平常的做法是把它卖给收破烂的,能收回一点残值也就算了,但经过犹太人的包装改造以后,平淡无奇的东西也成了价值不菲的收藏品!而两筐卖不出去的苹果系上红彩带,加上"情侣苹果"这一充满创意的命名,一下子就脱销,还比原来多赚了很多!可见,卖产品不要光盯着产品本身,要跳出产品以外寻找闪光点、价值点,才能做到"开源"有术,财源滚滚。

资料来源:之信.8个有趣并有深度的财务管理小故事[EB/OL].(2017-08-25)[2022-07-07].http://www.360doc.com/content/17/0825/09/4700139_681960486.shtml.

（二）财务管理环境

财务管理环境是指对企业财务活动和财务管理产生影响作用的企业内外部的各种条件。通过环境分析，有助于提高企业财务行为对环境的适应能力、应变能力和利用能力，以便更好地实现企业财务管理目标。

财务管理环境主要包括经济环境、法律环境、金融市场环境、社会文化环境等。其中，金融市场环境是对企业最为重要的财务管理环境。金融市场为企业提供了良好的投资和筹资的场所，为企业的长短期资金相互转化提供方便。同时，有价证券市场的行情能够反映出投资人对企业经营状况和盈利水平的评价。

（三）财务管理专业

财务管理专业是众多高校尤其是财经类高校开设的重要专业，通常设在管理学院或经管学院等相关学院。以下是财务管理专业的基本情况。

1. 学科门类

财务管理专业属于管理学门类中的工商管理类，其基本信息如表7-4所示。

表7-4　　　　　　　　　　　　财务管理专业基本信息

专业	专业代码	学历层次	门类	专业类
财务管理	120204	本科	管理学	工商管理类

2. 培养目标

以应用型高校为例，该专业主要培养具备财务管理及相关会计、金融、税收、审计、法律等方面理论知识，具备会计业务处理、资金筹措、投资可行性评价、财务报告分析、税务筹划、财富管理、资本运作等实践能力，能为公司和个人财务决策提供业务咨询，能在各类企业、事业单位及政府部门从事财务管理活动的应用型人才。

3. 课程设置

财务管理专业的课程主要有：管理学、微观经济学、宏观经济学、统计学、金融学、经济法、证券投资学、财务会计学、初级财务管理、中级财务管理、高级财务管理、成本管理、公司财务案例分析、财务分析等。

4. 就业方向

财务管理专业的学生毕业后主要就职于商业银行、保险公司、证券公司、咨询公司以及企业集团的财务公司等单位，从事投融资、财务分析、资本运作等工作；也可以进入行政部门、企事业单位从事会计核算、财务运营等工作。总体看，就业渠道较宽、就业岗位较多。

（四）金融学与财务管理的关系

国内金融学专业主要学习宏观金融方面的知识，但一般都会开设《公司金融》课程。公司金融与财务管理比较相似，是指公司的筹资、投资及经营活动，如向银行借钱、公开发行股票债券、吸引新投资者加入、项目策划、产品投入产出比分析等，以及利用闲暇资金进行金融活动（如投资股市，借款给别的企业收取利息），企业的资产重组、企业并购等。而财务管理主要以金融市场为背景，研究公司的经营活动和金融活动的预测、管理，侧重于单个企业或者集团公司，根据以往的财务报表数据情况，为制定公司的经营决策和财务决策提供依据。

相对而言，金融学里的公司金融与财务管理内容有交叉，但公司金融的范畴更广，并且一个企业进行财务管理也必须要运用金融市场、懂得相应的金融理论等。可见，金融学与财务管理并不是毫不相关的两门学科，两者之间既有联系又有区别。

相关思考7-1

金融学、投资学、财务管理三个专业就业前景如何？

金融学、投资学、财务管理三个专业既有相似之处，又有所不同。金融学侧重资金融通，投资学侧重将资源进行配置并获得收益，财务管理主要涉及企业生产经营中的资金活动。三个专业在就业方向也有重合之处，比如都可以去银行、证券、保险等金融机构或企业集团等，那么大家觉得三个专业未来的就业前景如何呢？

7-3：中国人民大学财务管理专业

第二节 | 金融学类专业培养方案

任何专业计划培养什么样的人才，都要依据该专业的人才培养方案。不同专业的培养方案不相同，不同学校的同一专业，其培养方案也会存在差异、各有特色。此外，同一专业在不同形势、不同时期的培养方案也会有所调整。截至目前，金融学类专业共有十个细分专业，不同学校的金融学专业或其他相近专业的培养方案，既有一定的共性，也有一定的差异。

一、培养方案的相关概念

（一）培养方案的含义

培养方案是指各个专业在确定其人才培养定位后，为实现这一定位而制定的实施计划的总称。培养方案是学校人才培养的设计蓝图，是实现人才培养目标和培养规格的总体计划和实施方案，是学校组织教学、安排教学任务、保证教学质量的基本依据，是学校办学指导思想、办学定位、办学水平、办学特色的具体体现。

培养方案在人才培养中居于重要的地位，发挥重要的作用。不同学校的培养方案能体现出各个学校的办学思想及办学定位；通过人才培养方案的制定及实施，实现各学校的人才培养目标；同时为了更好地适应社会人才培养需求，通过定期组织修订、优化培养方案，更好地提高学校的教育教学质量，从而培养社会更需要、更适合的人才。

（二）培养方案的设置原则

1. 遵循国标，德育为先

培养方案的设置应遵循国家标准，保证德育为先。按照我国教育部的规定，对每个专业的培养方案设置都有一些明确规定，必须遵循。例如，必须开设思政类课程，而且要达到一定的课时比例。突出德育为先，在培养方案中体现思政育人、文化育人、专业育人、实践育人"四位一体"。另外，培养方案的设置，应对标我国各专业的"指导性专业规范"及"专业认证通用标准"，并根据学校情况作适当调整。在修订培养方案时，还应遵循有关各专业教学质量的国家标准。

2. 目标明确，特色鲜明

培养方案作为人才培养的纲领性文件，必须要"目标明确、特色鲜明"。每个专业需要围绕学校的总体人才培养定位、结合行业发展提出明确的培养目标。如果没有目标，人才培养就失去了方向；如果目标不明确，人才培养就容易走偏路。而且不同层次的学校，人才培养定位不同,培养目标也不同。如应用型大学,整体上会定位于培养"高素质应用型人才",而不是学术能力强的研究型人才。同样,专科、本科、研究生等不同学历层次的人才培养定位和目标也不同。

另外,培养方案必须要有鲜明的特色。特色就是优势,特色就是品牌。如果一个专业没有特色,就会失去吸引力,同时也会失去竞争力。例如,全国开设金融学专业的高校那么多,那不同高校的金融学专业培养特色是否相同?如果相同就相当于没有特色。能做到"人无我有,人有我特"才能真正做好专业建设。因此,在设置培养方案时,一定要做到"目标明确、特色鲜明"。

3. 对接行业,契合需求

社会需求在变化,行业领域在变革,培养方案的设置也应该要考虑到社会需求及行业发展,做到"对接行业、契合需求"。因此,在设置培养方案时,必须要做充分的调研。调研的对象除了其他高校,还应该包括行业及对应的企业。从行业调研中获取当前的人才需求变化,将专业培养目标主动与经济社会发展需求、岗位需求和学生全面发展需求对接,从而做好人才培养定位、设定培养目标、确定培养规格。按照培养目标和培养规格,反向设计课程体系,选择课程内容。

7-4:金融学类专业教学质量国家标准(2018版)

相关思考7-2

培养方案是否应该与时俱进修订?

制定培养方案是严肃、严谨的工作。作为学校人才培养目标的设计蓝图,确定下来后,原则上不应该随意变动。但是由于培养方案的实施一般是3~5年(本专科或不同专业修业年限不同),期间如果行业领域或国家政策等发生了重大变化,是否仍要继续沿用?还是应该与时俱进地适时修订,从而提出更符合新的社会发展变化的新的培养方案?

(三)培养方案的基本框架

尽管不同高校的人才培养方案不尽相同,但是一份全面、科学、合理的培养方案,其基本框架一般由以下部分构成。

1. 专业基本信息

本科专业基本信息应与教育部最新《普通高等学校本科专业目录和专业介绍》一致。包含专业所属学科门类、专业门类、修业年限、专业代码、授予学位名称等。

2. 培养目标

应根据学校的人才培养定位,在对各专业的社会需求状况、专业的学科支撑情况等进行深入调研和论证的基础上,参照教育部各学科、专业教学指导委员会制定的"指导性专业规范"及"专业认证通用标准"制定培养目标。专业培养目标应符合国家和区域经济社会发展的需求,同时,应包含培养的人才类型、毕业生就业领域等。

3. 培养规格

培养规格即培养学生获得哪些知识和能力,也称为培养要求或毕业要求,包括对学生的专业能力和综合素质方面的基本要求。专业能力要求包括具备从事各专业研究与实践所需的经济学、社会学、哲学、历史等社会科学基本知识;拥有计算机、外语应用能力及本专业领域内需具备的专业知识和能力。综合素质要求包括思想政治、军事体育、心理素质、职业道德及人文素养等方面的要求。

4. 课程设置

高校的课程设置具体包括：

（1）主干学科。

（2）核心课程（各专业不相同，应参照教育部相关规定，兼顾教育部各学科、专业教学指导委员会制定的指导性专业规范要求，同时结合学校多年办学特色，优化、凝练专业核心课程）。

（3）主要实践性教学环节。

（4）各环节学时学分比例。

5. 毕业标准与要求

学生需达到一定的毕业标准（完成总学分、总学时等）才能予以毕业，不同专业的毕业要求不相同。例如，四年制或五年制的本科与两年制的专升本、三年制的专科在毕业学分与学时上都有所不同。

6. 指导性教学计划进程安排

具体的教学计划进程安排包括对理论教学及实践教学（包括实验课及集中实践环节）的安排，通过教学计划进程一览表体现出来。一览表中一般包括课程类别、课程编码、课程名称、学分学时分配、开课学期、选课及学分要求等信息。在安排不同类别的课程开课学期时，需考虑课程之间的逻辑关系及开课顺序。

7. 课程介绍及修读指导建议

完整的培养方案一般还会包括教学计划进程一览表中的每门必修课及选修课的课程介绍，及其修读指导建议，如选修课程、后续课程等。

（四）培养方案的相关要求

培养方案的制定需要按照相关的要求，但不同学校的规定不完全相同，一般来说包括以下内容。

1. 学制、学分与学时

1）学制

本科专业标准学制是4年，个别专业是5年（如医学、建筑学），专升本专业学制是2年，专科专业学制是3年。

2）学分与学时

不同专业的总学分、总学时，以及实践教学学分占总学分比例、选修课学分占总学分比例，有时会有明确的规定不得高于或低于多少。但如果教育部、教育厅或学校主管部门没有硬性规定，只是某一范围即可，各学校可以参考其他学校并根据自身情况而定。另外，学分及学时的计算方式，不同学校也会有所不同，一般按照如下要求：

（1）理论教学课程每16学时计1学分（有的是18学时计1学分）。

（2）实验课程（即独立设置的实验）每16学时计1学分。

（3）体育课程每36学时计1学分。

（4）军事理论课程每18学时计1学分。

（5）集中安排的实践性教学环节（如军事训练、课程设计、实验、实习、社会调查、毕业设计、毕业论文等）原则上每周计1学分。

（6）课程学时设置：课程学时数原则上以8的倍数安排，尽量规范到8学时、16学时、

32学时、48学时、64学时等标准学时;学分最小单位为0.5分。

2. 课程设置及课程体系

一般来说,课程设置总体分为四大平台和两大体系,即通识教育平台、专业教育平台、实践教育平台、创新拓展平台;理论教学体系和实践教学体系。各模块的课程设置与学生能力的培养形成对应关系。

1) 通识教育平台

通识教育平台课程分为必修课和选修课,分别包括以下课程:

(1) 必修课程。主要包括思政类课程、人文类课程、军事类课程、外语类课程、职业发展与创业指导类课程等。不同学校具体的设置有所不同。

(2) 选修课程。通识教育选修模块,一般包括5个模块设置:自然科学;人文科学;社会科学;工程技术;艺术、体育与实践。

2) 专业教育平台

专业教育平台课程分为必修课和选修课,主要包括专业基础课、专业核心课以及专业选修课。有的学校可能还会设置专业方向课。

3) 实践教育平台

实践教育平台可分为通识实践和专业实践。通识实践一般由军事技能、思想政治实践构成;而专业实践通常由实验或实习课程、集中实践环节组成,具体包括各专业的独立实验课、课程设计或各类实习、毕业实习、毕业设计或毕业论文等。

4) 创新拓展平台

创新拓展平台旨在鼓励学科交叉,拓展学生知识面,培养学生的创新精神和实践能力,增强创业意识,提高综合素质。学生可参加研究性学习与创新性实验、科学研究、社会实践、创业实践等第二课堂活动。每位学生在创新拓展平台内获得规定学分才可毕业。

 相关思考7-3

不同层次学校的培养目标有什么不同?

无论是国外还是国内,都有若干不同层次的学校承担育人使命。就国内来说,有职业院校、专科院校、本科高校等。在本科高校中,有本科学历及研究生学历教育。那么,不同层次的学校,其人才培养目标为何不同?它们之间有何不同?如果专业定位不准确,会带来什么后果?

二、金融学类专业培养方案的基本情况

(一) 培养目标

任何专业的培养方案都有培养目标。金融学类专业很多,截至2023年4月,按照教育部最新的规定,目前金融学类专业共有十一个专业。每个专业不可能设置整齐划一的培养目标,这样不符合学校的人才培养定位,也不会形成培养特色。

按照教育部高等学校金融类专业教学指导委员会的指导意见及《金融学类专业教学质量国家标准(2018)》,金融学类专业本科人才培养的基本目标为:热爱祖国,维护社会主义制度;遵纪守法,具备健全人格、良好心理素质与合作精神;具备创新精神、创业意识和创新创业能力;系统掌握金融专业知识和相关技能;能够满足金融机构、政府部门和企事业单位用人的一般要求,或者具备在国内外教育科研机构继续攻读更高等级学位(或从事学术研

究)的资格条件。

在满足基本培养目标的同时,各高校还应结合学校特色和社会需求,在培养研究型、应用型或技能型人才上各有侧重,对实际开设的专业制定相应的培养目标和培养方案,并根据国内外经济金融发展需要,定期修订和完善培养目标和培养方案。培养目标和培养方案应保持相对稳定性。

以上海立信会计金融学院2021级金融学专业为例,该专业的人才培养目标是:面向上海"五个中心"和"长三角一体化"国家战略,适应金融业发展需求,旨在培养德智体美劳全面发展,思想素质高、富有创新精神和国际视野,系统掌握经济金融基础理论和专业知识,实践应用能力突出,能在金融机构、金融管理部门、企事业单位胜任金融相关工作的高素质、应用型、复合型人才。

(二) 培养规格

培养规格即毕业要求,一般包括三个方面:知识要求、能力要求、素质要求。不同高校的专业,其毕业要求会遵循国标并结合学校、专业自身特色作出规定。以某应用型高校互联网金融专业培养方案为例,其毕业要求一般包括以下三大类。

1. 知识要求

(1) 人文社会科学知识。掌握社会主义核心价值观的理论知识;具备基本的人文社会科学基础知识,包括经济学、社会学、哲学、历史等社会科学基本知识;对文学、艺术、法律等方面进行一定修习。

(2) 工具性知识和学科基础知识。掌握一门外语,具备一定的听、说、读、写、译能力;掌握计算机应用软件操作、信息系统等方面的知识;掌握数学、经济学、管理学、统计学、金融学、信息技术等基本理论、方法和专业技能。

(3) 专业知识。掌握传统金融的基本理论和方法及互联网金融的基础理论、业务运营等相关知识;掌握金融风险管理、数量分析、金融工具、金融衍生品等基础知识;掌握信息技术、金融数据挖掘及数据分析等专业知识;掌握在各类金融机构、互联网金融公司或金融科技公司、各类工商企业从事投融资、理财、数据分析、产品销售、风控等工作所需的相关知识。

2. 能力要求

(1) 基础能力。具备有效的语言表达与沟通交流能力;具备较好的组织管理能力、环境适应能力和团队合作能力;能够运用专业外语进行阅读、写作和口头表达;掌握传统金融及互联网金融工作应具备的语言文字和数字计算,能正确撰写金融类应用文;具备独立获取知识、收集信息、提出问题、分析和解决问题的基本能力。

(2) 专业能力。具备了解金融学科的理论前沿和互联网金融发展动态的能力;熟悉国内外有关金融及互联网管理的方针、政策和法规;掌握经济、金融、财务管理、互联网金融运营、风险控制、大数据应用等理论知识和业务技能。

(3) 实践能力。具备熟练操作常用的金融类专业软件的能力;具备较强的利用信息技术、大数据分析等工具从事分析、统计以及综合运用所学知识解决金融实际问题的能力。

(4) 创新创业能力。有较强的创新创业意识和初步的创新创业能力。

3. 素质要求

(1) 思想道德素质。树立正确的世界观、人生观和价值观,具有较高的政治理论素养和思想道德修养,具有社会责任感以及良好的职业道德,遵守学术道德规范。

(2) 综合素质。具备一定的人文社会科学、自然科学与技术、文体艺术、创新创业等领域的知识和素养。

(3) 专业素质。具备较强的市场经济意识和社会适应能力,能适应现代市场经济发展对新型金融人才的要求;具备良好的职业道德与正确的投资理财理念;具备金融与现代信息技术相融合的能力;具备从事传统金融及互联网金融等专业工作的胜任能力。

(4) 身心素质。达到国家规定的大学生体质健康标准,具有健康的体魄;具有良好的心理素质。

(三) 课程设置情况

课程是落实人才培养方案的重要落脚点,也是支撑培养目标实现的重要依据。通过课程的实施推动培养目标、培养特色的实现。需要注意的是,课程之间会存在明显的先修后续的逻辑关系。金融学类专业与其他专业一样,课程设置包括了通识课、专业课、实践课、创新创业课等类别。

以某应用型高校互联网金融本科专业为例,该专业每年的课程设置如下:

(1) 第一年,开设通识课及部分专业基础课。通识课主要包括思政类、英语类、数学类、体育类等课程,以及马克思主义基本原理、毛泽东思想和中国特色社会主义理论体系概论、高等数学、大学英语、大学体育等。专业基础课主要有金融学科导引(多数学校可能不开设,但是非常重要的概览性课程)、微观经济学、宏观经济学、管理学等。

(2) 第二年,主要开设通识课、部分专业基础课及专业核心课,同时还设置部分专业选修课。通识课主要有大学英语类、大学体育类。专业课包括金融学、商业银行经营、公司金融、数量方法、数据库原理与金融应用、互联网金融等。大部分课程与其他金融学专业相同,但是突出了明显的"互联网金融"专业特色。不同高校在本科学习的第2～第3学年,会结合学校及专业自身特点设置富有特色的专业核心课。

(3) 第三年,主要开设专业核心课及专业选修课,同时还有部分实践课。第三年是大学期间的黄金学习阶段,开设的重要课程比较多。专业核心必修课主要有证券投资学、投资银行学、金融市场学、金融衍生品(双语)、金融风险管理(双语)金融数据挖掘与分析等。专业选修课主要开设:公司信贷、个人理财、保险学、证券投资基金、互联网金融营销、消费金融、供应链金融、证券投资与分析实验等。

(4) 第四年,主要开设专业课及专业选修课、部分实践课。学生进入大学四年级,课程安排一般较少,以选修课和实践课为主。专业课包括大数据金融与征信、互联网金融安全技术、信托与租赁、金融数据可视化分析等。实践课主要有互联网金融综合运营实验、虚拟商业环境实验、毕业实习及毕业论文。

以上只是某个学校的课程设置情况,各学校之间不完全相同。即使同一所学校,其培养方案也会与时俱地进行修订,在培养目标、培养规格、培养特色及课程设置方面都会有所调整。此外,国内外不同高校开设的金融学类专业,也存在很大的差异。

总之,每门课程都要完成其使命。学生通过大学四年阶梯式的学习,最终达到各专业的毕业要求,从而顺利毕业。

延伸阅读7-6

金融学专业特色班或方向班

目前很多高校都开设金融学专业,也有比较新兴的互联网金融、金融科技专业。在传统金融学专业中,部分高校依托该专业,设立相应的特色班,从而突出专业的人才培养特色,并进一步提升学校专业的影响力和吸引力。有的学校结合金融领域的新发展,开设了专门的特色班;有的则将国际证书考试嵌入金融学专业,开设了方向班。

一、南开大学"数字金融"特色人才培养项目

为响应数字经济和金融科技迅速崛起的时代需要,进一步推进新文科建设,落实新时代金融创新人才培养任务,南开大学金融学院于2021年创新探索"数字金融"特色人才培养项目。通过学校二次选拔建立的"数字金融"特色班,力争培养系统掌握经济金融学和现代信息科技理论知识,熟练掌握金融科技、数据科学、算法和智能技术,具有较强的实践能力和创新精神,能够适应银行科技、智能投顾与程序化交易、保险科技、监管科技等领域需要的数字金融精英人才。

"数字金融"特色班项目依托国家级一流本科专业建设点——金融学专业,重点在特色化教学内容、师资团队、教学模式、培养标准、专门性训练等方面进行创新实践,充分利用国内外顶尖金融人才培养资源,服务中国对数字金融创新拔尖人才的重大需求,对接金融科技、人工智能、机器人等机构,以及大型商业银行数据中心、证券公司、投资公司、资产管理公司、基金管理公司、保险公司、金融基础设施公司、监管机构以及各行业和领域企事业单位等的数字金融专项人才需要。

"数字金融"特色班培养方案在金融学院"大类基础+专业"培养体系下,基于金融学专业培养方案,重点在专业课选择、教学内容和方式、培养机制等方面进行针对性、特色化专门设计,对核心专业课和特色化的主干课程实行小班授课、专门性培养。

二、东北财经大学金融学院金融学(CFA方向)

为提高金融相关专业学生的培养水平,提升毕业生进军国内国际高端金融机构的职业能力,东北财经大学金融学院从2017级开始开设金融学(特许金融分析师CFA)方向班级。CFA方向班以培养外语优秀、掌握国际最前沿的金融理论知识和投资分析技能、具备国际视野的专业高级金融人才为培养目标。CFA方向班将美国特许金融分析师CFA全球资格考试的核心内容植入到金融专业本科的教学计划中,使用国际公认的教学材料,采用国际化的教学模式和方法,培养学生具备金融专业知识和能力,金融学院学生在完成培养方案设定的学分后,可取得金融学专业本科毕业证书和学士学位。

CFA方向班单独成班,择优录取。学院单独组织教学,安排独立教室,并集中优势教学资源,对学生重点严格培养。方向班所有授课老师均持有CFA资质,授课经验丰富,其中多数教师曾任职于花旗、汇丰等著名金融机构,在授课之余还可以帮助学生开阔眼界、了解真正的金融圈。同时,安排学习管理老师专门负责班级的运营工作。方向班专业课程以特许金融分析师CFA考试内容为核心,使用CFA考试全球指定原版教材,扩展学员全球化视野。教学过程采用中英文双语教学,并专门增设金融英语课程,旨在培养学员对外专业交流及合作能力。

资料来源:

[1] 南开大学金融学院.南开大学"数字金融"特色人才培养项目(2022)[EB/OL].(2022-06-30)[2022-07-15]. https://finance.nankai.edu.cn/2022/0706/c19665a461479/page.htm.

[2] 东北财经大学金融学院.东北财经大学金融学院2022级金融学(CFA方向)专业招生简章[EB/OL].(2022-06-10)[2022-07-15]. https://sf.dufe.edu.cn/content_66094.html.

第三节 国内外金融学专业对比

金融学专业在我国本科高校中是非常受欢迎的专业之一。开设该专业的既有清华大学、北京大学、中国人民大学、复旦大学等综合类大学,又有中央财经大学、上海财经大学等财经类院校。另外,金融学专业不仅在国内非常火爆,在国外也非常受欢迎。很多人会出国留学,选择到国外修读金融类相关专业。但是由于国内外高等教育机制不同,国内外的金融学专业在很多方面存在明显的差异。

一、国内外金融学专业培养特色对比

(一)国内高校金融学专业培养特色

1. 财经类院校金融学专业培养特色

财经类院校以开设财经类专业为主。国内著名的财经类院校有中央财经大学、对外经济贸易大学、上海财经大学、西南财经大学、中南财经政法大学、东北财经大学等。财经类院校的专业结构互补性、协调性较强。这类院校对金融、计量、投资、会计、财务、统计等方面的知识非常专业和侧重。相比综合类院校,财经类院校金融学专业的培养特色主要有:

(1)注重基础理论知识的学习,学科设置有明显的偏向性。除了一些比较基础的课程,如金融学、中央银行学、商业银行经营学、证券投资学等这些比较普遍的课程,这类大学还普遍开设了投资组合理论、金融统计分析、计量经济学、银行会计、项目投资与评估、公司理财等这些有方向侧重的课程。

(2)培养金融业的专门人才。财经类院校主要培养的是金融业专门人才,毕业生适合到金融监管部门、商业银行、证券期货经营机构、保险机构、各类金融产品交易所、金融投资咨询机构、企业集团、上市公司及其他相关部门和单位,从事资金管理、融资、投资等工作,例如金融产品设计、投资管理、资本运作等。

(3)注重英语的学习和应用。这类大学普遍有中外合作班,具有广泛的海外联系。它们注重强化英语学习,旨在让学生在日后从事金融类工作时能做到自如运用英语。在国内很多工作中,能很好地运用英语是非常具有竞争力的。

以中央财经大学为例,中央财经大学是教育部直属高校,由教育部、财政部和北京市共建,是国家"双一流"建设、"211工程"建设和首批"优势学科创新平台"项目建设高校。该校金融学、会计学专业均为国家级特色专业建设点、国家级一流本科专业建设点、北京市重点建设一流专业。该校金融学专业旨在培养具有全球视野,系统掌握经济、金融基本理论知识,熟悉金融技术与实务,具有较强的人文、科技素养和实践创新能力,践行社会主义核心价值观、具有崇高的理想信念、道德修养和人文素养,崇尚宪法法治和科学精神,能够胜任银行、证券、基金、信托、期货和保险等金融机构,以及监管部门、政府企事业单位等相关专业工作的德智体美劳全面发展的金融精英人才。

中央财经大学金融学专业要求学生系统掌握经济学、金融学的基本理论和基础知识,掌握统计、信息科技的基本知识和工具,具备从事金融相关实际工作的科学素养和基本技能;熟悉国家经济金融领域的国家战略、政策和法律法规,了解金融学科的理论前沿和发展动态,了解金融领域的最新发展状况和现实问题,通晓国际金融活动的规则和惯例;能够掌握

金融分析方法和信息科技基本工具,能够熟练使用计算机、统计工具研究和处理金融问题。

中央财经大学金融学专业的重点课程有金融学、统计学、公司金融、国际金融学、证券投资学等必修课程,另开设了金融经济学、经济法通论、大数据与金融等选修课程,此外还开设了现代统计软件、数据挖掘、金融统计课程、金融机器学习等实验课程。另外,中央财经大学金融学专业注重培养学生外语能力,对固定收益证券、国际经济学、宏观经济学这些课程开设了双语课程,帮助学生熟练掌握一门外语,提高专业阅读能力和基本的听、说、写、译能力,帮助学生提高利用外语获取专业信息的能力。

2. 综合类院校金融学专业培养特色

综合类院校由于本身的多学科性,所以更注重基本理论和知识掌握的全面性,同时,综合类院校的理工学科或其他人文社科专业的设置也对其财经类专业的发展有一定的促进作用,甚至更容易形成交叉学科。很多综合类院校开设了金融学专业,其金融学专业的培养特色主要有:

(1) 注重基础理论知识的学习,课程设置多样化。这类大学一般培养学生具备扎实的经济学理论基础,较熟练地掌握和运用现代经济学分析方法。学校课程设置涉及范围较广,专业课有金融学、证券投资学、保险学、国际金融学、金融法、金融工程学、金融市场营销学、公司理财、商业银行经营与管理、计量经济学、公司金融或财务管理、投资学、金融经济学、行为金融、投资银行理论与实务。

(2) 在理论基础之上注重应用性技巧的掌握。除了培养学生熟练掌握和运用现代经济学分析法,这类大学着重培养具有经济、管理、法律和统计分析等方面知识,具备现代企业经济管理和经济分析技能的高层次应用性经济人才。也就是说,综合性大学同时也非常注重实际操作的演练,给学生们提供一些难得的课外实习机会。

(3) 与国外一流大学金融人才培养模式接轨。综合类院校的金融学专业所在学院不但汇集了金融学、投资经济领域的知名学者和教授,而且聚集了一批海外学成归来的青年学者,使其教学模式与西方的金融教学相接近,部分学校与麻省理工学院、哥伦比亚大学、英国约克大学、哈佛大学、韩国首尔大学等世界名校建立了良好的合作与交流关系。

(4) 培养金融方向的复合型人才。综合类院校培养的金融学专业旨在培养经济金融理论基础扎实、专业知识面广博,社会适应能力强,且具有独立分析问题、解决问题能力和金融业务操作能力的高级金融理论研究人才及金融实务复合型人才,为国家经济管理部门、银行与非银行金融机构、企业集团等输送了经济分析和金融人才,也同时为各类经济研究机构和高等院校输送了经济与金融研究型人才。

以北京大学为例。北京大学在经济管理方面的学科建设可以追溯至1902年京师大学堂设立的商学科,这是中国高等院校中建立最早的商学科。伴随着新中国的改革开放和经济发展,北京大学于1985年设立了经济管理系,1993年经济管理系与管理科学中心合并,成立北京大学工商管理学院,1994年正式更名为北京大学光华管理学院。北京大学的金融学专业是国家级一流本科专业建设点。

北京大学光华管理学院金融学专业要求学生具有夯实的经济学、金融学及管理学理论基础,系统掌握金融学分析方法及专业技术,了解金融领域前沿动态,具有出众的研究能力、中英文沟通能力及国际视野,能够把握金融学学术研究以及金融业行业发展。学院致力于培养具有坚实金融学理论基础和创新潜力,具有国际视野与较高应用技能,同时具备较强中英文沟通能力以及缜密分析能力的金融专业人才。学生毕业后主要就业于金融管理部门、各类金融机构或研究机构。

为使学生具备跨学科、交叉学科等多元化的视野,培养系统性思维方法,该学院启动"专业+辅修课程(Minor)"的新型培养模式,如图7-1所示。学生入学后前两年,不分专业,按照培养计划自由选课,第三年起根据个人特长与兴趣自由选择专业,进行专业课学习。学生完成主修专业及方向的同时,可以选修一个或者多个Minor或相关课程。Minor的课程从各专业核心课程中选取,完成要求学分即可获得学院相关证书。

另外,北京大学光华管理学院持续引领中国商学教育的国际化进程,先后创办了北京大学"一带一路"书院,与世界顶尖院校积极构建全球教育合作联盟,打造"未来领导者"国际本科项目;与美国沃顿商学院、芝加哥大学商学院、西北大学凯洛格商学院等130余所世界知名院校,在教学、科研等方面建立了紧密的合作关系;与美国加州大学伯克利分校共同成立"北大光华-伯克利项目",持续深入进行国际化合作,为学生提供留学通道。

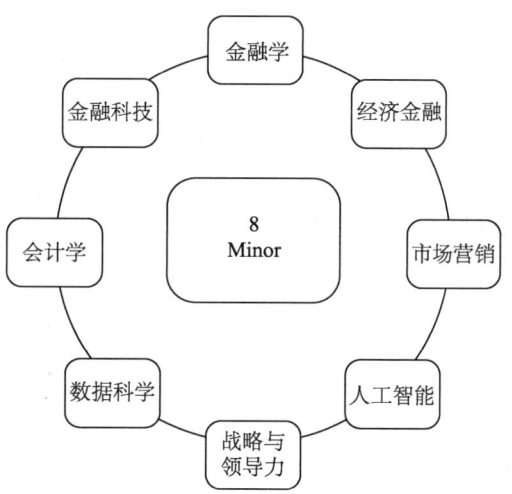

图 7-1 北京大学光华管理学院"专业+Minor"新型培养模式

延伸阅读7-7

互联网金融专业

随着互联网、金融科技的兴起,很多高校增设互联网金融专业(属于跨学科新兴专业)。其就业主要面向银行、证券、保险、信托等传统金融机构和互联网银行、第三方支付公司等新型互联网企业,从事互联网金融一线业务操作、产品营销、支付结算、系统运营与产品维护、电子商务、投资理财、征信、贷款、风险管理等工作。截至2022年12月,全国已有60余所高校开设了互联网金融专业,其中包括电子科技大学、安徽大学等985、211名校。

资料来源:学分网.互联网金融专业的就业方向和前景[EB/OL].(2022-05-13)[2022-07-18]. http://www.xuefen.com.cn/157920.html.

(二)国外高校金融学专业的培养特色

国外金融学专业与国内金融学专业培养特色有所不同。比较突出的差异是,国外金融学专业偏向于金融交叉学科,即会计和金融、银行和金融、商业经济学、金融数学、经济与金融、国际商业和金融、经济与政治、数学和统计,学习时长可为3年全日制或4年全日制,并授予不同类型的学士学位,如理学学士、文学学士。其中会计与金融(Accounting and Finance)专业最为热门。

需要注意的是,国外某些大学,如伦敦商学院、剑桥大学、牛津大学等,本科不设置金融专业,而是设置经济学专业,授予经济学学士学位,只有到研究生阶段才能申请金融类硕士专业。而国内金融学专业在本科阶段很常见,近几年,在传统金融学专业的基础上还形成了跨界融合的新兴专业。例如,互联网金融或金融科技专业,学习时长为4年全日制,毕业后大多授予经济学学士学位,但也有的授予双学士学位。又如,金融学类专业中信用管理专业,授予的是经济学+管理学双学士;精算学专业授予的是经济学+理学双学士。另外,部分学校如电子科技大学金融学专业推出"互联网+"复合型精英人才双学位培养计划,该专业学生毕业后,根据在校选修课程的不同,授予经济学和工学双学士或经济学和理学双学士。

下面以英国、美国、澳大利亚及部分亚洲国家为代表,对其金融学专业概况进行分析。

1. 英国金融学专业概况

英国高校的很多专业名称都带有"Finance",但 Finance 有三层含义,即财务、金融、财政,金融专业的培养方向也大致包含这三个内容。其中,最普遍的是 Accounting and Finance 专业,这种专业属于管理类,偏重研究企业财务及企业资金运营,课程设置侧重财务报表分析、财务管理、公司金融,因此,这里的 Finance 是微观视角,其内容类似于我国的财务管理专业;还有一种专业称作 Finance and Economics,这个专业直接翻译为财务与经济,属于经济类,偏重研究金融对宏观经济的影响,课程设置上侧重投资学、金融学、国际金融等课程,并注重研究货币和资本市场对经济的作用,因此,这里的 Finance 是宏观视角,其内容类似于我国传统的金融学专业教育;而第三种叫作 Public Finance,其研究内容类似于我国的财政学。财政在中国古代被称为公共财务,在我国 20 世纪 90 年代金融市场尚不发达时,有的高校把财政专业与金融专业开设在同一个系,在专业教育内容中重视研究公共资金的来源与运用。

英国各个大学金融学专业设置不完全一致,但大致相同。以英国布里斯托大学为例,布里斯托大学是世界著名学府,英国前首相丘吉尔曾长期担任该校校长。布里斯托大学会计与金融专业隶属于该校经济学院,下设三个专业:会计与金融、管理学、经济学,是欧洲最好的经济学院之一。该院会计与金融的教学和研究水平一直处于英国领先地位,开设的课程包括会计与金融学、会计与管理、经济学和会计等。

英国布里斯托大学会计与金融专业为期 4 年,毕业时授予理学学士学位,是会计与金融相结合的综合学位。这个专业设置了大量会计学及金融学科目,帮助学生了解市场的金融机构、金融交易、金融投资、金融法规和结构,为学生提供了从事会计职业的机会,并且可以在国外学习一年。同时,该专业为学生提供了获得专业会计机构认证的机会,这些专业会计机构包括特许管理会计师协会(CIMA)、英格兰及威尔士特许会计师协会(ICAEW)和特许注册会计师协会(ACCA)等。学生也可以通过其金融就业导向课程,在金融和投资银行领域寻求职业发展,学生毕业后可以就职于英格兰银行、摩根大通、瑞士银行、普华永道、毕马威、安永等多家机构。

英国布里斯托大学会计与金融专业课程严谨,借鉴了理论、前沿研究和实践,以培养具有强大数量技能和全球视野的高素质毕业生而享誉世界。该专业为学生设定了 3 年的学习规划,具体情况如表 7-5 所示。

表 7-5 　　　　　　　　英国布里斯托大学 3 年学习规划

学年	每学年主要学习规划内容
第一年	学生主要学习会计、经济学、金融学、数学和统计学等核心学科的基本原理,重点是加强学生解决问题的能力。
第二年	以第一年学到的原则为基础,继续学习会计和金融学科方面的知识,强调解决问题和应用技能,学生将更深入地学习财务会计、管理会计和金融。

(续表)

学年	每学年主要学习规划内容
第三年	学生在巩固第一年和第二年学习的基础上,学习更高级的定量和定性技能。最后一年的学习在选择选项方面提供了更大的灵活性和选择面,学生可以根据自己的兴趣选择学习特定领域来定制自己的课程;还可以选择跨学科的课程,包括战略管理会计、高级财务报告、审计、高级公司财务和金融市场等。

2. 美国金融学专业概况

金融学专业属于美国的商科专业,在美国比较热门。但由于金融专业的职业性非常强,所以金融专业在美国大学的本科阶段开设并不多,例如,麻省理工学院(MIT)、密歇根大学等少数学校,虽然有本科的商学院,但是学生在大二时才能申请进入商学院学习金融专业,而且申请难度很大。美国的很多大学,例如,斯坦福大学、耶鲁大学、哥伦比亚大学等顶尖大学,本科不设置金融学相关专业,多数美国高校只在硕士和博士中设有金融学相关专业。

美国的金融学专业一般下设三个分支,分别是纯金融、管理类金融(即 MBA)、金融工程。其中纯金融主要的专业分支包括投资管理、公司财务以及金融分析,倾向于数量分析方面的金融知识学习,将会计学、经济学、计量法三者融合到一起,培养全方位发展的学生。管理类金融倾向于金融公司管理方面的知识学习,主要是培养工商企业以及经济管理部门高层管理工作的人才。而金融工程则是综合运用了金融、数学、计算机科学三个领域的知识,通过建立金融数学模型,从而解决金融实际问题,通常下设三个子方向,包括金融工程、数理金融、金融数学,与数学、计算机联系密切。

以美国宾夕法尼亚大学沃顿商学院为例。宾夕法尼亚大学(University of Pennsylvania),简称宾大(UPenn),位于宾夕法尼亚州最大城市费城,是一所私立研究型大学,是八所常春藤盟校之一,也是美国大学协会 14 所创始成员之一。宾夕法尼亚大学由本杰明·富兰克林创建于 1740 年,是美国第四古老的高等教育机构,也是美国第一所从事科学技术和人文教育的现代高等学校。其中的商学院——沃顿商学院是世界首屈一指的商学院。沃顿商学院是美国第一所大学商学院。学校的使命是通过总结传播商业知识和培养领导人才来促进世界的发展。沃顿商学院在商业实践的各个领域有着深远的影响,包括全球策略、金融、风险与保险、卫生保健、法律与道德、不动产与公共政策等。它的商业教育模式是在教学、研究、出版、服务中强调领导能力、创新能力、企业家精神。

沃顿商学院是美国第一所学院化的商学院,在商科以及经济学领域享有极高的声誉,在商业教育各个领域都具有领导地位。金融学是其优势商科专业之一,该专业能够使学生具备进入多个领域的必备技能,例如资产管理、商业银行、投资银行、财务管理、风投与并购、咨询。此外,学习金融也会为未来想进入法律领域或者政府部门的学生打下良好基础。

3. 澳大利亚金融学专业概况

澳大利亚政府一直致力于将该国打造为亚太地区的金融中心,因此,其金融业进入高速发展期,对金融人才的需求也日益增长。在全球高等教育研究机构(Quacquarelli Symonds,QS)发布的"2022 QS 世界大学排行榜"中,澳大利亚的大学中有 7 所学校跻身前 100,分别为澳大利亚国立大学、墨尔本大学、悉尼大学、新南威尔士大学、昆士兰大学、蒙纳士大学以及西澳大学。澳大利亚的大学本科金融类相关专业主要有应用金融学、金融管理学、金融数学等,其对比情况如表7-6所示。

表7-6　　　　　　　　澳大利亚部分大学金融学相关专业对比

专业种类	所学的主要专业知识及专业课程
应用金融学	该专业主要讲授投资管理流程、企业金融交易执行、分析工具、商业银行业务和金融机构的国际风险管理实践等知识,使用案例研究的方式,培养学生的分析和解决问题能力,来处理全球企业面临的各种商业问题。例如,澳大利亚纽卡斯尔大学应用金融专业的核心课程一般为财务报表分析、经济分析、金融原理、金融建模和统计学。
金融管理学	该专业主要讲授金融结构、金融机构、金融市场和金融系统以及管理学等方面的专业知识。例如,澳大利亚国立大学金融管理学专业的主要课程包括业务报告和分析、微观经济学、公关经济学、经济和金融模型的基础、营销金融服务、金融数学、定量研究方法等。
金融数学	该专业主要讲授有关金融数学和风险管理的高级知识和技术,旨在让学生了解关于数学的全面的知识体系。课程设置灵活,有助于让学生掌握有关数学和金融学的理论和实际运用知识。另外,学生也可参与到有关的研究项目中去。例如,昆士兰大学金融数学专业的主要课程包括金融学、金融数学、金融微积分、金融数学研究项目等。

澳大利亚的金融学专业毕业生主要的就业机构与国内相同,主要是银行、信托公司、保险公司、证券公司和投资代理等金融机构,以及需要金融分析人员或具备财务部的各类公司等。但需注意的是,澳大利亚拥有多家金融相关的职业协会,包括澳大利亚银行与金融协会(AIBF)、金融与财政协会(FTA)、澳大利亚注册会计师协会(ASCPA)以及澳大利亚证券与投资委员会(ASIC)。注册成为这些协会会员,有助于毕业生在澳大利亚就业。毕业生的职业选择主要包括一般业务人员、财会类业务人员、个人金融理财人员、金融投资分析人员、金融财务审计师、风险管理人员、基金会的管理员、银行家、证券股票经纪人、贷款经理、企业财务等。

以澳大利亚新南威尔士大学为例。新南威尔士大学(The University of New South Wales),简称UNSW,创立于1949年,是一所享誉世界的顶尖公立研究型大学,为澳大利亚八校联盟、环太平洋大学联盟、国际科技大学联盟、Universitas 21和英联邦大学协会成员。

该校本科的会计与金融专业课程为期三年。第一年的课程包括财务会计、管理会计、金融概论、定量技术和数据分析、商业环境以及商业和公司法等。第二年的课程包括财务报告、绩效衡量和控制、审计和保证、公司财务、数字会计和就业能力模块课程,并且学生可以与企业开展实时合作项目。第三年学生将进一步学习会计和税收(选修模块)的一些高级知识,并获得大型专业机构(如ACCA、CIMA等)的考试豁免。在此过程中,学生将进一步发展其就业技能,为后续的选拔和招聘就业做好充分准备。另外学生还将学习税收、法务会计、审计案例、证券交易等可选模块知识,学生们可以使用校园模拟交易室进行实践。其中审计模块中的案例使学生能够与许多第三部门(如会计师事务所)合作,并可以与这些部门的实际客户开展鉴证业务。

新南威尔士大学的会计与金融专业突出理论课程学习与工作实习相结合,以确保学生在毕业时具备出色的就业能力。该专业的特色在于:

(1)学生拥有较多实习机会。学生可以在第二年学习后申请一年的工作实习,或者在第二年和第三年之间申请一个短期实习(最多3个月),以达到学术水平和实践学习互补互增的效果。同时,学校与许多组织合作并提供更多的工作实习机会,例如,全球三大信用保险公司之一(Atradius)、全球通信行业领导者(Alcatel-Lucent)等。学生在这些公司的实习经历,会帮助他们在人群中脱颖而出。

(2)学生可以使用金融交易室。学校配有最先进的计算机硬件和软件交易室,为会计与金融专业学生增加了新的体验维度,包括模拟股票交易、结合理论和实践的决策。通过模拟实验,学生将在课堂上体验动态的实时交易环境。他们通过学习并体验与买卖相关的复杂策略,了解市场的波动以及风险的不确定性。

(3)该专业与其他机构进行合作。合作的机构包括:ACCA(特许公认会计师公会)、CIMA(英国特许管理会计师公会)、ICAEW(英格兰及威尔士特许会计师协会)、CIPFA(英国特许公共财务会计师公会)等。学生可以在增长专业技术知识、技能和专长的同时,获得世界领先会计机构的专业认可,在毕业时获得一部分考试的免考机会。

4. 亚洲国家金融学专业概况

亚洲国家(如日本、新加坡等)在金融专业领域也有其特色和优势。在日本,金融主要是经济学的研究范畴,金融专业在不同学校归属于不同的部门。比较常见的是,金融学科归属于经济学研究科,设在经济学部,如东京大学、早稻田大学。但部分大学的经营学研究科也研究金融问题,如神户大学,而早稻田大学的商学研究科也有专门研究金融的教授。虽然日本的金融学专业在不同学校开设的课程略有区别,但主要的专业课程包括国际金融、数量金融、金融工程、企业金融、证券投资等。其中数量金融和金融工程属于金融交叉学科,比较难、偏数理。

新加坡作为亚洲金融中心,金融业十分发达,金融业也是新加坡的支柱产业,因此,对金融人才的需求很大,金融学专业也一直是新加坡留学热门专业。新加坡部分高校的金融学专业很有优势,如新加坡国立大学、新加坡南洋理工大学。金融业比较缺乏风险管理人才和金融工程人才,他们不仅需要有财务、金融知识,还需要具备编写计算机程序的能力。目前,新加坡的大学更倾向于培养金融科技人才。以新加坡国立大学为例,该校金融硕士专业除了帮助学生在计算机和金融领域打下坚实的基础,还提供涵盖计算机和金融专业知识的选修模块,传授人工智能、区块链、数据分析等金融科技核心知识,以及计算机系统、网络安全、人工智能、数据分析和企业IT等领域的知识。新加坡金融学专业的毕业生,可选择的职位很多,包括经济预测分析与管理咨询人员、对外贸易人员、管理职位、基金经理、证券经纪人以及股票分析师等。目前,软件开发人员、数据科学家、金融科技安全专家或金融定量分析师已经越来越受欢迎。

二、国内外金融学专业课程设置对比

国内金融学的课程体系分为通识课、学科基础课或专业基础课、专业课、专业选修课、综合素质选修课和实践课等模块,各高校不完全相同,略有差异。

(一)国内金融学专业课程设置情况

1. 财经类院校

财经类院校是开设金融学专业的主要院校。以中央财经大学金融学专业为例,该专业的基本学习年限为4年,该专业学生毕业应取得的最低总学分为157学分,其中,通识教育课程模块11学分,公共通修课程模块59学分,基础核心课程模块43学分,开放选修课程模块35学分(专业进阶课至少修满15学分,专业拓展课至少修满20学分),实践环节9学分。中央财经大学金融学专业具体毕业要求,如表7-7所示。

表 7-7　　　　　　　中央财经大学金融学专业具体毕业要求

分类	课程模块	课程类别	应修学分
通识通修	通识教育课程	通识教育选修课	10
		新生导论课	1
	公共通修课程	思想政治与军事理论课	24
		外语类	8
		数学类	19
		体育类	4
		计算机类	4
学科专业	基础核心课程	学科基础课	23
		专业核心课	20
个性发展	开放选修课程	专业进阶课	15
		专业拓展课	20
	实践环节		9
	共计		157

其中,中央财经大学金融学专业课程模块,如表 7-8 所示。

表 7-8　　　　　　　中央财经大学金融学专业课程模块

课程模块	课程类别	课程名称	学分
基础核心课程	学科基础课	政治经济学	3
		微观经济学	3
		宏观经济学	3
		会计学	3
		金融学	3
		计量经济学	3
		统计学	3
		财政学概论	2
	专业核心课	金融工程概论	2
		金融市场学	2
		公司金融	3
		国际金融学	3
		证券投资学	3
		金融科技概论	2
		商业银行经营学	3
		金融风险管理	2

2. 综合类院校

在 2022 全国金融学专业大学排名中,综合类院校,如北京大学、中国人民大学、复旦大学等,跻身全国金融学专业前十名,其中北京大学位列第一。以北京大学光华管理学院金融学专业为例,学生在学校规定的学习年限内,修完培养方案规定的内容、成绩合格、达到学校毕业要求的,准予毕业,学校颁发毕业证书;符合学士学位授予条件的,授予学士学位。授予的学位类型为经济学学士学位;毕业总学分为 124~130 学分。北京大学光华管理学院金融学专业具体毕业要求,如表 7-9 所示。

表 7-9　　　　　北京大学光华管理学院金融学专业具体毕业要求

1. 公共基础课程:41~47 学分	1-1 公共必修课:29~35 学分
	1-2 通识教育课:12 学分
2. 专业必修课程:63 学分	2-1 专业基础课:25 学分
	2-2 专业核心课:36 学分
	2-3 毕业论文(设计):2 学分
3. 选修课程:20 学分	3-1 专业限选课:12 学分
	3-2 自主选修课:8 学分

表 7-9 中的"3-1 专业限选课程"包含了行为金融、因果推断与商业应用、金融建模与量化投资、衍生品定价及应用、金融时间序列分析、金融中的数学方法、金融科技及区块链、固定收益证券、风险管理(中英文)、国际金融、风险资本与创新融资(英)、公司估值等课程。

另外,表 7-9 中"2-2 专业核心课"模块的细分情况,即北京大学光华管理学院金融学专业开设的专业核心课程,如表 7-10 所示。

表 7-10　　　　北京大学光华管理学院金融学专业开设的专业核心课程

课程模块	课程类别	课程名称	学分
2-2 专业核心课程 36 学分	学院核心课程 (30 学分)	微观经济学	3
		会计学(中英文)	3
		社会心理学	3
		宏观经济学	3
		组织与管理	4
		营销学	3
		公司财务管理(中英文)	3
		数据科学的 Python 基础	2
		计量经济学	3
		管理科学	3
	专业必修课程 (6 学分)	证券投资学(中英文)	3
		金融市场学与金融机构(中英文)	3

(二)国外金融学专业课程设置情况

国外金融学相关专业课程分为必修课程和选修课程,根据各高校专业设置的不同,必修和选修科目也不尽相同。

1. 英国金融类专业

以英国布里斯托大学会计与金融专业为例,该专业基本学习年限为 4 年,分为必修课程和选修课程,课程设置的具体情况如表 7-11 所示。

表 7-11　英国布里斯托大学会计与金融专业课程设置

学年	必修/选修课程	科目名称	学分
第一年	必修课程	会计与金融基础 1	20
		会计与金融基础 2	20
		数学和统计方法	20
		经济学原理	20
		会计与财务背景	20
	选修课程（选修满 20 分）	全球化与发展	20
		全球商业环境	20
		校外开放课程	20
第二年	必修课程	财务会计	20
		管理会计	20
		金融原理	20
		应用定量研究方法	20
	选修课程（选修满 40 分）	经济思想史	20
		国际商务管理	20
		管理科学	20
		公共管理	20
		税收	20
		商业法基础	20
		银行学	20
		人员、工作和组织	20
		组织理论	20
第三年	必修课程	会计/金融专业实习年度	120
第四年	必修课程	战略管理会计	20
		高级财务报告	20
	选修课程（选修满 80 分）	金融市场	10
		高级企业融资	10

（续表）

学年	必修/选修课程	科目名称	学分
第四年	选修课程 （选修满80分）	公司治理的当代问题	20
		策略	20
		审计学	20
		金融危机	10
		投资组合管理	10
		国际金融	10
		企业社会责任与可持续发展	20
		决策分析与仿真	20
		运营管理	20
		会计与审计的全球性问题和丑闻	20
		衍生品	10
		行为金融学	10
		组织犯罪与腐败	20
		面向企业的数据分析和人工智能	20
		数字经济	20

2. 美国金融类专业

以美国宾夕法尼亚大学沃顿商学院为例，该专业基本学习年限为4年，课程设置的基本情况如表7-12所示。

表7-12　　**美国宾夕法尼亚大学沃顿商学院课程设置**

学年	秋季学期	春季学期
第一年	商业经济学导论，数学或统计学课程，沃顿商学院领导力之旅的门户课程和其他2~3门课程	数学或统计学课程，2门商业基础课程和1~2门其他课程
第二年	沃顿商学院口头和书面交流课程，2~3门商业基础，1~2门其他课程	2~3门商业基础，1~2门其他课程
第三年	参加管理学课程，包括团队合作和人际关系动力学，完成主要课程，学习更高阶的课程和/或出国留学，以及满足其他要求。	
第四年	在学生学习的第四年，将最终确定学生的主要课程和次要课程，并完成领导力之旅课程的毕业设计要求，以及满足其他要求。	

沃顿商学院的课程类型包括会计、行为经济学、业务分析、商业经济学与公共政策、商业能源环境和可持续发展、创业与创新、金融、医疗保健管理与政策、法律研究与商业道德、管理、营销、营销与传播、运营信息和决策、房地产、零售、社会影响和责任、统计数据、个性化等。其中，金融类细分课程如表7-13所示。

表 7-13　美国宾夕法尼亚大学沃顿商学院金融类专业细分课程

专业方向	课程设置
企业财务	高级企业财务
	全球估值和风险分析
	资本市场
	能源金融
	战略股权融资
	企业重组
资本市场和银行	估值
	国际金融市场和加密货币
	国际银行业务
	资本市场
	中央银行、宏观经济政策和金融市场
	收购和收购的财务
	战略股权融资
私募股权和风险投资	收购和收购的财务
	估值
	风险投资和创新金融
	不良投资
	金融科技
投资	投资管理
	估值
	消费者金融决策
	房地产投资
	固定收益
	影响力投资
	对冲基金
量化金融	投资管理
	金融衍生品
	国际金融市场和加密货币
	固定收益
	金融数据科学
	资产定价基础

3. 澳大利亚金融类专业

以澳大利亚新南威尔士大学会计与金融专业为例,该专业基本学习年限为3年,分为必修课程和选修课程,课程设置的具体情况如表7-14所示。

表7-14　　　　　澳大利亚新南威尔士大学会计与金融专业课程设置

学年	必修/选修课程	科目名称
第一年	必修课程	财务会计
		管理会计
		会计师的商业环境
		商业和公司法
		数据分析和计算机化会计
		个人财务规划
第二年	必修课程	财务报告
		用于计划和控制的管理会计
		财务管理
		数字会计
		审计和鉴证
		会计和金融专业发展1
第三年 (2021年9月前)	必修课程	高级财务报告
		决策和控制信息
		战略业务合作伙伴(业务分析模块)
		会计和金融专业发展2
	选修课程 (选2门)	税务
		金融交易和投资
		审计案例
		法务会计原理
		金融服务
第三年 (2021年9月及以后)	必修课程	高级财务报告
		全球治理、风险和道德
		会计师业务分析
		会计研究
	选修课程 (选2门)	高级管理会计
		证券交易理论与实践
		审计案例
		法务会计原理
		伊斯兰金融导论

通过以上分析可见,国内与英国、美国、澳大利亚的金融专业课程设置存在差异。英、美等西方国家的金融专业偏重学科交叉,设置会计与金融专业、经济与金融专业等,而国内专业主要设置金融学、金融科技、金融工程等专业。国内金融学主干课程主要包含货币银行学或金融学、国际金融、金融市场学、商业银行学等课程,相对偏向宏观金融;而国外金融学课程,是以 Corporate Finance 即公司金融为中心展开的金融课程,更偏向微观金融。它包含两部分,一部分是公司投资、融资、股权债权结构、公司治理等;另一部分是资产定价,即对资本市场中不同金融工具及衍生产品之类的定价研究。

三、新兴的互联网金融及金融科技专业

从 2013 年开始,互联网金融作为一种新的金融服务模式广受关注,随后发展迅猛。而这个创新的金融模式,为高等教育带来了发展机会。尤其是高职院校,反应最快,比本科高校更早地设立了互联网金融专业。从 2016 年起,互联网金融专业成为教育部本科高校的备案专业,多所本科高校开始申报该专业。从 2017 年开始,电子科技大学、安徽财经大学、广东金融学院等 6 所本科高校,作为第一批被教育部批准设立互联网金融专业(020309T)的院校,于 9 月开始正式招生,而这六所学校的互联网金融专业在培养目标、课程设置等方面各具特色。截至 2022 年 12 月,全国有超过 60 所本科高校设置了互联网金融专业。互联网金融的专业建设正在快速推进中,人才培养模式也在不断创新。

从 2016 年开始,金融科技在我国开始被广泛关注。金融科技是金融与信息技术融合形成的新模式,并已成为金融领域新的发展趋势。2018 年 2 月,教育部公布了增设专业名录,金融科技正式成为金融学类本科专业的第 10 个专业(专业代码 020310T)。其中,上海立信会计金融学院成为首批设立金融科技专业的本科高校,于 2018 年 9 月正式招生。2019 年年初,教育部又批准了中央财经大学、山东工商学院、西华大学、三亚学院四所院校设置金融科技本科专业;同年中央财经大学、浙江大学等通过论证并经教育部备案,设置了金融科技硕士和博士学科专业。

金融科技的快速发展对高校金融人才培养提出了新的挑战,对金融人才的需求正在发生变化。能够将前沿科技应用于现代金融服务业,拥有金融知识和信息技术并擅长数据分析的复合型、创新型金融人才是当前金融业亟须的人才。

延伸阅读7-8

中央财经大学的"金融科技"专业

中央财经大学的金融科技专业从 2019 年开始按照金融学类专业大类招生。学生进校后,在大学一年级接受基础课和通识教育,从大学二年级开始,按照学院专业分流方案,根据学生兴趣、职业发展和学习成绩进行专业选择可进入金融科技专业学习。

金融科技专业注重经济学与金融学、统计学、计算机技术尤其是软件编程、大数据、区块链、人工智能等多学科交叉知识的学习和掌握,突出现代科技在金融领域融合应用的教学与研究,培养适应当今金融科技发展所需的复合型专业人才。此专业开设的主要专业课程有微观经济学、宏观经济学、Python 程序设计、C++ 程序设计、数据结构与算法、计量经济学、金融学、现代密码学、金融科技学、金融工程概论、公司金融、大数据与金融、金融风险管理、软件工程、区块链技术及应用、人工智能原理及应用等。

金融科技专业的学生应系统掌握经济学、金融学的基本理论和基础知识,掌握金融分析与现代信息科

技,尤其是大数据、区块链、人工智能等前沿科技的基本技术,具备从事金融实务的科学素养和基本技能;把握金融学科的理论前沿和发展动态;熟练掌握一门外语,具有专业阅读能力和基本的听、说、写、译能力,能利用外语获取专业信息;熟练开展计算机编程、具有将科技手段应用于金融服务的能力;具有较强的实践能力和创新意识,具有良好的综合素质。

金融科技专业旨在培养具有全球视野,系统掌握经济金融学和现代信息科技理论知识,熟悉金融实务操作,熟练掌握信息科技、数据科学、算法和智能技术,具有较强的实践能力和创新精神,能够适应银行科技、智能投顾与程序化交易、保险科技、监管科技等领域需要的金融精英人才。

资料来源:中央财经大学金融学院官网.金融科技专业介绍[EB/OL].(2022-05-22)[2022-07-18].http://sf.cufe.edu.cn/jxxm/bk/jrkjzy.htm.

第四节 金融类专业考试证书

金融类专业学习难度较大,专业要求较高,而且金融业非常重视专业技能,一般都有执业能力要求。因此,在学习金融类专业期间,很多学生通过考取专业证书提升自我。在金融领域,有很多适合学习和考取的、在国内外非常有含金量的专业证书。

一、国内主要专业证书

(一) CPA

1. 考试介绍

CPA(Certified Public Accountant,CPA)即注册会计师考试,其证书是国内目前经管类专业学生非常重视且考试难度较大、含金量较高的证书之一。我国从1991年开始实行注册会计全国统一考试制度,1993年起每年举行一次。CPA考试每年由中国注册会计师协会组织。

注册会计师专业考试科目分为两大类。专业阶段考试科目为《会计》《审计》《财务成本管理》《经济法》《税法》《公司战略与风险管理》;综合阶段考试科目为《职业能力综合测试》。

2. 报考条件

注册会计师考试的报考条件如下:

(1) 同时符合下列条件的中国公民,可以申请参加注册会计师全国统一考试专业阶段考试:①具有完全民事行为能力。②具有高等专科以上学校毕业学历,或者具有会计或者相关专业中级以上技术职称。

(2) 同时符合下列条件的中国公民,可以申请参加注册会计师全国统一考试综合阶段考试:①具有完全民事行为能力。②已取得注册会计师全国统一考试专业阶段考试合格证。

(3) 有下列情形之一的人员,不得报名参加注册会计师全国统一考试:①因被吊销注册会计师证书,自处罚决定之日起至申请报名之日止不满5年者。②以前年度参加注册会计师全国统一考试因违规而受到禁考处理期限未满者。③已经取得全科合格者。

3. 考试科目、时间及题型

每科目考试的具体时间,在各年度财政部考委会发布的报名简章中明确,考试时长通常为三天。目前来说,CPA具体科目一般如表7-15所示。

表 7-15　　　　　　　　　　　　　　CPA 具体科目

日期	专业阶段考试科目	综合阶段考试科目
第一天	会计(第一场)	—
	税法(第一场)	
	经济法(第一场)	
第二天	财务成本管理(第一场)	职业能力综合测试(试卷一)
	财务成本管理(第二场)	
	公司战略与风险管理	职业能力综合测试(试卷二)
第三天	会计(第二场)	—
	税法(第二场)	
	经济法(第二场)	

CPA 各阶段考试各科目的题型主要有选择题、简答题(分析题)、计算题(分析题)、综合题、案例分析题等,不同的考试科目考试题型不完全一致。

4. 考试成绩

注册会计师考试分为专业阶段考试和综合阶段考试,考生需要先通过专业阶段的考试,才能报考综合阶段的考试。专业阶段单科成绩的有效期是 5 年,单科的合格分数是 60 分。综合阶段考试合格分数是两场合计得分为 60 分。

(二)证券行业专业人员水平评价测试

1. 考试介绍

证券行业专业人员水平评价测试(原证券从业资格考试)是进入证券行业的通行证,是进入银行或非银行金融机构、上市公司、投资公司、大型企业集团、财经媒体、政府经济部门的重要参考。因此,参加证券行业专业人员水平评价测试是从事证券职业的第一道关口。2022 年该证书考试发生了非常大的变革,考试名称有变化,同时报考条件、成绩有效期等方面也有很大的调整。

为规范证券行业专业人员水平评价测试的实施工作,使其能够更好地评价证券行业专业人员的专业能力并适应我国证券行业高质量发展新要求,中国证券业协会根据《中华人民共和国证券法》《证券基金经营机构董事、监事、高级管理人员及从业人员监督管理办法》(以下简称《监督管理办法》)《证券公司董事、监事、高级管理人员及从业人员管理规则》(以下简称《管理规则》)等法律法规、监管规定和自律规则,参照国家相关考试规定,制定了《证券行业专业人员水平评价测试实施细则》(以下简称《细则》)。协会第七届理事会第十次会议表决通过了《细则》,并向中国证监会备案。《细则》于 2022 年 7 月 8 日正式发布,新规定自发布之日起施行。

2. 报考条件

证券行业专业人员水平评价测试的报考条件如下:

(1)报名截止日年满 18 周岁。

(2)取得国务院教育行政部门认可的大专及以上学历;或具有高中或相当于高中文化程度,且具有 36 个月以上工作经历;或证券公司、证券投资咨询公司等证券行业机构已开具

7-5:CPA 考试攻略有哪些?复习几轮比较好?

7-6:证券行业专业人员水平评价测试实施细则

录用通知的大学本(专)科应届毕业生等人员。

(3) 具有完全民事行为能力。

一般业务水平评价测试达到基本要求且在有效期内的,或符合《管理规则》第十条规定的相关人员,可报名参加专项业务水平评价测试。

按照《监督管理办法》第八条、第五十六条规定以及证券评级等相关监管规定,参加测试的人员或通过一般业务水平评价测试达到基本要求且在有效期内的人员,可报名参加高级管理人员水平评价测试。

3. 考试类型及考试科目

证券行业专业人员水平评价测试分为从业人员专业能力水平评价测试和高级管理人员水平评价测试两大类。

其中,从业人员专业能力水平评价测试包括一般业务水平评价测试和专项业务水平评价测试两小类;高级管理人员水平评价测试包括一般高级管理人员水平评价测试和专项高级管理人员水平评价测试两小类。每一类水平评价测试分别对应不同的考试科目。证券行业专业人员水平评价测试分类具体情况,如表7-16所示。

表7-16　　　　　　证券行业专业人员水平评价测试分类具体情况

测试名称	测试类别	考试科目
从业人员专业能力水平评价测试	一般业务水平评价测试	证券市场基本法律法规 金融市场基础知识
	专项业务水平评价测试	证券投资顾问业务 (证券投资顾问专业能力水平评价测试) 发布证券研究报告业务 (证券分析师专业能力水平评价测试) 投资银行业务 (保荐代表人专业能力水平评价测试)
高级管理人员水平评价测试	一般高级管理人员水平评价测试	证券公司高级管理人员水平评价测试
	专项高级管理人员水平评价测试	合规管理人员水平评价测试 证券评级业务高级管理人员资质测试

4. 考试合格要求

报考人员所参加测试科目的试卷正确率达到60%,即为该科目达到基本要求。测试科目的成绩自取得之日起36个月内有效;从业人员专业能力水平评价测试或高级管理人员水平评价测试成绩达到基本要求且在有效期内的,其一般业务水平评价测试成绩在此期间持续有效。测试成绩超出有效期的,相应成绩失效。

已通过水平评价测试的证券行业专业人员,在证券行业从业或任职期间的所有测试成绩持续有效;测试达到基本要求后36个月内未进行执业登记或未任职,或从证券行业机构离职超过36个月的,所有测试成绩失效。

相关思考 7-4

2022年证券从业资格证书考试有哪些重大变革？

证券从业资格证书考试在2022年进行了重大改革。这一改革直接提高了考试报名的门槛以及成绩的有效期等。请查阅相关资料,思考为什么要对此进行改革？具体有哪些重大变革？

（三）银行业专业人员职业资格考试

1. 考试介绍

银行业专业人员职业资格考试的前身是银行业从业人员资格认证考试。2013年11月23日,中华人民共和国人力资源和社会保障部、原中国银行监督管理委员会联合发布了《银行业专业人员职业资格制度暂行规定》和《银行业专业人员初级职业资格考试实施办法》(人社部发〔2013〕101号),将"银行业从业人员资格认证考试"更名为"银行业专业人员职业资格考试",并将其纳入国家职业资格制度统一规范,属于水平评价类考试。

2015年4月17日,两部委再次联合发布了《银行业专业人员初级职业资格考试实施办法补充规定》和《银行业专业人员中级职业资格考试实施办法》(人社厅发〔2015〕55号),在初级资格考试基础上,设立了中级职业资格考试,并增设了《银行管理》科目。

银行业专业人员职业资格考试,旨在为银行业金融机构和客户鉴别从业者的能力提供识别标杆,提高银行业从业人员的专业技能和职业操守,促进银行业健康发展,维护国家金融稳定。

2. 报考条件

1) 初级银行业专业人员职业资格考试

初级银行业专业人员职业资格考试的报名条件如下：

(1) 遵守国家法律、法规和行业规章。

(2) 具有完全民事行为能力。

(3) 取得国务院教育行政部门认可的大学专科以上学历或者学位。

2) 中级银行业专业人员职业资格考试

报名参加中级职业资格考试的人员,除了具备初级职业资格考试的报名条件,还必须具备下列条件之一：

(1) 取得经济学、管理学、法学学科门类专业大学专科学历,从事相关专业工作满6年。

(2) 取得经济学、管理学、法学学科门类专业大学本科学历(或学位),从事相关专业工作满4年。

(3) 取得经济学、管理学、法学学科门类专业双学士学位,从事相关专业工作满2年。

(4) 取得经济学、管理学、法学学科门类专业硕士学历(或学位),从事相关专业工作满1年。

(5) 取得经济学、管理学、法学学科门类专业博士学历(或学位)。

(6) 取得其他学科门类专业上述学历(或学位),从事相关专业工作年限相应增加1年。

3. 考试基本科目

初级和中级职业资格考试开设《银行业法律法规与综合能力》《银行业专业实务》2个科目。其中,《银行业专业实务》下设《个人理财》《公司信贷》《个人贷款》《风险管理》《银行管理》5个专业类别,具体情况如表7-17所示。

表7-17　　　　　　　　银行业专业人员职业资格考试基本科目

考试基本科目		备注
银行业法律法规与综合能力		必考
银行业专业实务	风险管理	选考1门
	公司信贷	
	个人理财	
	银行管理	
	个人贷款	

该资格考试采取"1+N"的模式。其中"1"为《银行业法律法规和综合能力》科目,为必考科目,主要考核银行业从业人员应知应会的法律法规、必须遵从的职业操守以及基础业务知识。"N"为专业科目,包括《风险管理》《个人理财》《公司信贷》《个人贷款》和《银行管理》科目。

另外,该考试设置了一定的免考条件。对于初级和中级职业资格考试的考试科目《银行业法律法规与综合能力》,在报考者符合规定的条件下,可获得免考资格。

4. 考试时间及题型

银行业专业人员职业资格考试每年两次,一般是在每年的6、10月,全部采用闭卷、机考方式。初级职业资格考试题型全部为客观题,包括单选题、多选题和判断题;中级职业资格考试题型为单选题、多选题、判断题、填空题等。考试时长均为120分钟,成绩达到60分即为合格。

(四) 基金从业人员资格考试

1. 考试介绍

自2003年起,基金从业人员资格考试作为证券从业人员资格考试体系的一部分,一直由中国证券业协会组织考试工作。2013年6月1日,修订后实施的《中华人民共和国证券投资基金法》(以下简称"新《基金法》")规定,基金从业人员应当具备基金从业资格,并授权中国证券投资基金业协会组织基金从业人员进行从业考试、资质管理和业务培训。为切实履行新《基金法》赋予的职责,中国证券投资基金业协会积极推动各项考试筹备工作,于2015年9月首次启动了基金从业人员资格考试。

基金从业人员资格考试侧重实际应用,主要考核基金从业人员必备的基本知识和专业技能,内容涵盖基金行业概览、投资管理等。

2. 报考条件

基金从业人员资格考试的报考条件如下:

(1) 报名截止日年满18周岁。

(2) 具有高中以上文化程度。

(3) 具有完全民事行为能力。

(4) 中国证监会规定的其他条件。

3. 考试基本科目

基金从业人员资格考试包含三个科目,具体情况如表7-18所示。

表 7-18　　　　　　　　基金从业人员资格考试基本科目

科目类别	考试科目
科目一	基金法律法规、职业道德与业务规范
科目二	证券投资基金基础知识
科目三	私募股权投资基金基础知识

科目一为必考科目,考生可以选考科目二和科目三中的一科。该考试有一定的免考机会。报考者符合基金从业考试免考科目条件的,即可免考科目二或科目三,无须申请。在基金从业人员资格科目一考试通过后,考生可以在科目一成绩有效期内直接让所在机构申请注册基金从业资格证。根据《基金从业人员管理规则》要求,通过基金从业人员资格考试科目一并具备规定条件的,可以认定为符合基金从业资格注册有关条件。

4. 考试时间及题型

基金从业人员资格考试一年能考多次(每年不同,因各种原因,基金业协会会作适当调整),分为全国统一考试和预约式考试,全部采用闭卷、机考方式。考试题型都是单项选择题,包括普通单选题、组合型单选题及部分综合型单选题,单科总分 100 分,合格标准为 60 分,当考生的所有报考科目都达到合格标准时即可获得合格证明。

(五)期货从业人员资格考试

1. 考试介绍

期货从业人员资格考试是期货行业准入性质的入门考试,是全国性的执业资格考试。考试受中国证监会监督指导,由中国期货业协会主办,ATA 公司(中国最大的考试和教育服务供应商)承办具体考务工作。

2. 报考条件

该考试不同科目的报考条件不完全相同。其中,《期货基础知识》和《期货法律法规》科目的报考条件如下:

(1)年满 18 周岁。
(2)具有完全民事行为能力。
(3)具有高中以上文化程度。
(4)中国证监会规定的其他条件。

《期货投资分析》科目的报考条件如下:

(1)年满 18 周岁。
(2)具有完全民事行为能力。
(3)已取得期货从业人员资格考试合格证。
(4)具有大学本科及以上学历或者本科在读。
(5)中国证监会规定的其他条件。

3. 考试科目

期货从业人员资格考试共有三个考试科目,分别为《期货基础知识》《期货法律法规》《期货投资分析》。前两个科目考试通过,并取得期货从业人员资格考试成绩合格证的,可以参加《期货投资分析》科目考试;成绩合格的,可以获得期货投资分析考试合格证。按照目前规定,期货从业人员资格考试合格证和期货投资分析考试合格证长期有效。

4. 考试时间及题型

期货从业人员资格考试一年有多次考试。中国期货业协会将在每年的考试公告中公布当年的考试次数和时间。期货从业人员资格考试试题均为客观选择题，满分100分，60分为及格线。

 相关思考 7-5

证券、银行、基金这三大领域的证书有何联系？

作为金融类专业学生，国内可供选择的专业证书很多。那么这些证书的考试难度如何？各有哪些优劣？尤其是针对证券、银行、基金这三大行业的考试证书，它们之间存在哪些联系？

二、国外主要专业证书

(一) FRM

1. 考试介绍

金融风险管理师（Financial Risk Manager，FRM）是金融风险管理领域顶级权威的国际资格认证，由美国全球风险管理专业人士协会（Global Association of Risk Professionals，GARP）设立。FRM认证由GARP组织命题、考试并颁发证书，其知识体系偏重风险管理分析和决策，采用全英文考试。FRM在中国由人力资源和社会保障部批准为国家职业资格证书，并由职业技能鉴定中心主管。

2. 报考条件

该证书的考试没有学历与行业上的限制，在校大学生也可以报考，但该证书考试对英语、数学有一定的要求，一般情况下，大学英语四级水平即可。另外，考生需具备一定的英文阅读能力，能够掌握专业词汇。数学方面，考试内容一般会涉及概率与统计，考试难度相当于经济学专业考研数学的难度水平。FRM报名不要求考生具备金融专业背景，但需要具备相关的金融知识基础。因此，报考者可以在掌握了一定的英语和数学知识的基础上再考虑报名。

3. 考试类别及考试科目

FRM考试分为一级和二级，每一级中，不同的考试科目的分值占比有所不同，而且不同年份的考试，分值占比也会有一些调整。目前，FRM的考试类别及考试科目，如表7-19所示。

表7-19　　　　　　　　　**FRM 考试类别及考试科目**

考试类别	科目名称（中文）	科目名称（英文）
FRM 一级	风险管理基础	Foundations of Risk Management
	定量分析	Quantitative Analysis
	估值与风险模型	Valuation and Risk Models
	金融市场与产品	Financial Markets and Products
FRM 二级	市场风险测量与管理	Market Risk Measurement and Management
	信用风险测量与管理	Credit Risk Measurement and Management
	操作风险与弹性	Operational and Integrated Risk Management
	流动性与资金风险测量与管理	Liquidity and Treasury Risk Measurement and Management
	风险管理与投资管理	Risk Management and Investment Management
	金融市场前沿话题	Current Issues in Financial Markets

FRM 考试及格分数无明确的百分比,而是取决于当次考试的难度以及参加 FRM 考试的其他考生的实力(主要是答对题数),再乘以一定的百分比(这个比例主要用于控制考试通过率),根据结果判定考生是否通过。

4. 考试时间及题型

7-7:视频-FRM 是什么

FRM 考试一般是每年 5 月和 11 月各一次,二级考试有时在每年 8 月。FRM 一级考试时间为上午 4 小时,全部是标准化试题,100 道单项选择题;FRM 二级考试时间为下午 4 小时,全部是标准化试题,80 道单项选择题。

报考者可以同时报考一级和二级两级考试,但是考生只有通过一级考试,其二级考试的考试成绩才会被评阅,两级都通过后并达到其他要求方可取得证书。

(二) CFA

1. 考试介绍

特许金融分析师(Chartered Financial Analyst,CFA)是由美国投资管理与研究协会于 1963 年开始设立的特许金融分析师职业资格认证。其考试是世界上规模最大的执业资格考试之一,获得当前全球证券投资与管理界的普遍认可。CFA 证书持有者在应聘投行、证券公司、基金公司、外企、上市公司、银行金融机构、世界 500 强等企业时非常受欢迎,而且具有优势。持证者主要从事国际高级金融分析、投资与管理等工作。

特许金融分析师(CFA)与国际注册管理会计师(CMA)、美国注册会计师(USCPA)一起并称为美国财会领域的国际三大黄金认证。

2. 报考条件

1) 基本条件

根据目前 CFA 协会的规定,报考不限定专业,符合下列条件即可报名参加 CFA 一级考试:

(1) 已经取得本科或本科以上的学历(可直接报名)。

(2) 本科在读大学生可以在毕业前 11 个月(含)内报名。

(3) 已经取得 3 年制大专学历及 1 年的全职工作经验。

(4) 已经取得 2 年制大专学历及 2 年的全职工作经验。

(5) 没有大专、本科或以上学历,需要有 4 年的全职工作经验。

考生如果要报考 CFA 二级或三级考试,要求必须完成 CFA 上一级考试,并且取得了及格成绩,同时距离个人报考的上一级考试已经间隔有 6 个月或以上的时间。

2) 拥有有效的国际旅行护照

CFA 考试是国际统考,CFA 协会也是美国组织,因此,需要提前准备有效的国际旅行护照(身份证不可用)。在报名时,报考者需要填写个人护照的相关信息(护照的号码、签发国家以及到期日)。在进入考场之前,报考者还需要接受国际护照的检查。

3) 能完成全英文考试

CFA 一级、二级和三级考试都是全英文考试,因此,需要有基本的英语阅读理解和写作能力。

3. 考试科目

CFA 考试分为一、二、三级,共三个阶段,考过前一阶段,才能参加下一阶段考试。CFA 三个等级考试的科目相同,但各科目在三个等级考试中的侧重点各有不同,如表 7-20 所示。

表 7-20　　　　　　　　　　　　　CFA 各级考试科目

科目名称(中文)	科目名称(英文)
道德与职业标准	Ethical and Professional Standards
数量分析	Quantitative Methods
经济学	Economics
财务报表分析	Financial Reporting and Analysis
公司金融	Corporate Finance
权益投资	Equity Investments
固定收益	Fixed Income
衍生品	Derivatives
另类投资	Alternative Investments
投资组合管理	Portfolio Management and Wealth Planning

4. 考试题型及分值

1) 考试题型

CFA 考试各等级的考试题型不尽相同,具体情况如表 7-21 所示。

表 7-21　　　　　　　　　　　　　CFA 考试等级及题型

考试等级	考试题型
CFA 一级考试	单选题共有 240 道(上午和下午各 120 道题)
CFA 二级考试	客观题共有 120 道选择题 (上午和下午各 10 个 case,每个 case 有 6 小题)
CFA 三级考试	上午为 Essay(论文),下午为选择题

2) 考试分值

在 CFA 三个等级考试中,各科目的权重各不相同,并且每年都会发生变化,具体构成由 CFA 协会官方确定后向社会公布。以 2022 年 CFA 考试为例,其考试各级别科目权重对比,如表 7-22 所示。

表 7-22　　　　　　　　　　　　2022 年 CFA 考试各级别科目权重对比

科目	CFA 一级考试	CFA 二级考试	CFA 三级考试
道德与职业标准	15%～20%	10%～15%	10%～15%
数量分析	8%～12%	5%～10%	0
经济学	8%～12%	5%～10%	5%～10%
财务报表分析	13%～17%	10%～15%	0
公司金融	8%～12%	5%～10%	0
权益投资	10%～12%	10%～15%	10%～15%

(续表)

科目	CFA 一级考试	CFA 二级考试	CFA 三级考试
固定收益	10%～12%	10%～15%	15%～20%
衍生品	5%～8%	5%～10%	5%～10%
另类投资	5%～8%	5%～10%	5%～10%
投资组合管理	5%～8%	10%～15%	35%～40%

CFA 考试中会对各个科目单独评分。每个科目的成绩分为三档：≤50%、51%～70%、＞70%。CFA 协会会把考生各个科目成绩汇总做加权平均，从而评判考生是否能通过考试。

延伸阅读 7-9

CFA 证书在哪些城市有福利待遇？

随着金融业的飞速发展，每个城市对金融人才都非常渴求。为了吸引优秀的金融人才留在本城市工作，很多城市都推出了非常诱人的福利政策。由于 CFA 证书含金量高，对有意向进入金融业或已经在金融业的伙伴们来说，持有该证书能为自己的职业生涯增加重要砝码。部分大城市对 CFA 持证者的福利待遇不完全相同，下面以"北上广深"为代表进行介绍。

北京：对于拥有 CFA、FRM 等持证资格的，在个人所得税方面给予优惠待遇，对于来京工作的可办理调京手续并办理本市户口，其子女可在京参加高考，录取时与北京市户籍考生享受同等待遇。

上海：2017 年发布的《上海金融领域"十三五"人才发展规划》指出，对于紧缺金融人才（如 CFA，FRM 持证者），在出入境、落户、子女上学、医疗服务、住房等方面给予适当政策倾斜。

广州：《2018 年广州高层次金融人才目录及评定标准》明确指出，拥有 CFA、FRM 资格证书将获得金融人才评定的附加分值。不仅给予各种资金支持（25 万元—200 万元）、人才生活配套服务，获得上述支持的高端人才申请人才公寓、子女入园入学、人才落户、人才绿卡、出入境、居留等，还可以按照区有关规定统筹协调解决。

深圳：鼓励金融从业人员积极参加特许金融分析师（CFA）、金融风险管理师（FRM）、北美精算师（ASA）、中国精算师（FCAA）、英国特许注册会计师（ACCA）资格认证考试，对 2017 年 1 月 1 日后取得上述执业资格证书且在深圳市金融系统全职工作满 2 年的，按照用人单位提供的费用补贴给予 1∶1 奖励补贴，每人最高不超过 5 万元。

资料来源：上海高顿教育培训有限公司. CFA 证书在哪些城市有福利待遇？（更新版）[EB/OL]. (2021-10-11)[2022-06-18]. https://baijiahao.baidu.com/s?id=1713318478987263161&wfr=spider&for=pc.

（三）ACCA

1. 考试介绍

ACCA 在国内被称为国际注册会计师，实际是特许公认会计师公会（The Association of Chartered Certified Accountants，ACCA）的缩写。该公会成立于 1904 年，是世界上领先的专业会计师团体。ACCA 考试含金量高、难度较大、科目较多，由于其全球的权威性而备受全球欢迎，目前 ACCA 会员得到全球各大雇主的高度认可。

2. 报考条件

ACCA 考试的报考条件如下：

（1）教育部认可的高等院校在校生（本科在校），顺利完成大一的课程考试。

(2) 具有教育部承认的大专以上学历。

(3) 未符合(1)(2)项报名资格的申请者,年满16周岁的可以先申请参加 FIA (foundations in accountancy)基础财务资格考试。在完成 FAB(基础商业会计)、FMA(基础管理会计)、FFA(基础财务会计)3门课程后,可以豁免 ACCA 考试中 F1—F3 3门课程的考试,直接进入 ACCA 技能课程的考试。

3. 考试科目

ACCA 考试是按照现代企业财务人员需要具备的技能和技术要求而设计的,共有15门课程,其中包括13门必修课程和2门选修课程。课程分为两个阶段:第一阶段为基础阶段,第二阶段为专业阶段。满分100分,50分及格。ACCA 考试基本科目如表7-23所示。

表7-23　　　　　　　　　　　ACCA 考试基本科目

阶段	课程	考试时长	科目名称(中文)	科目名称(英文)
基础阶段	知识课程	2小时	会计师与企业	Accountant in Business
			管理会计	Management Accounting
			财务会计	Financial Accounting
	技能课程	2小时	公司法与商法	Corporate and Business Law
		3小时	业绩管理	Performance Management
			税务	Taxation
			财务报告	Financial Reporting
			审计与认证业务	Audit and Assurance
			财务管理	Financial Management
专业阶段	核心课程	4小时	战略商业领袖	Strategic Business Leader
		3小时15分钟	战略商业报告	Strategic Business Reporting
	选修课程	3小时15分钟	高级财务管理	Advanced Financial Management
			高级业绩管理	Advanced Performance Management
			高级税务	Advanced Taxation
			高级审计与认证业务	Advanced Audit and Assurance

延伸阅读 7-10

ACCA 备考有效策略

ACCA 考试因为其全球的权威性、高难度性让许多人望而生畏,很多考生因为处理不好考试中思维方式、法律制度和答题技巧等与国内考试的差异,认为考试艰苦而漫长。其实,国际执业资格考试并不像一般人想象的那样可望而不可及,再难也是有规律可循的。以下是一些可参考的有效策略:

(1) 对 ACCA 学习和考试有足够的心理准备。由于 ACCA 学习时间跨度长、学习费用高、学习难度大,虽然其成绩在十年之内考完有效,但反复补考,不仅花去时间和金钱,更让人感觉精疲力尽、遥遥无期。在这种实打实的考试中,每一道考题要经过三位老师评改,不存在任何的侥幸和偷懒,所以学员在下决心攻读之前应对其有足够的了解和心理准备,应该做好吃苦的准备和决心,要有足够的耐心,否则半途而废是十分可惜的。

（2）结合自己的实际情况，制定合理的学习方法。在学习中要结合自身的理论基础、英语能力、存在的优势和劣势，不断地总结和摸索，并借鉴别人的成功经验，找出一套合理的学习方法。每一次考试都是一次很好的总结机会，总结出复习中存在的偏差和失误，避免以后走弯路。学习方法和学习时间也不可拘泥于形式，更不要盲目地攀比和改变，适合自己的学习方法就是好的学习方法。

（3）把握良好的学习和考试技巧。因为在学到知识的同时还要应试，良好的学习和考试技巧显得非常重要。在时间非常紧张的情况下，复习中需要把握重点，考场上注意时间分配，适应其考试方式，并在平时注意培养良好的心理素质和适应能力。

ACCA考试方式灵活，试题风格和国内考试有较大区别，死记硬背的东西不多。ACCA课程是一个设计精良的框架，习题和试卷是以案例分析为基础，试题本身背景信息量大，并且给了很多不确定因素，往往没有标准答案，考生有充分的想象空间。考生需在争分夺秒的时间压力下作出理性分析和合理判断，而考生这种能力的全面提高也正是ACCA本身所期待的。

资料来源：上海高顿教育培训有限公司.注重综合能力的ACCA考试 别再死读书了！[EB/OL].(2015-12-16)[2022-07-18]. https://www.gaodun.com/acca/913136.html.

（四）其他考试证书

1. 特许全球金融科技师

特许全球金融科技师(Chartered Global FinTech，CGFT)是由上海交通大学上海高级金融学院进行学术指导、上海高金金融研究院所推出的权威认证证书，致力于培养创新型、实用性和专业化的复合型金融科技人才。CGFT认证分为三个级别，每个级别对应不同的学习内容与能力要求。

一级认证主要是精通金融科技应用方面的知识，很重要，注重能力的培养和场景案例熟悉，需全面了解金融科技场景应用，具备金融科技行业应用能力。所需基础知识和技能，包括金融学、财务会计、数据分析、金融大数据、机器学习、量化建模、区块链、Python等。

二级认证主要是深刻理解金融科技应用场景，能够熟悉金融企业数字化转型的规律和项目，涉及很多实践分享，需具备数字化和智能化项目解决架构和实施管理能力。所需知识包括量化金融、金融风险管理、大数据、机器学习、深度学习等。

三级认证主要是需了解金融科技行业前沿技术及应用，能够通过金融科技进行金融企业内部的创新与变革，需把握金融科技行业的发展趋势，有较准确的理解、分析、判断和洞察，并具备创新意识和创新能力。所需知识包括数字化转型、数据化运营、数据中台等。

2. 国际金融理财师

国际金融理财师(Certified Financial Planner，CFP)是目前国际上金融服务领域较受青睐的个人理财职业资格证书，它由国际财务策划人员协会(IAFP)主办，其培养的主要是为客户进行理财的理财规划师，根据客户的资产状况与风险偏好，提供包括客户生活方方面面的全面财务建议，为其寻找一种较适合的理财方式，以确保其资产的保值与增值。目前中国已经成立了金融理财师标准委员会，把CFP相关考试和标准引入到中国。它采用两级认证制度，即金融理财师(Associate Financial Planner，AFP)和国际金融理财师，更符合中国本土特色。

CFP目前的考试科目分为四门专业科目和一门综合科目。专业科目为《投资规划》《员工福利与退休计划》《个人税务与遗产筹划》《个人风险管理与保险规划》，综合科目为《综合案例分析》。

延伸阅读 7-11

ACCA 和 CPA 的区别是什么?

ACCA 和 CPA 作为国内外会计领域的两个重量级专业证书,对于很多经管类学生来说,都很具有吸引力。那么两者主要有哪些区别?

1. 社会声誉不同

ACCA 是国际一流,是"国际注册会计师"。它是英国四大注册会计师协会之一,也是最著名的国际会计师组织之一,被誉为"国际会计界的通行证"。

CPA 是国内顶尖,是我国的注册会计师天花板。CPA 考试是中国传统会计行业的一项执业资格考试,由财政部成立注册会计师考试委员会,组织 CPA 考试工作。

2. 通过率不同

ACCA 考试科目较多,分为两个阶段,有 15 个科目,通过 13 个科目即可。虽然报考的人数较多,但由于难度大,全球合格率一般保持在 45% 到 55% 之间。

CPA 考试专业阶段六科,加上最后一门综合。每年大概有 55 万人报名,能考上的大概只有 10%。虽然难,但有人通过,说明含金量很高。而且从事相关工作,没有 CPA 是不行的。

3. 考试语种不同

ACCA 是全英语考试,但对考生没有过高的英语水平和语法要求,而且通过一门课程后基本上就熟悉了单词和基本表达,即使没有四六级的水平也可以准备考试。CPA 考试是全中文考试,对于英语水平相对弱的考生来说,这方面没有什么压力。

但无论如何,对于求职者来说,持有证书就获得更多的机会。如果通过了 ACCA 或 CPA 考试的几门课程,应聘时就具有竞争优势。若持有 ACCA 或 CPA 证书,应聘时会被优先考虑,这是目前行业的现实需求。

资料来源:东奥会计在线. ACCA 和 CPA 有什么区别? [EB/OL]. (2020-01-19)[2022-07-18]. https://www.dongao.com/acca/bkjy/202001191239423.shtml.

本章小结

本章的主要学习内容是金融学科、国内外金融学专业对比及金融类专业考试证书。通过本章的学习,学生理解了经济学与金融学之间的关系,金融学科体系的概况,金融学与投资学、财务管理的区别;掌握了国内外金融类专业的差异;了解了金融类专业主要的国内外考试证书及具体要求。

本章重要概念

金融学　经济学　理论经济学　应用经济学　微观经济学　宏观经济学　投资学　财务管理　金融学类专业　培养方案　FRM　CFA　ACCA　CPA

本章练习

一、单选题

1. 金融学专业属于(　　)门类。

A. 管理学　　　　B. 经济学　　　　C. 理学　　　　D. 文学
2. 下列各项中,不属于金融投资方式的是(　　)。
A. 信贷投资　　　B. 债券投资　　　C. 股票投资　　　D. 厂房扩建
3. 财务管理活动不包括(　　)。
A. 筹资管理　　　B. 投资管理　　　C. 资本管理　　　D. 股利分配管理
4. 下列各项中,属于理论经济学的是(　　)。
A. 微观经济学　　B. 宏观经济学　　C. 区域经济学　　D. 经济思想史
5. 下列各项中,不属于实物投资的是(　　)。
A. 购买新厂房　　B. 购买机器设备　C. 存货增加　　　D. 购买债券
6. 金融学专业本科学制一般是(　　)年。
A. 4　　　　　　B. 2　　　　　　C. 3　　　　　　D. 6
7. 下列各项中,不属于金融学专业的专业课的是(　　)。
A. 金融学　　　　B. 公司金融　　　C. 数量方法　　　D. 线性代数
8. 下列各项中,不属于毕业要求的是(　　)。
A. 知识要求　　　B. 能力要求　　　C. 创新要求　　　D. 素质要求
9. 下列各项中,不属于CPA证书考试的基本考试科目的是(　　)。
A. 税法　　　　　B. 会计　　　　　C. 财务管理　　　D. 职业综合能力测试
10. 下列各项中,不属于基金从业资格考试科目的是(　　)。
A. 基金法律法规、职业道德与业务规范　　B. 证券投资基金基础知识
C. 风险管理　　　　　　　　　　　　　　D. 私募股权投资基金基础知识

二、多选题

1. 培养方案一般包括(　　)模块。
A. 培养目标　　　B. 培养要求　　　C. 课程设置　　　D. 培养理念
2. 课程设置模块,一般包含(　　)平台。
A. 通识教育　　　B. 专业教育　　　C. 实践教育　　　D. 创新拓展教育
3. 按照目前的学科门类,经济学包括(　　)。
A. 理论经济学　　B. 产业经济学　　C. 应用经济学　　D. 区域经济学
4. 在现代投资学领域,依据投资者投入的资金所增加的资产种类进行划分,投资可以分为(　　)。
A. 实物投资　　　B. 金融投资　　　C. 信托投资　　　D. 固定资产投资
5. 投资学专业可以去(　　)工作。
A. 证券公司　　　B. 商业银行　　　C. 信托公司　　　D. 基金公司
6. 营运资金管理主要对(　　)方面进行管理。
A. 现金的收支平衡　　　　　　　　B. 存货和应收账款的周转
C. 费用消耗　　　　　　　　　　　D. 股利分配
7. 培养方案的设置原则有(　　)。
A. 遵循国标,德育为先　　　　　　B. 目标明确,特色鲜明
C. 对接行业,契合需求　　　　　　D. 严谨认真,符合学校发展
8. 金融学专业的培养特色有(　　)。

A. 注重基础理论知识的学习,课程设置多样化
B. 在理论基础之上注重应用性技巧的掌握
C. 与国外一流大学金融人才培养模式接轨
D. 培养金融方向的复合型人才

9. 下列各项中,属于银行业专业人员职业资格考试专业实务考试科目的有(　　)。
   A. 风险管理　　B. 公司信贷　　C. 银行管理　　D. 个人理财

三、判断题

1. 货币、信用、利率、金融市场运行、货币供求、通货膨胀与通货紧缩都属于金融学的研究领域。　　　　　　　　　　　　　　　　　　　　　　　　　　　　(　　)
2. 金融学科体系可以分为微观金融分析和宏观金融分析。　　　　　　(　　)
3. 截至2022年,金融学类主要包括十个专业,互联网金融就是其中之一。(　　)
4. 投资学只研究金融投资。　　　　　　　　　　　　　　　　　　　(　　)
5. 对企业来说,金融市场环境中最重要的财务管理环境。　　　　　　(　　)
6. CFA是特许金融分析师(chartered financial accounting)的简称。(　　)
7. 国外高校与国内高校开设的金融学专业,在培养模式及课程设置上其实有很大的差别。　　　　　　　　　　　　　　　　　　　　　　　　　　　　　　(　　)
8. 目前如果在校大学生想报考FRM考试是不允许的,必须毕业后才行。(　　)
9. 金融学科是经济学下的二级学科。　　　　　　　　　　　　　　　(　　)
10. 通识教育课程分为必修课程和选修课程。　　　　　　　　　　　　(　　)

四、简答题

1. 简述经济学科的构成。
2. 金融学的研究内容有哪些?
3. 金融学当前的发展趋势是怎样的?
4. 财务管理活动主要包括哪些?
5. 培养方案的课程设置是怎样的?

五、材料分析题

1. 金融学在古代不是独立的学科,如在中国,一些金融理论观点散见在论述"财货"问题的各种典籍中。它作为一门独立的学科,最早形成于西方,叫"货币银行学"。近代中国的金融学,是从西方介绍来的,有从古典经济学直到现代经济学的各派货币银行学说。20世纪50年代末以后,"货币信用学"的名称逐渐被广泛采用。这时,开始注意对资本主义和社会主义两种社会制度下的金融问题进行综合分析,并结合中国实际提出了一些理论问题加以探讨。

   自20世纪70年代末以来,中国的金融学建设进入了新阶段,一方面结合实际重新研究和阐明马克思主义的金融学说,另一方面则扭转了完全排斥西方当代金融学的倾向,并展开了对它们的研究和评介。同时,随着经济生活中金融活动作用的日益增强,金融学科受到了广泛的重视,这就为以中国实际为背景的金融学创造了迅速发展的有利条件。到了21世纪初,我国的金融学专业发生了较大的变化。原来划分很细的金融,形成了"大金融"。而且整体研究观点偏向于宏观视角,与经济学有一定的交叉。

   请结合上述材料:

(1) 阐述金融学学科体系的构成、金融学包含哪些方面。

(2) 根据自己的理解,阐述金融学与财务管理专业的差异。

2. FRM(Financial Risk Manager)证书是金融风险领域的专业证书,由全球金融风险专业人士协会 GARP 设立,是全球性的统一考试。FRM 证书含金量高,持证人非常受欢迎。过去的 20 年间,全世界有 325 000 余人注册和参加了 FRM 考试。目前,全球有超过 48 000 名 FRM 持证人员。

依据 GARP 统计报告显示,FRM 持证人大部分服务于大型企业与金融机构,岗位主要有:金融机构风控人员、金融单位稽核、资产管理者、基金经理人、金融交易员(经纪人)、投资银行业者、商业银行、风险科技业者、风险顾问业者、企业财会与稽核人员、CFO、MIS、CIO 等。

该证书目前在国内很受青睐。全国多个城市面向持证人给出了优厚的条件,北京、上海、广州、深圳、天津、厦门、成都、青岛、宁波等地,将 FRM 持证人作为高端金融人才引进。并在住房、落户、配偶就业、子女上学、医疗保障等方面提供支持、补助和便利。这也导致很多财经类大学生或年轻人积极报考 FRM 考试。

请结合上述材料,分析:如果你将报考 FRM 考试,你将为此如何规划学习流程?

7-8:本章练习答案

第八章　金融类专业学习及职业生涯规划

> 内容提要
> 重点难点
> 学习目标
> 知识框架
> 思政育人
> 第一节　大学学习规划及金融类专业学习
> 第二节　金融类专业学位及学历提升
> 第三节　职业生涯规划
> 本章小结
> 本章重要概念
> 本章练习

内容提要

本章主要讲述了大学学习及学习规划、金融类专业课程的特点及学好金融类专业的建议;学术学位与专业学位、金融学术型硕士与金融专业型硕士;职业生涯规划等。

重点难点

本章重点为金融类专业课程的特点,金融类专业学位及学历的提升;难点为学术型硕士和专业型硕士的区别。

学习目标

通过本章学习,学生应掌握大学学习的目的和意义、金融类专业课程的特点和学习方法、金融类专业学历及学位提升的相关知识;理解职业生涯规划的含义、目的,并能够根据专业特点确定学习目标、制定大学学习规划和未来的职业生涯规划。

知识框架

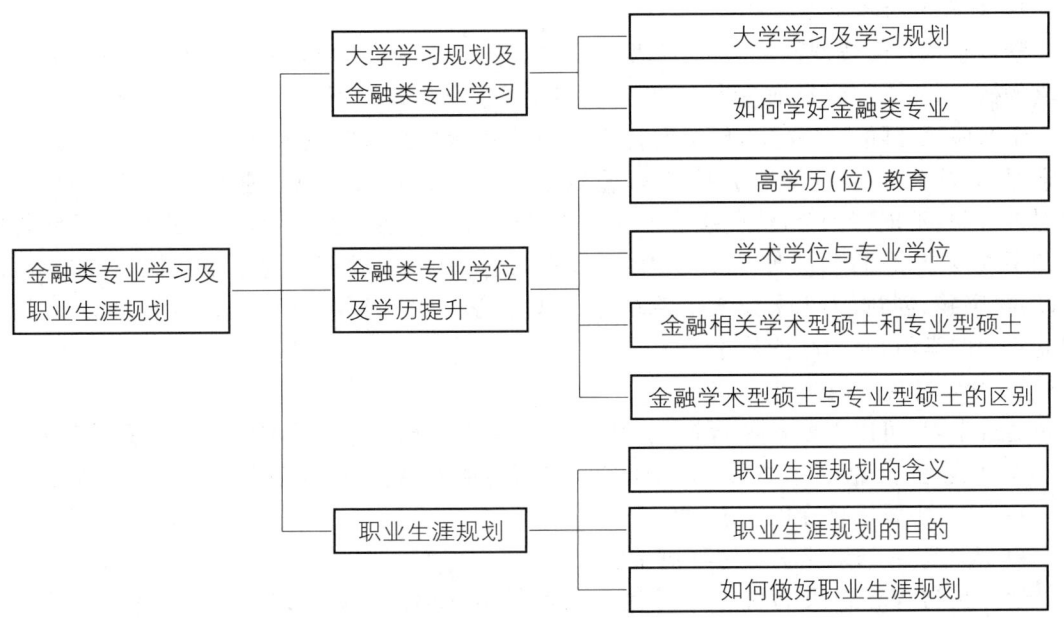

思政育人　　　　坚守初心,踔厉奋发

考研是很多大学生自我提升的重要选择。一直一来,考研路上竞争激烈,但是总有很多人一直在努力拼搏。这里分享的是关于考研的励志故事。

如果说第一次考研复习的心态是斗志昂扬、意气风发,第二次是重整旗鼓后的踏实谨慎、志在必得,那么第三次备考时我不敢再有美好的想法,心中死一样的寂静,只想拼死一搏。

开始复习时,恰逢夏天高温,自习室没有空调,电扇吹的全是热风。经常是学着学着,自习室只剩自己一个人。那时,我每天想的就是多做题、多看书,按时完成计划,不敢有丝毫懈怠。白天一丝不苟的学习,夜里也不得清静,我经常会在梦中惊醒,梦见自己又在考场答题,又答得一塌糊涂……幸运的是,我遇到了大学朋友辞职备考,大半年时间,我们相互学习、共同拼搏,受益匪浅。

考研生活单调枯燥,没有周末,几乎每天都是不变的重复,各科真题一遍一遍地演练总结,专业课更是不敢有放松,一直看书做总结笔记。考研的点滴往事如同放电影一般在我脑海中闪过,也许这些往事会随着时间而流逝,随着成长而淡忘,但那种对理想的追求已经深入骨髓,让我继续在未来的人生路途中勇往前行。

虽然考研这条路很难,但我依然坚守初心。而且我相信只要坚持就会离成功更进一步。坚持是世界上最简单的事,因为只要自己愿意坚持就没有人可以阻止你。但坚持又是世界上最难的事,这是对意志的考验,努力考取更高学历,进一步实现自己的人生价值。

资料来源:佚名.考研励志故事[EB/OL].(2019-10-03)[2022-07-24]. https://www.cddlwy.com/meiwen/106239.html.

第一节　大学学习规划及金融类专业学习

一、大学学习及学习规划

(一) 正确认识大学学习

1. 对学习的多角度理解

学习是指从阅读、听讲、研究、实践等渠道中获得知识和技能的过程。可见,学习是一个广义的概念,而不仅仅是通过书本的阅读、课堂听讲来界定学习。

学习应该伴随人的一生,包括向理论学习,向实践学习;向别人学习,向自己学习;向生活学习,向社会学习;向知识学习,向智慧学习等。学习不必分时间、地点,甚至不分对象,只要对人有益、不损害社会,就应该去学习。有的学习是模仿、借鉴、练习,最终使自己获得好的知识或技能;有的学习则是批判、总结、反思,使自己汲取教训以免重蹈覆辙;有的学习还要超越、突破、创新,为未来找出一条新路。总之,学习必须用心,只有用心,明确学习目的,建立正确的学习观念,才能从学习中受益。

2. 对学习的准确认识

通过学习,可以汲取各种营养,学习的内在价值在于提高了学习者的内在素质和技能,而不仅仅是通过了各种考试、取得证明学习经历的证书、获得各种荣誉等。很多人对学习依然存在误区,主要表现在以下五方面。

1) 认为学习结果比学习过程更重要

学习是过程和结果的统一。过程是持续性的,而结果是瞬间性的,过程是结果的前提,结果是对过程的总结。人们往往容易追求结果而忽略过程,从而忽略了过程中的体验和质量,只有关注过程,才能把握现在、珍惜时光、认真体验,一步步把学习推向成功的结果。

2) 以考试分数高低来判断自己学习的好坏

试题有难易之分、范围有宽窄之别,分数的高低也和出题水平、判卷松紧有关,因此,分数只是督促学生学习的手段,往往不完全代表水平高低。许多学生在学习时,特别关心分数,甚至以分数来决定对授课老师的好恶,对严格要求的老师不理解、不喜欢,从而产生厌学、逃学情绪,这种"以分数判好坏"的思想严重影响到学生的实际学习效果。

3) 局限于一本教材及一个老师讲授的内容

当前,专业教材种类繁多,虽不能看遍所有版本的教材,但选几本好的参考书,使用多本书对照学习,是十分必要的。这是因为知识更新较快导致一些教材内容相对较旧,或因为对问题的看法各异形成不同的学术流派,或因编写者水平差异使教材质量有高有低等,学生只有通过多看几本教材才能弥补这些缺陷,否则就会出现视野狭窄、思路不开阔、观点错误、知识陈旧等问题。同样的道理,受老师专业水平、观点、能力等因素的制约,老师的课堂教学内容也是有限的,所以也必须进行扩展性学习,这样才能最终有利于学生学习。

4) 以是否听懂来判断自己对知识的掌握程度

知识有深浅、难易之分,每个人的理解水平也有差异。很多情况下,学生一听就懂,有可能是因为教师讲得比较浅显,没有涉及更深层次的问题。正常情况下,学生对所讲内容应有明白的和不明白的,浅显的东西应以自学为主,复杂的问题应以老师讲授为主。学生觉得完全掌握了一个内容,一般都是没有深入下去的表现。

5) 认为读书无用,学的知识将来用不上

"读书无用论"侵害了很多人,尤其是当大学生出现大量的就业难或失业现象时,"读书无用论"就会再次被推到风口浪尖。持这种观点的人认为工作时所用的知识基本上不是上学时学到的,或者简单地以适应原有环境条件的知识来套用,才导致出现学的知识用不上的错觉。其实,知识是融会贯通的,而且一个人将来所用的知识并不是事先可准确预见的,必须做好多种储备,才不会出现"书到用时方恨少"的情况。

(二) 做好大学学习规划

1. 学习规划的意义

学习规划主要是指大学生基于对大学生活、未来的职业理想和人生目标,对大学期间的学习、生活的规划和设计。这就要求每个学生正视和剖析自身,了解自身的特征和兴趣,明确自己的发展目标。学习规划是学生为实现自己大学期间的目标而确立的行动方向、行动时间和行动方案。因此,深刻认识学习规划的意义,对于大学生具有重要价值。做好学习规划具有以下意义。

1) 学习规划能够指导学生圆满完成大学学业

大学生刚刚步入大学校园时往往要经过一段"迷茫期"。学习及生活方式的改变、环境的变化、人际关系的复杂性、自我认识的重新定位等会让新生产生无所适从的紧迫感和茫然感。学习规划通过分析个人的兴趣和潜能,帮助新生树立目标、科学合理安排学习和生活,使新生稳定度过适应期,用最短的时间找到适应自己成长的方向,使学生积极主动地学习理论知识,掌握各种技能,提高专业技能和综合素质,为将来的发展储备各方面的能量。

2) 学习规划能够促进学生综合素质的提高

通过学习规划，学生可以更好地认识自己，根据实际情况选择适合自己的学习方案，最大限度地挖掘自身潜能。学习规划可以帮助学生明确目标，提高学习能力，发展良好的人际关系，通过引导学生积极参与各种社团活动和社会实践，促进学生健康成长，提高竞争力和创新能力。同时，学习规划根据学生个体不同而设定，具有个性化特征，有利于学校实施个性化教育，培养高素质、多层次人才。

2. 如何做好学习规划

1) 确定学习目标

制定一份学习规划，一定要有相应的目标。有了明确的目标才能引导我们正确地学习、全面地发展。这些目标有短期内要实现的，也有相对较长时间才能实现的。因此，在学习规划里必须要分阶段、分层次地制定不同的目标。

作为大学生，大学里要实现的目标很多。每学期每门课程不挂科或取得奖学金都是短期内可实现的目标。考取必备证书尤其是专业类方面的证书，也是可追求的重要目标。另外，不仅要学好理论知识，还应该确定好自己在实践动手能力、身心健康、各种综合能力（如人际交往、批判性思维、创新思维）等方面应该达到什么样的水平，从而促进自己全方位地发展。

2) 选择适合自己的学习方法

学习方法因人而异，每个人应该结合自己的知识结构、兴趣、性格、未来规划等因素，不断总结学习中的经验教训，摸索出一套适合自己的学习方法。只有掌握了方法，学习才会事半功倍。

在制定学习规划时，学生应该采用适合自己的学习方法，才能提高学习效率。此外，学习一般经历三个阶段：初学、思考、顿悟。学生必须要在初步学习的基础上深入思考才能达到进一步明白的境界，因此，大学生应该明确在不同学习阶段要做的事情，从而在学习时能够找对方法、有的放矢。

一般来说，大学学习的具体方法主要有以下方面：

(1) 坚持做好学习日记。写学习日记有很多好处，包括便于检查学习计划执行、时间利用情况，方便总结学习心得，有助于锻炼表达能力，促使自己反思、净化心灵。

(2) 利用好碎片化时间。由于学生在校期间大部分时间会被统一安排，剩下的主要是小块、零碎的时间。不利用好这些碎片化时间，就会让时间白白浪费。因此，要重视并利用好碎片化时间，事先准备好可供小块时间学习的内容，如英语单词、短篇文章、杂书等。长此以往地积累，必然会有大收获。

(3) 归纳整理学习内容。建议平时每学完一部分内容，就以一本教材为主，找来多本书参考。把笔记本分成两部分，大的部分用来记录需要理解消化的内容，用简练的语言整理成要点，并标上教材的页码；小的部分用来补记参考的新观点或者自己的心得，这样做更能把握精髓。这样一来，由于内容被压缩，有助于记忆。如果再借助记忆技巧，则可使记忆效果倍增，还节约时间。

(4) 集中注意力，避免浮躁，提高学习效率。当确定好学习规划后，应该平和心态，克服浮躁，排除外界的各种干扰，在有限的时间里集中精力做好一件事。尤其是学会放下手机，远离手机。目前不少大学生沉迷于手机，这对于学习非常不利。如果能控制好自己，心无旁骛，专心致志地学习，则会大大提高学习效率。

3）提供学习保障

学习规划的目标往往容易确定，但是能否保证这些目标能够如期实现，很难确定。在执行学习规划的过程中，我们通常会因为自身或外界的客观因素而导致规划被打乱，从而无法达到预期目标。因此为了保证学习规划能够顺利实施，必须要制定相应的保障措施。例如遇到学习困难时该如何处理，被外界的因素打扰时该如何应对等。

3. 学习规划的有效落实

1）严格端正学习态度

端正的学习态度是把学习当成对自己的一种考验、一种磨炼、一种难得的体验。学习不成功，很大程度是因为知难而退，放松对自己的要求，贪图享乐，最后空有后悔与遗憾。所以必须要严格端正学习态度，否则即使目标确定再明确、规划制定再全面，学习态度没有端正好，也无法达到效果。

2）准确全面认识自我

个人对于自我的认识应该要全面，要明白自己的个性、优缺点。在落实学习规划时也是如此。能够全面认识自我，就会在出现问题时找到相应的解决措施，别人的经验和教训可以参考，但是必须要紧密结合自身的实际情况。

3）客观看待各种环境

大学生活可能一帆风顺，也可能荆棘密布。我们必须客观看待遇到的各种环境，无论顺境与逆境，都应该有勇气面对，同时还能找到相应的解决方法。不能因为一次的考试不成功而消沉，更不能因此而放弃。

4）积极利用多种资源

学生应积极主动地利用多种资源，包括教师、同学、专家等，同时更应该利用好网络资源，无论是门户网站、专业频道，还是网页资讯、音视频，都是有帮助的学习资源。另外，智能手机、各种学习类 App 也深入到我们的生活，在学习过程中可以积极利用这些新工具。

5）适当做好自评反思

在学习过程中，很重要的过程就是反思，而在学习规划执行过程中也一样，必须适当地做好自评、反思。找到学习规划落实过程中出现的问题，并分析出现问题的原因，最后找到相应的解决措施。不能因为面子或懒惰等原因而不及时解决，否则问题会越积越多，最终达不到预期目标。

6）成为一个好的"学习者"

做一个好的"学习者"，是实现高质量学习的重要方法和途径。如何才能成为一个好的"学习者"，需要教师与学生双方的配合。学生要有主动学习的意识和行动，老师要有帮助学生的理念和措施，并且能够形成一个有效的学习闭环。高质量学习中的学习闭环，如图 8-1 所示。

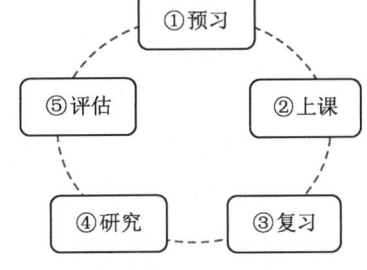

图 8-1　高质量学习中的学习闭环

相关思考 8-1

不同专业的学习方法是否相同？

您认为，不同专业的学习方法是否完全相同？学习方法对提高学习效率是否重要？我们应该如何提高学习效率？哪些因素会影响学习效率？

8-1：视频-大学应该学什么

二、如何学好金融类专业

(一) 认识金融类专业课程的特点

金融类专业课程存在诸多特点：一是概念繁多，专业课里涉及很多专业术语、概念需要记忆、理解。二是理论性强，涉及很多经济、金融原理、理论和模型。三是联系面广，涉及整个经济体系的运作机理以及金融应该怎样去支持经济的运行。四是金融政策更新快、变化大，很多政策都随着经济、金融的发展变化而不断调整，如存款准备金率、利率的不断调整。五是对数学、计算机知识有一定的要求，尤其是金融工程、投资学、互联网金融、金融科技专业。六是跨界融合性较强，金融类专业与经济、会计、审计、法律、计算机、数学等专业都有较密切的联系，体现出明显的跨界融合特点。

(二) 学好金融类专业的建议

1. 学精专业课

学习专业课程并不仅仅是为了通过考试，获得比较好的绩点，更多的是为学生提供一把打开金融学学科大门的金钥匙。金融类专业的学习具有一定的难度，一定要打好专业基础。入门级的专业课虽然比较基础、浅显，但可以为后续学习核心专业课打下坚定的基础，学习时必须全身心付出。

2. 考取金融领域的权威证书

如果今后有志于在金融领域发展、从事金融业，或者在求职时为自己增加竞争优势，考取金融类证书就不可或缺，如 CFA、FRM、证券、银行、基金等领域的证书等。现在的人才市场，拥有金融类专业证书者往往会被优先考虑录用。

3. 学好专业技能并积极参加社会实践

金融类专业属于应用型专业，实操性很强。大学期间，建议学生在学好多方面技能的基础上，积极参与实训环节，掌握传统银行、证券、保险等金融机构基本业务要求。学生应通过开设的金融大数据挖掘与分析等课程，掌握并精通数据分析能力，这也是未来金融类专业人才必备技能之一。另外，学生应积极参加社会实践，多接触银行、证券、保险、基金等金融机构或金融科技公司、互联网金融平台等，以了解这些机构的运营环境、运营特点、岗位要求等，为后续工作作准备。

4. 掌握专业英语并能够阅读金融外文文献

学生应掌握一定水平的金融英语，以便阅读国外金融专业文献。金融类专业的很多前沿观点来自国外，当具备查阅英文文献的能力时，能够获取大量金融知识，对学习的提高具有巨大促进作用。另外，金融业的许多工作场合需要使用英文，因此，在学习期间，学生应该多学习金融英语，学会用英语交流。

5. 增强沟通与协作能力

金融业不仅是与数字模型、K 线走势图打交道，很多金融岗位，尤其是经理级别以上的岗位，更需要人际沟通的能力。要做到在最短的时间内，将自己想要表达的内容清楚而准确地传递给对方，需要下苦功夫。建议学生在大学前两年适当地加入一些感兴趣的社团，积极参加辩论赛、脱口秀等，以增强沟通与协作能力。

总之，金融业竞争激烈，要想将来从事金融业，应该在大学期间做好充足的准备，提前规划，提升金融素养，精通必备金融专业技能，为将来进入职场打下坚实的基础，从而提升自己在人才市场的竞争力。

 延伸阅读8-1

学习金融学类专业的意义

金融学类专业是非常受欢迎的专业，尤其是近几年来兴起的新兴跨学科专业，如互联网金融、金融科技等。学习金融学类专业，至少有以下四个方面的意义。

1. 管理好个人的资源

诺贝尔奖获得者罗伯特·C.莫顿曾说，你可能在不了解金融的前提下有所成就，但如果你理财毫无所知，金钱很快与你分道扬镳。我们每一个人都拥有一些资产，需要我们去进行跨期管理，从而获得资产的增值，而管理的过程就需要我们去学习一些金融知识。

2. 处理商务世界中的问题

在未来很多工作场合，经济、金融问题将是一个经常被谈论的话题。如果大家在谈论时你不了解，就无法融入谈话中，不利于商务交际。

3. 寻求令人感兴趣和回报丰富的职业

相关数据表明，近几年来，金融业的收入水平和收入增长速度在各行业排名中比较靠前。这说明金融学类专业的未来职业前景还是非常不错的。

4. 扩展思考问题的思路

金融学类专业的理论性和应用性都很强，涉及大量的理论模型、案例分析、数据分析等。学习这些知识非常锻炼学生的思考、辩证及知识的综合运用能力。此外，分析问题时会运用到金融之外的很多知识，例如经济、会计、法律、数学等。因此，学习金融学类专业，有助于扩展思考问题的思路。

资料来源：佚名.金融学有何优势[EB/OL].（2021-05-12）[2022-08-15]. https://baijiahao.baidu.com/s?id=1699443926568042814&wfr=spider&for=pc.

第二节 | 金融类专业学位及学历提升

一、高学历（位）教育

（一）高学历（位）的构成

学历是指曾接受过哪一级的正规教育以及何时在何学校毕业、结业或肄业，是一个人的正式学习经历。学位是授予个人的一种学术称号或学术性荣誉称号，表示其受教育的程度或在某一学科领域里已经达到的水平，或是表彰其在某一领域中所作出的杰出贡献，由具备授予资格的高等学校、科学研究机构或国家授权的其他学术机构、审定机构授予，学位称号终身享有。

目前，多数国家将学位划分为学士、硕士、博士三级。其中，高学历（位）主要指硕士和博士，两者常被统称为研究生教育。研究生教育是指大学本科教育后进行的、培养高层次专门人才的一种学历教育，属高等教育的最高阶段。

1. 硕士研究生与硕士学位

硕士研究生（postgraduate trying for master's degree）是为攻读硕士学位而在高等学校或科研机构中进行学习和研究的学生。硕士生中获得相应学科、专业攻读硕士学位研究生培养方案所规定的课程学分，在导师的指导下完成学位论文并通过论文答辩者，将被授予硕士学位。

硕士学位(master's degree)是学位等级的名称,为世界多数国家通行的研究生教育的初级学位。硕士学位以大学本科教育和学士学位为基础,分为学术型硕士学位和专业型硕士学位两种类型。

2. 博士研究生与博士学位

博士研究生(doctoral candidates)是攻读博士学位的研究生的简称,是指为攻读博士学位而在高等学校或科研机构中进行学习和研究的学生。博士生中学完规定的课程,经考试合格,在导师指导下完成博士学位论文并通过论文答辩者,将被授予博士学位。博士生学制一般为3~6年。

博士学位(doctor's degree)是学位等级的名称,为世界多数国家通行的研究生教育的最高等级学位,也是中国三级学位中的最高级学位。我国博士学位分为学术型博士学位和专业型博士学位。

名誉博士学位(honorary doctoral degree)是世界多数国家通行授予的一种名誉性学术称号,在授予的对象和条件上,各国要求不同,但一般都称名誉博士学位。我国授予名誉博士学位的目的在于表彰国内外卓越的学者、科学家或著名的政治家、社会活动家在学术、经济、教育、科学、文化和卫生等领域,以及社会发展和人类进步事业中的突出贡献。中国从1983年起,开始授予名誉博士学位。

3. 博士后制度

博士后(postdoctoral)是指在获得博士学位后,在高等院校或研究机构从事科学研究的工作人员,一般是在博士后流动站或博士后科研工作站进行研究的人员。

在中国,取得博士学位是成为博士后的必要条件,但在国外也有一些不具有博士学位,但却以博士后身份开展工作的研究人员,所以博士后是科研工作经历,不是一种学位。一般来说,博士后的任期时间不长,被认为是一种从事科研的过渡性安排。中国国家博士后基金对博士后在站资助时间为两年。国外高校一般对博士后没有统一的安排,经费来源、时间长短均比较灵活。

(二)考取高学历(位)的目的

1. 发掘更大的潜能

选择考研,就选择了竞争、选择了挑战自己。如果没有坚持到底的决心,往往收获的可能不是信心,而是打击和伤害,因此要做好准备。考研是精神上寻求自我认同的过程,同时也是在发掘自己更大的潜能,激励自己完成更深领域和更高层次的学习。

2. 提升工作与生活的满意度

考研还是一个获得学历的过程,而且这个学历终身有效。在工作和生活的满意度与舒适度方面,获得研究生教育的人往往满意度与舒适度会更高。原因如下:

第一,大多数人选择的考研专业都是他们比较感兴趣的,特别是有很多人转换专业,其考研的重要目的之一就是为了换一个自己更感兴趣、更适合自己发展的专业。

第二,读完硕士后一般能够找到本专业内相对高层次的工作,比如高层技术或管理工作、进入大学教育系统或者继续深造。

第三,较高的教育往往意味着较高知识水平和修养,而这些都将直接影响和促进生活品位的提高。

3. 增加选择的机会

大多数学生在高考填报志愿时选择的是自己感兴趣的专业,并且将其作为今后的事业为之奋斗。而考研将会成为学生第二次选择的机会。学生可以通过考研选择自己更感兴趣、更适合自己发展的专业,去钻研、探索,享受知识带来的乐趣与成就感,从而实现自己的理想。

4. 提升就业竞争力

考研有助于提高专业能力、个人素质,从而提升就业竞争力,以便将来能获得更好的工作机会。一些技术专业的本科生,如计算机专业或电子类专业,毕业后如果直接进入工作岗位,所从事的工作多数是编码,甚至仅是维护工作,流动性非常高,很难接触到核心技术。但读研后会进一步深入钻研专业知识,未来再就业时可供选择的机会更多。另外,竞争同一岗位时,研究生一般比本科生更有优势。

二、学术学位与专业学位

(一) 学术学位与专业学位的含义

目前,我国整体上已基本形成了以硕士学位为主,博士、硕士、学士三个学位层次并存的学位教育体系。我国目前的学术学位按招生学科门类,分为哲学、经济学、法学、教育学、文学、历史学、理学、工学、农学、医学、军事学、管理学、艺术学、交叉学科(2021年新增),共14大类,14大类下再分为117个一级学科及740个二级学科。

学术学位是指接受普通硕士教育以培养教学和科研人才为主的研究生教育,授予学位的类型。学术学位按学科设立,以学术研究为导向,偏重理论和研究,重点培养学生从事科学研究创新工作的能力和素质,为社会培养高校教师和科研机构的研究人员。

专业学位是针对社会特定职业领域的需要,培养具有较强的专业能力和职业素养、能够创造性地从事实际工作的高层次应用型专门人才而设置的一种学位类型。专业学位以专业实践为导向,重视实践和应用,培养在专业和专门技术上受到正规的、高水平训练的高层次人才。专业学位教育的突出特点是学术型与职业性紧密结合。获得专业学位的人,主要不是从事学术研究,而是从事需要明显职业背景的工作,如工程师、医师、教师、律师等。

(二) 学术学位与专业学位的联系

专业学位是现代高等教育发展的产物,它和学术学位处于同一层次,在培养规格上各有侧重。专业学位和学术学位一起构成了现代高等教育学位体系不可缺少的两大组成部分,既相互联系,又相互区别。

两者都建立在共同的学科基础之上,攻读两类学位者都需要接受共同的学科基础教育,都需要掌握学科基本理论和基础知识与技术。在不同的教育阶段,两类学位获得者的进一步深造可以交叉发展。例如,学术硕士学位获得者可以攻读专业博士学位,专业硕士学位获得者也可以攻读学术博士学位。学术学位与专业学位的联系,如图8-2所示。

(三) 学术学位与专业学位的区别

专业学位与相应的学术学位处于同一层次,但两者存在明显的差别。学术学位和专业学位的本质区别在于人才培养目标、知识结构、培养模式及人才质量标准的不同。高等教育越成熟,两个体系的划分越明晰,以学术型硕士与专业型硕士为例,两者有以下几个方面的区别。

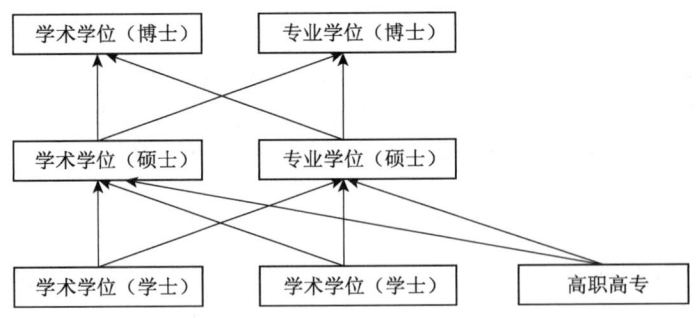

图 8-2　学术学位与专业学位的联系

1. 人才培养目标不同

普通硕士教育以培养教学和科研人才为主,授予学位的类型主要是学术型学位;而专业型硕士是具有职业背景的硕士学位,为培养特定职业高层次专门人才而设置。

学术学位主要面向学科专业需求、培养在高校和科研机构从事教学和研究的专业人才,其目的重在学术创新,培养具有原创精神和能力的研究型人才。设立学术学位主要是为了满足人的发展的普遍需要和社会基础研究人才的需要。因此,学术学位主要体现的是学位获得者在相应的学科领域中知识的掌握程度和理论的修养水平,其职业能力并不被纳入重点考虑的范畴。

专业学位主要面向经济社会产业部门的专业需求,培养各行各业特定职业的专业人才,其目的重在知识、技术的应用能力,培养具有较好职业道德、专业能力和素养的特定社会职业的专门人才,如工程师、医师、教师、律师等。专业型硕士具备特定社会职业所要求的专业能力和素养及从业的基本条件,能够运用专业领域已有的理论、知识和技术有效地从事专业工作,合理地解决专业问题。

2. 招生考试及难度不同

学术型硕士的招生考试只有"统考",而统考以外的专业考试则由各招生单位自行命题、阅卷。专业型硕士的招生考试有"联考"和"统考"两次机会,考生可以自行选择,而这两大国家级别的专业考试,也由各招生单位自行命题、阅卷。

两者考试难度不同。学术型硕士的入学考试难度要高于专业型硕士的入学考试,学术型硕士的全国硕士研究生入学统一考试(统考)完全是严进宽出的代表。一些名校热门专业的录取比例甚至为 70∶1,而一些学校的冷门专业却年年招不满。因此,入学难度也取决于考生报考的学校和专业。

3. 导师制度不同

专业型硕士有两个导师,一个是学术理论指导导师,一个是实践活动指导导师;而学术型硕士只有学术理论指导导师。

4. 学费不同

2014 年以前,学术型硕士按国家规定享受免学费待遇,或者奖学金制度。2014 年以后,国家取消免学费待遇,但奖学金覆盖面比较广,即使收费,学费一般不高于 8 000 元/年,学生也可以通过申请国家助学贷款或者商业贷款缓解学费压力。

专业型硕士学费较贵,按照专业类别的不同,差别较大。例如,MBA 的学费高达十几甚至几十万元,而其他专业型硕士的学费一般为每年 1 万~5 万不等。攻读专业硕士学位的学生一般不能申请国家助学贷款,但也享受一定的奖学金制度。

5. 教学机制不同

学术型硕士的学制较固定,是全日制学习,一般学制为3年。学术型硕士的课程设置主要是本科阶段核心专业课程的高级阶段,通常前沿专题类的课程设置较多,学生通常以完成研究报告、研究论文为主。

专业型硕士的学制较灵活,全日制学习一般为2年,非全日制学习一般为3年。专业型硕士的课程设置包含两部分:对应学术型硕士的所有理论主干课程及不少于半年的实践操作必修课程。专业型硕士的教学内容强调理论性与应用性课程的有机结合,突出案例分析和实践研究;教学过程更加重视运用团队学习、案例分析、现场研究、模拟训练等方法,培养学生研究实践问题的意识和能力。

6. 招生条件不同

学术型硕士的招生一般没有工作年限的要求。全日制专业型硕士并不要求工作经验,招生条件跟原来的学术型硕士一样,应届生可以报考,但有些管理类专业硕士,例如工商管理硕士、公共管理硕士、工程管理硕士、旅游管理硕士、工程硕士中的项目管理、教育硕士中的教育管理硕士等,对工作年限都有相应的要求。一般来说,专科毕业生需要有5年工作经验,本科毕业生需要有3年工作经验,但政策会适时灵活调整。

7. 文凭颁发不同

统考的专业型硕士和学术型硕士大体一致,都会颁发学历证和学位证,只是专业型硕士学位证书编号前有"Z"等字样。

 延伸阅读8-2

政策变化!考研多所院校调整考试科目

《2021年全国硕士研究生招生工作管理规定》明确指出,从2021年起,全面推进经济类专业学位和学术学位分类考试改革试点,经济类综合能力考试科目由教育部考试中心统一命题,供金融、应用统计、税务、国际商务、保险、资产评估6个经济类专业学位选用,招生单位要统筹考虑本单位实际情况自主选择使用。

例如,湖南工商大学研究生院于2021年3月10发布关于调整金融和国际商务专业硕士研究生招生考试初试笔试科目的通知:经研究决定,我校金融(代码0251)、国际商务(代码0254)专业硕士研究生招生考试初试笔试的业务课一由数学三(科目代码303)调整为经济类联考综合能力(科目代码396)。2022年全国硕士研究生招生考试开始执行此项调整。其他多所高校研究生院也发布类似公告。

资料来源:湖南工商大学研究生院.湖南工商大学关于调整金融和国际商务专业硕士考试初试笔试科目的通知[EB/OL].(2021-03-10)[2021-07-15].http://kaoyan.xdf.cn/202110/11227225.html.

三、金融相关学术型硕士和专业型硕士

金融类专业的学生在报考硕士研究生时可以跨专业报考,但应尽量选择相近或者相关的专业,如经济、财务、管理等。对哪些专业感兴趣、将来从事哪个行业、是否有能力考上该专业,这些都是报考时需要思考的问题。

(一)金融相关学术型硕士

1. 金融学

金融学硕士以培养掌握经济与金融的基本理论和专业知识,具有良好的个人素质、较强

的事业心、创新能力和敬业精神的专门人才为前提,培养具备坚实的经济与数理基础,掌握现代化金融学理论基础、方法、前沿和技能,能够熟练运用金融模型与定量分析工具,并应用金融学的相关理论和方法解决实际问题,能独立承担金融机构经营管理、金融市场分析与研究、企业融资与投资等工作的高素质人才。

2. 区域经济学

区域经济学硕士培养掌握扎实的经济学基础理论、较系统的区域经济学及其各分支学科的基本理论与方法,能够将理论联系实际,具备对区域经济问题深入观察、分析能力的高素质人才。区域经济学属于应用经济学,培养的人才适合在政府部门、大型企业规划部门、咨询机构、房地产行业、金融机构、科研机构等领域,从事区域经济规划与管理、技术支持和咨询服务、资本运营、城市规划管理、房地产投资与营销、教学科研等高层次经济决策、管理以及教学科研工作。

3. 财政学

财政学硕士培养践行社会主义核心价值观,具有社会责任感、公共意识和创新精神,掌握经济学和财政税收基本理论和方法,熟悉我国财税政策法规,了解我国财经运行状况,具备综合运用专业知识分析和解决公共经济问题能力的应用型、复合型人才。学生需要学习财政、税收、会计、公共组织财务等方面的理论知识及业务技能,受到相关业务的基本训练,从而具备在财税、财务及相关领域实际工作的基本能力。学生毕业后,适合在财政、税务、公共投资、国有资产管理、社会保障等公共经济管理部门和各类企事业单位、非营利组织从事相关工作或继续学习深造。

4. 企业管理

企业管理硕士要求学生具有坚实的管理与经济理论基础、系统的专业知识;熟悉相关学科知识,了解本学科的发展动态;较为熟练地掌握一门外语,以便阅读本专业外文资料;掌握现代管理方法与技术,能独立从事管理实际工作和理论研究工作,毕业后能够胜任政府有关经济管理部门及各类企业管理工作或高等院校、科研机构的教学科研工作。

5. 统计学

统计学硕士培养具备良好的政治思想素质和职业道德修养,德、智、体全面发展的,具有创新精神和实践能力的高层次人才。学生需要系统地掌握统计学的基本理论与方法,了解统计理论发展的前沿动态,具有扎实的统计学理论基础、合理的知识结构、宽广的知识面,具备数据采集、处理、分析、开发的知识与技能,具有独立从事理论和实务研究的能力,能够胜任经济核算、统计调查、数据分析、经济管理等工作。

 延伸阅读8-3

中国人民银行研究生部

中国人民银行研究生部成立于1981年。当时改革开放伊始,金融业百废待兴,时任中国人民银行总行副行长的刘鸿儒先生以其敏锐的触角、超前的意识,深刻地体会到培养高级金融管理人才的重要性。在他的领导下,以及各商业银行、金融机构的大力支持下,中国人民银行总行金融研究所研究生部成立,后改名为"中国人民银行研究生部",因其坐落在北京海淀区五道口,大家亲切地称它为"五道口"。

在外人眼里,研究生部因其低调的作风,突出的成就不免显得有几分神秘和高不可攀,有人将它称为金融界的"黄埔军校",也有人将它比作美国的哈佛商学院。"在美国,获得哈佛工商管理硕士被认为是走向商界成功的通行证。那么在中国,这张通行证便是中国人民银行研究生部的学位证书。"香港地区《南华早报》的报道即是它在中国金融界地位的一个真实写照。

目前,中国人民银行研究生部一般指清华大学五道口金融学院,为清华大学下属二级学院,位于清华大学东门南侧。学院成立于2012年3月29日,由中国人民银行与清华大学合作,在中国人民银行研究生部的基础上建设而成,是清华大学第十七个学院,是我国金融系统第一所专门培养金融高层管理人才的高等学府。学院依托先进的办学模式、借助优质教育资源,开设了金融学博士、金融硕士(全日制/技术转移)、清华—康奈尔双学位金融MBA、金融EMBA、全球金融GSFD、高管教育等项目,培养高层次、创新型、国际化的金融人才。

资料来源:佚名.中国人民银行研究生部简介[EB/OL].(2014-04-22)[2022-10-09].https://yz.kaoyan.com/gspbc/jianjie/.

(二)金融相关专业型硕士

1. 金融硕士

金融硕士专业学位(Master of Finance,MF)。为适应我国社会主义市场经济对金融专门人才的迫切需求、完善金融人才培养体系、创新金融人才培养模式、提高金融人才培养质量,我国设置了金融硕士专业学位。其目标是培养具备良好政治思想素质和职业道德素养,充分了解金融理论与实务,系统掌握投融资管理技能、金融交易技术与操作、金融产品设计与定价、财务分析、金融风险管理以及相关领域的知识和技能,具有很强的解决金融实际问题能力的高层次、应用型金融专门人才。

2. 资产评估硕士

资产评估硕士专业学位(Master of Valuation,MV)。为适应我国社会主义市场经济发展对资产评估专门人才的迫切需求、完善资产评估人才培养体系、创新资产评估人才培养模式、提高资产评估人才培养质量,我国设置了资产评估硕士专业学位。其目标是面向资产评估行业,培养具备良好的政治思想素质和职业道德,系统掌握资产评估基本原理,具备从事资产评估职业所要求的知识和技能,对资产评估实务有充分的了解,具有很强的解决实际问题能力的高层次、应用型的资产评估专门人才。

3. 保险硕士

保险硕士专业学位(Master of Insurance,MI)。设置保险硕士专业学位是适应经济、社会发展要求的正确举措,有利于提高政府和企业对自然灾害和意外事故等危机事件的处理能力,也有利于提高我国保险专业人才的素质。保险硕士专业学位面向各类保险公司、保险监管机构、灾害预防和控制机构、社会保障组织和各类企事业单位,培养具备良好的政治思想素质和职业道德,掌握经济学基础知识,具有从事风险评估与管理、保险产品设计、保险精算、保险财务管理和保险运营管理能力的高层次、应用型、复合型保险专门人才。基于保险行业对于高层次专业人才的需求,部分院校在保险硕士专业学位下,设立了不同的研究方向,例如保险政策与监管、风险管理、保险精算、保险营销、保险财务、保险资金管理与运用、保险法等。

4. 工商管理硕士

工商管理硕士(Master of Business Administration,MBA)。工商管理硕士的设置旨在培养出一批具有坚定正确的政治方向、懂专业、能够卓有成效地组织与指挥社会化大生产、善于经营、能够适应社会主义市场经济发展需要的中高级管理人才,为我国的经济建设、社会发展以及改革开放事业服务。同时,该专业学位的设置使我国的学位制度更趋完善,推动了我国高级专门人才的多样化培养。

工商管理硕士的报考条件比较特殊。除一般性要求,对报考 MBA 的人员的要求包括:大学本科毕业后有 3 年或 3 年以上工作经验;获得国家承认的高职高专毕业学历后,有 5 年或 5 年以上工作经验,达到与大学本科毕业生同等学力;已获硕士学位或博士学位并有 2 年或 2 年以上工作经验。

5. 高级管理人员工商管理硕士

高级管理人员工商管理硕士(Executive Master of Business Administration,EMBA),最早诞生于美国芝加哥大学管理学院。高级管理人员工商管理硕士的设置旨在为高级管理人员服务,培养具有高度政治素养、责任心和职业道德的中、高层管理者。通过系统学习,学生能够全面掌握现代企业管理理论和决策方法,深入了解国内外企业的商业模式,具备在复杂的国内外经济、社会和技术环境下制定企业发展战略、进行日常经营管理决策、领导企业参与国内外竞争的能力和知识。

EMBA 招收具有大学本科或者本科以上学历(一般应有学士学位)、大学本科毕业后有 8 年或 8 年以上工作经历(其中应有 4 年或 4 年以上的管理工作经历)、较大规模企业的现职高层管理人员。

在 EMBA 中,目前比较受欢迎的是金融 EMBA。金融 EMBA 是指金融研究方向的"高级管理人员工商管理硕士"学位教育项目。专为金融机构管理人员和工商企业财务管理人员设置,其对象是银行、投资、证券、保险、基金、信托等行业的专业人士和管理人员,工商企业高级财务管理人员以及准备进入上述行业的各类人士。因此,在系统讲授管理基础理论的基础上,突出讲授金融学的前沿知识,深入分析金融改革与金融发展中的热点问题,使学生能够在有限的时间内,熟练掌握现代金融管理的要诀。目前我国比较知名的金融 EMBA 包括中国人民大学金融 EMBA、清华五道口金融 EMBA、复旦大学金融 EMBA、香港中文大学(深圳)金融 EMBA 等。

6. 公共管理硕士

公共管理硕士(Master of Public Administration,MPA)。根据新形势下社会公共管理现代化、科学化、专业化的要求,为建立适应社会主义市场经济需要的办事高效、运转协调、行为规范的公共管理体系,完善国家公共事务和行政管理干部培训制度,建设高素质的专业化国家公共事务和行政管理干部队伍,设置了公共管理硕士专业学位。其目标是为政府部门及非政府公共机构培养高层次、应用型专门人才。公共管理硕士区别于教学、科研型人才的培养要求,强调直接面向公共管理领域实施专业学位教育。

公共管理硕士报考条件比较特殊。除了一般要求,对报考 MPA 的人员的要求包括:大学本科毕业后有 3 年或 3 年以上工作经验;获得国家承认的高职高专毕业学历后,有 5 年或 5 年以上工作经验,达到与大学本科毕业生同等学力;已获硕士学位或博士学位并有 2 年或 2 年以上工作经验。

8-2:全国部分金融 MBA 项目

四、金融学术型硕士与专业型硕士的区别

我国目前对金融硕士的培养包括两种方式:学术型硕士和专业型硕士。金融学术型硕

士和金融专业型硕士虽然属于同一层次,但是在以下方面存在差异。

1. 名称不同

金融学术型硕士名称为金融学硕士,而金融专业型硕士名称为金融硕士。

2. 考试科目不同

金融学硕士与金融硕士很大的不同来自考试科目,这也是很多学生考研时作出不同选择的重要原因。因为金融学硕士整体上考试难度更大,尤其是对数学的知识要求较高。对于数学不是很擅长的学生,就会倾向于选择报考金融硕士。两者考试科目对比如表8-1所示。

表8-1　　　　　　　　金融学硕士与金融硕士考试科目对比表

种类	政治(统考)	英语(统考)	业务课一	业务课二
金融学硕士	思想政治理论	英语一	数学三(统考)	经济学
金融硕士	思想政治理论	英语一或英语二	数学三(统考)或396经济类联考综合	金融学综合

3. 培养方式不同

金融学硕士与金融硕士在培养方式、学制上存在明显区别。两者学制及培养方式对比,如表8-2所示。

表8-2　　　　　　　　金融专业学硕与专硕培养方式对比

种类	对应硕士类型	常见学制	培养方式
金融学硕士	学术型硕士	3年	公费、自费或委培
金融硕士	应用型硕士	2年	自费

4. 课程设置不同

金融学硕士作为学历教育,侧重于基础教育、素质教育和专业教育,偏重理论知识的掌握和学习。金融学硕士第一年会着重学习高级微观、高级宏观、中级金融理论、金融思想史等课程。

金融硕士作为职业教育,偏重于实务,旨在解决实际工作中的问题。金融学硕士则更侧重于金融工具、计量经济学、统计学、证券投资等课程的学习。

5. 导师制度不同

金融学硕士采取单导师制,主要是校内导师。金融硕士则采取双导师制,即社会导师和校内导师双导师。

6. 读博要求不同

目前,金融学硕士改革试点院校提供的直博名额所占比例较少,在入学筛选后确定。但金融硕士不能直博,即不能直接保送读博,但仍可以考博。

 相关思考8-2

金融硕士与金融学硕士哪个考试更容易?

金融硕士与金融学硕士的考试难度一样吗?你会选择考取硕士研究生吗?为什么?两种不同的研究生毕业后,在找工作过程中,会有什么不同吗?

8-3:一文读懂金融专硕全国院校梯队排名

第三节 职业生涯规划

职业生涯是人生的重要部分,是影响人生发展高度的关键所在。无论从事何种职业,每个人都应该做好职业生涯规划。

一、职业生涯规划的含义

职业生涯规划是指个人与其所在的组织相结合,在对自身职业生涯的主客观条件进行判断、分析、总结的基础上,对自己的兴趣、爱好、能力、特点进行综合分析与权衡,结合时代特点,根据自己的职业倾向,确定最佳的职业奋斗目标,并为实现这一目标作出行之有效的一种安排。

职业生涯规划是一个人对一生的各个阶段所从事的工作、职务或职业发展道路进行的设计或计划。制定职业生涯规划时应尽可能实现"五大匹配",即需求与职业的匹配、性格与职业的匹配、兴趣与职业的匹配、能力与职业的匹配、社会环境与职业的匹配。

二、职业生涯规划的目的

1. 找到更加适合自己的工作

这是职业生涯规划的第一个目的。找工作最重要的就是人岗匹配,适合自己。每个工作岗位都有长处和短处,每个人都有优势和劣势,分析、定位是职业生涯规划的首要环节,它决定着个人职业生涯的方向,也决定着职业生涯规划的成败。认清自己想要从事的行业,自己的兴趣、才能、学识适合干什么。通过可靠的量表工具测量,评估职业倾向、能力倾向和职业价值观,根据测评结果,结合自身的学历、经历、能力,确定自己的内在、外在优势,并把这些优势整合在一起,作为职场打拼的核心竞争力。

2. 谋求职业更好的发展

这是职业生涯规划的第二个目的。个人应明确今后各个阶段的职业发展目标,并对当前的市场状况、行业前景以及职位要求、入行条件、培训考证、未来薪酬提升等方面进行详细分析,从而制定具体的计划和措施,从而实现职业的更好发展。

三、如何做好职业生涯规划

(一) 职业生涯规划设计的具体方法

职业生涯规划的设计常常会运用到五个"W"的思考模式,从认清自己是谁开始,由此延续,共有以下五个问题。

第一个问题:"我是谁?"应该对自己进行深刻地反思,有比较清醒的认识,自身的优点和缺点,面临的机遇与威胁都一一列出,能够通过SWOT分析法对自己进行全面分析。

第二个问题:"我想干什么?"这是对自己职业发展的一个心理趋向检查。每个人在不同阶段的兴趣和目标并不完全一致,有时甚至是完全对立的,但随着年龄和经历的增长而逐渐固定,并最终锁定自己的终身理想。

第三个问题:"我能干什么?"这是对自己能力与潜力的全面总结。一个人职业的定位最根本要归结于他的能力,其职业发展空间的大小取决于自己的潜力。对一个人潜力的了解应该从多方面着手去认识,如对事的兴趣、做事的韧力、遇事的判断力以及知识结构是否全面、知识更新是否及时等。

第四个问题:"环境支持或允许我干什么?"环境支持在客观方面包括各种状态,比如经济发展、人事政策、企业制度、职业空间等;人为主观方面包括同事关系、领导态度、亲戚关系等,应该综合两方面因素来考虑。我们在职业选择时常常忽视主观方面的东西,没有将一切有利于自己发展的因素调动起来,从而影响了自己的职业切入点。

第五个问题:"自己最终的职业目标是什么?"明晰前面四个问题,我们可以从中找到有关职业目标有利和不利因素,列出不利条件最少的、自己想做而且又能够做的职业,形成自己最终的职业目标。目标确定后建立个人发展档案,通过系统的学习、培训,实现目标。

(二) 根据变化调整职业发展目标与计划

外界环境是不断变化的,一成不变的发展计划形同虚设。选择一个对自己有利的职业,是每个大学生的愿望,也是实现自我的基础,但根据环境变化、自身能力改变等作出适当的调整也是极其必要的。当你意识到发展目标出现错误或不符合时代要求,就应该根据实际情况及时修正。

(三) 落实职业生涯规划

有效落实职业生涯规划至关重要。一个好的规划若没有真正落到实处,就无法保证目标的实现。应对职场变幻莫测的法宝是先建立有效的信息整理、分析和筛选系统,再结合自身竞争力拟定具体方案,这样才能在职业发展过程中凭借良好的职场敏感度到达成功的彼岸。

 相关思考8-3

怎样利用SWOT分析法进行职业生涯规划?

SWOT分析法是基于内外部竞争环境和竞争条件下的态势分析,该方法将与研究对象密切相关的各种主要内部优势(strengths)、劣势(weaknesses)和外部的机会(opportunities)和威胁(threats),通过调查列举出来,然后对四个方面进行全面分析,从中得出相应的结论,并最终用于决策。能否运用SWOT分析法,进行自我职业生涯规划呢?一起试试吧。

本章小结

本章的主要学习内容是大学学习及学习规划,金融类专业学位及学历提升,职业生涯规划。通过本章的学习,学生了解了大学学习的特点、方法,学习规划的重要性以及学好金融类专业的方法;掌握了学术学位与专业学位、金融学术型硕士与专业型硕士的区别;认识到落实职业生涯规划的重要性。

本章重要概念

学习规划　高学位　硕士研究生　博士研究生　学术学位　专业学位　学术型硕士　专业型硕士　金融硕士　金融学硕士　保险硕士　资产评估硕士　MBA　EMBA　金融EMBA　职业生涯规划

本章练习

一、单选题

1. 做好大学学习规划的第一步是（　　）。
   A. 提供学习保障　　　　　　　　B. 利用碎片时间
   C. 确定学习目标　　　　　　　　D. 将学习内容归纳整理
2. 我国大学教育现在处于一个（　　）时代。
   A. 大众化　　　B. 培养少数人　　　C. 精英　　　D. 有钱人
3. 我国学术学位按招生学科门类分为（　　）大类。
   A. 16　　　B. 25　　　C. 8　　　D. 14
4. 金融学学硕考试的数学科目为（　　）。
   A. 数学一　　　B. 数学二　　　C. 数学三　　　D. 不限
5. 国家对达到职业资格所规定的必备知识、技术和能力的劳动者颁发的证明是（　　）。
   A. 学历证书　　B. 职业资格证书　　C. 就业资格证书　　D. 开业资格证书
6. 金融类证书CFA的中文名称是（　　）。
   A. 特许金融分析师　　　　　　　B. 金融风险管理师
   C. 银行从业资格证书　　　　　　D. 证券从业资格证书
7. 专业学位以（　　）为导向。
   A. 教学　　　B. 科研　　　C. 专业实践　　　D. 不确定
8. 下列各项中,属于学术型硕士的是（　　）。
   A. 金融硕士　　B. 工商管理硕士　　C. 保险硕士　　D. 金融学硕士
9. MBA是指（　　）。
   A. 工商管理硕士　　B. 金融硕士　　C. 资产评估硕士　　D. 公共管理硕士
10. SWOT分析法中的"O"是指（　　）。
    A. 内部优势　　B. 内部劣势　　C. 外部机会　　D. 外部威胁

二、多选题

1. 金融类课程具有（　　）的特点。
   A. 变化大,政策变化快　　　　　B. 概念多
   C. 对数学、计算机知识有一定要求　D. 跨界融合性强
2. 考取高学历具有（　　）的意义。
   A. 多一次选择的机会　　　　　　B. 发掘自己更大的潜能
   C. 进行炫耀　　　　　　　　　　D. 获得就业竞争力
3. 学术学位与专业学位的区别包括（　　）。
   A. 考试科目不同　　　　　　　　B. 人才培养目标不同
   C. 学费不同　　　　　　　　　　D. 文凭颁发不同
4. 确定职业目标的依据有（　　）。
   A. 了解现在的自己　　　　　　　B. 依靠天命
   C. 预测明天的自己　　　　　　　D. 赶时尚

5. 外向型性格的人适宜从事（　　）职业。
   A. 会计　　　　　B. 市场营销　　　　C. 公关文秘　　　　D. 计算机操作员
6. 学习的误区主要有（　　）。
   A. 认为学习结果比学习过程更重要
   B. 以考试分数高低来判断自己学习的好坏
   C. 局限于一本教材及一个老师讲授的内容
   D. 认为读书无用，学的知识将来用不上
7. 下列各项中，属于专业型硕士的有（　　）。
   A. 金融硕士　　　B. 金融学硕士　　　C. 公共管理硕士　　D. 工商管理硕士
8. 制定职业生涯规划时应考虑的因素有很多，主要是尽可能实现（　　）。
   A. 兴趣与职业的匹配　　　　　　　B. 能力与职业的匹配
   C. 性格与职业的匹配　　　　　　　D. 需求与职业的匹配
9. 职业生涯规划常常采用5个"W"的思考模式，其中包括（　　）。
   A. 我是谁我想干什么　　　　　　　B. 我能干什么
   C. 环境支持或允许我干什么　　　　D. 自己最终的职业目标是什么
10. 目前，我国学术学位按招生学科门类分为（　　）等14大类。
    A. 交叉学科　　　B. 经济学　　　　C. 哲学　　　　　D. 管理学

三、判断题

1. 在我国，博士后是最高学历。　　　　　　　　　　　　　　　　　　　（　　）
2. 专业型硕士不可以考取博士研究生。　　　　　　　　　　　　　　　　（　　）
3. 金融专业的应届毕业生可以报考工商管理硕士（MBA）。　　　　　　　（　　）
4. 统考的专业硕士学位证书编号前有Z等字样。　　　　　　　　　　　　（　　）
5. 一旦职业发展目标确定，就不能调整。　　　　　　　　　　　　　　　（　　）
6. 做好学习规划的第一步是要放弃自己不喜欢的课程。　　　　　　　　　（　　）
7. EMBA是指高级管理人员工商管理硕士。　　　　　　　　　　　　　　（　　）
8. 职业生涯规划中自身兴趣是唯一要考虑的因素。　　　　　　　　　　　（　　）
9. 考研的目的是进行炫耀。　　　　　　　　　　　　　　　　　　　　　（　　）
10. 专业型硕士的入学考试难度要大于学术型硕士。　　　　　　　　　　　（　　）

四、简答题

1. 如何确保学习规划的有效落实？
2. 简述金融类课程的特点。
3. 简述学术型硕士与专业型硕士的区别。
4. 简述金融硕士的人才培养目标。

五、材料分析题

2022年考研人数创历史新高，比去年增长80万人。很多考研学生熬夜学习，看到今年的考研人数就知道怎么努力都不过分。从2017年刚突破200万人，到2022考研人数达到457万人，2011年人数才151.2万人，2022年考研人数比2021年增长21%。在全国各省的考研数据中可以看到，考研大省人数增长非常快，山东、河南、江苏、四川、广东5个省份，占据全国报名总人数的三分之一多。大家认为考研火爆主要原因有提升自己的水平和能力、就业形势的压力、高学历的普及化等。其中,就业形势的压力和提升自我的原因占到了大部分,有5成的考研学生是因为就业压力,想增加自己的竞争优势而选择考研,有4成是为了提升自己能力而选择考研的。

请根据上述材料,分析:大学生积极考取高学历的目的是什么？你会如何做好复习规划呢？

8-4：本章练习答案

参 考 文 献

［1］北京大学光华管理学院.2021级本科生各专业教学计划［EB/OL］.（2021-11-16）［2022-04-20］. https://www.gsm.pku.edu.cn/undergraduate/info/1009/7065.htm.
［2］北京大学光华管理学院.项目简介(本科项目)［EB/OL］.［2022-04-20］.https://www.gsm.pku.edu.cn/undergraduate/xmgk/xmjj.htm.
［3］蔡海宁.互联网金融原理与法律实务［M］.上海：上海交通大学出版社,2015.
［4］管同伟.金融科技概论［M］.北京：中国金融出版社,2020.
［5］韩宗英,朱钰.金融科技［M］.北京：清华大学出版社,2021.
［6］黄达,张杰.金融学(精编版)［M］.5版.北京：中国人民大学出版社,2020.
［7］黄奇帆.分析与思考：黄奇帆的复旦经济课［M］.上海：上海人民出版社,2021.
［8］朗荣桑,裘国根.投资学［M］.北京：中国人民大学出版社,2017.
［9］李国平.金融思维［M］.北京：中信出版集团,2020.
［10］李健.金融学［M］.3版.北京：高等教育出版社,2018.
［11］李建华.伦理与道德的互释及其侧向［J］.武汉大学学报(哲学社会科学版),2020,73(03).
［12］李建军.金融科技学科的形成与专业人才培养［J］.中国大学教学,2020(01).
［13］李心丹.金融市场与金融机构［M］.北京：中国人民大学出版社,2013.
［14］李雪.会计学科导引［M］.北京：中国财政经济出版社,2018.
［15］罗明雄,唐颖.互联网金融［M］.北京：中国财政经济出版社,2013.
［16］马丹丹.双一流背景下专业硕士学位研究生职业生涯规划教育价值方向与实现路径研究：以××学院金融专业硕士学位研究生为例［J］.科教导刊,2020(26).
［17］苗青.基于全球素养的大学生职业生涯规划教育［J］.黑龙江教育,2022(01).
［18］秦桂兰.金融学［M］.2版.上海：立信会计出版社,2021.
［19］王化成,刘俊彦,荆新.财务管理学［M］.北京：中国人民大学出版社,2021.
［20］吴晓求.证券投资学［M］.5版.北京：中国人民大学出版社,2020.
［21］吴晓求,等.中国资本市场三十年：探索与变革［M］.北京：中国人民大学出版社,2021.
［22］《金融科技人才需求与发展报告》编委会.金融科技人才需求与发展报告(2021年)［R］.北京：信息技术新工科产学研联盟 & 北京知链科技有限公司,2021.
［23］余丰慧.金融科技：大数据、区块链和人工智能的应用于未来［M］.杭州：浙江大学出版社,2018.
［24］张炳辉,等.金融法律法规［M］.北京：中国金融出版社,2018.
［25］张洪涛.保险学［M］.4版.北京：中国人民大学出版社,2018.
［26］张强,乔海曙.金融学［M］.北京：高等教育出版社,2018.
［27］张维.金融机构与金融市场［M］.北京：科学出版社,2021.
［28］张亦春,等.金融市场学［M］.北京：高等教育出版社,2020.
［29］赵华伟,等.互联网金融［M］.北京：清华大学出版社,2017.
［30］赵慧敏,等.国家金融体系定位［M］.广州：中山大学出版社,2021.
［31］中国信托协会.信托基础［M］.北京：中国金融出版社,2021.
［32］中国期货业协会.期货从业人员资格考试介绍［EB/OL］.（2022-07-12）［2022-08-24］.http://www.

cfachina. org/servicesupport/examination/qualificationexamination/examinationsystem/202207/t20220712_28688. html.

[33] 中国银行业协会. 银行业专业人员职业资格考试(QCBP)简介[EB/OL]. (2021-08-12)[2022-04-28]. https://www.china-cba. net/Index/show/catid/69/id/39840. html.

[34] 中国证券业协会. 证券行业专业人员水平评价测试实施细则[EB/OL]. (2022-07-08)[2022-09-25]. https://www. sac. net. cn/flfg/zlgz/202207/t20220711_54184. html.

[35] 中央财经大学金融学院. 本科(金融学专业)[EB/OL]. [2022-04-21]. http://sf. cufe. edu. cn/jxxm/bk/jrxzy. htm.